21 世纪全国高等院校旅游管理系列实用规划教材

饭店管理概论

张利民　王素珍　主编

中国林业出版社
China Forestry Publishing House

北京大学出版社
PEKING UNIVERSITY PRESS

内容简介

本书是高等院校旅游管理专业系列教材之一。全书共分9章，分别介绍了饭店概述；饭店管理者；饭店管理理论基础；饭店营销管理；饭店人力资源管理；饭店服务质量管理；饭店设备与物资管理；饭店收益管理与成本控制；饭店信息管理等内容。每章都设置本章概要、关键性术语、章首案例、思考题、经验性训练、案例分析、本章推荐阅读书目等栏目。本书的最大特色是案例，大大小小的几十个经典案例穿插在各个章节中，帮助读者理解有关理论和观点。本书既可作为高等学校旅游管理专业教材，也可作为旅游饭店管理人员的培训教材，还可以作为其他相关业务人员、科研人员和有关企业经营管理者的参考用书。

图书在版编目（CIP）数据

饭店管理概论/张利民，王素珍主编．—北京：中国林业出版社；北京大学出版社，2007.12（2013.12 重印）

（21世纪全国高等院校旅游管理系列实用规划教材）

ISBN 978－7－5038－4996－1

Ⅰ.饭… Ⅱ.①张…②王… Ⅲ.饭店－企业管理－高等学校－教材 Ⅳ.F719.2

中国版本图书馆 CIP 数据核字（2007）第 154194 号

书　　名：饭店管理概论
著作责任人：张利民　王素珍　主编
总 策 划：牛玉莲　林章波
策划编辑：郑铁志
责任编辑：郑铁志　刘　丽

出 版 者：中国林业出版社（地址：北京市西城区德内大街刘海胡同7号　邮编：100009）
网址：http：//www. cfph. com. cn　E－mail：jiaocaipublic@163. com
电话：编辑部 83220109　营销中心 83227711
北京大学出版社（地址：北京市海淀区成府路205号　邮编：100871）
网址：http：//www. pup. cn　http：//www. pup6. com　E－mail：pup_6@163. com
电话：邮购部 62752015　发行部 62750672　编辑部 62750667　出版部 62754962
印 刷 者：北京市昌平百善印刷厂
发 行 者：中国林业出版社　北京大学出版社
经 销 者：新华书店
版次印次：2008年1月第1版　2013年12月第4次
开　　本：850mm×1168mm　16开本　21.5印张　498千字
定　　价：35.00元

21世纪全国高等院校旅游管理系列实用规划教材

编写指导委员会

编写人员名单

主　编：张利民

王素珍

副主编：刘长运

单铭磊

边世平

编　委：（按姓氏笔画排序）

王素珍（渤海大学）

边世平（青海大学）

刘长运（河南省南阳师范学院）

张利民（渤海大学）

张洪双（黑龙江大学）

金　利（平顶山工学院）

单铭磊（山东省青年管理干部学院）

序

1845 年,托马斯·库克成立世界上第一家旅行社,标志着世界旅游业的出现。但是作为真正意义上的现代旅游业,则始于 20 世纪 50 年代的欧美。从那时至今,旅游从为少数上层阶层所能享受的活动发展到现今大众旅游和社会旅游时代,仅经历了 50 多年的时间。在这短短 50 多年的历程中,世界旅游业发展大大超出世界经济总体发展速度,成为世界上最大的产业之一。世界旅游组织的统计数字显示,2005 年国际旅游人数首次突破 8 亿人次,全球平均增长率高达 5.5%;2006 年国际旅游人数达到 8.42 亿人次, 同比增长 4.5%,超出了旅游业的发展预期。世界旅游组织预测,到 2010 年,全世界每年将有 10 亿多人出国旅游。旅游不仅对世界各国的经济发展产生积极而深远的影响,同时它已成为人们生活中的一部分,还是影响人们生活方式和生活观念的一个重要因子。

中国是一个旅游资源大国,有着得天独厚的自然旅游资源和人文景观优势。上下几千年的文明沉淀,方圆 960 万 km^2 的国土,使中国的旅游资源在世界上无与伦比。尽管我国旅游业起步于 20 世纪 80 年代初,但经过 30 余年的发展, 中国正从一个旅游资源大国走向旅游接待大国,旅游业在国民经济中的地位和作用日益凸显,其强劲的发展势头为世界所关注。2006 年,我国国内旅游人数 13.94 亿人次,入境旅游人数 12494 万人次,全国旅游外汇收入 339.49 亿美元, 出境旅游总人数为 3452.36 万人次。世界旅游组织预测, 到 2015 年,中国将成为世界上第一大入境旅游接待国和第四大出境旅游客源国。届时中国入境旅游人数可达 2 亿人次, 国内旅游人数可达 26 亿人次以上, 出境旅游人数可达 1 亿人次左右,游客市场总量可达 30 亿人次左右,居民人均出游可达 2 次,旅游业总收入可达 2 万亿元人民币左右。"十一五"期间,中国旅游业将每年新增直接就业 70 万人、带动间接就业 350 万人。到 2015 年,中国旅游直接拉动和间接就业总量将达 1 亿人左右。

蓬勃发展、无限生机的旅游业,给旅游教育,尤其是高等旅游教育带来了巨大的机遇和挑战。旅游管理是工商管理下面的一个小学科,却面向的是大产业,如何使旅游学科做大做强,更好地为旅游产业服务,为 21 世纪旅游业发展培养所需各类人才,是每一个旅游教育工作者所要思考的问题。做大做强旅游学科,使旅游教育与旅游产业的发展同步,就必须加大旅游学科建设的力度,其中之一就是要搞好旅游教材的建设。因为,教材是体现教学内容和教学方法的知识载体,是进行教学的基本工具,也是深化教育教学改革,全面推进素质教育,培养创新人才的重要保证。中国林业出版社、北京大学出版社组织全国部分高校编写"21 世纪全国高等院校旅游管理系列实用规划教材"就是推动旅游教学改革与教材建设的一项重要举措。

在本套教材的编写过程中,我们力求系统地、科学地介绍旅游管理专业的基本理论、基本知识和基本技能("三基"),同时也力求将以下理念融入教材的编写中:一是教育创新理念。即把培养创新意识,创新精神、创新思维、创造力或创新人格等创新素质以及创新人才为目的的教育活动融入其中。二是现代教材观理念。传统的教材观以师、生对教材的“服从”为特征,由此而生成的对教学矛盾的解决方式表现为“灌输式”的教学关系。现代教材观是以教材“服务”师生，即将教材定义为“文本”和“材料”，提供了编者、教师、学生与知识、技能之间的跨越时空的对话，为师生创新提供了舞台。三是培养大学生“四种能力”的理念。教材的编写充分体现强化学生的实践能力、创造能力、就业能力和创业能力的需要,以适应旅游业的快速发展对旅游人才的新要求。四是教材建设服从于精品课程建设的理念。精品课程是具有一流教师队伍、一流教学内容、一流教学方法、一流教材、一流教学管理等特点的示范性课程。精品课程建设是高等学校教学质量与教学改革工程的重要组成部分。本套教材的编写力求为精品课程建设服务，能够催生出一批旅游精品课程。

本套教材不仅是全国高等院校旅游管理专业教育教学的专业教材,而且也可作为旅游管理部门、旅游企业专业人员培训及参考用书。我们希望本套教材能够为培养21世纪旅游创新人才做出贡献。

最后,借此机会感谢北京大学吴必虎教授、青岛大学旅游学院马波教授对本套教材的指导,感谢中国林业出版社和北京大学出版社对本套教材所付出的辛勤劳动以及各位参与编写的专家和学者对本套教材所付出的心血!

编委会

2007年10月

前　言

现代饭店业是一个综合性的服务行业。现代意义上的饭店是为消费者提供住宿、膳食、康乐、购物、商务以及社交活动等综合性的建筑设施与机构，具有较强的专业技术性，并拥有本身特殊的产品、市场、活动规律与经营方法。随着中国经济繁荣、国际化趋势明显、老龄化国家雏形的呈现等一系列大势所趋，而造成的人们价值观、生活方式、工作意识与态度的改变，迫使饭店企业更重视市场操作能力的加强、合理成本的控制、人才的有效利用以及服务质量的提高这四大课题的研究，本书即以此而出发，用9章篇幅分别介绍了饭店概述、饭店管理者、饭店管理理论基础、饭店营销管理、饭店人力资源管理、饭店服务质量管理、饭店设备与物资管理、饭店收益管理与成本控制、饭店信息管理等内容。

为便于学习者、管理者和培训者使用，本书在编写体例上做了一定的创新，每一章以章首案例作为开篇，诠释基础理论的案例一部分取材于我们在多年的专业教学与管理过程中得到的真实资料的积累，一部分取材于国内外学者、专家撰写的精彩案例。每一章节后面除了复习题外，还增加了经验性练习栏目，这是目前已出版的饭店管理概论教材所没有的环节。因此形成了本书的特色，即① 内容先进性：注意用新观点、新思想来审视、阐述饭店管理的经典内容，适应经济社会发展和科技进步的需要，及时更新教学内容，与社会发展同步，具有鲜明的时代特色。② 教学适用性：教材内容符合旅游管理专业学生培养目标和课程教学基本要求，结合饭店管理实际构思教材内容，思路连贯有序，一气呵成，有别于其他已经出版的此类教材。③ 知识实用性：体现以职业能力为本位，以应用为核心，紧密联系饭店企业的实际；针对饭店企业的特点进行基础知识的传授，并力争与相应的饭店企业从业人员的职业资格标准相一致。④ 结构合理性：考虑学习者的心理特征和认知、技能养成规律，本教材的知识结构设计采取先理论讲授，后操作实践的编写体例，体系完整，内容翔实。⑤ 案例针对性：编写中每一章都引用了数个国内外饭店企业有关管理的案例，案例的题材和范围广泛，案例写作规范，具有较强的实践性，并体现了饭店行业的特色，具有针对性。

本书由张利民、王素珍主编，负责设计编写教材大纲和全书的修订与统稿工作。各章执笔人员如下：第1章，张洪双（黑龙江大学）；第2章、第3章，王素珍（渤海大学）；第4章，第5章，刘长运（河南省南阳师范学院）；第6章，张利民（渤海大学）；第7章，金利（平顶山工学院）；第8章，边世平（青海大学）；第9章，单铭磊（山东省青年管理干部学院）。本书在编写过程中参阅了大量的国内外书刊资料，谨此一并致谢。

由于编者水平有限，书中浅陋与错误之处在所难免，敬请专家学者和广大读者批评指正。

编　者

2007年8月

目　录

第 1 章

饭店概述

【本章概要】

本章主要对饭店定义、功能、特点进行了详细的介绍，并对饭店类型与等级进行阐述、就饭店的发展史做了简单讲解、对饭店业发展现状与趋势做了详细说明。

【学习目标】

- 掌握饭店的含义；
- 了解饭店的功能及特点；
- 了解饭店的类型；
- 掌握饭店等级、种类及划分；
- 掌握饭店集团的形式；
- 掌握饭店集团的优势；
- 了解世界饭店发展史；
- 了解中国饭店业发展史；
- 了解国际饭店业的现状与发展趋势；
- 了解中国饭店业的现状与发展趋势。

【关键性术语】

饭店、饭店的功能、商务型饭店、长住型饭店、度假饭店、会议型饭店、欧式计价方式、美式计价方式、欧陆式计价方式、百慕大计价方式、星级制、饭店集团。

【章首案例】

世界最豪华的七星级饭店

伯瓷是世界上唯一的建筑高度最高的七星级饭店（因为饭店设备实在太高级，远远超过五星的标准，只好破例称它为七星级），开业于 1999 年 12 月，它建在离海岸线 280m 处的人工岛 Jumeirah Beach Resort 上。伯瓷糅合了最新的建筑及工程科技，迷人的景致及造型，使它看上去仿佛和天空融为一体。伯瓷的工程花了 5 年的时间，使用了 9000t 钢铁，并把 250 根基建桩柱打在 40m 的深海底。饭店由英国设计师 W. S. Atkins 设计，外观如同一张鼓满了风的帆，一共有 56 层、321m 高，是全球最高的饭店，比法国艾菲尔铁塔还高一截。

伯瓷是阿拉伯人奢侈的象征，亦是迪拜的新标志。走进这个世界上最高的酒店就似走进了阿拉丁的洞穴，豪华的佐证非笔墨可言喻，从带你走进海鲜餐馆的小型潜艇，到每个房间的 17 个电话筒，再到用作机场巴士的 8 辆劳斯莱斯都可略见些许。你甚至可以要求直升机接送，在 15min 的航程里，率先从高空鸟瞰迪拜的市容，欣赏壮丽的景观后，才徐徐降落在 28 楼的直升机坪。

伯瓷饭店内部更是极尽奢华之能事，触目皆金，连门把、厕所的水管，甚至是一张便条纸都“爬”满黄金。虽然是镀金，但要所有细节都优雅不俗地以金装饰，则是对设计师的品位与功力的考验。由于是以水上的帆为外观造型，饭店到处都是与水有关的主题（也许在沙漠国家，水比金更彰显财力）。像是一进饭店门的两大喷水池，不时有不同的喷水方式，每一种皆经过精心设计，约15~20min就换一种喷法，跟水舞没什么两样，搭着电梯还可以欣赏高达十几米的水族箱，很难相信外头就是炎热高温的阿拉伯沙漠。而金碧辉煌的酒店套房，则让你感受到阿拉伯油王般的奢华。所有的202间客房皆为2层楼的套房，最小面积的房间170m^2；而最大面积的皇家套房有780m^2之大。而且全部是落地玻璃窗，随时可以面对着一望无际的阿拉伯海。最令人吃惊的是一进房间，居然有一个管家等着跟你解释房内各项高科技设施如何使用，因为酒店豪华尊贵的服务宗旨就是务必让房客有阿拉伯油王的感觉，以最普通的豪华套房为例，还包括窗帘和电灯的开关，办公桌上有东芝笔记本电脑，随时可以上网；墙上挂的画则全是真迹。

最令人叹为观止的是雄霸25楼及以上楼层的皇家套房，装饰典雅辉煌，顶极装修和搜罗自世界各地的摆设，如同皇宫一样气派，家具是镀金的，有私家电梯、私家电影院、旋转睡床、阿拉伯式会客室，甚至衣帽间的面积都比一般饭店的房间大。已故顶极时装设计师范思哲曾对此赞不绝口。最特别的是睡房的天花板上有一面与床一样大的镜子，和自己面对面睡觉的感觉会不会很奇怪？浴室里的所有卫浴用具都是爱马仕的牌子，包括香皂、古龙香水等。当然淋浴设备也不同凡响，除上头的莲蓬头之外，还可选择上中下三段式喷水，旁边则是马赛克壁画陪衬下的按摩浴池，浴室门口还有皮质躺椅，让客人休息。

房间的奢华还没来得及回味，餐厅更是让人觉得匪夷所思：饭店内的AI-Mahara海鲜餐厅仿佛是在深海里为客人捕捉最新鲜的海鲜。在这里进膳的确是难忘的经历——要动用潜水艇接送。从饭店大堂出发直达AI-Mahara海鲜餐厅，虽然航程短短3min，可是已经进入一个神奇的海底世界，沿途有鲜艳夺目的热带鱼在潜水艇两旁游来游去，美不胜收。安坐在舒适的餐厅椅上，环顾四周的玻璃窗外，珊瑚、海鱼所构成的流动景象，伴随客人享受整顿写意般的晚餐。

海里有餐厅，空中也有餐厅，客人只需搭乘快速电梯，33s内便可直达屹立于阿拉伯海湾上200m高空的AI-Mahara餐厅。进入太空设计的餐厅，以蓝绿为主的柔和灯光，再加上波浪设计的衬托，就仿佛进入另一世界。这餐厅可容纳140名客人，晚餐之际，夜空璀璨，环观迪拜的天空和海湾，享受地中海风味的高级厨艺，应该是人生至高的享受了。而仅供应美味的Mediterranean（地中海餐），则是该餐厅的一大特色。

由于伯瓷这家超级豪华饭店实在是太特别了，很多外来访客只想来参观一下（对绝大多数人而言，也只能是这样饱饱眼福），不过请注意，踏进这家饭店可是要付参观费的，平日100Dhs、假日200Dhs（1Dhs约等于2.25元人民币），不过可抵作餐厅消费。

饭店的豪华程度令人叹为观止，评论家们都不知道该给它定为几星：是五星，六星，还是七星？

1.1　饭店的含义与功能

1.1.1　饭店的含义

在中文里表示住宿设施的名词很多，旅店、旅舍、旅馆、饭店、宾馆、招待所等都可以明确说明住宿的含义，20世纪80年代末，又引进了中国香港和新加坡等地的“酒店”，但最正统的词是旅馆，而饭店是目前普遍被业内人士和专家学者认可的表述住宿设施的词汇。在英文中，表示饭店意思的词也颇多，其中最为重要的有2个，一个是Hotel，另一个是Inn。英文词Hotel源于拉丁文的Hospes，意为接待客人的人或主人，由它派生出来的另一个词Hospice（或Hospital），意为主人接待客人的地方，或主人向客人奉献热情和殷勤的处所。后来，拉丁文表示主人的词 Hospes 引入到古法文时变成 Hoste，到现代法文里又变成 Hôte。引进到英文时则为 Host。而表示主人招待客人住所的 Hospice 则变成了英文的 Hotel 或者 Hostel。但早在现代饭店在世界范围内普及之前，在法国，Hotel 这个字眼的本意指的是那些富贵门第或官宦之家所拥有的宏伟而豪华的宅邸。即主人们款待宾朋，为之炫耀的地方，也是一般人赞赏和向往的去处。Hotel 真正成为现在饭店的含义在英国应该是 18 世纪后期的事。在当时的法国称之为 Hotel garni，是指一幢大房子；其中的房间按天、周或月向客人出租。因此，英文中的 Hotel 最初之意，仅仅指那些特别大而异乎寻常的客店，以示与传统的家庭式的客店区别。

1.1.2 饭店的定义

一般来说，饭店是客人暂时居住的处所。当然，这种饭店的定义过于简单，只阐述饭店的最基本的功能，并未包含饭店的全部含义。

国外一些权威的辞典，曾对饭店下过以下定义：

饭店一般来说是为公众提供住宿、膳食和服务的建筑与机构。

——《科利尔百科全书》

饭店是装备好的公共住宿设施，它一般都提供膳食、酒类与饮料以及其他人的服务。

——《美利坚百科全书》

饭店是既向公众提供膳食又提供住宿的设施。

——《新哥伦比亚百科全书》

饭店是在商业性的基础上向公众提供住宿，也往往提供膳食的建筑物。

——《大不列颠百科全书》

饭店是提供住宿，也经常提供膳食与某些其他服务的设施，以接待外出旅游者和半永久性居住的人。

——《韦伯斯特美国英语新世界辞典》

饭店是提供住宿、膳食等而收取费用的住所。

——《牛津插图英语辞典》

饭店是向旅游者与过路的人出租睡觉设施的地方。

——《旅游辞典》

为公众提供住宿设施与膳食的商业性的建筑设施。

——《简明不列颠百科全书》

从上述诸多定义来看，作为一个饭店，应具备以下 4 个条件：

- 它是一个建筑物或由诸多建筑物组成的接待设施；
- 它必须提供住宿设施，也往往提供餐饮和其他服务设施；
- 它的服务对象是公众，主要是外出旅行的人，也包括半永久居住的人，但不应当是永久居住的人；
- 它是商业性的，使用者要交付一定的费用。

总之，饭店的定义可以限定为：为公众提供住宿与其他服务的商业性的建筑设施与机构。

1.1.3 饭店的称谓

饭店可以是所有商业性的住宿设施的统称。由于时代不同，所处地理位置不同，功能不同以及经营、管理方式不同，饭店又有各自的特点，其名称又是各种各样、千奇百怪。在中国历史上，就有“逆旅”“客舍”“客馆”“邸店”“客店”“番馆”“鸡毛小店”等不同的称谓。今天，又有“旅店”“旅舍”“大车店”“旅社”“旅馆”“宾馆”“饭店”以及“酒店”等不同的叫法。而在国外，饭店的名称更是五花八门，有的则无法找到一个相对应的汉语词汇来准确地表述其原来的意思。或者说，根据其汉语译名难以想象出这个饭店应当是个什么样子。除了饭店“Hotel”这个通用词之外，英语中用的比较多的是 Inn（客栈）、House（公寓），Lodge（客店）、Grand hotel（大旅馆或大饭店）及 Motel（汽车饭店）、Airport hotel（机场饭店）、Resort（休养地饭店）等。这里将英文中一些关于饭店设施的名称作简要介绍（表1－1）。当然，有一些也并非是英语词汇，但由于使用得多了，也逐渐被吸收到英语中去了。

表1－1　“饭店”一词汉英对照举例

Hotel	饭店、旅馆
Inn	饭店、旅馆、客栈
Tavern	客栈、小旅馆、小饭店
Ordinary	小旅馆（美）、小饭店
Lodge	小旅馆、小饭店
Apartment hotel	公寓旅馆、公寓饭店
Condominium hotel	共管旅馆、共管饭店
Tourist hotel	旅游旅馆、旅游饭店
Resort（Hotel）	休养地旅馆、休养地饭店
Airport hotel	机场旅馆、机场饭店
Motel	汽车旅馆、汽车饭店
Motor court	汽车大院、汽车旅馆、汽车饭店
Motor home	汽车旅馆、汽车饭店
Guesthouse	小旅馆、招待所、小饭店
Hostel	招待所
Youth hostel	青年旅舍

1.1.4　饭店的功能

饭店的功能是指，饭店为满足客人的需求而提供的服务所发挥的效用。饭店传统的、也是最基本的功能就是向客人提供住宿和餐饮。由于客源市场及客人需求的不断变化，现代饭店的功能已较传统的饭店时期有了很大的发展，其功能日益多样化。现代饭店主要有以下功能。

（1）住宿功能

饭店为客人提供多种客房（标准间、单人间和套间等），包括床位、盥洗室和其他生活设施。以舒适、清洁的环境和周到、热情的服务，使客人在旅途中得到充分的休息，获得“家”的感受。

（2）餐饮功能

为客人提供餐饮服务。饭店一般设有不同的餐厅，如中餐厅、西餐厅、多功能厅以及各种特色餐厅，以精美的菜肴、温馨的环境、安全的卫生条件和规范的服务，向客人提供包餐、风味餐、自助餐、点菜、小吃、饮料，以及酒席、宴会等多种形式的餐饮服务。

（3）商务功能

商务型饭店为住店客人从事商务活动提供各种方便快捷的服务。饭店设置商务中心、商务楼层、商务会议室与商务洽谈室，提供传真和国际、国内直拨电话等现代通讯设施。有些饭店设置商务客房，安装传真机、2 条以上的电话线、与电话连接的打印机、互联网接口。有的饭店还在发展电子会议设备，设有为各种联络所需要的终端，通过高科技手段使饭店智能化、信息化，从而满足商务客人的需求。

（4）家居功能

饭店是客人的“家外之家”，努力营造“家”的氛围是饭店经营管理的宗旨，使入住饭店的客人感到像在家里一样亲切、温馨、舒适、方便。尤其是公寓饭店，一般带有生活住宿性质，主要为长住客服务，价格便宜，自助服务设施齐全（如自助厨房、自助洗衣等），客人方便自由。

（5）度假功能

度假饭店一般位于风景区内或附近，通常注重提供家庭式环境，客房能适应家庭度假、几代人度假以及独身度假的需要，娱乐设施先进、齐备。

（6）会议功能

饭店可为各种从事商业活动、贸易展览、科学讲座等客人提供会议、住宿、膳食和其他相关的设施与服务。饭店内一般设有大小规格不等的会议室、谈判室、演讲厅、展览厅。会议室、谈判室都有良好的隔板装置和隔音装置，并能提供多国语言的同声翻译，有的饭店还可以举行电视会议。

此外，饭店还具有娱乐健身、通讯和信息集散、文化服务、商业购物服务等功能。

1.1.5 饭店的特点

饭店是一个独立的盈利性经济组织，除了具备经营上的自主性、组织上的完整性、经济上的独立性及对外关系上的法人地位等基本条件之外，饭店还有着与其他企业不同的特点。

（1）服务性

饭店是以提供劳务为主的服务性企业。通常所说的饭店产品，是饭店有形的设施设备与无形的劳务服务的有机结合，其中以劳务服务为主，设施设备为辅。饭店的经营活动是以租让饭店设施的使用权的形式进行的，消费者只是在一定的时间和空间内购得有形设施的临时使用权，却不能购得有形设施产品的所有权。饭店产品中的实物部分，实际上只起着促进服务销售的作用，习惯上被看作“助销产品”。因此，从本质上讲，饭店生产和销售的主要是无形的服务产品。服务产品所具备的无形性、生产与消费的同时性、价值不可储存性、质量的不稳定性等特征。这些因素决定了饭店与其他工商企业有着不同的特点。

（2）综合性

饭店是一个具有综合功能的企业。现代饭店不仅要满足客人的住宿和饮食等基本需求，还要同时满足客人的多种消费需求。所以，饭店必须配备相关的设施并提供相应的服务。综合服务已成为饭店竞争的重要手段，一家饭店的功能越是完备，就越能满足客人的多样化的需求，获得更多的客源。

(3) 享受性

饭店所能满足客人的不只是简单的物质需要，而是享受性产品，这是现代消费的必然需求，也是与一般商品和服务的主要区别。

(4) 文化性

探求异地文化是旅游者的一项共同需求。旅游饭店作为旅游者在旅游过程中的居留场所，不仅是客人的物质消费场所，而且是客人感受异地文化的精神消费场所。饭店应积极营造良好的文化氛围。要倡导主流文化、健康文化、民族文化、特色文化。通过外在的、有形的店景文化和内在的企业文化的建设，丰富饭店的文化内涵，使饭店劳务活动升华为一门服务艺术，把饭店服务产品中的使用功能价值，推进到具有文化附加值的新境界，使客人在丰富多彩的饭店文化氛围中，感受到精神的享受和愉悦。

1.2　饭店的类型与等级

1.2.1　饭店的类型

饭店作为住宿设施的统称，绝对是个“大家族”。世界饭店业发展到今天，可谓名目繁多，应有尽有。由于历史的演变，传统的沿袭，地理位置与气候条件的差异，饭店用途、功能、设施的不同，世界各地的饭店千奇百怪，实难分类。不过，为了比较、研究及其他目的，人们对饭店也有一些大致的分类方法，有的比较通用，也有一些仅限于某些地区或国家。

1.2.1.1　国外学者的几种分类

(1) 英国旅游学家迈德利克的分类方法

迈德利克教授在他的《饭店业》一书中，曾列举出以下10种对饭店分类的方法。

- 根据饭店所处地区分类，可以分成城市饭店、城镇饭店、内地饭店、沿海饭店、山地饭店或乡村饭店等；
- 根据饭店所在的具体位置分类，可以分为城（镇）中心饭店、郊区饭店、海滨饭店、公路沿线饭店等；
- 根据饭店与某种交通工具的密切关系分类，可以分为汽车饭店、火车饭店、机场饭店、码头饭店、船坞饭店等；
- 根据主要客人下榻饭店的目的分类，可以分为商务饭店、度假饭店、会议饭店、赌博饭店与旅游饭店等；
- 根据住宿者在饭店内逗留的时间分类，可以分为过路客人饭店、公寓饭店等；
- 根据饭店的设施与服务方式分类，可以分为旅游饭店、公寓饭店、自我餐饮服务的饭店等；
- 根据饭店有无出售含酒精类饮料的执照分类，可以分为持照饭店与非持照饭店等；
- 根据饭店的规模分类，可以分为大饭店、中等饭店、小饭店，这主要以饭店的客房间数或床位数为根据，而大、中、小饭店客房数目的多少，又因其地区与饭店结构来确定；

● 根据饭店的等级分类，有不同的星级、皇冠级或其他不同表示方法的等级饭店；

● 根据饭店的所有权或经营管理方式分类，有家族经营的非上市饭店，有单独经营的独立饭店，也有集团或联号饭店，还有属于某一饭店促销联合体的饭店等。

（2）加拿大学者弗兰克·戈的分类方法

弗兰克·戈认为，饭店可以根据其所在地点与提供的服务来区分。

第一，按地点分，一般可分成城市中心饭店、近机场的郊区饭店、高速公路沿线饭店与休养地饭店。

城市中心饭店 这是饭店业中最为重要的一部分，它是当地人商务、政治与社会活动的中心。这些饭店多是高楼大厦，有自己的停车场或靠近停车场，客房数因其目标市场与价格水平而异。在北美与欧洲，这样的饭店多与其所在城镇的中心区开发、改造项目有直接关系。加利福尼亚州圣何塞市费尔蒙特旅馆则是该市耗资5亿美元将其市中心改造成一个“硅谷”式的金融、技术与文化中心开发计划的一个组成部分。

近机场的郊区饭店 此类饭店多为中、低层建筑，有露天停车场，有一定的娱乐、休息以及会议、宴会设施。

高速公路沿线饭店 即汽车饭店，以低层建筑为典型，以有停车场为特点，有食品饮料出售处，有的有户外游泳池。

休养地饭店 以远离城市为特点，以其周围自然景观或人造景观吸引游客。此类饭店以消遣旅游者为对象，饭店内有多种娱乐、餐饮设施，一般来说也都有完备的会议和宴会设施。

第二，按服务来分，一般分成豪华饭店、高档饭店、一般全服务饭店和经济型的有限服务饭店。

经济型饭店一般为廉价饭店与有限服务饭店。该类饭店通常只经营客房，饭店本身没有餐饮设施或十分有限的餐饮服务，价格低廉。

一般全服务饭店指的是中档饭店，它有一般客人所需要的服务设施与项目，价格适中。

豪华饭店与高档饭店的设施完备且优良，服务项目齐全，服务水平高，饭店客房数与服务人员之比在1∶2以上。自然，价格也昂贵。

（3）英国学者布赖恩·莫伊纳罕的分类方法

英国著名旅游作家、记者布赖恩·莫伊纳罕则把饭店分成了三大类，即大饭店、饭店集团与旅游团饭店。

第一，大饭店指的是古老而豪华的饭店，它有自己值得炫耀、引以为荣的历史与传统，有其特殊的魅力与神秘感。设施精良，服务上乘，无懈可击，价格也昂贵，客人多是名流与巨富。这些饭店一般规模并不太大，但其地理位置都在大城市的中心区，或近名胜，或与宫殿、官府相毗邻。这些饭店自诩在那里似乎客人的要求没有不可以满足的。

第二，饭店集团则是按一定标准与风格进行经营与管理的饭店，它的形象突出，为世人所熟知，无论在什么地方，尽管东道主国家的经济、政治体制有很大差异，但客人可以得到一种可以预料的服务与享受。在饭店集团里预订该集团的饭店客房一般是免费的。

第三，旅游团饭店一般多设在重要的游览区或靠近驰名的旅游吸引物。它以接待由旅行社组织的旅游团（队）为主，或其客房由旅行代理商包租，其中有不少是季节性的。设施与服务为统一性的，个别的、特殊要求一般难以满足。

不过，在实践中，出于某种目的，饭店还有许多其他的分类方法。比如，根据建筑或经营服务的风格分类为当地民族饭店（如日本人的和式饭店、蒙族人的蒙古包饭店）和国际标准饭店（日本称之为西式饭店）；根据服务对象又可以分成专门为外国人服务的国际饭店与仅供本国人住的国内饭店（或国民饭店），专供青年人使用的青年旅馆；还有为残疾人服务的残疾人饭店；根据营业季节性分的冬季饭店（多在滑雪地）和夏日饭店（多在海滨与山地）等。

1.2.1.2 目前较为流行的几种饭店分类

目前，世界各地的饭店较为流行的基本类型有以下几种。

（1）根据饭店市场及客人特点分类

商务型饭店 也称暂住型饭店。多位于城市中心地区，以接待商务客人、旅游客人及因各种原因做短暂逗留的其他客人为主。适应性广，在饭店业中占有较大比例。以接待商务客人为主的饭店一般比较豪华、舒适，服务设施齐备，交通及通讯便利，通常设有商务中心、各类会议厅室、宴会厅等，还设有商务套房及行政楼层。

长住型饭店 主要接待住宿期较长、在当地短期工作或度假的客人或者家庭。长住型饭店与客人通常需要签订一个租约。其建筑布局与公寓相似但又有区别，客房多采用家庭式布局，以套房为主，配备适合客人长住的家具和电器设备，通常都有厨房设备供客人自理饮食。服务讲究家庭式气氛，特点是亲切、周到、针对性强。饭店的组织、设施、管理较其他类型简单。

度假型饭店 传统上以接待游乐、度假的客人为主。此类饭店多位于海滨、山区、温泉、海岛、森林等地。开辟各种娱乐体育项目，如滑雪、骑马、狩猎、垂钓、划船、潜水、冲浪、高尔夫球、网球等活动来吸引客人，因此这些度假地区及活动的吸引力是一个度假型饭店成功的关键。疗养型饭店也属于这种类型。

会议型饭店 主要接待对象是各种会议团体。会议客人平均每天消费额一般高于度假客人。会议型饭店通常设在大都市和政治、经济中心，或交通便利的旅游胜地，饭店设置足够数量的多种规格的会议厅或大的多功能厅。其中多功能厅可根据客人需要用作会议厅、舞厅或宴会厅，有的饭店还设展览厅。会议饭店除应具备相应的住宿和餐饮设施以外，还必须具备会议设备，如投影仪、录放像设备、扩音设备、先进的通讯、视听设备，接待国际会议的饭店还需要具备同声传译装置。会议饭店一般都配备工作人员帮助会议组织者协调和组织会议各项事务，提供高效率的接待服务。

汽车饭店 常见于欧美国家公路干线上。早期此类饭店设施简单，规模较小，有相当一部分仅有客房而无餐厅、酒吧，以接待驾车旅行者投宿为主。现在，有的汽车饭店不仅设施方面大有改善，且趋向豪华，多数可提供现代化的综合服务。

（2）根据饭店计价方式分类

欧式计价饭店 客房价格仅包括房租，不含食品、饮料等其他费用。世界各地绝大多数饭店均属于此类。

美式计价饭店 客房价格包括房租以及一日三餐的费用。目前尚有一些地处偏远的度假型饭店仍属此类。

修正美式计价饭店 客房价格包括房租和早餐以及一顿正餐（午餐或晚餐）的费用，以便客人有较大的自由安排白天活动。

欧陆式计价饭店 房价包括房租及一份简单的欧陆式早餐，即咖啡、面包和果汁。此类饭店一般不设餐厅。

百慕大计价饭店 房价包括房租及美式早餐的费用。

(3) 根据其他标准分类

根据设施规模大小 饭店可分为大、中、小型3类。目前拥有300间客房以下的饭店通常被认为是小型饭店，拥有300～600间客房的饭店为中型饭店，拥有600间以上客房的饭店为大型饭店。

根据具体地点 饭店可分为游览地饭店、城市饭店、过境饭店、机场饭店、车站码头饭店等类型。

根据饭店的所有制形式 饭店可分为国有饭店、集体所有制饭店、合资饭店、外资饭店、饭店联合体、私有饭店。

1.2.2 饭店的等级划分

1.2.2.1 饭店分级的意义

目前，世界饭店的数量与日俱增，饭店的种类千差万别，饭店的功能也多种多样。不少国家和地方，特别是旅游业与饭店业发达的国家和地区，对其饭店或其他住宿设施按一定的标准与程序进行分级，并用某种标志表示出来，在饭店的显著位置公之于众。尽管确定饭店级别的机构与出发点不同的国家各有差异，但从总的方面来讲，其主要目的有以下4个。

(1) 保护消费者利益

对饭店进行分级，使消费者在预订或使用之前，对饭店有一定的了解，以便根据自己的需求、经济条件进行选择，饭店等级标志的本身也就是对该饭店设施与服务质量的一种鉴定与保证。

(2) 保护饭店业的行业利益

饭店业级别的评定，对饭店业来说也是一种促销手段、招徕生意的工具，等于向自己的目标市场发出了信息，向市场展示出了自己的产品，同时也有利于同行之间的平等、公平竞争，促进产品质量的改善，维护饭店业的信誉。对以接待海外旅游者与其他来访者为主的国际性饭店来说，也便于境外消费者进行国际比较。

(3) 便于管理与监督

国家政府机构或其他行业组织，把颁布与实施饭店分级制度作为行业管理与规范行业的一种手段。利用它可以对定级的饭店进行监督，使之正常运营，把公众与饭店业的利益结合在一起。

(4) 有利于共同发展

由于其他行业对饭店分级的参与，也增强了饭店业与相关行业的联系，得以相互促进，共同发展。

1.2.2.2 饭店级别的种类

不同的国家和地区采用的饭店分级制度不同，用以表示级别的标志与名称也不尽相同，而且，尽管名称、标志相同，所表示的级别也未必就相同。

目前国际上采用的饭店等级制度与表示方法大致有以下3种。

(1) 星级制

星级制是把饭店根据一定的标准分成的等级，分别用星号（☆）表示出来，以区别其档次的制度。比较流行的是五星级制，即把定级饭店分成五级，分别称作一星级、二星级、三星级、四星级与五星级饭店，用相应个数的星号来表示。星越多，等级越高，饭店的档次也越高。一般来说，五星级饭店是超豪华饭店（也称豪华饭店），是最高级别的饭店，其设备、设施与服务要体现现代化，可以满足客人的特殊消费要求。四星级是豪华饭店（也称一流饭店），突出其设施与设备的完备，服务的精良，满足经济地位较高的上层消费者的需求。三星级为中档（或中高档）饭店。二星级为中低档（或低档）饭店，满足一般大众或家庭旅游的需求。一星级为低档或经济型饭店，它的设备、设施与服务只能满足客人的基本要求，但卫生、安全还是可以保证的。这种分级制在世界上，尤其是欧洲，采用得最广泛。但是，有些国家虽然也采用的是星级制和用星号来表示，不过级别与表示的方法有所区别。例如，有的国家只采用四星级制而不是五星级制；有的虽是五星级制，但前4等用星级表示，而最高一级只称作豪华级而不用五星级来表示；还有的国家虽然也采用五星级制或四星级制，但等次排列顺序与上述五星级制相反，即星级越多，档次越低。也就是说一星级为最高级饭店，而五星级（或四星级）反而是最低档的饭店。澳大利亚虽使用五星级制，但却分成九等，即在各星级之间又出现了半级，如一星半，二星半……

与此相似的还有用其他标志与名称表示的分级制。如英国在全国推行一种皇冠制饭店分级法。把饭店、汽车饭店、客栈等提供服务的住宿设施分成5级，分别以皇冠的个数来表示，皇冠数越多，饭店的等级越高，取代从前联合王国内各国所用的其他分级制。美国汽车协会则采用钻石为标志，与星或皇冠相类似。

(2) 字母表示法

有些国家把饭店的等级用英文字母来表示，即A、B、C、D、E 5级，A为最高级，E为最低级，有的虽是5级却只用4个字母，A、B、C、D，而最高级用A表示，也有的最高级用特别豪华级来表示。

(3) 数字表示法

用数字表示的方法也有几种，有的用序数，自低向高，一般最高级用豪华，然后由高到低依次是第一、第二……有的就用一般数字，继豪华级之后则为1、2、3、4，数越大，档次越低。有时也把字母与数字混用。

1.2.2.3 评定级别的机构

不同的国家评定饭店的机构也不完全一样，但比较多的是政府部门，特别是政府主管饭店业的职能部门。比如，国家旅游局或其他相应的机构。另外，比较多的是饭店业协会，或者政府部门与饭店行业协会联合评定。在一些地方还有几个国家的饭店业协会联合制定统一的标准，共同评定。比如，荷兰、比利时与卢森堡3国共同制定了荷比卢饭店星级评定的标准与办法，颁发统一的标志。此外，在一些欧美国家，汽车协会对住宿设施进行级别评定。例如，英国的皇家汽车俱乐部与英国汽车俱乐部，荷兰的皇家汽车俱乐部与美国的汽车协会都制定出自己的饭店评级制度，对该组织评定出来的级别也颁发证书与标志，定期进行复查、核查。

由于评定饭店级别的机构不同，各自的目的不同，因此，有的是强制性的定级，有的是自愿性的，而且带有促销性的定级还往往要收取一定的费用。无论哪种办法评定级别，除颁发详细的定级标准外，还有一套完备的申请、调查、复查与抽查的鉴定程序。负责评定级别的机构也负责接受消费者的投诉，并负责处理投诉。当然，定级机构有权根据规定对已定级的饭店进行降级或除名处理，饭店也可以自动要求降级或取消已定级别。表 1－2 是部分国家饭店等级名称及评定机构。

表 1－2 部分国家饭店等级名称及评定机构

国家	饭店等级名称（由高到底）	评定机构
中国	五星、四星、三星、二星、一星	政府
美国	五星、四星、三星、二星、一星	美孚汽车协会
	五钻石、四钻石、三钻石、二钻石、一钻石	美国汽车协会
	超豪华、豪华、一般豪华、超一级、一级、一般一级、豪华旅游级、旅游级、一般旅游级、二级	美国饭店协会
英国	五星、四星、三星、二星、一星	皇家汽车俱乐部
	五皇冠、四皇冠、三皇冠、二皇冠、一皇冠	英国旅游局
法国	五星、四星、三星、二星、一星、○星	政府与饭店业协会
意大利	豪华、第一、第二、第三、第四	政府与饭店业协会
西班牙	豪华、1A、2B、2、3	政府
日本	豪华、A、B、C、D	政府
澳大利亚	五星、四星半、四星、三星半、三星、二星半、二星、一星半、一星	全国饭店与旅游者协会
挪威	旅游、城镇、乡村、山区	饭店业协会
斯里兰卡	一星、二星、三星、四星、五星	政府
菲律宾	豪华、一级、标准级、经济级	政府
加蓬	豪华、舒适、现代化	饭店业协会
葡萄牙	旅游、商业	饭店业协会

1.2.2.4 评级的内容与标准

评定饭店级别所涉及的内容与标准也是多种多样的，但一般来说，大都涉及饭店的位置、环境与气氛、设施与服务等几部分内容。

世界旅游组织的前身“国际官方旅游组织协会”所公布的饭店分级标准中，涉及的内容包括饭店最低客房数，客房内的取暖、电话、照明、卫生间、隔音设备、公共设施（卫生间、阅览室、大厅、游泳池等）和餐厅、货币兑换等服务设施与项目以及职工素质等内容。

瑞士星级评定涉及的内容为 3 部分，即饭店服务项目、饭店的设备与设施和饭店的位置与外观。其中第一部分最重要，在评级鉴定记分总分中该部分占 50%。这部分涉及饭店的接待服务、夜班服务、客房服务、接待人员语言水平，以及洗衣服务、床上用品更换服务等 14 项内容；在设施与设备部分中，它涉及卫生间、公共厕所、电梯、内装修、套房比例、音响视听设备、电话、电传、餐厅、娱乐及私人贵重物品保险寄存等21项内容。饭店的位置与外观涉及的内容主要包括交通便利程度、环境与气氛、饭店的外观、建筑面积以及停车场等方面。而厨房内的设备与设施不在评定内容之列。

饭店级别评定标准大致都以国际官方旅游组织协会公布的饭店分级标准为参考或为最基本的标准。有的比较笼统、含糊。有的则十分详尽具体。一般来说，大多数分级制中先确定一个所有级别饭店的最低标准或通用的要求，达不到这个标准的不得进行评级；有的则是饭店最低的注册标准，达不到标准的不予以注册。

关于最低标准，一般有以下几项内容。

第一，遵守有关法规与条例，如消防法、卫生法、价格法、公共赔偿保险法等。

第二，饭店最低可出租的客房数。美国规定至少要6间，法国为5间，东南亚及太平洋地区和南亚地区为10间，荷、比、卢地区为4间。

第三，必备的条件与设施。饭店作为服务于公众的场所，所有的定级标准都规定必须保证清洁与安全。对设施与设备，一般都要有便于出入的途径，有一定的公共活动场所，有电话让客人与外界联系，有盥洗或沐浴间、公用卫生间、餐饮设施，客房必须保证通风，有合适的日常住宿用具。

第四，服务要求。除了职工要穿着得体、干净整洁、讲究礼貌、乐于助人的要求之外，至少要有接待、行李运送、保险寄存、代客寄送信件、呼唤、早餐供应以及最基本的医疗服务等。

1.3　饭店发展溯源

1.3.1　世界饭店业发展简史

1.3.1.1　商业性饭店设施出现以前

在人类尚未发明货币这种交换媒介之前，不可能有商业性住宿设施的存在。在那个时候，人们外出往往比较容易找到借宿或吃饭的地方，而且还是“免费招待”。就是在公元前6世纪之后出现了货币，贸易、旅行及其他宗教、文化活动不断发展的很长的一段时间内，免费接待过路的陌生人，被人们当作一种习惯，视为理所当然。那时候，人们出门不担心找不到住所。而对找上门来投宿的人，主人总是以礼相待，绝不图报。往往是只有在送客人走的时候，才打听客人的姓名，来自何地，去之何方。在古代，有些有钱的人甚至争抢留宿陌生过路人以为自豪。

随着人类社会的进步，生产力的提高，经济的发展，贸易也越来越兴旺，商业活动的范围不断扩大，由本地、本国向邻地、邻国或更远的地方扩展。在远东、中东和欧亚相连的大陆上，出现了以通商为主要目的骆驼队和其他形式的商队，于是就在这些商路上出现了专门为商队在途中过夜休息的住所。这些住所多是沿途国家的国王、地方首领或部落头人为鼓励和保护商队而下令修建的。这些住所的间距大约是商队一天行走的路程，在住所里，人与牲畜均可以得到安置，吃饱睡足第二天再赶路。

在古罗马时期这种官办的为商队服务的住所颇多，几乎所有商路沿线的城镇与村落中均有。当然，这些住所只是个歇脚之处，除睡觉吃饭之外，无其他服务而言。后来，由于经商的人越来越多，官办的住所难以满足需求，而且，有些住所的名声也越来越不好，偷、抢、拐、骗客人的事频频发生。

罗马帝国盛世之后，商贸活动大大衰落，为过路人预备的住所也随之大减。后来。为陌生行人提供住所的责任逐渐由宗教机构承担起来。到公元10世纪至11世纪时期，基督教把为所有陌生行人提供免费而无歧视的招待视为份内之事。一些慈善机构、寺院、庙宇也成了行人觅宿求助的地方。当然，这个时期也出现了一些为愿意出钱的人提供食宿的小店。

随着后来作为商业、文化与宗教中心的城镇的发展，贸易与其他活动的频繁，慈善与宗教机构难以应付这种对住宿设施日益增长的需求，一种商业性的住宿设施才应运而生。

1.3.1.2　西方饭店业发展的几个重要阶段

国外一些关于旅游与饭店研究的文献中，一般把西方饭店业发展的过程大体上分成4个重要的阶段，即客栈时期、大饭店时期、商业性饭店时期与饭店集团时期。

(1) 客栈时期

客栈，英文词为Inn，美国人称之为Tavern，是指乡间或路边的小旅店、小客店，供过往的客人寄宿之用。客栈要比饭店（Hotel）出现得早很多。国外研究人员在追溯饭店发展史时经常引用《圣经》上描写耶稣降生的故事。据《新约圣经》中《路加福音》第二章称，约瑟和他的妻子玛丽亚来到伯利恒时，玛丽亚的产期到了，就生下了她的头胎儿子，用布包起来，放在马槽里，因为客栈里没有地方。这里的客栈就是用的Inn这个词。

客栈是现代意义上饭店的雏形。从设施上讲，它的特点是规模小，设备简陋，多设在乡间或小镇，一般相距马匹一天可以行走的路程；从服务上讲，客人在客栈大家挤在一起睡觉，吃的也是和主人差不多的家常饭，除满足住宿者吃饭、睡觉与安全这些最基本的需求之外，客栈对客人无其他服务可提供，价格也很低廉。客栈是独立的家庭生意，客栈的房舍一般是家庭住宅的一部分，这个家庭就是客栈的拥有者和经营者，无其他专门从事客栈管理的人员。客栈的使用者多半是宗教或经商而外出的旅行者。

在西方，客栈时期一般是指12世纪到18世纪之间这段漫长的历史时期。客栈虽然作为一种住宿设施早就存在，但真正流行是在12世纪以后，盛行于15～18世纪。在这段时间里，以英国的客栈最为著称，欧洲其他国家（如法国、瑞士、意大利与奥地利等国家）的客栈也相当普遍。自然，后期的客栈有了很大的改善。实际上，在许多地方，18世纪的客栈不仅仅是过路人寄宿的地方，也成了当地的社会、政治与商业活动的中心。

(2) 大饭店时期

一般认为，欧洲第一个真正可以称之为饭店（Hotel）的住宿设施是在19世纪初于德国的巴登－巴登建起的der badische Hof（有人译作巴典国别墅）。巴登－巴登是罗马时代著名的温泉疗养地，它吸引着许多王室显贵去旅游。和以往的客栈相比，这个饭店可谓富丽堂皇，洋洋大观。据英国人诺伐尔1936年撰写的《旅游业》一书记载，这个饭店有廊柱的大门厅，还有许许多多、大大小小的厅堂，有一个带楼厅与活动舞台的音乐娱乐厅，有一个装饰幽雅的大餐厅，并有图书馆和阅览室，有许多通风良好的客房，一个宽敞精美的罗马式浴池，还带有一个个小单间。饭店附设马厩、带游廊的花园、温室、喷泉和其他招人喜欢的东西。饭店向客人提供他们所需要的一切。

巴登－巴登饭店的出现引起了欧洲上流社会的普遍注意。尔后，许多国家争相效法，大兴土木修造豪华饭店。当时颇有代表性的此类饭店有1880年在巴黎建成的巴黎大饭店；1885年在拿破仑三世亲自授意下建成的巴黎另外一个规模宏大的卢浮宫大饭店；1874年在柏林开业的凯撒大饭店；1876年在法兰克福开业的法兰克福大饭店和1889年开业的伦敦萨伏依饭店。这个时候，欧洲出现了一位最有名的瑞士籍饭店业主里兹，他建造、经营的饭店以及他本人的名字，一下子变成了最豪华、最高级、最时尚的代名词。19世纪，特别是19世纪后期，大饭店变成了尽人皆知的世界上最高级饭店的同义词。

大饭店和客栈有着许多根本的区别。大饭店全都是建在最为繁华的大都市，规模宏大，建筑与设施豪华，装饰讲究，许多成为当代乃至世代建筑艺术的珍品。饭店的服务是第一流的，讲究礼仪，尽全力满足客人的要求。当然，使用饭店的人仅仅限于王室、贵族、官宦、巨富和社会名流。饭店价格昂贵，住饭店的人是为了炫耀身份、地位乃至权力。这些大饭店已是由一种公司的形式投资、经营，但投资人的根本兴趣并非是取得多少经济收益，而是取悦于社会上层，求得社会声誉，因此，他们也往往不大考虑成本。里兹任卢塞恩大饭店经理时，为了让客人看到一种奇妙的夜景，在附近山头燃起了篝火，并在对面山头上点燃蜡烛1万只。他为了创造一种威尼斯水乡的气氛，竟把饭店底层的餐厅注满水，摆上平底船，请来船夫唱起了船歌助兴。

在大饭店时期，饭店服务有了创新，被誉为“王之饭店主、饭店主之王”的里兹提出“客人永远不会错”的饭店经营格言。大饭店时期许多服务与经营的哲学，至今仍在一些大饭店，特别是欧洲（诸如瑞士、英国、法国等国家）的豪华饭店中当作遗训而代代相传、恪守不渝。

（3）商业饭店时期

19世纪是西方资本主义发展最快的时期。经济的繁荣促进了各种各样的商务活动的开展，而交通运输工具的不断发展与更新，又大大刺激了为不同目的而旅游的活动。19世纪的中叶，英国人托马斯·库克在1841年发起了第一次通过广告广泛宣传的、有组织的铁路旅行团，这被认为是现代旅游业的开端，他本人被誉为现代旅行代理业的鼻祖。

19世纪是大饭店兴盛的时期。当时，西方不少国家的大城市中出现了专门为王室、贵族、巨富、名流服务的豪华大饭店。同时，在乡村也有一些设备相当简陋、服务极为有限的客栈。但是，这2种设施都难以满足当时日益增加的外出旅游者，特别是以经商为主的旅游者的要求。他们没有资格住进大饭店，但也不愿住在那些小客栈里。这中间似乎存在着一个空白。

于是，在20世纪初，美国出现了一个叫斯塔特勒的饭店业主。他以自己多年从事饭店业的经验和对市场需求的充分了解，立志要建造一种“为一般公众能承受的价格之内提供必要的舒适与方便、优质的服务与清洁卫生”的饭店。1908年他在美国巴法罗建造了第一个由他亲自参与设计并用他的名字命名的斯塔特勒饭店，实现了他多年的夙愿。这个饭店在建造、经营与服务等方面有许多创造，使人耳目一新。“一个房间一浴室，一个美元零五十”提法实为前所未有、闻所未闻。一间客房有一部电话，电灯开关安在屋门旁边，楼房各层设防火门，门锁与门把手装在一起等现在看来理所当然的做法均为他所创造，而且，水、暖、电管线都集中在一起的设计，至今仍被称作“斯塔特勒竖井”。他亲自制定《斯塔特勒服务守则》，他提出“对任何饭店来说，取得成功的三大根本要素是地点、地点、地点”的原则，他提出的“客人永远是正确的”的至理名言，至今仍然受到饭店业主们的推崇恪守，奉若神明。因此，斯塔特勒被公认为现代饭店的创始人，他建造的饭店被誉为世界现代商业饭店的里程碑。在他以后的美国著名饭店业主，如康拉德·希尔顿、欧内斯特·亨德森和凯蒙·威尔逊等和他们创建起来的希尔顿、喜来登与假日饭店集团均是受斯塔特勒的启发，根据他创造的原则搞起来的。20世纪初是这个饭店时代的开端。

斯塔特勒建造的饭店的特点是，服务对象是从事商业活动的旅游者，它的设施与服务项目讲求舒适、方便、清洁、安全与实用，而不是追求豪华与奢侈，收费合理，客人感到钱花所值。饭店的拥有者与经营者逐渐分离，经营者以盈利为目的。因此，他们格外讲究经营艺术，注意服务水平的提高，改善管理方法，降低成本以获得最佳利润，并开始向标准化、集团化迈进。

商业饭店时期是世界饭店史中最为重要的阶段，它从各方面奠定了现代饭店业的基础。这个时期也是世界各国饭店业最为活跃的时代。当时欧美诸国以及日本等都纷纷成立了为饭店建设筹集资金的金融机构，制定了管理饭店业的法规。各国相继成立了饭店协会与世界性的国际饭店协会，制定了行业规范，并为改善饭店管理艺术，培养管理人才而成立了一些饭店管理专门学校，其中有斯塔特勒慷慨解囊资助的美国康奈尔饭店学院，柏林的饭店管理学院，伯尔尼大学的饭店经济专业等。此时，不仅饭店业成了一个重要的产业部门，饭店管理也正式成了管理学的一个重要的独立分支。

（4）饭店集团时期

自20世纪50年代起，随着旅游业的发展，特别是国际旅游业的发展，世界上一些大的饭店公司以其自身的扩展，出售特许经营权与签订经营合同等办法，大力向国外扩展，逐渐形成了一个个使用统一名称、统一标识，在饭店建造、设施设备、服务程序、管理方法等方面实行统一标准，共同进行饭店促销、客房预订、物资采购与人才培训的大小不等的饭店集团。世界著名的饭店集团公司有：希尔顿饭店集团公司、喜来登饭店集团公司、凯悦国际饭店集团公司、威斯汀饭店集团公司、假日饭店集团，等等。这一时期饭店业发达地区并不仅仅局限于欧美，而是遍布全世界，特别是亚洲地区的饭店业从20世纪60年代起步并发展至今，其规模、等级、服务水准、管理水平等方面毫不逊色于欧美的饭店业。在美国《机构投资者》杂志每年组织的颇具权威性的世界十大最佳饭店评选中，亚洲地区的饭店往往占有半数以上，并名列前茅，如泰国的东方饭店、香港的丽晶饭店。

现代新型饭店主要布局在城市中心、旅游胜地、公路边、机场附近等地方，主要面向大众旅游市场。其特点是规模扩大，连锁经营和饭店集团占据越来越大的市场；类型多样化，开发了各种类型的住宿设施；服务综合性强，提供住、食、行、旅游、通信、商务、康乐、购物等服务。

1.3.2 中国饭店业发展简史

中国的饭店业发展经历了古代饭店设施、近代饭店业和现代饭店业3个主要发展阶段。

1.3.2.1 中国古代饭店设施

中国最早的饭店设施可追溯到春秋战国或更早的时期，唐、宋、明、清被认为是饭店业得到较大发展的时期。中国古代住宿设施大体可以分为官办设施和民间旅店2类。

古代官办的住宿设施主要有驿站和迎宾馆2种。驿站制始于商代中期，止于清光绪年间“大清邮政”的兴办，有三千多年历史。驿站是中国历史上最古老的一种官办住宿设施，开始专门接待往来信使和公差人员。到了唐代，驿站广泛接待过往官员及文人雅士。

“迎宾馆”名称最早见于清末，是古代官方用来接待外国使者、外民族代表及商客，安排他们食宿的馆舍。在历代曾有“诸侯馆”“传舍”“蛮夷邸”“四夷馆”“四方馆”“会同馆”等称谓。迎宾馆适应了古代民族交往和中外往来的需要，对中国古代的政治、经济和文化交流起到了不可忽视的作用。

古代民间旅店作为商业的重要组成部分在周朝时期就已出现，被称为“逆旅”。它的产生和发展与商贸活动的兴衰及交通运输条件密切相关。在春秋战国时期，农业生产的进步，促进了手工业和商业的发展，频繁的商贸活动增加了对食宿设施的需求，为民间旅店的发展提供了市场，至战国时期，民间旅店业已经初步形成。秦汉2代是中国古代商业较为兴旺发达的时期，民间旅店业也得到了很大的发展。汉代以后，诸多城市发展成为商业都市，城市的管理制度及城市布局也发生了变化，从而导致了民间旅店进入城市。隋唐时期，经济空前繁荣，旅店业也得到了很大的发展，旅店遍布繁华街道。明清时期，民间旅店业更加兴旺，由于封建科举制度的进一步发展，在各省城和京城出现了专门接待各地应试者的会馆，成为当时饭店业的重要组成部分。

1.3.2.2 中国近代的饭店业

由于帝国主义的侵入，中国近代出现了带有半殖民地、半封建式的社会经济，在饭店业除了传统的旅店之外，也出现了西式饭店和中西式饭店。

西式饭店是对19世纪初外国列强侵入中国后，由外资建造和经营的饭店的统称。这类饭店在建筑式样、设施设备、内部装修、服务与经营对象及方式等方面都与中国传统旅店不同。西式饭店规模宏大，装饰华丽，设备先进，经营管理皆来自殖民国家。接待对象主要以来华外国人为主，同时也是当时上层社会人物、达官显贵聚会的场所。西式饭店是帝国主义列强侵入中国的产物，完全代表帝国主义的利益，为帝国主义的政治、经济、文化侵略服务。但在另一方面，当时西式饭店经营者中，有不少人受过饭店经营的专业教育和训练，他们把当时欧洲饭店的建筑风格、设备配置及经营管理理论和方法带到了中国，对中国近代饭店业的发展起到了一定的促进作用。

西式饭店的大量出现，刺激了中国的民族资本向饭店业投资。中西式饭店就是由中国的民族资本投资兴建的一大批中西风格参半的新式饭店。这类饭店在建筑式样、店内设备、服务和经营方式上都受到西式饭店的影响，在经营体制方面也仿效西式饭店的模式。至20世纪30年代，中西式饭店的发展达到鼎盛时期。中西式饭店将欧美饭店业经营观念和方法与中国饭店经营环境的实际相融合，为中国饭店业进入现代新型饭店时期奠定了良好的基础。

1.3.2.3 中国现代饭店业的发展

中国现代饭店业的发展可以分为以下几个阶段。

（1）由事业单位招待型管理走向企业单位经营型管理

1978年以前，我国大部分饭店是事业单位，在财政上实行统收统支、实报实销制，服务上只提供简单的食宿，谈不上满足客人的各种需要。经营上没有指标，也没有计划，饭店既没有压力，也缺乏活力，因而根本不可能满足旅游发展的需要。1978～1983年旅游行政管理部门重点围绕3个方面开展工作：使我国饭店业从招待型管理转轨为企业化管理型；提高饭店管理水平和服务质量；提高管理者素质。在总结和推广当时一些饭店先进经验的基础上，提出了饭店应在经济性质上实现企业化；在管理上建立岗位责任制，在经营上增加服务项目，开展多种经营；在管理队伍建设方面，着手抓管理者的培训和知识更新。经过几年努力，使一大批原来的事业单位初步实现了企业化，饭店经营水平有了明显变化，服务质量有了显著提高。

（2）由经验管理走向科学管理

1984年，国务院批转了国家旅游局《关于推广北京建国饭店经营管理方法有关事项的请示的通知》，百家饭店学"建国饭店"的活动把中国饭店业的内部体制改革推向了一个新的高度。富于活力的人事、劳动制度和总经理负责制得到了贯彻执行，新旧体制开始转换，饭店由经验管理走向科学管理，从而标志着中国的饭店业迈向现代化。

（3）推行星级评定制，进入国际现代化管理新阶段

中国饭店业为了与国际惯例、规范接轨，开始推行星级评定制。1988年8月，国家旅游局正式颁布了《中华人民共和国旅游涉外饭店星级标准》，开展涉外饭店星级划分与评定，从而标志着中国饭店行业走向成熟。尽管我国的星级评定制比世界晚了二十多年，但相比之下，中国的星级划分评定制更加完善、更加严密。

（4）建立饭店管理公司，饭店走向专业化、集团化

1994年，国家旅游局审批公布了16家饭店管理公司，标志着饭店行业走向专业化、集团化。专业化、集团化是全球性潮流，外国饭店集团化已十分成熟，形成多家世界著名的饭店管理集团。一些外国知名的饭店管理集团已在我国管理了几百家饭店。几十年来，我国饭店业也积累了丰富的管理经验，培养了一大批管理人才，为我国饭店管理集团的发展奠定了基础。

（5）管理的法制化趋势

管理的法制化是饭店发展的客观需求和必然趋势。发达国家已有诸如《饭店法》或一些统一的规定来规范饭店的经营管理。在我国由于目前尚缺少相应的法律规范，致使饭店企业无章可循，客人投诉无门，处理无法可依，给饭店的正常经营管理带来了消极的影响。今后将着重加强法制规范的建设，从建立健全法规、标准、规范着手，逐步完善，形成科学、严密的饭店法规体系。

1.4 饭店集团

1.4.1 饭店集团的类别

世界各地的饭店集团发展到今天。已经变得相当复杂，其种类也特别繁多。

(1) 从饭店集团的饭店地区分布来区分

从饭店集团的饭店地区分布来区分，有国内饭店集团与国际饭店集团。国内饭店集团的饭店都分布在一个国家境内。在欧洲，这样的饭店集团颇多，但其规模比较小，或者比较特殊。在东欧许多国家，虽然那里的饭店集团限于在国内拥有或经营饭店，但其规模都比较大。如保加利亚的巴尔干饭店集团，捷克的切多克旅游公司皆出现在世界50家大饭店集团名单上。国际饭店集团又分区域性与全球性2种。总部设在澳大利亚的南太平洋旅游公司已有饭店44家，客房8000余间，分布在澳大利亚、新西兰、斐济、西萨摩亚等南太平洋诸国，是这一区域最大的饭店集团。假日饭店集团、喜来登、希尔顿等饭店集团，它们的饭店遍及世界各地，是全球性的国际饭店集团。

(2) 从饭店集团的所有制形式来区分

从饭店集团的所有制形式来分，又有国有饭店集团与私营饭店集团之分。国有饭店集团中有像俄罗斯及其他东欧国家一些饭店集团那样，完全由国家投资，由国有公司进行管理、经营。新西兰、印度、马来西亚等国家所建立的由国家投资（或以国家投资为主），由一个国营公司管辖并经营的饭店集团。这2种饭店集团虽然有很大区别，但其所有权基本上都归国家所有。在私营的饭店集团中，有一部分仍属某个家族或私人公司所有。比如，美国的凯悦国际饭店集团在美国境外经营着45家饭店，但它仍由美国普里茨柯尔家族所直接拥有。英国伦敦的帝国伦敦饭店集团是一个经营着6家饭店的家族饭店集团，甚至饭店集团需要的所有食品皆由其自营的农场供应。但是，绝大部分大型的国际或国内饭店集团则为上市公司，通过公开发行股票，变成由股东所有的公司，也称公营公司。

(3) 从集团内饭店的特点来区分

从集团内饭店的特点来区分，还有豪华饭店集团、经济型饭店集团或商务饭店集团、度假休养地饭店集团等多种类别。英国的萨伏依饭店集团是一豪华饭店集团，拥有的9家饭店大都在伦敦的白金汉宫与特拉法加广场附近，个个都有一段显赫的历史。在世界最佳饭店50名中，英国有6个，而这个集团就有4个。这个集团的9家饭店皆属世界一流饭店组织的成员。而美国的六元汽车旅馆、特佳8号汽车旅馆、泰国的250俱乐部等，都是以汽车旅馆或中小型饭店为主的经济型饭店集团。假日饭店最初是以适应家庭旅游者为主要对象，以汽车旅馆为主体的中档饭店集团，就是它的海外饭店也大多为三星级饭店。喜来登、希尔顿则以城市大饭店为主体，以商务旅游者为主要客源，以高档饭店而著称。总部设在法国的地中海俱乐部，则是一个十分特殊的饭店集团。它的饭店多在世界各地风光秀丽的风景区，或海滨、或山地、或林中，是以当地传统建筑形式为饭店特色，以体育、娱乐为主要活动项目，以十分融洽的宾主关系为特殊风格的度假地饭店集团。

（4）从业务范围或经营方式来区分

从业务范围或经营方式来区分，有的集团本身就是一个饭店集团，既拥有部分饭店，也以租赁、合同的方式管理一些饭店，并出售特许经营权；也有的饭店集团，本身不拥有任何饭店，而是一个专业的饭店管理公司。

1.4.2 饭店集团的隶属关系

目前饭店集团规模各异，标准不同，且隶属关系也十分复杂。这自然与饭店业发展有很大关系，也和世界各地经济发展、旅游业的发展及其他具体情况相关。尤其随着饭店投资日益增加，竞争日趋激烈，经营饭店的风险也越来越大，促使饭店交易频繁，使饭店集团的隶属关系也时刻处在变化中。饭店集团的隶属关系有如下几种类型。

（1）航空公司是真正老板

旅游的发展与交通工具的不断更新有着直接而密切的关系。民用航空运输的繁荣，特别是大型喷气客机的出现，大大推进了国际旅游业的发展。旅游者的增加，饭店需求量的扩大，引起了航空公司对住宿业的兴趣。它们利用自己的优势，飞机飞到哪里，就把饭店建到哪里。旅游者向哪里去，就在哪里建饭店。甚至在它计划通航或其他潜在目的地，都采用提前修建饭店的方法占领市场。因此有很多航空公司拥有自己的饭店集团。例如，美国环球航空公司拥有希尔顿国际饭店集团；泛美航空公司曾拥有洲际饭店集团；美国联航拥有西方国际饭店集团；德国汉莎航空公司拥有凯宾斯基饭店集团；法国航空公司拥有子午线饭店集团；英国航空公司拥有科普索恩饭店集团；北欧航空公司拥有 SAS 国际饭店集团；英国的金狮航空公司有自己的金狮饭店管理集团；巴基斯坦航空公司拥有明哈尔饭店集团；西班牙航空公司有胡萨饭店集团；意大利航空公司有阿尔饭店集团；日航有日航饭店公司等。另外，一些大的航空公司还与其他公司联合经营饭店集团，也有的购买大批饭店集团的股票，以控制这些饭店集团。

（2）大集团公司的子公司

国际上一些大型的集团公司、跨国公司，利用其财政与业务联系上的优势，相继进入到饭店业，控制了一些大的饭店集团。这些集团公司有的与饭店业有紧密的联系，比如，不动产业、餐饮业、娱乐业等，有的则毫不相干。英国巴斯酿酒业集团控制着假日饭店国际公司；美国的国际电话电报公司掌握着喜来登饭店集团；希尔顿国际饭店集团被经营不动产、零售业、赛马业与住宿业的英国拉德布罗克买下，成了它的一个子公司；瑞士的雀巢公司拥有美国的斯托弗尔饭店集团；美国卡迪纳尔实业公司拥有美国的骑士饭店集团；日本第一大饭店集团是经营交通、娱乐、零售与房地产业的东急集团公司的一个成员；中国香港的半岛饭店集团是香港与上海饭店联合公司的子公司，而香港与上海饭店公司经营房地产业、餐饮业与电车业。在一些国家中，铁路公司、汽车公司或海运公司也拥有自己的饭店集团。例如，英国的交通饭店集团与加拿大太平洋饭店集团就分属本国铁路公司所有；英国的丘纳德海运公司建起了丘纳德饭店集团。在欧洲与美洲，不少从事娱乐、消遣业的联合公司也有自己的饭店集团，把饭店业与相关行业紧密地联系在一起。有的国家银行、保险公司和其他行业也是某一饭店集团的拥有者。希腊国民银行就拥有一个由 11 家饭店组成的阿斯蒂尔饭店集团。

(3) 国家拥有饭店集团

许多国家为了促进旅游事业的发展，政府直接投资建造饭店，建立起国家旅游公司或饭店公司，拥有、经营饭店集团。许多东欧国家就是这样做的。这些饭店集团一般为国内饭店集团，有的也向海外发展。新西兰的新西兰旅游饭店集团为国家所有，它的饭店遍及城乡，直接为旅游者服务，包括提供当地的导游员。秘鲁由国家控制的秘鲁国民饭店公司是一个以二星、三星为主的饭店集团，它的饭店数达40多个，遍布秘鲁全国，特别是历史文化名城与重要旅游名胜区。

(4) 旅游批发商或代理商

旅游批发商或代理商是旅游活动的组织者，是联系旅游者与旅游相关行业的纽带。欧洲的一些大的旅游批发商或代理商建立起自己的饭店集团，以便于业务的开展。欧洲颇有影响的英国汤姆森旅游公司拥有汤姆森饭店集团，集团的饭店已伸延到南欧与地中海地区。瑞典的芬格莱萨、丹麦的佳尔堡雷松和瑞士的饭店计划旅行社都经营着自己的饭店集团。在俄罗斯与东欧一些国家中，旅行社是个综合性的旅游企业，它们拥有自己的饭店集团，统管以接待海外旅游者为主的旅游饭店或高档饭店。俄罗斯的国际旅行社经营着一个拥有100多个饭店的国际旅行社饭店集团。捷克的切多克饭店集团有饭店200多家，也是由切多克国际旅行社所有。

(5) 独立的饭店集团

有一些大的饭店集团，其本身就是一个独立的饭店公司，它们自己建造、购买饭店、经营饭店或出售特许经营权、受委托管理饭店。这些大公司或许经营其他生意，但均以饭店为主，它们的生意不仅在国内，也扩展到国外。英国的信任之家是英国最大的饭店集团，它是个以饭店业为主兼营餐饮与娱乐业的集团公司；法国地中海俱乐部是由海滩帐篷营地发展起来的以海滨休养地饭店为主的饭店集团；美国假日饭店公司则是以汽车旅馆发迹，又以出售特许经营权而得以迅速发展的饭店集团；马里奥特饭店集团也是世界上最大的国际饭店集团之一，它以饭店为主，兼营食品与餐饮业。

除上述几种类型之外，另外还有一种饭店集团，它们由私人所拥有，或家族世传，或兄弟合伙，但未上市，不向公众发布年度报告。美国的凯悦国际饭店集团是美国巨富普里茨克尔家族的财产，除凯悦国际饭店集团以外，还拥有木材、家具、房地产和其他控股公司。华美达饭店集团在被香港新世界饭店有限公司兼并之前，也是一家私人经营公司，是从20世纪50年代初由路边客栈发展起来的中档饭店集团。只是这样由私人经营的大饭店集团越来越少了。

1.4.3 饭店集团的形式

(1) 特许经营

特许经营指的是以特定的方式将所拥有的具有知识产权性质的名称、注册商标、成熟定型技术及客源开发预订系统和物资供应系统等无形资产的使用权，转让给受让者，以此获取经济效益。也就是说特许经营的转让方要向受让方提供品牌、生产及经营中必须遵循的方法和标准，提供组织及预订、营销方面的支持，从而确保业务有效运行，并定期对受让方进行检查，以保证市场中同一品牌的饭店产品保持质量的一致性。作为回报，特许经营者向特许权拥有者缴纳特许费用和其他费用。特许经营者实际上是饭店的投资者和经营者。对于跨国饭店集团而言，特许经营的优势在于以较少的资本投入，实现迅速的增长和扩张，而且在获得额外的收益或利润以及市场份额和市场潜力基础上可以避免直接投资的风险。一般的酒店集团大多使用特许经营总合同的方式，尽管这一形式有助于特许者特许理念的扩张和发展，但也可能导致管理层对质量失去控制，或者要承担特许权拥有者与经营者相互冲突的风险。这些冲突可能来自对势力范围、合同期限、质量保证、广告与酬金等的界定。特许经营模式与其他进入模式组合使用，可在一定程度上弥补这一缺陷。

特许经营权转让可分为：① 单一特许经营权转让，指受让方只经营一个企业；② 多单元特许经营权转让，指出让方给予受让方某一地区的发展权利和总体特许经营权转让。总体特许经营权转让是特许经营出让方与受让方公司签订一份特许经营的总合同，允许其在一定地区发展特许经营业务。

最早在饭店业使用特许经营的是凯撒·里兹。他在1907年就开始向纽约、波士顿、里斯本和巴塞罗那等地的饭店发展，使用它的品牌。近年来，特许经营得到了迅速发展。如精品国际饭店是世界上最大的特许经营公司，在世界上46个国家和地区拥有已开业和在建中的饭店、旅馆、全套房饭店和度假饭店5000多家，这些饭店分属于8个品牌。目前，精品国际所经营的饭店都采取特许经营模式。

（2）管理合同

管理合同是指通过合同约定的方式取得企业的经营管理权，运用法律约束的手段，明确委托人（通常指饭店管理公司）和受托人之间的义务、权利及责任，使合同约定的双方当事人的权益得到保护和落实。饭店管理公司一般可分为2种形式：一种是隶属于饭店集团的饭店管理公司；另一种是独立饭店管理公司。饭店集团一般都拥有一家饭店管理公司，对下属的饭店进行管理。独立饭店管理公司则不属于任何一家饭店集团，主要为独立所有饭店，在委托管理方面明确责、权、利的基础上，更容易发挥出技术专长和集约组合的影响力，更有助于追求和实现最优化的管理效益和经济效益。管理合同的雏形是20世纪60年代希尔顿集团同波多黎各合作时使用的利润共享租赁。后来这种租赁方式逐渐转变为现在的管理合同。

目前，各大饭店集团都采取管理合同这一扩张方式。饭店集团在扩张中的经营实践中呈现新的动向和趋势：管理费减少，合同期限缩短，管理公司股权参与，股东参与管理决策，股东的权利和义务的灵活性加大。喜达屋集团利用这种方式垄断了很多饭店，并把其收到旗下。此外，马里奥特国际、雅高、凯悦等集团也都有部分饭店属于此种管理合同方式。

（3）战略联盟

战略联盟也称动态联盟或网络组织，是由2个或2个以上共同战略利益的企业（或特定事业或职业部门），为共同开发或拥有市场、共同使用资源等目的，从而实现加强竞争优势的战略目标，通过各种协议、契约而结成的优势互补或优势相长、风险共担、生产要素水平式双向或多向流动的一种合作模式。近年来已经越来越得到理论界与企业界的关注。横向的、纵向的，甚至是非关联的旅游企业之间缔结战略联盟在国际旅游市场上是一种新型的竞争形势，在一定程度上已经改变了旅游市场的竞争格局。从本质上讲，战略联盟是一种介于市场与企业之间的特殊组织治理结构，而把其划分为股权式和契约式2种类型正是依据联盟成员之间的参与程度与结合的紧密度，即该种治理结构的严密度是由高而低进行的。

它往往是合作伙伴为了达到更大的竞争优势，自愿达成协议而建立的一种组织形式。战略联盟的不断增加导致了竞争的内在本质发生了变化，企业在加强竞争的同时开始实现越来越多的合作，合作能力成为竞争的重要内容之一，企业的个体竞争逐渐转变为联盟网络的竞争。1997年，希尔顿饭店公司和英国公司希尔顿集团公司正式结成一个全球市场营销联盟，是30多年来第一次把希尔顿的名字又一次与全球希尔顿的名字联系起来。希尔顿国际公司（现已完全为希尔顿集团所拥有的子公司）在1964年脱离了希尔顿饭店公司。希尔顿饭店公司继续在美国经营饭店，而康拉德国际饭店公司（希尔顿饭店公司的子公司）经营美国之外的饭店。在50多个国家有2000多个希尔顿、康拉德国际公司和美景饭店，而品牌重组进一步提高了希尔顿在世界增长最快行业之一饭店业的领导地位。

饭店集团战略联盟的形式较多，而且保持着一种较为灵活的反应机制。例如，饭店公司之间所建立的市场营销和预订系统，以获得一定地区的市场份额；同银行联合使用信用卡进行的分销和交叉营销；同航空公司之间的协议合作。当前战略联盟的范围主要包括3个方面：① 建立营销联合体，这也是当前采用最为广泛的联合形式；② 共同研发；③ 平衡投资，通过与技术研究的方式可以采取少量股权参与的合作形式。

（4）全资公司

全资公司是饭店通过独资设立或者收购途径，来拥有一家全资的子公司。这种经营战略的优势在于公司拥有全部的产权和对子公司的控制权，采取这种方式进行投资经营时，必须考虑当地政治经济局面的长期稳定这一重要因素。不过对比特许经营及管理合同方式，受资本及特定地区的限定性政策的制约，由集团直接投资方式不可避免带有一定的局限，影响扩张战略的实施速度。因此，各饭店集团所经营的全资公司，往往是精致化程度比较高的饭店，通过自有经营的形式提升品牌价值，从这种意义上说，这也成为饭店集团实施其他扩张战略的基础所在。饭店服务作为一种特殊的终端消费商品，实行名牌战略会在吸引消费者的注意力、缩短消费决策过程中的同时也为各饭店带来了高于行业平均利润的收益，并为品牌的扩展和延伸提供了前提条件。名牌意味着向消费者长期提供一组特色鲜明的利益、文化和优质服务，品牌饭店在实行连锁经营时，利用消费者对品牌的认可和忠诚来克服地域差异方面的不足。如喜达屋集团凭借世界范围的对自己膳宿品牌的广泛认同，使其品牌在世界各大主要市场中都有着强烈的领导色彩。利用集团的这些膳宿知名品牌，喜达屋集团所实施的豪华高档品牌策略使其无论在吸引新客户或稳定老客户中都显得游刃有余，而集团从中也受益匪浅。喜达屋集团在高档市场上有着深远的影响力。集团的豪华高档饭店、度假村资产在世界范围内有着很好的布局。这些资产主要坐落在高层管理者认为极度需要豪华高档饭店和度假村的大城市和旅游胜地，这些地方适合饭店经营的地段较少且相对昂贵。

经营全资公司有2条途径 一是独资设立，品牌形成的时间较长；二是通过收购获得，通过战略性的收购行动，实现进入某些区域市场，这种方式便于在较短时间里形成一定的品牌优势和规模优势。

（5）长期租赁

采取长期租赁形式的集团公司在相当长的一段时间里要承担财务责任和对所租赁物业的控制，在饭店集团中通常被视为全资饭店的变形，并且在饭店统计中往往列为一栏统计。各饭店集团在经营中采取这种方式选取最佳地点经营饭店。雅高集团到2002年12月31日为止，采取租赁形式的饭店总数为1520家，占集团经营饭店总数的39.7%。马里奥特和希尔顿的一些饭店也是长期租赁来的。采取租赁形式需要向业主做出长期租赁承诺，因此必须在综合考虑选址、盈利能力以及租赁地区稳定的前提下做出租赁决策。

(6) 兼并和收购

并购包括横向并购和纵向并购与联合2种方式。其中横向并购是指在饭店及其替代产品之间实现跨地区、跨所有制或同地区饭店之间的并购，可以实现规模经营，增强饭店集团的市场竞争力。横向并购可以提高市场集中度、规范市场秩序、实现规模经济，并为饭店的所有者退出产业提供一个机制，有利于资源的优化组合。此外，并购企业通过向被并购企业转移管理优势或市场优势来产生一种协同效应，创造出新价值。纵向并购与联合是指通过纵向并购与联合，优势企业将与自己产品或服务有直接关系的上下游企业结成联盟，形成纵向生产服务的一体化，有利于相互沟通与融合，加强各个环节的相互配合，提高工作效率与服务质量，节约各相关环节的费用，从而提高经济效益。因此，纵向并购与联合可以增强饭店集团的产品组合能力和综合配套服务功能，获得共享和互补效应。

随着国际饭店业竞争的加剧，以及一些地区可供建造饭店的最佳地点的缺乏，各大饭店在国际竞争中越来越采取兼并和收购的扩张策略。通过进入新的市场，开发新品牌以及延伸原有品牌，实现集团的战略意图，获得比其他方式更快速度的增长。1990年，品质国际饭店更名为精品国际饭店。精品国际通过收购经济饭店和友谊饭店，使公司饭店增加了710家，客房增加了52 000间，饭店总数达到2300家，客房总数224 000余间，分布在19个国家，这些举措使精品国际的规模扩大了45%。实现了迅速扩张的目的。

自1982年，马里奥特购得豪斯特国际公司，开始了马里奥特的并购活动。同年，马里奥特购得基诺公司，并将其改名为罗伊罗杰斯。1987年，马里奥特购得住宅客栈公司，通过公平的形式，客栈进入了中低档饭店业。1995年，马里奥特又购得丽兹·卡尔顿饭店公司。1997年，马里奥特购得复兴集团并引进城镇套房。1999年，马里奥特购得商务公寓住房建筑公司。

各大饭店集团所采取的扩张方式，基本上是他们在本国内比较喜欢的模式，如精品国际采取特许经营协议的方式，而马里奥特和希尔顿则比较喜欢管理合同的方式。同时由于世界上不同地区的政治经济环境差异，使得集团公司更愿意采取非股权经营的形式。

1.4.4 饭店集团的优势

饭店集团在世界各地的兴起与发展，数量由少到多，规模由小到大，范围由一个国家扩展到一个区域乃至全球，这个事实的本身就足以表明饭店集团有很强的生命力，有其他单个、独立的饭店所难以比拟的优势：可以充分地发挥集团的规模经营优势，减少重复、浪费，提高效率。具体地说，饭店集团的优势表现在如下几个方面。

(1) 财务优势

饭店集团有能力更好地开拓、利用集团内外的财源。一方面，饭店集团内部可以集中使用一定的资金，帮助集团内某些饭店克服因刚刚开业资金短缺，或因季节差异或其他突发性收入占支出的波动造成的暂时困难；在集团外部，担保人与证券认购者对饭店集团的信任胜于某单个的饭店，使它更有可能方便地得到某些机构的大额借款，且条件优惠。这样使饭店集团有能力购买或新建饭店，对现有饭店进行改造，有能力及时地采用最新技术，增加新的服务项目，从而能赢得时间，抓住机会，在同行竞争中处于有利的地位。

（2）市场营销优势

各具特色的饭店云集，使饭店业的竞争日趋激烈，要想赢得客人，就必须不断地向市场提供信息，不断地进行形式多样的促销宣传活动。但是，大范围的促销活动，全国乃至更大覆盖面的广告宣传，其费用是相当昂贵的，单个的饭店很难做到。如果是一个集团就可以实现。一方面它有可能集中一部分资金，发动促销攻势；另一方面，它的广告费用可以由其成员分担，这显然要经济得多。饭店集团作为一个群体，它有着统一的名称、标志、相类似的设施与服务标准，因此，通过宣传便于在市场上留下深刻的印象，效果显著。而饭店集团内各饭店的公共关系、广告宣传与促销活动在宣传本饭店的同时，又会强化整个饭店集团在公众中的形象，再加上饭店集团所使用的预订系统完备、高效，更有利于集团内各饭店之间的相互促销与宣传。

（3）采购优势

饭店集团内标准化程度高与其规模大的特点，使之便于发挥集中采购的优势。饭店设施设备标准化便于维修，旅馆消费品如床单、香皂与其他卫生用品、文具、餐具、家具等标准化便于更换和补给。这两方面的标准化，使饭店集团可以集中大批量地向生产商订购或采购，从而有可能得到优惠价格或其他条件，比单个的、小批量的交易要经济得多。而且，对于一些新产品和多种类型的同一产品，集团可以先在某一个饭店或单独的中央试用中心进行先期试验，从中择优选佳后，再在集团内广泛采用，这在一般独立的饭店也是难以办到的。除了直接预订与采购优势之外，由于集团的规模，使它有可能建立为全集团的服务设施，可以做到既方便，又降低成本。许多饭店集团建立的食品生产中心、维修中心甚至洗衣服务中心，都发挥了很好的作用。

（4）预订优势

对于外出旅行的人，特别是公务旅游者来说，事先预订到满意的房间是头等大事。对饭店来说，有了可靠的预订，更有利于经营。因此，一些大的饭店集团都在预订上下工夫，或建立起自己独立的全国、全球性的客房预订中央控制系统，或与其他集团联合，使用共同的预订系统。通过这一系统，可以在世界各地本集团的饭店里办理对其他姊妹饭店的客房预订。目前，饭店集团系统越来越先进，如假日饭店集团、喜来登、希尔顿等国际集团，都开设免费预订电话，公众可以通过免费预订电话随时了解该集团内某饭店的客房出租情况。如果客人要预订，无需放下电话，便可知道自己将住在哪个房间，房价多少，设施如何。有的饭店集团，其客房预订的1/4甚至更多的是通过中心控制系统办理的。这也是许多集团拥有大量回头客人、商务旅游客人的重要原因。

（5）人才优势

现代饭店的设施五花八门，往往又是现代科学技术的集中反映，它的经营范围包罗万象，与社会的联系日益广泛，在许多方面需要更多的专门人才管理。但是单独的饭店无论如何也供养不起那么多的专家，有了问题只好求救于其他服务公司，这就难以保证及时、高效和经济。但饭店集团，从整个集团各饭店的实际需要出发，可以集中聘请各方面的专门人才，如工程技术、装潢、会计、促销、经济分析、人力资源管理、电脑技术、食品技术等方面的专家，为集团内各饭店服务。他们有专门的技术，了解集团整体的战略与经营状况，处理事故快，解决问题及时。

由于集团是一些饭店的集合体，实际上，经营着各个饭店的高级管理者，对集团来讲就是一个庞大的人才库。这些高级管理者，在各自的实践中不断增加才干，他们又可以通过集团内部人员的流动，完善、提高其管理水平。由于这些人才对集团的工作程序、标准、市场和总战略了如指掌，他们会在帮助新开业的饭店打开局面，走上正轨，为一些处于困境的饭店扭转局面、改善形象。

另外，各大饭店集团，从其集团的总体利益、未来发展与各饭店的实际需要出发，一般都有比较完善的培训系统。有的办起了自己的培训中心甚至饭店管理学院，培养饭店所需要的各类人才，及时不间断地对在职员工进行培训，以便使员工知识不断更新、提高管理与技术水平，改善整个员工队伍的素质，适应新形势的发展。

（6）抗风险优势

饭店集团，特别是大型的国际饭店集团，由于它的饭店分布地域广，产品品种多，因此，使集团有较强应变能力与抗风险能力。处于某一地点、服务于某一特定市场的单独的饭店，由于季节的变化或其他风波，可能受到很大的打击。有些功能比较单一的饭店，如会议饭店，就有此风险。但作为一个饭店集团，一种风险造成的损失，可能由另一种机遇所补偿；一个地区饭店生意不佳，会由于另外地区饭店兴旺所补足。1980 年，法国政府出于对国家外汇储备减少的担心，对法国人出国旅游携带的外汇数额加以限制，但由于遍及世界各地的法国地中海俱乐部集团可以使用法国法郎结算，在法国人出国人数减少的情况下，它的饭店收入反而上升，从中受益。当然，由于饭店集团在财务上的优势，使其有能力敢冒一些别人不敢问津的风险，捕捉一些难得的机会。

1.5 饭店发展现状与趋势

我国饭店业是从国家改革开放政策中受益最多的行业之一，在旅游六大要素中的位置令人瞩目，在以往的 30 年里，饭店业走在了全国各行业的前列。新的世纪，我国饭店业的发展将是全方位的，变化也将是深刻。我们将从以下几个方面探讨饭店业的现状与发展趋势。

1.5.1 国际饭店业现状与发展趋势

饭店业作为旅游产业的核心，其发展与全球旅游业的总体发展态势密不可分。近年来，全球饭店业格局基本确定，欧洲、北美、东亚三足鼎立的格局仍将继续，欧美饭店集团的霸主地位难以改变。

1.5.1.1 国际大型饭店集团占据行业重要地位

（1）主要饭店集团规模不断扩张

据世界旅游组织统计，全球前 200 家饭店集团拥有的客房数在全球饭店业中的比例一直稳定在30%左右，并呈上升趋势。全球主要饭店集团的发展与世界经济全球化的趋势是一致的。经济全球化意味着全球性的战略协作和全球化竞争。饭店产品具有品牌和规模效应，产品和服务向更大市场延伸有利于饭店集团增强应变能力和获取竞争优势。

(2) 国际化扩张趋势明显

饭店业国际化起步较晚，一般认为，从第二次世界大战结束以后，饭店业才开始了国际化经营的步伐。但是，这一进程的速度是惊人的。其总体特点是：饭店集团涉足国家的多少基本与该集团客房规模相吻合。例如，饭店数和客房数居全球前10位的集团分别有7个和6个排在涉足国家数排行榜的前10位。但不同饭店集团的国际化指数（等于涉及国家×母国之外客房数的比例）差异很大，与客房规模没有必然联系，如圣达特集团饭店数、客房数均全球第一，但其国际化指数仅为0.79。

(3) 普遍实行多品牌战略

在没有实行多品牌战略以前，由于每一家饭店的市场定位不同，同一品牌的饭店往往提供的是差别极大的产品，这严重地模糊了消费者对饭店形象的认知。为了解决这一问题，许多饭店集团采取在不同的细分市场采用不同品牌的多品牌战略，使每一类饭店有自己独特的品牌和标识，和饭店集团内的其他饭店区分开来。例如，品质国际共有3个不同的品牌系列：舒适客栈是经济型饭店；品质客栈则是中档饭店；集团中的高档饭店品牌是皇家品质。马里奥特则是采用了很宽的产品品牌线，庭院饭店和仙境客栈专门面对对价格敏感的中低收入者；马里奥特饭店则是高档饭店、度假饭店、长期停留饭店；公寓客栈则针对延长停留型客人；侯爵饭店主要面对豪华消费的旅游者。

1.5.1.2 饭店业普遍采取多样化的资本经营战略

(1) 并购

1981年大都会公司兼并洲际饭店拉开了饭店业并购活动的序幕，从此饭店业的并购风潮一直没有平息。近年来国际饭店业更是盛行大规模的兼并收购活动：1996年殷勤特许集团以1.7亿英镑收购福特集团的“北美旅行之家”品牌，1997年同CUC国际兼并，成为圣达特集团；1996年格兰纳达公司以39亿美元收购福特集团；喜达屋1996年以18亿美元收购威斯汀饭店集团，1997年以102亿美元收购ITT；1997年马里奥特以10亿美元收购复兴集团，使其美国之外的规模扩大了1倍；1998年巴斯集团以29亿美元从塞桑集团手中购买洲际饭店公司，等等。

国际饭店集团近年来的并购活动除并购频繁、次数多、价值大的基本特点外，还具有以下3个主要特点。

第一，中高档饭店的并购案多于低档饭店。由于当前中高档饭店市场前景看好、投资回报高，因此饭店集团并购案中交易活跃的是中高档饭店。前文中并购活动所涉及的基本上是以经营中高档饭店为主的国际饭店集团。

第二，强强联合。大多数并购活动发生在全球饭店集团排行榜前40名之间。巴斯集团、马里奥特集团、喜达屋集团等的并购活动均属此种类型。

第三，并购形式多样。由于金融创新，国外饭店集团近几年的并购活动采取了多种形式，如股权交换式并购（饭店通过增加发行本公司的股票，以新发行的股票交换目标饭店的股票，达到并购目的）、杠杆收购（饭店通过大量向金融机构借贷或发行高利率的风险债券筹集资本，收购目标饭店）等。

（2）战略联盟

战略联盟指2家或2家以上公司为了达到某些共同的战略目标而结成的联盟，成员发挥各自优势进行合作并共担风险。战略联盟可采取多种形式，如相互持股、出售-回租、在管理及营销等具体项目上合作并签订协议等。

1997年，不少国际饭店集团与其竞争对手建立了战略联盟，如引人注目的假日集团与布雷斯托集团之间的战略联盟，布雷斯托集团购买假日集团的60家饭店，聘请假日集团管理，并以本公司股票的形式支付对方。这样，假日就成为布雷斯托1/3的股东，而布雷斯托集团则成为假日集团最大的特许权授让方。

出售-回租也是国外饭店集团重要的战略联盟形式。为减轻债务、盘活资产、扩张品牌，许多饭店集团将饭店卖给地产信托投资商或其他饭店集团，然后再租赁回来。如总部在达拉斯的PMC公司是一家地产信托投资公司，1998年初以0.73亿美元的价格购买了30家艾姆雷豪斯特饭店，然后回租给艾姆雷豪斯特；艾姆雷豪斯特向PMC公司交纳10年期的租赁费730万美元。

（3）时权经营

时权，是购买某一特定度假单元公寓房每年某一特定时期的使用权，这种使用权可在特定系统内转让和交换。目前国际上许多饭店公司纷纷开展时权经营业务。如马里奥特公司，其时权经营部仅16年历史，1996年销售额已达3亿美元，比1995年上升了40%；时权行业新手希尔顿度假村1996年的销售额为7800万美元，比上一年上升了60%。

（4）特许经营

特许经营始于20世纪50年代，是饭店扩张中易获利又相对便宜的方法。假日集团是应用特许经营最成功的例子。目前国际著名饭店集团大多采用这一方式进行扩张。

（5）管理合同

管理合同使饭店集团以较少的投资快速扩张。大多数饭店集团，如假日、希尔顿、凯悦、马里奥特、雅高、巴斯、喜来登等都通过管理合同形式得到迅速发展。世界上不同国家和地区饭店集团的扩张方式的一些统计数据见表1-3。

表1-3 不同国家和地区饭店集团的扩张方式 %

国家和地区	所有并管理	租赁	拥有部分股权的管理合同	没有股权的管理合同	特许经营	总数
法国	39.1	0.6	0.5	19.0	40.8	100
德国	46.3	7.5	0.9	16.8	28.5	100
意大利	56.5	3.0	0.4	19.4	20.7	100
西班牙	90.4	0.0	1.6	4.6	3.5	100
英国	84.8	9.7	0.5	3.9	1.1	100
欧洲汇总	56.4	4.8	0.7	15.31	23.0	100
美国	10.4	0.3	1.1	24.8	63.4	100
加拿大	9.3	0.5	3.1	18.4	68.7	100
美洲其他地区	26.0	7.5	2.0	28.85	36.0	100
美洲汇总	10.9	0.6	1.2	24.6	62.7	100
亚洲	12.5	0.8	6.8	66.7	13.2	100
世界其他地区	16.6	7.9	2.6	69.7	3.2	100
全球汇总	20.0	1.7	1.4	26.5	50.4	100

1.5.1.3 经济型饭店发展迅速

近10年来，经济型饭店在欧美地区发展迅速，许多经济型饭店公司都是单一品牌、单一细分市场（经济型市场）类型的企业，成为大饭店公司扩张的重要对象。许多大的饭店公司为了进入经济型饭店这一细分市场，对主要的经济型饭店联号进行购并。除了希尔顿、凯悦和最佳西方等少数主要经营高档饭店的饭店集团以外，世界上规模最大的饭店公司基本上在其品牌系列中都包括了1个甚至多个经济型饭店品牌。圣达特、马里奥特、雅高等几家排名在世界前10位的饭店公司都拥有众多的经济型饭店。其中，圣达特的2个经济型饭店品牌的客房数相加占了圣达特所有房间数量的一半；而雅高的5个经济型品牌的饭店数量占了雅高所有饭店数量的3/4左右。

1.5.2 中国饭店业现状及发展趋势

1.5.2.1 中国饭店业现状

据《2004年中国星级饭店统计公报》，2004年，我国星级饭店数量继续保持适度增长。到2004年末，全国共有星级饭店10 888家，比上年末增加1137家，增长11.7%；拥有客房123.79万间，比上年末增加24.50万间，增长24.7%；拥有床位236.66万张，比上年末增加47.89万张，增长25.4%。

2004年，随着我国旅游业的全面恢复振兴，全国星级饭店的经营情况也越来越好。全年营业收入总额为1238.67亿元，比上年增加255.51亿元，增长26.0%；上缴营业税71.07亿元，比上年增加21.55亿元，增长43.5%。

（1）全国星级饭店的构成情况

按注册登记类型划分 在全国10 888座星级饭店中，国有饭店为5482座，占全国星级饭店总数的50.3%；集体经济饭店为1007座，占9.2%；外商投资饭店为190座，占1.7%；港澳台投资饭店为341座，占3.1%。以上4种注册登记类型的饭店，共占全部饭店的64.5%。此外，联营、股份制、私营等其他注册登记类型的饭店共有3868座，占全部星级饭店总数的35.5%。

从客房间数来看，在全国星级饭店拥有的123.79万间客房中，国有饭店共有63.01万间客房，占全国星级饭店客房总数的50.9%；集体经济饭店共有9.72万间客房，占7.9%；外商投资饭店共有4.10万间客房，占3.31%；港澳台投资饭店共有7.88万间客房，占6.37%。以上4种注册登记类型的饭店客房占全部饭店客房的68.4%。其他注册登记类型的饭店客房共有39.08万间，占全部饭店客房数的31.6%。

按规模划分 ① 客房数在500间以上的饭店125座，共有10.55万间客房，占全国星级饭店客房总数的8.5%；② 客房数在300~499间的饭店389座，共有14.29万间客房，占全国星级饭店客房总数的11.5%；③ 客房数在200~299间的饭店822座，共有19.70万间客房，占全国星级饭店客房总数的15.9%；④ 客房数在100~199间的饭店3245座，共有43.61万间客房，占全国星级饭店客房总数的35.2%；⑤ 客房数在100间以下的饭店6307座，共有35.62万间客房，占全国星级饭店客房总数的28.8%。

按星级划分 截至2004年底，全国共有：① 五星级饭店242座，共有8.74

万间客房，占全国星级饭店客房总数的7.1%；② 四星级饭店971座，共有22.22万间客房，占全国星级饭店客房总数的17.9%；③ 三星级饭店3914座，共有49.54万间客房，占全国星级饭店客房总数的40.0%；④ 二星级饭店5096座，共有39.08万间客房，占全国星级饭店客房总数的31.6%；⑤ 一星级饭店665座，共有4.21万间客房，占全国星级饭店客房总数的3.4%。

(2) 分地区的星级饭店情况

全国10 888座星级饭店分布于31个省、自治区、直辖市，具体情况如下。

按拥有星级饭店的座数排列 位居全国前10名的地区是：① 广东1067座；② 浙江901座；③ 云南747座；④ 江苏638座；⑤ 北京602座；⑥ 湖北541座；⑦ 山东497座；⑧ 辽宁445座；⑨ 四川429座；⑩ 湖南400座。

按拥有星级饭店的客房间数排列 位居全国前10名的地区是：① 广东13.42万间；② 北京10.85万间；③ 浙江9.12万间；④ 江苏7.80万间；⑤ 上海7.11万间；⑥ 云南5.79万间；⑦ 辽宁5.35万间；⑧ 四川5.13万间；⑨ 湖北4.51万间；⑩ 河南4.37万间。

(3) 全国星级饭店的客房出租率情况

2004年，全国星级饭店平均客房出租率为60.62%，比上年提高4.48个百分点。其中：五星级饭店的客房出租率为65.97%，比上年提高9.69个百分点；四星级饭店的客房出租率为65.98%，比上年提高6.68个百分点；三星级饭店的客房出租率为61.57%，比上年提高4.41个百分点；二星级饭店的客房出租率为57.14%，比上年提高3.41个百分点；一星级饭店的客房出租率为50.92%，比上年提高2.26个百分点。

按注册登记类型划分 2004年，在全国10 888座星级饭店中，国有饭店平均客房出租率59.24%，比上年提高4.19个百分点；集体企业饭店57.92%，比上年提高3.11个百分点；股份合作饭店62.94%，比上年提高6.31个百分点；联营饭店62.13%，比上年提高7.55个百分点；有限责任饭店63.99%，比上年提高3.69个百分点；股份有限饭店65.22%，比上年提高5.73个百分点；私营饭店61.68%，比上年提高5.56个百分点；其他内资饭店58.04%，比上年提高2.42个百分点；港澳台投资饭店67.83%，比上年提高10.13个百分点；外商投资饭店68.94%，比上年提高13.2个百分点。

按规模划分 ① 客房数在500间以上的饭店平均客房出租率为67.88%，比上年提高13.13个百分点；② 客房数在300~499间的饭店平均客房出租率为65.11%，比上年提高8.25个百分点；③ 客房数在200~299间的饭店平均客房出租率为63.35%，比上年提高5.52个百分点；④ 客房数在100~199间的饭店平均客房出租率为60.70%，比上年提高3.75个百分点；⑤ 客房数在100间以下的饭店平均客房出租率为58.12%，比上年提高3.65个百分点。

按地区划分 2004年，按客房出租率高低排列，位居全国前10名的地区如下：① 湖南72.88%；② 上海68.89%；③ 浙江68.01%；④ 江苏66.44%；⑤ 宁夏66.09%；⑥ 江西65.10%；⑦ 贵州64.99%；⑧ 北京64.64%；⑨ 安徽63.67%；⑩ 河南62.78%。

(4) 全国星级饭店的营业收入情况

2004年，全国星级饭店共实现营业收入为1238.67亿元，比上年增加255.51亿元，增长26.0%。

按注册登记类型划分　2004年，国有企业饭店营业收入518.62亿元，占营业收入总额的41.87%；集体企业饭店营业收入90.03亿元，占营业收入总额的7.27%；股份合作饭店营业收入22.92亿元，占营业收入总额的1.85%；联营饭店营业收入9.01亿元，占营业收入总额的0.73%；有限责任饭店营业收入206.06亿元，占营业收入总额的16.64%；股份有限饭店营业收入67.45亿元，占营业收入总额的5.45%；私营饭店营业收入81.70亿元，占营业收入总额的6.60%；其他内资饭店营业收入17.23亿元，占营业收入总额的1.39%；港澳台投资饭店营业收入133.53亿元，占营业收入总额的10.78%；外商投资营业收入92.11亿元，占营业收入总额的7.44%。

按规模划分　2004年，客房数在500间以上的星级饭店年营业收入133.59亿元，占营业收入总额的10.79%；客房数在300～499间的饭店年营业收入203.43亿元，占营业收入总额的16.42%；客房数在200～299间的饭店年营业收入205.80亿元，占营业收入总额的16.61%；客房数在100～199间的饭店年营业收入352.03亿元，占营业收入总额的28.42%；客房数在100间以下的饭店年营业收入343.81亿元，占营业收入总额的27.76%。

按地区划分　2004年，按营业收入多少排列，位居全国前10名的地区如下：①广东273.19亿元；②北京160.98亿元；③上海138.20亿元；④浙江101.95亿元；⑤江苏83.27亿元；⑥山东50.86亿元；⑦辽宁43.55亿元；⑧四川35.78亿元；⑨河南33.17亿元；⑩湖北28.95亿元。

(5) 全国星级饭店上缴的营业税金

2004年，全国星级饭店共上缴营业税金71.07亿元，比上年增加21.55亿元，增长43.5%。

按注册登记类型划分　国有饭店上缴营业税金27.33亿元，占上缴总额的38.45%；集体企业饭店上缴营业税金6.16亿元，占上缴总额的8.67%；股份合作饭店上缴营业税金1.32亿元，占上缴总额的1.86%；联营饭店上缴营业税金0.57亿元，占上缴总额的0.80%；有限责任饭店上缴营业税金12.98亿元，占上缴总额的18.27%；股份有限饭店上缴营业税金3.82亿元，占上缴总额的5.38%；私营饭店上缴营业税金5.69亿元，占上缴总额的8.01%；联营饭店上缴营业税金0.98亿元，占上缴总额的1.37%；港澳台投资饭店上缴营业税金7.74亿元，占上缴总额的10.89%；外商投资饭店上缴营业税金4.48亿元，占上缴总额的6.31%。

按规模划分　客房数在500间以上的饭店上缴营业税金6.78亿元，占上缴总额的9.54%；客房数在300～499间的饭店上缴营业税金12.51亿元，占上缴总额的17.61%；客房数在200～299间的饭店上缴营业税金12.44亿元，占上缴总额的17.51%；客房数在100～199间的饭店上缴营业税金22.26亿元，占上缴总额的31.33%；客房数在100间以下的饭店上缴营业税金17.07亿元，占上缴总额的24.02%。

按地区划分　上缴营业税金位居全国前10名的地区是：①广东14.59亿元；②北京8.95亿元；③上海6.70亿元；④浙江6.10亿元；⑤辽宁4.95亿元；⑥江苏3.68亿元；⑦山东2.88亿元；⑧河南2.74亿元；⑨四川1.98亿元；⑩福建1.89亿元。

（6）全国星级饭店的全员劳动生产率

2004年，全国星级饭店的全员劳动生产率为8.57万元/人，比上年增加1.29万元/人。

全员劳动生产率位居全国前10名的地区是：① 上海18.35万元/人；② 广东16.14万元/人；③ 北京13.31万元/人；④ 浙江9.25万元/人；⑤ 江苏9.06万元/人；⑥ 辽宁8.16万元/人；⑦ 新疆7.63万元/人；⑧ 天津7.45万元/人；⑨ 吉林7.13万元/人；⑩ 河南6.92万元/人。

（7）全国星级饭店的员工人数

截至2004年底，全国星级饭店拥有员工144.61万人。星级饭店员工人数位居全国前10名的地区是：① 广东16.93万人；② 北京12.09万人；③ 浙江11.02万人；④ 江苏9.19万人；⑤ 山东7.79万人；⑥上海7.53万人；⑦ 河北6.91万人；⑧ 云南6.52万人；⑨ 湖北5.48万人；⑩ 四川5.46万人。

1.5.2.2 中国饭店业发展趋势

（1）集团化、品牌化成为必然趋势

从国际饭店业和中国饭店业的现状分析，可以看出，当今的饭店经营已经进入利用集团化、品牌化优势不断进行扩张的新阶段。集团化、品牌化的优点体现在：饭店可以通过规模经营来实现规模经济，通过品牌延伸、产品线延伸及多角化经营来实现范围经济，通过产品服务标准化及管理模式的重复使用，来获得经验曲线效益，通过品牌忠诚建立，获得客人终身价值。其中，集团化是基础，品牌化在很大程度上依赖于集团化。

我国饭店集团的成长目前主要有以下几种模式：① 行业内企业在政府协调下自愿或非自愿地以合作为主要目的企业集团；② 地方政府最早成立的以资产为纽带的企业集团；③ 旅游业之外的大集团、大公司进入饭店业组建的饭店集团；④ 通过国有资产划拨成立的地区性旅游集团中的饭店集团。目前，我国饭店集团化比较注重解决企业资产重组和股权控制问题，国际饭店集团用得最成功的非投资性的“特许经营”和“委托管理”并不普遍。要想加快我国饭店集团化的步伐，必须在这些方面做进一步努力。

（2）具有国际水准的经济性饭店成为新的趋势

随着国民生活水平的日益提高，中国公民的国内旅游迅速发展。而交通条件（特别是高速公路里程的快速增长）和有薪假期的实施，更进一步刺激了国内旅游。对中国旅游者而言，多数对高档饭店消费不起，而大部分低档饭店的设施卫生、服务条件太差，又难以入住。现在缺乏的是中、外客人需要的、符合国际标准的经济型饭店。未来需求趋势是装修朴素、干净卫生、设施便利、价位适中的经济型饭店，这将成为国内游客所看重的饭店业的类型。加入世界贸易组织后不同层次的国际交往增多，这也构成了经济型饭店发展的市场空间。

我国现有经济型饭店数量不小，但不论是经营管理的专业化水平，还是企业的效益都不理想。从我国饭店业的现状看，在高档饭店领域，外资饭店将继续保持优势，内资饭店大多集中在中低档领域。而在中低档领域，外资饭店还未采取行动。具有国际水准的经济型饭店将成为未来竞争和建设的重点。

（3）饭店业的新的发展投资点将逐步西移

1999年，中央做出了西部大开发的战略部署，将加大对西部的资金投入并对西部给予政策倾斜，积极吸引外部和东部资金进入西部，预计今后西部地区的非消遣性旅游者的数量将大幅度增加。另外，中国中西部地区具有较为丰富的旅游资源，一些地区的旅游业发展速度很快。随着良好的国内旅游和入境旅游发展势头，一部分饭店投资将有可能从东部、南部地区转向中西部地区。随着中西部经济的进一步发展以及旅游资源的进一步开发，中西部的饭店业将会进一步发展，成为中国饭店业的新的、最有希望的增长区域。

【思考题】

1. 如何理解饭店的含义？
2. 简述饭店的功能。
3. 简述饭店的特点。
4. 简述目前较为流行的饭店分类。
5. 饭店分级的意义何在？
6. 简述目前国际上采用的饭店等级制度与表示方法。
7. 试述世界饭店业发展简史。
8. 试述中国饭店业发展简史。
9. 简述中国饭店业的发展趋势。
10. 饭店集团的类别有哪些？
11. 如何理解饭店集团的隶属关系？
12. 举例说明何谓特许经营？
13. 举例说明何谓管理合同？
14. 举例说明何谓战略联盟？
15. 举例说明何谓全资公司？
16. 举例说明何谓长期租赁？
17. 举例说明何谓并购？
18. 简述饭店集团的优势。

【经验性训练】

调研当地3~5星级饭店的类型及其主要特点

【概述】

调研当地3~5星级饭店，根据饭店提供的资料，将饭店分类，总结所调研饭店的主要特点，并与饭店的类型比照，分析饭店的特色是否明显。为此学生们将分成若干个小组。

【步骤】

1. 按学号将学生分成5人左右为一组的若干小组。
2. 各小组选举产生小组长；小组长负责组织本次调研任务。
3. 组织学生上网查阅相关资料，各小组分别确定并上报指导教师本次活动的计划。计划内容包括：调研的时间、饭店名称、饭店的地理位置、行车路线、饭店的等级、饭店经营特色等。
4. 授课教师批准学生的计划，并与学生已经确定的饭店取得联系，以便学生能够顺利地进行下一步工作。
5. 各小组成员到所确定的饭店进行实地调研，方式自行确定。
6. 根据调研饭店取得的资料，将饭店分类，总结所调研饭店的主要特点，并与饭店的类型比照，分析饭店的特色是否明显。由各小组组长执笔，写出一份调研报告。
7. 上交调研报告，授课教师审阅后做总结。

【案例分析】

世界著名饭店集团进入中国试水期概况

截至1990年，国际饭店集团在中国大陆的布局已见雏形。中国有句俗话“万事开头难”，纵观这些世界著名饭店集团踏入中国的脚步，其中不乏成功的喜悦和受挫的艰辛。这些饭店中20世纪80年代中、后期进入中国的饭店集团占绝大部分。我们可以看到在当时的世界饭店业各大集团在拓展新的利润增长点和开发中国这一饭店业“处女地”的驱使下开始争夺中国大陆市场。在进入中国市场的初期，各大集团并没有盲目强进，而是待到中国政策稳定、经济发展有所成效之后才开始小规模地“试水”。表明他们对中国大陆的市场还是保持“谨慎乐观”的态度。虽然各饭店集团在进入中国之前无不经过了细致的市场考察和分析，但进入初期还是遇到了很多困难。

案例表1　1989~1994年合资饭店与国有饭店经营情况比较　亿元

年份	旅游饭店总收入	经营总利润	合资饭店收入	合资饭店经营利润	国有饭店收入情况	国有饭店经营利润
1989	113.3	4.4	46.6	3.0	62.0	7.4
1990	138.8	4.0	30.3	3.1	69.9	8.3
1991	188.7	—	87.9	—	93.1	9.5
1992	264.8	109.3	128.7	—30.7	15.2	14.6
1993	406.7	38.4	194.2	15.0	181.9	22.2
1994	548.3	53.8	272.1	30.7	243.1	21.7

通过案例表1对合资饭店经营情况的了解，我们可以看出在1993年之前外资饭店还是处于对新市场环境的适应和培育阶段，这主要表现在以下3个方面。

1. 对中国当时的经济制度和企业内部体制认识不清。当时的中国刚从计划经济转变为社会主义市场经济，在思想意识方面对西方资本主义制度下产生的管理模式持怀疑的态度，不敢主动接受。而社会主义市场经济这一新生事物对于外方也是充满了神秘感。在这种情况下也就很难做到“将相和”。

2. 以上的饭店集团大多采用委托管理的方式进入中国大陆，试图让中国大陆成为其低成本扩张的又一市场。从其自身利益考虑主要是为了回避风险，尽早占据大陆的饭店业市场份额。但以这种形式在当时的市场上运作就很容易因所有权归属以及思想意识和行为方式上的差异给管理带来困难。

3. 对中国大陆当时的市场消费能力的预期与现实有所偏差。当时中国饭店业市场的消费主体是在华的外籍投资者和企业招待人员。这些客人对于饭店的档次要求较高，所以高端饭店市场在资源相对匮乏的情况下经营比较顺利。而20世纪80年代中期中国的人均国民生产总值较低，国内旅游根本无法开展，虽然人口众多，但是真正有中档饭店消费能力的人数却寥寥无几。这种情况就造成了中国饭店业在高端和低端市场之间形成断档，而这一市场又是饭店投资者的“鸡肋”。

万豪国际集团对中国市场的考察

纵观世界著名饭店集团在进入中国时的历程，无不经历了细致的考察并为此花费了相当的精力和财力，为其进入后的投资经营打下了良好的基础。万豪国际集团在1994~1995年间，组成由多数华裔参加的中国市场调查小组，历经广泛、详细、周密的调查分析与推断，形成了上百页的中国市场对策报告，并形成了进入中国市场的初步计划。隶属于升达特集团的豪升国际饭店集团也自1993年以来便致力于对中国饭店业的全面考察。经过考察他们发现，中国饭店业存在的普遍现象，即虽然有着相当良好的基础，但发展到一定阶段后，就很难进一步拓展，有的甚至出现了滞后的状况。虽然在20世纪80年代初期不断有国际化的饭店管理公司进驻中国市场，但大量的聘用外籍人员却给企业带来了沉重的经济负担。从而确立了他们介入中国市场的宗旨：“希望将70余年积累的‘豪生’专业化饭店管理体系，结合中国的国情，开拓一个新的国际品牌管理公司管理中国饭店的模式。”

凯悦和雅高的尝试与探索

国际饭店集团进入中国的初期也都遇到了来自各方面的困难和阻力，综合起来主要有以下几方面。

1. 改革开放之初，中国人刚与外国人接触，在信任感上有所缺乏。凯悦集团经历的2次短暂的试探，最终因为和业主的沟通不畅，而变得非常尴尬。委托专业饭店管理集团经营这种方式，国内的业主也有些不习惯。往往提出这种疑问："我出钱，你来管，赚我的钱还不能干涉你，算怎么回事?"

2. 当时中国饭店业刚刚起步，所以当时的业主代表大多也不专业，从而造成许多的误解。凯悦集团在考察中还遇到，中方业主要求总经理一定要派外国人，因为没有一个外国人在那里充场面，就不像一个国际饭店。

3. 在进入中国市场时对中国当时的消费能力的考虑有所局限。例如，雅高集团首先将其国际三星级商务品牌"诺富特"原版"拷贝"到中国2家饭店（相当于国内的"四星级"）。尽管诺富特在法国仅相当于经济型饭店，然而对中国而言，离大部分中国人的生活还是太遥远。虽然90年代初，雅高将其五星级品牌"索菲特"引入中国市场，但先入为主的"诺富特"三星级形象却对其形成一定的局限。

香格里拉独特的进入方式

世界著名饭店集团在进入中国市场的方式上大多选择合同管理或委托经营的方式，以减少风险。但是在投资学上公认的"风险收益正相关"规律认为：只有敢于冒风险才会有较大收益。香格里拉饭店集团就是第一个在中国吃"带资管理"这只螃蟹的饭店集团。这一经营形式的确定，为香格里拉饭店集团今后在大陆的迅速发展奠定了良好的基础。香格里拉饭店集团拥有杭州香格里拉酒店45%的股权，也正式开始了在内地的带资管理。

各集团在投资项目的选择上也是颇费苦心的。其中香格里拉饭店集团的投资选择较有特色，香格里拉饭店集团1984年改建的杭州饭店是1956年建成的老饭店，曾是当年毛泽东主席到访杭州时下榻的饭店。他们选择的合作伙伴是浙江省旅游局（即现在的浙江旅游集团公司）。在进入中国市场时香格里拉在地区的选择上选择了杭州这一比邻上海的旅游胜地，既占尽了天时地利，又避免了在北京、上海等大城市"群雄逐鹿"的竞争局面。然后，在饭店的选择上，选择了当地较有名气的杭州饭店并带资改建。这样饭店集团在对该饭店的管理上就掌握了较大的主动权，而且借助饭店曾经有国家领袖居住的独特背景为以后饭店在国内的经营建立了很好的本地环境，并将内地市场单独设立为中国区，负责投资饭店运营及管理、写字楼与饭店式公寓物业租赁等。

【案例思考题】

认真阅读上述案例，谈谈国际饭店集团进入中国对中国饭店集团发展有哪些启示。

【本章推荐阅读书目】

1. 世界旅馆旅馆世界．张广瑞．中国经济出版社，1999.

2. 饭店职业经理人职业资格培训课程．吴旭云．辽宁科学技术出版社，2003.

3. 饭店管理概论．黄震方．高等教育出版社，2002.

第 2 章

饭店管理者

【本章概要】

本章重点讲授饭店管理者的基本素质，并对饭店管理者应该具备的能力进行了详细的阐述。

【学习目标】

- 掌握饭店管理者应具备的基本素质；
- 掌握饭店管理者应具备的能力要求。

【关键性术语】

指明目标原理、协调目标原理、命令一致原理、直接管理原理、沟通联络原理、激励原理、决策行为、风险决策、边际分析法、效用论、期望值、博弈论、线性规划、正式沟通、非正式沟通、反馈、社交能力、口头表达能力、文字表达能力、创新能力、头脑风暴法、德尔斐法、类比法、移植法、自我控制。

【章首案例】

饭店业杰出的领导者——比尔·马里奥特

老J·比尔·马里奥特创建了马里奥特公司，但公司能发展到今天的规模，取得如此的成功要归功于他的儿子小比尔·马里奥特。比尔·马里奥特现任马里奥特（万豪）国际股份有限公司的总裁兼首席执行官，他继承了父亲注重亲身体验和走动式管理的领导风格。甚至公司发展到了一个拥有1500多家饭店的大集团以后，他仍然保持着这种工作作风。马里奥特父子认为了解公司运转正常情况的最可靠的途径是亲耳听到、亲眼看到这一事实。比尔每年要乘飞机旅行24万km，走访马里奥特的各家饭店。

马里奥特的管理风格是以“员工第一，客人第二”的信条为前提。只有在员工对自己的工作满意、有信心、感兴趣的情况下，他们才能很好地为客人提供服务。马里奥特不仅注重员工培训、医疗福利，甚至帮助解决员工子女的看护问题或移民方面的问题。公司开通了一条热线，员工无论遇到什么样的问题和麻烦都可以拨打这个电话寻求帮助。当公司需要管理者时，马里奥特会优先从公司的记时工中挑选，从而有效地调动了这一群体的积极性。

马里奥特成功的另一块奠基石是在员工中提倡团队精神。公司已经形成了一种鼓励相互协作重于个人兴趣的工作氛围。公司雇用并提升那些乐观、投入、注重亲身体验、渴望融入公司文化的管理者。马里奥特在“公司致谢日”表彰出色的员工。这一天安排聚会、竞赛、特殊奖励，公司还要向协作者表示衷心的感谢。

2.1 饭店管理者的基本素质

饭店管理者必须具备基本的素质，才能领导企业取得竞争优势。这种基本素质是领导一个饭店企业的先决条件和工作基础。

2.1.1 知识素质

饭店管理者的能力大小、水平高低，很大程度上取决于其知识水平的高低。饭店管理者要求是多面手，其知识必然也应具有多面性。具体包括以下几方面内容。

（1）专业知识

作为特殊的综合性专业人才，饭店管理者应该具备相应的专业知识。这种知识包括3个层次的内容：必备知识、应有知识和扩展知识。

必备知识 是第一层次的知识，即管理和经营的基本知识；是饭店管理者履行职责不可缺少的知识、必须掌握的知识。

专业知识 是第二层次的知识，即与饭店经营管理相关的知识。作为饭店管理者，必须具备与经营饭店相关的专业知识，否则很难承担职责、完成任务。饭店管理者应该拥有丰富的饭店管理知识和对饭店标准的高度认识，才能在短时间内统一经营思想并形成高绩效的管理团队。

扩展知识 是第三层次的知识，即有助于饭店管理者提高管理能力和自身素质的知识。具备此类知识可使饭店管理者提高工作效率。饭店管理者应尽可能地博览群书，拓宽知识面，开阔视野、拓展思维和提高修养。

（2）行政技能

以电脑及现代网络技术应用为基础的行政能力是饭店管理者必备的素质之一。在现代饭店管理中，编制年度营业预算、市场营销计划、月度工作报告及各种行动计划是中高级饭店管理者日常工作的主要内容之一。我国饭店管理者这方面的能力普遍比较薄弱，不但影响工作效率，也是妨碍其成为高级管理者的原因之一。

（3）外语能力

良好的外语能力也构成了饭店管理者应具备的知识素质的内容。英语是目前世界范围内的工作语言，目前我国饭店管理者驾驭英语的能力总体上相对薄弱，这对应用沟通技能为主的高级管理者来讲会形成沟通障碍，影响工作绩效。

2.1.2 个人素养

（1）良好的职业道德

除了与饭店管理相关的专业知识、能力外，对饭店管理者而言更重要的是职业道德的树立和维护。作为一个饭店管理者，需要恪守原则、坚持真理、尊重客观规律，并通过经营管理和劳动组合来创造尽可能好的经济效益和社会效益。维护饭店利益、实现股东投资价值最大化应该是饭店高层管理者的唯一目标，不能为了个人利益损害饭店利益、为了短期利益损害长期利益。一个不讲行规，没有职业道德的人哪怕有再大的能力，最终都会被市场所淘汰。

（2）敬业的工作态度

合格的饭店管理者从入行开始就将在饭店业的职业发展作为其终身追求的目标，其工作目的更多的是一种自我价值的实现。如果不把利润最大化，就是未尽职责。做不到这一点，就称不上是一个真正的饭店管理者。饭店管理者应该具备良好的敬业精神，具有高度自律性。对各项规章制度更要身体力行。饭店业是365天24h运转的行业，超长超时工作，随叫随到，就是对饭店管理者的基本要求之一。现阶段国内饭店高层管理者等价交换、按酬付出的倾向普遍存在，先谈职位的晋升，再有绩效的表现。典型的想法是给多少钱，出多少力。这些做法都与合格饭店管理者的要求相违背。

(3) 开拓进取、追求完美

饭店管理者善于思考，长于总结，并且始终多渠道了解、跟踪行业潮流和趋势。应该根据形势，不断地进行调整，力求完美。饭店管理者不会因个人的见解妨碍客观地看待问题。当寻求解决问题的某种方法时，应尽可能多地听取意见以避免判断失误。每一次的管理经营饭店的机会都应是追求完美的新起点、新挑战，都是发展自己的契机。

经典语录

● 善于经商的能力，从某种角度来讲是天生的。

● 做事情成功率高有诸多因素，但最主要的是自信心、意志力与能力。

● 善于交际有利于谈判成功。

● 魅力是指吸引人的特点，个性是指与众不同的特点。

● 风险与获益成正比例关系，风险越大，获利越大，反之越小。

● 人的个性、领导风格的不同，表现为解决问题的方式不同，民主型、外向型的人习惯于集体商议，而独立性强、内向型性格的人则善于自己解决问题。

● 获取信息的目的是为了利润，因此必须保证信息的准确。

● 要不断开拓进取，就要不断寻找新客户。

● 不同性格的人对陌生人的态度有很大差异。内向的人不轻易相信别人；外向的人很容易与别人相处；独立性强的人，能自己观察体验；盲目的人则听他人劝告。

● 学会区分人与事，会使你一生获益匪浅。

● 宽容了别人也就宽容了自己。

● 鼓励对方讲话需要一定方法、技巧，最简单的是倾听。

● 说服人可采用多种方法。

● 个性不同，选择的答案可能相反。

● 方法得当才能消除反对意见，否则适得其反。

● 心理学研究表明，人们寻常说不出厌恶或喜欢别人的原因，就是感情因素在起作用。

● 人们常习惯于先入为主地下结论，这是个坏习惯。

● 情急之中，常能见到人的本来面目。

● 对同一问题采取不同的处理方法，一方面是个人经验；另一方面也反映了不同的个性心理。

● 能听取别人意见属明智之举，主动征求别人意见则更难能可贵。

● 压力能否变为动力，取决于人对压力的反应。

● 兴奋与激动乃人之常情，即使大智慧者在大是大非上也难保持平静。

● 名片在现代交际中的作用是十分重要的。

● 威胁别人是缺乏修养，也是黔驴技穷的表现。

● 说话的方式不同，表达的意思会有很大差异。

● 如果你能做到这一点，你就能影响别人。

● 喜欢听不同意见，看事物才能更全面；善于处理不同意见，才会获得成功。

● 当机立断与深思熟虑是相对而言的，如果条件允许，应选择后者。

2.2 饭店管理者的能力提升

2.2.1 组织能力

2.2.1.1 饭店管理者驾驭全局的能力

饭店企业的生存与发展，饭店管理者是主要的，有时甚至是决定性的因素。相同的企业，相同的环境条件，因为有不同的管理者，饭店企业的经营情况就会出现明显的差别。而管理者能否驾驭全局尤为关键。有驾驭全局能力的管理者一般应具有以下特点。

(1) 管理者具有全能型管理能力

只有具备“全能型”的管理能力，才能在饭店企业建立起“全能型”的管理体制，才能在解决各项重大问题时，调动全饭店的内部力量，做出正确的决策和促进决策按预期目标实施。

(2) 管理者具有较高的决策能力

要具备较高的决策能力，其核心是科学决策。科学决策关系到饭店企业生死攸关的大事，因此必须具有丰富的管理和驾驭全局的能力，以及决策才能。管理者要善于将丰富的科学综合能力和经营管理艺术有机结合，在复杂纷乱的事物中善于抓住最本质的东西，临机做出准确的决策。

(3) 管理者具有经营管理才能

饭店经营的特点决定了饭店管理者不仅要具有经营管理的经验，而且要善于应变和创新，精于核算和观察分析，是一位理论与实践结合的优秀管理者。

(4) 管理者具有沟通协调能力

饭店企业经营活动中，必定同社会各方面以及内部各部门发生各种各样的联系。以有效的方法、正当的手段、合适的途径与社会各方面建立良好的关系，对促进饭店企业经营决策活动的成功是有利的。同时协调好内部各部门之间的关系，也可以减少内耗，降低经营管理成本。

(5) 管理者具有知人善任的能力

调动饭店企业全体员工的积极性和创造性是每一位饭店管理者必须具备的能力。一个企业在大体相同的客观环境下，在竞争激烈的经营环境下取得长足的发展，关键因素在于饭店高层管理者能否知人善任，是否以人为本。

2.2.1.2 工作指导与管理方法

(1) 做好指导与管理工作的要求

指导与管理工作的实质是处理人际关系，即对人的因素进行管理，而这些问题涉及饭店企业中的每一位员工，因此饭店管理者必须学会如何对员工进行工作指导，并在工作中运用正确、科学的管理方法。

不断鼓舞员工的士气，构建和谐氛围 饭店管理者要经常地、不断地向员工宣传饭店企业的目标。这项工作如能有效，就能引起员工的热情、忠诚、信心和献身精神，即使在饭店企业面临极大困难的时候，员工也会始终全心全意地支持他们所信赖的饭店管理者的各项工作，从而促进目标的实现。因此饭店管理者自己要有坚定地实现目标的信念，有坚持不懈的精神，有百折不挠的意志，并把自己的信念、精神和意志体现在行为上，从而产生强大的影响力，始终保持高涨的士气，使饭店企业充满活力。

注意环境对员工的影响，管理员工需求 在饭店企业工作的员工，不是只与饭店企业中的人发生联系，员工也要与社会环境发生联系。这些影响可能有积极作用，也可能有消极作用，从而可能使员工产生超越饭店企业界限的需要。因此，在不影响饭店工作而能满足这些需要的限度内，应该尽量使员工获得满足。此外，还需注意饭店中非正式组织的存在，如果饭店员工的希望在非正式组织中得到满足的话，则会影响饭店管理者权力的实施，也可能会导致与非正式组织的对立，从而使管理工作难以正常进行。

充分调动员工的积极性，进行合理安排 充分调动员工的积极性，是每一位饭店管理者应做的工作，设法创造轻松、和谐、团结的内部环境，以促使员工全力以赴地工作。例如，在选拔、考评和晋升员工过程中，应该和员工个人的才能联系在一起，薪金和津贴应该和职责联系在一起；训练应针对员工的具体情况和学习的需要；委派工作则应考虑个人的能力。

(2) 指导与管理工作的基本原理

同其他管理职能一样，指导与管理工作也有其一般规律，以下是一些基本原理。

指明目标原理 是使员工充分理解饭店企业的目标和任务。这一工作越有效，就越能使饭店企业员工了解其目标，明确自己的职责，从而为实现目标做出贡献也越大。

命令一致性原理 即饭店管理者在实现目标的过程中下达的各种命令越是一致，员工在执行命令中发生的矛盾就会越小，饭店管理者与下属双方对最终成果的责任感也就越大。

协调目标原理 即个人目标与饭店企业目标若能协调一致，员工的行为就会趋向统一，从而实现饭店企业目标并取得效果。

激励原理 即饭店管理者越是能够了解员工的需求和愿望并给予合理满足，就越能调动员工的积极性，使之为实现饭店企业目标做出自己的贡献。

沟通联络原理 即饭店管理者与下属之间越是有效地、准确地、及时地沟通联络，整个饭店企业就越能成为一个真正的整体。

直接管理原理 即饭店管理者同下级的直接接触越多，所掌握的各种情况就会越准确，从而使指导与管理工作更加有效。

2.2.1.3 对员工实施有效的激励

激励本来是心理学的概念，把激励这个概念引进到饭店管理中，是赋予了新的含义的，即激励是一种精神力量或状态，起加强、激发和推动作用，并且指导和引导员工行为指向目标。饭店管理者不仅要研究某种动机是如何产生的，同时要研究如何促使被管理者产生某种特定的动机，如何引导员工为实现某一目标而努力奋斗。在指导与管理工作中，激励被视为重要的方法，目的就在于结合人力，运用技术，达到既统一意志，又个人心情舒畅，从而达到饭店企业目标的实现。

(1) 人性假设

人的基本需求是能够改变和引导的，由此可以使人们的满足能够达到圆满的程度。因此，应从4个方面进行工作，以求达到激励的目的。

第一，从研究和满足人的需求方面来调动饭店企业员工的积极性。研究员工的需求，目的就是在完成饭店企业目标的前提下，尽可能满足个人需求。只有当饭店企业目标与员工利益联系在一起时，才能充分调动员工积极性。

第二，从目标设置上研究如何调动积极性。目标的设置不是简单的事，要从目标设置上给员工以期望，由此激发其工作的动机。因而目标应该是鼓舞人心的，同时又不能脱离特定的环境，而且制定的目标要使员工感到切实可行，员工的积极性才能被调动，并保持较长时间的稳定。

第三，强化动机。对员工行为的肯定或否定都可引起强化作用。肯定是正强化，否定是负强化。员工的行为并不完全符合企业利益，因此，强化的作用就是使员工自觉地去维护饭店企业的利益，从而实现或满足个人的需求。

第四，及时反馈。管理者应时刻把握员工的目的，恰当地选择管理方式，以充分发挥激励的作用。

(2) 掌握激励工作艺术

激励的方式　激励方法是否有效，取决于是否找到了能够诱导员工进行工作，并较好完成工作的因素，同时还取决于员工的素质。这些因素是按照员工的需要和认识来定的，而员工的需要又是不断变化着的，因素在变化，因而激励的方法也就多种多样。常用的工作方法如下。

思想工作　进行思想工作的重要意义在于，能提高员工的觉悟，加强组织性、纪律性，努力学习，精通本职业务，掌握现代科学技术知识。只有通过深入细致的思想工作，才能有效地提高员工的觉悟，提高思想素质、道德素质。因此要强化下列10个观念：① 自觉工作的观念；② 经济效益观念；③ 正确的物质利益观念；④ 辩证观念；⑤ 效率观念；⑥ 信息观念；⑦ 竞争观念；⑧ 现代化观念；⑨ 系统观念；⑩ 科学观念。

奖励　对员工取得的工作成效给予奖励，会对员工的动机起到强化作用。因为员工看到了自己的成就，得到了尊重或取得了信任和社会地位。奖励包括物质奖励和精神奖励。物质奖励如奖金、晋升工资、奖以实物、提供生活条件，等等，这是基本需求。精神奖励如对于成效的认可、记功命名、表彰、授予称号、提级升职，等等，这是更高层次的需求。奖励方式多种多样，可依据员工取得的成绩和他们对不同需求追求的程度而定。物质奖励与精神奖励并用，再与思想工作结合起来，就能发挥最大的效用。进行奖励时要注意如下问题：① 奖励的方式要不断创新；② 对员工的奖励要通过一定的形式使其家属分享荣誉；③ 在奖励的同时，还要采用各种惩罚手段予以辅助，以教育那些采取与饭店企业目标背道而驰或阻碍实现饭店企业目标的个别员工。

员工参加管理　所谓参加管理是指在不同程度上让全体员工参加饭店企业决策及各级管理工作的研究和讨论，使员工处于平等的地位商讨饭店企业中的重大问题。这种方式可使员工感到管理者的信任，从而体验出自己的利益与饭店企业发展密切相关而产生强烈的责任感。同时，饭店管理者与员工在商讨饭店企业问题时，对双方来说都是提供了一个取得别人重视的机会，从而给员工以成就感。多数员工会因能够参加商讨而受到激励。

工作丰富化　工作丰富化是指试图把一种更高的挑战性和成就感体现在工作（职务）中。它不同于工作内容的扩大，它可以通过赋予多样化的内容而使一项工

作丰富起来。一般可用下列方法使工作内容丰富起来：① 在决定工作方法、工作秩序和速度等方面给员工以更大的自由；② 鼓励员工参与管理和员工之间的相互交往；③ 使员工对自己的工作有责任感；④ 采取措施以确保员工能看到自己的工作对饭店企业或部门所做出的贡献；⑤ 把工作完成情况反馈给员工，而且最好是在员工的基层主管得到这种反馈以前；⑥ 在分析和改变工作环境的物质条件方面，让员工也参加意见。

进行有效激励的要求 激励问题，对于饭店管理者来说，既简单又复杂。说它简单是指员工总是受到其认为可以得到报酬的激励而行动。在这种情况下，只需查明员工的需求，然后给予尽可能多的报酬就可以了。说它复杂是因为：① 有些人认为重要的报酬，在另一些人的眼中却不重要；② 对某人是重要的报酬，并不一定始终对某人具有激励作用；③ 在如何抓住各自工作取得成功的机会方面，是因人而异的。因此，一些人认为可能获得报酬的工作，另一些人却认为不可能。

为使激励取得效果，饭店管理者必须做到如下几点：① 在管理中应正确贯彻物质利益原则，促使员工关心自己的工作，以推动饭店企业的发展；② 坚持按劳分配原则，使员工通过工作，得到应有的报酬而不被他人所剥夺，从而更加激发生产热情尽责尽力地去工作；③ 随机制宜，创造激励条件。

饭店管理者的责任在于创造和维持一种有利于调动积极性的工作环境。创造这种有利于激励的环境则要做到：① 学会判断产生问题的原因。② 懂得激励的过程。卓有成就的激励应包括 5 个步骤：一是确定欲达到的目标；二是确定需要的企业资源；三是洞悉员工的需要；四是确定有效的激励因素；五是使饭店企业目标同员工个人需求达到平衡。③ 扩大饭店管理者的责任范围。④ 明确奖励制度。要结合实际制订出奖励标准，明确等级，允许员工接受工作之外的教育和劳务以及发展个人爱好等。⑤ 榜样的力量是无穷的。饭店管理者的言行若自相矛盾，员工必然对之失去期望，甚至观其行而仿效之。⑥ 避免消极因素。虽然有时员工缺乏积极性并不都是管理者的过错，但是，饭店管理者必须要注意到员工的消极情绪，找出消极因素，不能漠然置之。

2.2.1.4 管理艺术

一个饭店企业经营的成败，也就是能否实现既定的目标，关键在于管理者，尤其是高层管理者。饭店管理者必须掌握有关领导行为的理论，具有良好的管理者素养和管理艺术，才能更好地做好管理工作。

（1）具备正确的领导方法

作为一个管理者，不能够满足于画圈，做决定，发指示，而必须深入实际，倾听基层员工的呼声和建议，了解在贯彻这些决定、指示中发生的问题，指导和帮助基层管理者制订措施，督促解决，真正做到从实践中来，到实践中去。

互相交流认识，交换看法，拾遗补缺，减少片面性，尽可能做到全面地认识问题。同时要注意做到具体情况具体分析，用不同的方法解决不同的矛盾。

（2）加强修养，提高管理艺术

在履行指导与管理职能的过程中，饭店管理者要具备灵活运用各种管理方法和原则的能力与技巧，率领和引导员工克服前进道路上的障碍，顺利实现预定的目标。

管理艺术的内容 目前尚无统一的看法，归结起来，大体上有 2 种：① 把管理艺术视为履行职能的艺术，主要包括沟通、激励和具体指导的艺术，以及决策艺术、授权艺术、用人艺术等；② 把它视为提高管理者工作有效性的艺术。除上述内容外，还包括正确安排自己的工作和时间，处理好各方面的关系，以及吸引员工参与管理等。

管理艺术建立在饭店管理者个人的经验、素养和洞察力的基础上，讲求管理艺术，有助于提高工作的有效性，有助于密切管理者和员工的关系。在这样的环境中，将能够造成一个集中、民主、有纪律、有自由、统一意志、个人心情舒畅、生动活泼的工作局面。管理艺术对办好饭店企业起决定性的作用。

可借鉴的准则 作为管理者，必须具有足够的修养和管理艺术。以下一些基本准则，可以借鉴。

- 要理解与人为善的艺术：善良是力量的特征。
- 在任何时候都不要伤害工作人员的自尊心。
- 要永远放弃两面派行为：对下级一副面孔，对上级又是另一副面孔。
- 永远要以“您”称呼下级，别忘记说“请”字。
- 别惧怕新事物，要勇于创新。
- 查处任何过失时，在采取某些措施之前，要尽量耐心地听取过失者解释。
- 要学会听取意见，不要用刺激性话语打断工作人员的谈话。
- 请相信那些值得信任的人。如果一个人认真地完成受托的事情，不要用过多的提醒和指示使其难为情。请让其有机会安安静静地、不受干扰地工作。
- 对干得好的员工，要善于激励。管理者的激励话语是刺激员工尽力工作的最有效因素。
- 如果由于差错而必须申斥员工的话，请单独地找其面谈。绝大多数员工都很忌讳在自己同事面前受到责备，完全不允许在工作人员的下级在场的情况下申斥他。
- 要及时地向下级通报自己的设想和计划。这会在集体中建立共同努力、信任的气氛，有助于集体高高兴兴地去实现管理者的设想。

哈尔·罗森布鲁斯——罗森布鲁斯国际公司

哈尔·罗森布鲁斯国际公司成功的秘诀是“员工第一，客人第二”。他的这一立场非常坚定，并于1993年发表了一本相关的著作，名为《客人第二和优质服务的其他秘诀》。罗森布鲁斯希望通过提高员工的满意度来吸引人才、确保一流服务。他和他的同事们认为要想提高客人满意度，首先必须让员工满意，因为如若员工对公司和老板满腹怨言，他们又怎么可能全心全意为客人服务呢？

愉快的工作氛围是罗森布鲁斯国际公司的战略目标。员工的事无论大小都会得到认真对待，因为很可能是一些细枝末节影响了员工的工作情绪。在这方面，公司已经形成了一套可行的政策和具体做法。首先，公司认真挑选员工。罗森布鲁斯选择那些处事灵活、态度积极的人。“为人正派”是一条比文凭和工作经验更重要的录用标准。然后，公司利用新员工刚开始工作时的激情和好奇心理，向他们灌输公司的理念和价值观。在上岗的第一天，公司便送他们去设在费城的总部，向他们介绍公司的项目，让他们参与讨论一些诸如革新、开放性、领导艺术之类的重大的问题。为期2天的公司介绍结束时，哈尔·罗森布鲁斯亲自招待大家共进下午茶。

罗森布鲁斯公司推行开放的决策机制。员工有责任和义务直接向最高管理层提出意见和看法。公司提倡员工间的交流，共享智慧。实际上，公司每年都要组织一次意见征集活动，尽可能多地从员工那儿求得有创意的想法。管理者要接受专门的领导艺术培训以适应这种开放的环境。

罗森布鲁斯通过“哈尔热线”与他的员工保持着紧密的联系。每个职员都可以通过热线向他提出建议或发表意见。他还常与员工工作组会面，讨论一些重要话题，例如，如何提高员工的士气，使员工有成就感，保障愉快的工作氛围等。

员工满意的一个前提是能有晋升的机会。罗森布鲁斯公司鼓励每一个员工制订个人发展计划。主管人员据此来帮助每个人设计具体的实施方法。员工可以通过“我来做一天”的活动了解、体验他们感兴趣的领域和工作。他们甚至可以选择与罗森布鲁斯共度一天，看看总裁的一天是怎样度过的。已经有上百人这么做了。

“员工满意”给罗森布鲁斯国际公司带来了高额回报。罗森布鲁斯国际公司不断壮大，目前在世界各地设有1000多家分公司，销售额高达25亿美元。更重要的是，罗森布鲁斯的行为方式使公司吸引并留住了许多优秀人才。公司的人员流失率远远低于其竞争对手，而且还有成千上万名求职者寄函或打电话求职。

2.2.1.5 授权艺术

为了寻求服务质量的提高，饭店企业授予一线员工解决问题和向客人提供附加值的权力。授权不仅可以为饭店企业而且可以为员工带来许多的益处，如改进服务质量，增加工作满意度、对饭店的忠诚度、对他人的关心度、减少调离的意向等。

（1）创造授权环境

创造一个支持授权的环境是饭店管理者的职责。授权不是把权力真的交给另一个人，而是创造一个允许其他人做决策和承担责任的工作环境。通过授权，饭店企业逐渐让员工承担更大的责任，逐渐地从传统的管理系统转向授权管理。被授权的员工可以有更大的权力处理手头的工作。当客人有问题时，他们有解决问题的权力。他们也有权力发挥主动性，通过预期客人需求和提供超值服务来取悦客人。例如，一名被授权的行李员无意中听到一个客人向另一个客人抱怨礼宾部没有他最需要的那种治疗胃痛的药后，这名员工立即驱车到最近的一家药店，买到了药，并很快地把药送到了客人的房间。此时客人的惊喜是不言而喻的，客人不知道员工无意中听到了他的抱怨，当然就没有料到这项服务了。授权让这位员工独立做出了判断，免去了向主管汇报，得到许可后，再去为客人服务的过程。授权并不意味着委托责权，而是将责任与权力永久地交给一线员工。

在许多饭店企业中，授权被看作是领导和激励员工的最佳方式。如果有选择的话，员工大都喜欢在被给予更多权力的环境下工作。

（2）员工喜欢被授权的原因

- 员工通常比管理者想象的要更聪明、更能干；
- 每一位员工都希望被看作是企业的主人；
- 员工都希望在制订可能产生影响的决策之前被征求意见；
- 几乎每一位员工都希望能做好工作，并以自己的工作为荣；
- 员工都希望得到信任，希望在工作中拥有更大的权力和自由度。

（3）授权的范围

授权本身是个相当深奥的术语，不同的人有不同的理解。授权的真正含义是什么？研究人员一直致力于对授权和授权的组成部分进行明确的界定。以下是已界定的“授权”的4个特征。

意义　对工作职责的要求与一个人的信仰、价值观和行为相吻合，即一项活动的目标的价值正好与管理者的理想或标准相一致，被授权的员工坚信并关心自己所从事的工作。

能力　对运用技能完成工作的能力的自信。被授权的员工相信他们有能力独自解决问题。

自我决定　有发起和控制行动的选择权。被授权的员工感到他们控制着决策过程，有权力做出自己的选择。

影响　一个人对工作中的战略规划、管理和运作结果的影响程度。被授权的员工相信他们是饭店企业成功或失败的决定力量。他们的行为会对饭店企业目标的实现起到直接的影响。

如果真正地向员工授权，员工就一定会体验到上述4点。否则，就不是真正的授权。只是口头上承诺向员工授权的饭店企业是做不到这4点的。在这样的企业中，员工只是被告知向他们授权了，而没有给予任何真正的权力以示区别。当员工冒险去发挥主动性时，他们会受到惩罚。最终，员工将继续按惯例行事，害怕失败，相信他们根本没有选择的权力。

（4）授权策略

营造授权工作环境的饭店企业必须在结构化的系统与灵活的参与系统之间做出选择。

结构授权　为员工在决策如何解决好客人的问题时提供具体的指导原则。指导原则可能会具体到在某些情况下，采取特定的行动时，他们所能支配的钱币的数目。从积极的方面看，这一系统为员工的工作制定了指导原则和限制范围。

灵活授权　为员工提供宽泛的指导原则和限制。例如，里兹·卡尔顿的所有员工都有权力在2000美元的范围内尽可能去满足客人的要求。员工自己决定什么时间、怎样在他们认为合适的钱数内，来取悦一位不满意的客人，或给重要客人一个惊喜。

个人授权　是指向员工个人授权，让员工承担责任。

团队授权　是指建立一个解决问题、改进流程、迎接挑战的专门小组。团队参与的最高形式是自我管理工作团队，员工管理自己和自己的工作。员工承担起通常由管理者承担的责任，如招聘、工作安排、评估等。在这里，授权是针对工作团队而言的。

霍斯特·舒尔茨的授权艺术

霍斯特·舒尔茨1983年进入巴克海德里兹－卡尔顿饭店，任副总裁、总经理兼营业部经理。1988年升任里兹－卡尔顿饭店公司的总裁和首席执行官。在他的领导下，公司于1992年被授予马尔科姆·鲍尔德里奇国家质量奖，成为第一家也是唯一一家荣获此奖项的饭店公司。1999年公司再次捧回众人瞩目的鲍氏奖，成为第一家也是唯一一家2度获此殊荣的饭店企业。这一荣誉足以证明霍斯特·舒尔茨卓越的领导才能。

舒尔茨先生非常推崇授人以权。每家饭店开业时，他都邀请全体员工参加一次领导艺术研讨会。舒尔茨先生的开场白总是：“我是里兹－卡尔顿饭店集团总裁……我是一个重要人物。”稍做停顿后，他接着说：“你们和我一样重要，因为是你们使这座饭店运营起来。我离开饭店一天，没有人会注意。但是你们，女士们、先生们，只要离开一天就会使饭店的运营受到影响。是你们使我们的公司享誉世界。”

舒尔茨先生充分地理解授予一线员工决策权的重要性，因为，他从 14 岁起就开始在饭店业工作，从刷碗工做起，也因为他曾在欧美许多世界一流饭店工作过。

霍斯特·舒尔茨是里兹－卡尔顿饭店公司服务理念最初制定者中的成员之一。其服务理念，即公司的格言是："我们是为女士们、先生们服务的女士们、先生们。"这一宗旨已经深深地渗透到了公司的每一管理层。

2.2.2 决策能力

2.2.2.1 决策的概念

（1）决策是一个过程

狭义地说，决策是在几种行动方案中进行选择。广义地说，决策包括在做出最后选择之前必须进行的一切活动。所以，决策就是人们为了达到一定目标，在掌握充分的信息和对有关情况进行深入分析的基础上，用科学的方法拟定并评估各种方案，从中选出合理方案的过程。

（2）正确决策的基本要求

决策并非主观武断，或盲目"拍板"。应当通过认真地研究，实事求是地分析，去粗取精，去伪存真，由此及彼，由表及里。把握住事物变化的规律，从而做出合理、可行的决断。因此，为了保证决策的合理，决策的每一个阶段，都要有一定的基本要求。

- 把握住问题的要害；
- 明确决策的目标；
- 至少要有 2 个以上的可行方案；
- 对决策方案进行综合评价。

2.2.2.2 决策的行为

决策过程可以作为一种合理的、合乎逻辑的过程来看待。但对于决策过程来说，还有其他因素起着重要的影响作用，这就是决策的行为，包括个人的行为特性和群体在决策中的行为特性。

（1）个人行为

心理学的基本观点之一是强调个人在心理上的差异，决策作为人们的一种思维心理活动，一定存在心理上的差异。这些差异体现在决策者感知问题的方式，处理情报资料从中获取信息的能力，乐于发掘各种备选方案的意愿和对决策风险的态度。个人之间的差异决定最后选择的方案，并将影响实施决策时的魄力和果断性。其中个人对问题的感知方式和个人的价值观对决策过程影响最大，作用最明显。

个人对问题的感知方式　所谓感知，即通过感觉而形成的知觉，它是对事物的各种不同属性、各个不同部分及其相互关系的综合反映，即对事物整体的反映。感知在确定决策问题、处理决策的情报资料、拟定决策的可行方案等方面起着重要作用。

个人价值系统　是个人的思想、价值观、道德标准、行为准则等所构成的相对稳定的思维体系。包括个人对成就、财富、权力、责任、竞争、冒险、创新等的欲望，以及对正确与错误、好与坏、真与伪、善与恶、美与丑、得与失或其他类似的对立事物所持的观点。个人价值系统对决策过程特别是最后的方案抉择起着重要的影响和决定作用。

(2) 群体行为

在饭店企业里，决策不仅受到个体心理的影响，还受到群体心理的影响。这里群体的概念，是指进行活动且相互制约的人群或人们的共同体。如饭店中的各级、各部门的经理等。群体有自己特有的心理现象，例如，舆论、规范、士气、情绪、气氛、风尚、社会助长现象和从众现象等。群体心理对决策的影响，一般是积极影响和消极影响共存。

群体决策的优点 群体决策的最大优点是群体可能比任何单个成员具有更广泛的知识和经验，这势必有利于确定问题和制定备选方案，并且能够更严格地分析所制定的方案。此外，群体参与制定决策，还能够使员工更好地了解所制定的决策，特别当参与决策制定的群体还负有实施决策的责任时，可增加群体每个成员对决策许诺的可能性。

群体决策的缺点 决定群体参与决策效果的主要限制因素是由于存在从众现象所产生的。所谓从众现象是指个人由于真实的或臆想的群体心理压力，在认知或行动上不由自主地趋向于跟多数人相一致的现象。在饭店企业里，上下级关系会导致下级方面并非真正参与决策，下级为了迎合上级，宁愿顺着上级的意图而不提出自己的真正意见。此外，用花费的总时间来衡量，群体一般比个人要花费更多的时间才能做出一个决策。

世界杰出的领导者——雷·克罗克

雷·克罗克并不是麦当劳的创始人。他从麦当劳兄弟手中买下了当时的那家小型的"免下车"快餐店。他的远见卓识使他看到了它发展的契机。克罗克发展了麦当劳兄弟的经营理念，创造了一个在全世界拥有14 000多家快餐店后，每年广告费高达10亿美元的跨国公司。克罗克的成功与辉煌要归功于他的用人之道，他知道该如何选拔和激励管理者、特许经营商和供应商，他懂得如何做到人尽其才。这使得他能够把他的创业精神深深地根植于麦当劳的每一位经营者心里。

克罗克得以创建世界最大的餐饮公司的原因就在于他赋予了公司管理者充分的决策权。他建立了一支多样化的管理者队伍——一支企业家的队伍、一支有竞争力的队伍、一支全力夺冠的队伍、一支决策精明的队伍。他鼓励管理者和特许经营商冒险，勇于承认失败，大胆从失误中汲取教训。克罗克提倡多动脑筋出新点子，用他的话说，就是"多发射炮弹"，因为他很清楚不可能枚枚炮弹都命中靶子。他创造的企业员工们在保持个性和创造力的同时，严格地遵守质量、服务、清洁、价值的标准。克罗克还是一名出色的听众。公司员工不分职位高低，只要是找他提建议、说想法，他都会洗耳恭听。

雷·克罗克的天才之处在于他能集几百名企业家的力量创建一个成功的、井然有序的系统。克罗克在企业家作风和企业官僚作风之间的鸿沟上架起了一座桥梁。

发挥群体决策的积极作用 群体参与决策的潜在效益能够发挥的程度，以及最终的效果，取决于饭店管理者的管理水平。作为群体的管理者，应具有创造一种鼓励每个成员做出充分贡献的环境的才能。一方面管理者必须引导群体的讨论，这样才能得到质量最高、符合规定目标的决策；另一方面，管理者必须承担起做出最后抉择并坚持实施的责任，而不应滥用表决的方式，把责任推给大家。

2.2.2.3 风险决策的方法

所谓风险决策，即在不肯定情况下做决策。这是企业经营中大量碰到的决策问题，如饭店新产品开发决策、饭店设备设施更新改造决策等。风险决策包括以下特点：

- 决策目标一般是经济性的，可以用货币来计量；
- 存在多个可行方案，每个方案的收益或损失可以根据项目的生产能力和市场预测资料比较准确地进行估计；
- 未来环境可能出现多种自然状态；
- 各种自然状态发生的概率可以根据历史资料或经验进行判断；
- 决策标准是使期望净收益达到最大或期望损失减至最小。

目前，已开发出多种风险决策方法，如经济效益法、现值分析法、边际分析法、决策树法、效用论法，等等。其中决策树法是一种应用最广、效果最显著的方法；但因篇幅所限，本书不做介绍，具体内容详见《管理学》（第7版）（[美]罗宾斯等著. 孙健敏等译. 人民大学出版社，2004）。

经济效益分析法 当各个选择方案的数量、目标远不像利润、生产率、费用等所表示的那样具体明确时，经济效益分析是一种选择方案的好方法。它是传统的边际分析法的进一步完善或变种。经济效益分析的主要特点是，把注意力集中在一个方案或系统的最终结果上，即根据每个方案在为目标服务时的效果，来权衡它们的优缺点。同时还要从效果着眼，比较每个方案的费用（或成本）。

现值分析法 其基本原理是将不同时期内发生的收益或追加投资和经营费用，都折算为投资起点的现值，然后与初期的投资比较，净现值大于零的方案为可行方案；净现值最大的方案是最佳方案。利息一般分为单利和复利2种，在方案评价中多采用复利计算。

边际分析法 评价抉择方案可以使用边际分析法，即把追加的支出和追加的收入相比较，二者相等时为临界点，即投入的资金所得到的利益与输出损失相等时的点。如果饭店企业的目标是取得最大利润，那么当追加的收入和追加的支出相等时，这一目标就能达到。

除了费用和收入之外，边际分析还能用于比较因素。总体来说，不管目标是否求得最优利润，边际分析总是有助于解决风险型决策问题的决策分析技术。

效用论 这主要以决策者要求的最大值作为依据。效用最大值的含义，就是决策者所要选择的目标，在于获得最大的满足。值得注意的是，计算效用论的方法虽然有几种，但如果遇到大量的、性质复杂而结果又很难确定的方案，任何一种计量方法都是没有意义的。

概率论 分为2个学派。一派叫客观派，相信只有经过大量的试验而反复出现的事件才能用概率论来分析；另一派叫主观派，是第二次世界大战后才应用于决策的学派。按照它的概念，决策者根据所能得到的证据，对一事件的发生具有什么样的信念，就是这事件的概率。主观概率对决策是有用的，且往往是必需的。因为它以经验推理为基础，推论事件发生的可能性。一般来说，主观概率适合于非程序的、不重要的决策，而客观概率却可用于程序和重复的选择。

期望值 它是为了减少决策结果的不可靠性采用的一种方法。即决策者对一个方案可能出现的正反2种结果，分别估计其得失数值，再以其可能实现的概率加权，求得2项乘积的正或负的差额，再把各个方案的这个差额加以比较而做出决定。

博弈论 它含有冲突的因素，这种决策不能只顾自己一方，而要估计到对手一方，犹如2人对弈，是一个胜负问题。它的理论基础是数学。

线性规划 是解决多变量、最优决策的方法，是在各种相互关联的多变量的约束条件下，解决或规划一个对象的线性目标函数最优的问题，即给予一定数量的人力、物力、资源，如何应用而取得最大经济效益；或给予一定的任务，如何统筹安排，才能以最小的消耗去完成。其中目标函数是指决策者要求达到目标的数学表示式，用一个极大或极小值表示。约束条件是指实现目标的能力资源和内部条件的限制因素，可用一组等式或不等式表示。

2.2.3 沟通协调能力

2.2.3.1 沟通协调概述

有效的协调与沟通需要技巧。采用什么办法进行协调与沟通，要因事、因时、因地制宜。通常有如下4种方式。

(1) 正式的协调与沟通

主要指通过明文规定的渠道进行的协调与沟通。这种协调与沟通，又分为上行、下行和横向3种，通过这种公开渠道的协调与沟通，使下属感到受尊重，有参与感，减少协调与沟通当中的矛盾与摩擦。

(2) 非正式的协调与沟通

主要指正式协调与沟通以外的协调与沟通的方式，如通过私人之间的交往，或经过其他非正式协调与沟通的渠道。这种协调与沟通方式，对某些事项的解决可能会更好一些，因为它比较随机、自由，有很大的灵活性，速度快，涉及面广，更为某些人所接受。需要注意的是防止发生不正当（例如用物质引诱）的行为。

(3) 直接的协调与沟通

主要指协调与沟通的双方直接见面，无须第三者参与。双方可以充分交换意见，协商解决问题的办法。如有分歧，可当场解决。也有通过公文、书信协商的，虽不直接见面，也属于双向沟通，是直接协商的办法。

(4) 间接的协调与沟通

这是一种通过第三者进行的协调与沟通的方式，第三者可能是一个集体，也可能是一个人。运用这种协调与沟通方式，一是可以搭桥，给直接协调者挂钩联络；二是在直接协调与沟通发生矛盾和问题时，再由第三者出面，这样可以使出现的矛盾缓和，问题得到较好的解决。

2.2.3.2 沟通协调的方式

管理者必须懂得如何与员工交往

比尔·马里奥特坚信在他的企业里一个不懂得人际沟通技巧的管理者永远不会成为一个好的管理者。一次，马里奥特视察一家饭店，发现新任总经理的报表业绩相当不错——销售额增加，成本下降。但是，他同时还注意到这家饭店的员工看上去心情压抑、忧虑不安。马里奥特通过认真观察和向员工了解情况得知这位总经理脾气暴躁，对员工苛刻、缺乏同情心。在他的周围工作必须小心翼翼，如履薄冰。尽管该饭店的财政和经营状况良好，马里奥特还是决定解雇这位总经理，因为他不懂得如何与员工交往。

沟通即信息交流。这在管理工作的各个方面都已得到广泛的应用。沟通可以是通讯工具之间的信息交流；也可以是人与机器之间的信息交流。沟通还可以表现为企业之间的信息交流，人与人之间的信息交流。

(1) 饭店企业内的沟通渠道

在饭店企业内，员工之间所进行的沟通，可因其途径的不同分为正式沟通与非正式沟通2种系统。正式沟通是通过饭店企业正式组织结构或层次系统运行。近年已发展为具体的信息系统。非正式沟通则是通过正式系统以外的途径来进行的。

正式沟通 一般指在饭店企业组织系统内，依据组织明文规定的原则进行的信息传递与交流。如企业之间的公函来往、饭店企业内部的文件传达、召开会议、上下级之间的定期情报交换等。正式沟通有下向、上向、横向沟通等几种。

下向沟通 这是最主要的沟通流向。一般以命令方式传达上级组织或其上级所决定的政策、规定之类的信息，有时颁发某些资料供下属使用，等等。如果饭店企业的组织结构包括多个层次，则通过层层转达，其结果往往使下向信息发生歪曲，甚至遗失，而且过程迟缓，这些都是在下向沟通中经常发现的问题。

上向沟通 主要是下属依照规定向上级所提出的正式书面或口头报告。饭店企业管理者应采取适当的措施鼓励向上沟通，如设立意见箱、建议制度，以及由饭店企业举办的征求意见座谈会、态度调查，等等。还可以采取所谓"门户开放"政策，使下属人员可以不经组织层次向上报告。

横向沟通 主要是同层次，不同业务部门之间的沟通。在正式沟通系统内，一般机会并不多，若采用举行会议方式，往往所费的时间人力甚多，而达到沟通的效果并不很好。因此，组织为顺利进行其工作，必须依赖非正式沟通以辅助正式沟通的不足。

正式沟通的优点是沟通效果好，比较严肃，约束力强，易于保密，可以使信息沟通保持权威性。重要的消息和文件的传达、组织的决策等，一般都采取这种方式。其缺点在于，因为依靠组织系统层层传递，所以很刻板，沟通速度很慢，此外也存在着信息失真或扭曲的可能。

非正式沟通 非正式沟通和正式沟通不同，因为它的沟通对象、时间及内容等各方面都是未经计划和难以辨别的。如上所述，非正式组织是由于组织成员的感情和动机上的需要而形成的。其沟通途径是通过组织内的各种社会关系，这种社会关系超越了部门、单位以及层次。

非正式沟通的意义及性质 所谓非正式沟通是指正式组织途径以外的信息流通程序。这些途径非常繁多且无定型，如员工之间任意交谈，甚至透过家人之间的传闻，等等，都算是非正式沟通。所以非正式沟通和个人间非正式关系，往往平行存在。由于非正式沟通不必受到规定手续或形式的种种限制，因此往往比正式沟通还要重要。在美国，这种途径常常称为"葡萄藤"，用以形容它枝茂叶盛，随处延伸。

非正式沟通在管理上的意义及对策 非正式沟通现象的存在是根深蒂固、无法加以消除的。应该加以了解、适应和整合，使其有效担负起沟通的重要作用。例如，饭店管理者可以设法去发现在非正式沟通的网状模式中，谁处于核心和"转播站"的地位，也许通过这种沟通网可以使信息更迅速传达。他也可以设法从非正式沟通中去发现所流传的信息内容。不过，这些做法也有其危险和代价，过分利用非正式沟通的结果，会冷落或破坏正式沟通系统，甚至组织结构。而设法从非正式沟通中探听消息，其结果会造成组织背后的一套“谍报网”和打“小报告”者，从而带来管理上的问题。

(2) 沟通的原则与方法

作为饭店管理者，除应知晓沟通的形态与网络外，还必须掌握其原则和方法。

沟通的原则 包括以下4种原则。

准确性原则 当信息沟通所用的语言和传递方式能被接收者所理解时，这才是准确的信息，这个沟通才具有价值。沟通的目的是要将发送者的信息能够被接收者明确。这看起来似乎很简单，但在实际工作中，常会出现接收者对发送者非常严谨的信息缺乏足够的理解。信息发送者的责任是将信息加以综合，无论是笔录或口述，都要求用容易理解的方式表达。这要求发送者有较高的语言或文字表达能力，并熟悉下级、同级和上级所用的语言。这样，才能克服沟通过程中的各种障碍，而对表达不当、解释错误、传递错误给予澄清。

完整性原则 当饭店企业中的管理者为了达到企业目标，而要实现和维持良好的合作时，他们之间就要进行沟通，以促进他们的相互了解。在管理中进行沟通只是手段而不是目的。需要特别注意的是，信息的完整性部分取决于管理者对下级工作的支持。管理者位于信息交流的中心，应鼓励员工运用这个中心职位和权力，起到这个中心的作用。但在实际工作中，有些上级管理者忽视了这一点，往往越过下级管理者而直接向有关人员发指示、下命令，使下级管理者处于尴尬境地，并且违反了统一指挥的原理。如果确实需要这样做，则上级主管应事先同下级主管进行沟通，只有在时间不允许的情况下，如紧急动员完成某一项任务，下令撤离某一危险场所等，采用这个方法才是必要的。

及时性原则 在沟通的过程中，不论是管理者向下沟通信息，还是下级管理者或员工向上沟通信息以及横向沟通信息，除注意到准确性、完整性原则外，还应注意及时性原则。这样可以使饭店企业新制定的政策、目标、人员配备等情况尽快得到下级管理者或员工的理解和支持，同时可以使管理者及时掌握其下属的思想、情感和态度，从而提高管理水平。在实际工作中，信息沟通常因发送者不及时传递或接收者的理解、重视程度不够，而出现事后信息，或从其他渠道了解信息，使沟通渠道起不到正常的作用。当然，信息的发送者出于某种意图，而对信息交流进行控制也是可行的，但在达到控制的目的后应及时进行信息的传递。

非正式组织策略性运用原则 这一原则的性质就是，只有当管理者使用非正式的组织来补充正式组织的信息沟通时，才会产生最佳的沟通效果。非正式组织传递信息的最初原由，是出于一些信息不适合由正式组织来传递。所以，在正式组织之外，应该鼓励非正式组织传达并接收信息，以辅助正式组织做好组织的协调工作，共同为达到组织目标做出努力。

沟通联络的方法 沟通中的方法是多种多样的，除了前面所述的沟通形态等具体的方法外，还应包括发布指示、会议制度、个别交谈等。沟通的方法运用要随机，因人而异。

发布指示 在指导下级工作时，指示是重要的。指示可使一个活动开始着手、更改或制止，它是使饭店企业生机勃勃或者解体的动力。

会议制度 指导与管理工作的实质是处理人际关系，而人与人之间的沟通是人们思想、情感的交流，采取开会的方法，就是提供交流的场所和机会。

个别交谈　个别交谈就是指管理者用正式或非正式的形式，在饭店企业内外，同下属或同级人员进行个别交谈，征询谈话对象对饭店企业中存在问题和缺陷提出看法，对别人或对别的上级，包括对管理者本人的意见。这种形式大部分都是建立在相互信任的基础上，无拘无束，双方都感到有亲切感。这对双方统一思想、认清目标、体会各自的责任和义务都有很大的好处。在这种情况下，人们往往愿意表露真实思想，提出不便在会议场所提出的问题，从而使饭店管理者能掌握下属人员的思想动态，在认识、见解、信心诸方面容易取得一致。

（3）沟通联络的控制

所有的饭店管理者都能体会到实施沟通控制的实际困难，所以仅仅描述沟通的方式和原则、方法是无济于事的，这就需要对沟通进行控制，以便使管理工作能更健康、更有效地进行。信息沟通离不开信息的收集、加工处理以及信息的传递，因而对沟通的控制也应从这几个方面入手。

收集工作　信息收集是进行信息沟通的前提，也是进行管理决策的前提。没有信息就无法进行决策。因此，在沟通的控制中，首先应在收集工作上下工夫。

加工处理　对收到的信息进行加工处理也是对信息沟通进行控制的一个重要环节，而且，只有通过加工处理过的信息，才能进行传递。

传递的控制　信息的生命在于传递，所以，要有效地控制信息沟通，必须努力做好信息传递工作。

2.2.3.3 沟通与协调艺术

（1）倾听时的姿态

人们常认为倾听就是用耳朵去听。但事实上，倾听时我们的整个身体都进入了沟通过程。倾听时的身体姿态包括以下几种。

正面对着讲话者　这样做可以让讲话者知道管理者对他的谈话感兴趣，愿意认真听下去。忙碌的服务人员在与客人交谈时往往做不到这一点。要花点儿时间，正面对着讲话人，这一点很重要。

保持一种轻松的姿态　用姿态向对方表示与其在一起感到很舒服。不要紧抱双臂，避免拘谨的手势，手脚不要有下意识的抖动。

目光交流是认真倾听的关键　讲话时要看着对方，当对方应答时要有目光的交流，但不是死盯着对方，而是保持“柔和的目光接触”。要带着相信、兴趣、关心和关注的表情注视着对方，不要流露出批评和审判的目光。

注意非言语语言的作用　面部表情比其他形体语言更有可能出卖心理活动。要注意别人是怎样破译管理者的面部表情的。当听得非常专注时可能会紧锁双眉，而在别人看来这可能是不满的表示。当表示关心时可能会微笑，而对方可能会把微笑理解为草率敷衍。所以，在倾听时，一定要注意自己面部表情，要确保表情与感觉和意图相一致。

与他人交往时，不必死板地限制自己的形体语言，但必须注意非言语语言所发出的信息。尽管甲在认真地听乙讲话，但却绷着脸，没有目光交流，或是边听边干别的事情，乙肯定会认为甲没有在听他讲话。

（2）非言语语言沟通

通常认为沟通是以口头或书面语言实现的，往往忽视非言语语言沟通，即形体语言在沟通过程中的作用。事实上，二者在沟通中的作用同样重要。都听过

“行动比语言更有说服力”这句老话。实际上，人们的一举一动比用语言表达的思想更准确、更诚实。试图用沉默来掩饰愤怒、不信任、怀疑，但却不晓得这些情感早已在举手投足间暴露无遗了。这种非言语语言“泄密”的情况常常会发生在想用语言来掩饰真实感情的时候。

一位客人来到前台，告知服务人员他把钥匙丢了，这已经是他一天里第二次弄丢钥匙了。前台服务员虽然嘴上说“我很愿意再为您做一把钥匙”，但他却皱着眉，摇着头，一脸的不耐烦。尽管服务员没有用语言表达他的不满，可他的非言语语言已经表明他对客人的不耐烦。客人也肯定观察到了这一点。

另外，饭店管理者还要注意不同的动作、举止可能会有多种解释。一位员工同主管谈话时紧抱双臂，这可能意味着他感到受到了攻击，或是不能接受主管所说的话，或者仅仅是因为他感到冷。想一想单是一个“笑”就能传递多少种信息！笑可以表示幸福、嘲弄、讥讽、兴奋、起哄、傲慢……

沟通时不仅要注意文字表达，还要注意形体语言，注意形体语言表达出的感情和情绪。尽量使非言语语言和形体语言保持一致。如果想在客人心中树立周到热情的形象，如果想让上级知道愿意合作，仅凭一张嘴是不够的。

（3）做出回应

听对方讲些什么只是“倾听”的一部分。如果只做到了这一步，只能算是一个被动的听者。积极的倾听者是要让对方知道他的话管理者听进去了并理解了。积极倾听的一个重要内容就是对说话者说过的话做出反应或不时做一下总结。这样做可以使说话者知道管理者不仅在听，而且很感兴趣，正在努力听懂他的意思。回应的方式包括复述，用以再述说话者的意思或情感。复述既可以保证信息传递清楚无误，又可以使双方的理解达到一致。

复述他人的意思不要仅仅死板地重述。它包括了听话人对信息的理解。听话人要总结说话人所表达的意思。因此，仅仅按原话复述是做不到这一点的，听话人还要分析出说话人没有直接表达出的意思。如果一位员工说，“我来饭店已经4年了，仍然没有得到提升，比我后来的人都已经是经理了。”管理者可以根据自己的理解作如下回答：“您是在问饭店的晋升标准是什么？”如果员工同意管理者的话，便会更详细地陈述他的想法，如果不同意，他会反驳管理者的意思。

复述是一种有用的技巧，可以使沟通双方确定信息是否是按原有的意图传递出去的。复述时，听话者既不发表看法也不提建议，只是检查是否正确地理解了说话人所发出的信息。仅仅说一句“我不明白”或“再说得详细点儿”，虽然可以让说话者做出回答，但仍没有使说话者了解到管理者是否正确地理解了他的意思。复述对方意图是弥补沟通中出现的误差的关键。可以增加信息的准确性，促成更好的相互理解，而且还可以向说话者表明管理者对他的话题很感兴趣。

（4）提问

恰当的提问在沟通中的作用不容忽视。提问应遵循以下原则。

● 采用“无确定答案”问题，即不是用“是”或“不是”来回答的问题。“您认为我们该如何解决这个问题？”比“您认为我们能解决这个问题吗？”更有效。

● 不要频繁发问。相反，采用简洁的鼓励方式，比如点头，或者说“对，我明白”之类的话让说话者知道管理者想获取更多的信息。另一种方法就是采用复述的方法，明确说话者的意图，鼓励其继续说下去。

● 紧扣主题。避免提一些与说话者的话题无关的问题。

● 一次只问一个问题。

● 必要时用沉默代替提问，以便给说话者留出时间理清思路。也不要用问题来填补沉默。

（5）反馈

反馈是沟通过程中的一剂“特效药”，将会对私人以及工作中的人际关系产生巨大的正面或者负面影响。恰当的反馈可以刺激对方自省，进行调整，不恰当的反馈则会导致对立。赞许性的反馈会肯定和强化理想的行为。告诉员工他或她的发型很漂亮，让对方知道保守一点的发型更适合工作环境。一名服务员巧妙、友好地应付了一位挑剔的客人，管理者应该对他说：“刚才那位客人过于挑剔。你确切地告诉她我们能为她做什么，整个过程中你都表现得非常冷静、有职业修养。我很赞赏你处理问题的方法。保持这样的工作作风。”这样赞许性反馈十分具体，让员工清楚自己哪些地方做对了，并强化管理者要求什么样的行为举止。

提示性反馈。对他人产生巨大影响的反馈并不一定都是赞许性的。提示性的反馈会使接受者重新认识自己的行为，帮助其进步，使双方建立良好的关系。只有了解了别人怎么看我们，我们才可能做出改进。没有得到反馈就试图对自己进行改进，就好比在未品尝食物的情况下就想改良配方一样。如一名员工表现突出，却因不修边幅而一再错过晋升的机会。这时，如果主管人员若能及时提醒这名员工注意仪表，将会对他的前途产生巨大的影响，反之则是主管人员的失职。传达提示性反馈需要技巧，否则会破坏而不是巩固与员工的关系。以下列举了促成有效反馈的条件。

信任 双方必须相互信任。接受者应该尊重发出者的判断。这一点很重要。

有目的性 反馈要有目的性，尤其是在工作中。必须清楚为什么要发出反馈，要达到什么样的目的。有目的性的反馈有助于增强沟通双方的关系。

应邀发出反馈 在对方没有要求的情况下尽量不要做出评论。在发出反馈前先问一问对方是否愿意听。管理者必须将反馈告知员工，不管他是否爱听。但要讲究技巧，不要单刀直入。例如，可以说：“我有些对你的反馈意见想同你讨论。你看现在合适吗?”。

积极的态度 向别人提供反馈意见时，要避免冲突和表示气愤。这一点可能不容易做到，但发怒只会导致憎恶情绪，阻碍双方的合作与问题的解决。

多发出第一人称信息 与其说：“你没有认真对待工作。”不如讲：“我发现了你工作中的一些问题。”第一人称信息不是在指责员工的错误，而是让员工了解管理者的观察和看法，以便解决问题。第二人称信息只能导致消极情绪，令人生畏，引发对抗，而第一人称信息可以使情况明了、真诚、准确地传达反馈。

反馈要具体 传达反馈时出现问题往往是因为反馈意见过于宽泛。与其对员工说：“你需要改进你的工作”，不如明确地指出哪些地方做得不好。就工作表现问题，恰当的反馈应该是：“我们收到几位客人的投诉，抱怨你服务速度过慢，而且经常出错。”

力求准确 这一点很重要，有助于修复因提示性反馈造成的紧张关系。问一下接受者：“你看是这样的吗?”或“对这个问题，你怎么想?”给接受者一个机会，对反馈做出反应或反驳。

（6）提示与支持

信息反馈在工作场所尤为重要。员工得不到反馈就无法发展和进步。他们需要其他人，尤其是主管人员对他们工作给予反馈意见，从而不断提高服务水平。主管人员向员工既提供提示性反馈又给予支持，是有利于员工改进工作的最佳方式。提示性反馈向员工指出了哪些地方需要改进。主管人员可以通过多种方式要求员工发挥更大的作用，例如，帮助他们制订目标，鼓励他们自我管理，提出问题，回答提问，提供准确的工作表现反馈，等等。准确的意见反馈就像一面镜子，真实地反映出员工的工作表现，他们因此可以认识到不足，不断加以改进。如果支持伴随着意见反馈，员工会感悟到他们应该从错误中汲取教训、完善自己，而不用担心受到严厉的惩罚。如何创造一种支持的氛围呢？主管人员应该信任员工、真正关心员工、给员工广阔的尝试空间、抽出时间多接触员工，鼓励并帮助员工从错误中学习，在失败中完善自己。

根据不同程度的反馈和支持，可能出现的情况有以下 4 种。

态度冷漠　如果管理者既不提供提示性意见也不给予支持，员工会产生被忽视的感觉，他们将对工作失去热情。员工不知道自己的工作表现如何，感到饭店根本不在乎他们工作的优劣。久而久之，他们变得玩世不恭，对工作质量漠不关心。

回避退缩　有些管理者向员工提供大量的提示性意见，却很少给予相应的支持。这就好比把一架战斗机送上天空却不提供地面指挥。他们不断指出员工的不足，却不帮助和指导员工加以改正。面对众多的提示性意见，员工感到迷茫，进而产生畏惧情绪。因为不知道如何改进，所以采取退缩的态度。反馈没有成为促进发展的契机，反而成了一种惩罚。

停滞不前　只有支持而没有提示性反馈，也不能改进员工的工作表现。20 年后他们发现自己还在干着同样的工作，技术水平没有丝毫的提高。

发展完善　只有提示性反馈和支持并举，员工才能不断发展、不断改进工作。员工会认识到他们需要学习哪些技能，坚信一定能够把工作做得更好，因为他们的主管人员始终在支持他们。

善于倾听的马里奥特

马里奥特国际公司的总裁兼首席执行官比尔·马里奥特经营饭店四十余载得出以下结论：积极倾听是一名管理者需要培养的最重要的工作技能。马里奥特认为有人生来就善于倾听，但每个人都可以通过后天的学习掌握有效的倾听技巧。他奉行一项宝贵的倾听战略，那就是懂得保持沉默。马里奥特还十分看重形体语言，提倡在这方面模仿善于倾听的人士。这包括始终保持专注的姿态和目光接触。最后，马里奥特把倾听看作是学习的机会。他警告我们尽量不要在充分征求他人的意见之前鲁莽行事。马里奥特引用了某公司行政会议上的一个例子。当时，他正热衷于一个新构思的项目。看到总裁如此热心，多数与会者并没有认真周全地考虑实施这一项目的后果便随声附和。只有一个人大胆提出异议，认为这个项目会使公司遭受重大损失。认真听完此人的阐述后，马里奥特充分肯定了他的看法。这样避免了一场灾难的发生。

2.2.4　社交能力

2.2.4.1　社交能力的内容

社交能力是饭店管理者能力构成中的一个极为重要方面。饭店管理者的社交能力，是指管理者在从事经济活动中，通过各种社会交往活动达到经济交往活动的能力。它对于管理者搞好饭店企业的经营管理工作，加强管理者与各方面的联系，扩大影响，提高企业的经济效益都有着不可估量的作用。饭店管理者的社交是多方面的，其领域也是多层次的，所以需要管理者的社交能力既要有广泛的适应性，又要有独特的交际性；既要有政治上的需求，又要有经济上的来往；既要有工作上的通融，又要有生活上的娱乐等，使管理者置身于广阔的社会活动领域中，透过各个层次、各个方面，各个领域的社会交往，合理运用经营上的各种谋略或手段，在潜移默化、生动活泼、丰富多彩的社会活动中，宣传饭店企业的产品，提升饭店企业的形象，在各方面的人士中赢得良好的信誉感。饭店管理者的社交能力表现在以下几个方面。

交际性 饭店管理者从饭店企业的自身利益出发，与各方面发生交际联系，这种活动一般都是带有一定目的性的。交际面越宽越对饭店企业有利，交际越多越增加饭店企业的联系面。

刚柔性 社交能力体现一个饭店管理者自身的气质。社交中饭店管理者在处理复杂问题时，该强硬一定要强硬，坚持原则，维护饭店企业的整体利益；该软处理的，一定要软处理，防止矛盾激化。

适应性 饭店管理者面对的是各个层次的单位和各种各样的人员，所接触的问题和洽谈的业务是千奇百怪的。管理者在这样的环境中，既重视经济交往，又关心饭店企业利益，二者要统筹兼顾，并要灵活地处理一些问题，不使企业利益受到损害。

目的性 饭店管理者的社交都是有一定背景的，也就是说都有一定的目的。有的社交是为访贤求能，发现和招聘人才；有的社交是为了扩大饭店企业知名度，提高饭店企业信誉等。总之，每次社交都有其目的性。

效能性 饭店管理者社会活动应是高效能的，也就是说小场合办大事，少说话多办事，短时间多办事。

可塑性 饭店管理者在社交场合的表现应是不一样的，体现人的性格和行为的可塑性。不同的场合，应有不同的表情；不同的情况，应有不同的行为；不同的交谈，应有不同的答复。

2.2.4.2 社交技巧

饭店管理者社交活动形式是多种多样的，为了取得最佳的效果，选择社交活动的形式时需要注意以下几方面。

可行性 饭店管理者参加社交活动一定注意社交活动形式的选择要可行，既与本人的身份适合，又能利于提高饭店企业的知名度，还能有益于饭店企业今后业务的联系。饭店管理者不是什么社交活动都要参加的，而是根据饭店管理者的自身需要有选择、有目的、有意义地参加一些活动。在活动中饭店管理者露面的形象要讲究，应在一定的场合下才能露面，显示出管理者雍容大度、庄重豪爽的风采，真正树立管理者自己的而被人们公认的好形象。

主动性 饭店管理者的社交活动不一定都是被邀请的。有些重要的社交活动获知消息后，就应主动前去参加，不要错过机会。

经济性 有些社交活动的参加是需要饭店企业出钱的。如举办一些文体活动、公开业务洽谈会、进行信息交换等。饭店管理者参加这些活动时，一定做好事前预测，看参加这些活动是否合适，能带来什么收益。同时，能少花钱办事的就尽量少花钱，凡是不应花钱的就不花钱，以维护饭店企业的切身利益。

时效性 饭店管理者参加社交活动时间是有限的，但是有些重要的社交活动从饭店企业利益来说还是必须参加的。这样，就需要学会怎样安排好社交活动时间，处理好社交活动与饭店企业内部经营管理活动的关系，力求短时间，高效率，多办事。

灵活性 饭店管理者的社会活动是多方面的，在选择社交活动的形式方面，不管什么形式都要参加。同时，在参加社交活动时，要灵活多变应酬一些问题。

远见卓识的玛丽·马霍尼

玛丽·马霍尼是霍华德－约翰逊国际公司的总裁兼首席执行官，也是第一位大型饭店集团的女性领导者。马霍尼不到20岁就开始在饭店业工作。在天天饭店工作时，她掌握了特许经营权转让、市场营销及销售的运作方法。霍华德－约翰逊饭店被现在的森丹特公司购买后，马霍尼担任佛罗里达的市场开发部经理，后晋升为霍华德－约翰逊公司营销部副总经理。马霍尼充分展示了她在营销方面的才能，她组织的几次大型营销活动非常成功，把集团的入住率提升到了历史的最高水平。尽管马霍尼在追求成功的道路上做出了很多的牺牲，但她始终认为她的工作充满了吸引力和乐趣。她坚持每天进行体育锻炼，来消除长时间工作和频繁出差所带来的压力和疲劳。

马霍尼是一位十分有远见的领导者，她不断开辟新的途径解决公司的问题。马霍尼在全国的集团范围内推行“一帮一”活动，即经营业绩好的饭店与业绩不佳的饭店结成伙伴关系以促进发展。双方店主、管理者，甚至一线员工相互交流，有困难的饭店向业绩好的饭店虚心求教成功的秘诀。这一活动迅速、有效地扭转了一些饭店经营不佳的局面。这项活动还带来了一项附加效益——打破了阻碍一些外国店主与员工交流中的文化障碍，使他们有机会在公司内结识新朋友，学会如何在美国文化环境中获取成功。

在马霍尼的领导下，公司还积极支持社区活动，例如，加入科林·鲍威尔“美国的承诺——为了青年一代”联盟。加入这一组织后，总公司的职员，各饭店的总经理、店主以及员工一致承诺将向全国的年轻人伸出鼓励、援助之手，帮助他们寻求稳定的生活方式、构建成功的未来。

2.2.5 语言能力

2.2.5.1 表达能力的含义

表达能力，包括口头表达能力和书面文字表达能力2个方面。口头表达能力，即说话的能力（简称口才），表现为一个饭店管理者对演讲、对话、报告、讨论、答辩、谈判、授课等各方面所具有的技巧与艺术的运用。书面文字表达能力，也就是文字水平的能力。对饭店管理者来说，主要是指对发展规划、战略报告、总结执行等的写作能力。表达能力是一个智慧的综合体现，需要很深的管理科学理论和实践经验，这样才能善于宣传，善于谈判，最广泛地调动饭店员工的积极性、创造性。所以，表达能力与组织能力、思想能力、研究能力、自学能力等作为人的智能结构，具有同样的价值。

2.2.5.2 口头表达能力

（1）口头表达方式

口头表达方式主要有即席发言、凭记忆讲、有准备的脱稿讲、照稿宣读4种。

即席发言 这种发言不是事先准备好的，而是在发言过程中受到某些事物的刺激或在谈话时联想和诱发出来的，这种发言是临时性的发言。即席发言，首先要注意观察周围事物的变化，在认真听取别人发言的基础上，引起震动取之精华，使其思想展开，有言可发；其次，应思维敏捷，善于逻辑归纳综合，通过对方的发言，迅速形成自己思想脉络的发言提纲。虽无准备，但谈吐有条理；再次，要有广博知识，占有丰富的材料。虽是临时发言，但能旁征博引，举一反三，语言活泼，内容生动。

凭记忆讲 这是事先写出的稿子，记在脑子里，最后用语言表达。这里面要讲究记忆的方法，要克服困难，花费相当大的工夫用脑子记。这种表达的优点是眼光始终注视观众，可观察到观众的表情；不足的是，演讲时精神较为紧张，担心讲错、遗忘、卡壳、造成影响。这种方式一般不适用于大型会议或工商界专题报告等。

有准备的脱稿讲 这种演讲不必写出稿子，只是写个提纲就可以。其提纲主要包括论点、事例和必要的数字，不受书面词句的限制，可避免因记忆错误使演讲出现卡壳。在主要论点上演讲，可较自由地发挥，讲起来也会生动、形象、深刻，这种演讲要认真准备，思维和反应要快，提纲要字迹清楚，能一目了然，并按页码顺序排好，切勿遗失。

照稿宣读 这种演讲一般适用于重大的会议或技术性很强的会议。口头表达的方式特点，是把主体与客体在时间与空间紧密结合，讲、听直接见面，随时观察听者的反应，灵活调整内容，调整气氛。如果是对话、讨论、谈话、辩论，则可直接听到对方的意见，进行针对性强的回答。这就要求管理者好学不厌，像海绵吸水一样吸取广博的知识，无论是在生产技术、经营管理、时事政策方面，还是文学艺术、历史哲学、音乐美术方面都要钻研、熟悉，在表达时旁征博引，妙趣横生，思路清晰，口齿清楚，知识广泛，形成自己的风格。

(2) 口头表达技巧

口头表达的技巧主要包括坚定信心，配合恰当的姿态，注意口语修饰，利用悬念手法，根据反应调整内容等。掌握了这些技巧，才能进一步提高口头表达的效果。

坚定信心是成功进行口头表达的基础 在演讲中，信心十足，才能精神饱满，情绪高昂，给员工以力量；才能冷静地应付场内的各种变化；才能有力地阐述自己的观点。反之，缺乏信心，则会精神紧张，语无伦次，使演讲失败。增强信心的途径，一是提高认识，消除自卑感；二是熟悉听众的情况；三是认真准备讲稿；四是熟悉会场和音响等设备情况；五是事前要演练，提前入场，稳定情绪。

语言修辞是口头表达的关键 口头表达主要是用语言来影响听者，口语修辞的好坏，直接影响听众的情绪。因此，务必在口语修辞上下些工夫。要求语脉要连贯，讲话要富于逻辑，推理论证严密；语法要符合规范，要有口语特点，要用简单句，避免用复杂句，杜绝病句；词句要精心修饰，遣词造句要精心安排，口头说明清楚、准确，形象生动。可运用比喻、夸张、借代、排比修辞方法，注意运用大众化语言；发音要标准、吐字清楚，简明扼要，声调要有节奏地抑扬顿挫；语言色彩要适合听众特点，这样才具有思想性、逻辑性、趣味性、启发性，使之达到启发人、教育人、激动人的目的。

恰当的仪态、仪表是口头表达成功的主要方面 仪表是指人的外表，包括穿着、容貌、风度等，所以，演讲时要举止端庄，服装整洁，彬彬有礼。仪表是演讲者给听众的第一印象。通过面部的表情变化来表达感情，有助于唤起听众的思想共鸣。要学会用眼睛说话，沟通与听众之间的感情。肢体语言要自然，能唤起听者对你的注意，达到预期的目的。此外，在演讲中利用悬念这种方法，可吸引听者注意力，促使他们想象、思维、推理、判断，加深对演讲的理解。

(3) 口头表达能力的提高

一个优秀饭店管理者的口才不是先天赋予的，而主要是有意识的学习、锻炼，靠勤奋来提高的。口才的锻炼要注意以下几点。

看书学习，积累知识 要养成看书的习惯。书是知识的源泉，也是语言的基础。口才的好坏决不是信口开河，东扯西拉，而是言之有物，生动感人。因此，要博览群书，善于学习各方面的知识。不仅是企业管理方面的知识，还要通晓天文地理、物理、化学、心理、历史、艺术、体育等方面的知识，熟记古今中外名人的某些精辟的论述，能生动、形象、幽默地表达历史上一些大的事件、轶事、趣闻，出口成章，旁征博引，发挥自如，扣人心弦。

在培养思维能力上狠下工夫 语言是思维的反应，思维是语言的基础。一名优秀的管理者要想出口成章，唤起听者的情绪，就必须要有较强的思维能力，只有这样才能全面、深刻考虑问题，反应敏锐，分析深刻和逻辑严密。特别是在辩论和谈判过程中，常常要立即回答对方提出的问题，稍有迟钝，犹豫不决，就会吃亏，就影响全局。因此，要善于应付各种情况的变化，如果平时大脑材料丰富，就会脱口而出，冷静自若，很有分寸地回答问题，并表现出大将风度。要想反应敏锐，就要在平时加强训练，注意学习，在实践中观察事物的规律，在各种会议上敢于上阵不胆怯，不断磨练，遇到问题冷静处理，认真分析，妥善解决。饭店管理者要善于学习，注意总结，掌握科学的世界观和方法论，善于透过现象看本质，超前意识强，能够一针见血地发现问题并能处理、解决这些问题，分析出来的问题，层次、条理清楚、透彻、深刻、入木三分，令人佩服。要想逻辑严密，主题鲜明，观点突出，条理清晰，语言大众化，流畅、诙谐，能够抓住听众的心理，就要求论点、论据充分，说理性强，结构严谨、逻辑性强，一层一个意思，一层一个道理，归纳总结得贴切、准确。

多实践，苦练表达技巧 要熟悉掌握口头表达技巧，唯一办法就是多实践，苦练。练口齿，学发音，学习普通话，校正不正确的发音。如朗读，听录音进行自我练习；练姿态，重点是要学习在不同场合、地点，如何使用表情；多实践，练胆量，提高技巧。

2.2.5.3 文字表达能力

(1) 表达体裁

饭店管理者必须具备较高的文字表达能力，即写作能力。文字表达的体裁很多，但管理者常用的主要有书信、计划、通知、报告、总结、论文等。

书信 是生活、学习和工作中用得最广泛的一种形式，可分为一般书信和专用书信2种。一般书信是个人与同事和亲友联系或交换意见时使用的一种文体。它应用广泛，表达方式灵活，有固定的格式，针对性强，可以无拘束地畅所欲言。一般书信由称呼、正文、结尾、署名、日期5个部分构成；专用书信，是单位与单位之间或个人与单位之间进行工作联系或为了完成某项任务表达某种特点的思想感情的书信，它具有一般书信的格式，但没有一般书信自由灵活。如慰问信、感谢信、贺信等。

计划 是把工作的目的、意义、安排用书面形式写下来，对工作、经营、管理、学习起组织指导作用，以减少盲目性，提高工作效率。计划的种类很多，按性质分，有学习、生产、工作计划；按范围分，有企业、某项事业、个人计划；按时限分，有年度、季度、月、周计划等。计划没有固定的格式，一般分以下几部分：标题，即计划的名称（如计划还不成熟或未经讨论通过，可注明“初稿”“草案”）；内容，即计划的正文，一般包括情况分析、目的、任务、措施、步骤以及完成的期限等，计划正文要分条分项地写清楚；制订计划的日期、时间和单位名称写在正文的右下方。

报告 是下级向上级汇报工作，反映情况，请求指示和批准的一种公文，根据报告的内容和目的，可以分为工作报告、情况报告、调查报告、请示报告等。报告的结构一般分标题、正文、签署 3 个部分。标题一般由作者（发文机关名称）、事由（报告的主要内容）和公文名称（报告的种类）3 部分组成。报告的主体正文分为开头；反映情况、陈述理由；提出意见、建议或请示 3 个部分。签署是报告的落款，由报告人，发文年、月、日，印章 3 部分组成。

总结 是企业或个人对前一个时期的工作或学习进行分析和研究，总结经验和教训，找出规律性的东西，以指导今后工作。总结的种类较多，按性质分，有工作总结、学习总结、思想总结、生产总结；按范围分，有个人总结、集体单位总结；按时间分，有年度、季度、月份总结等。写总结没有固定的格式，要根据总结的目的、类型、使用场合来决定。一般的总结为标题、正文、署名和日期 3 部分，署名和日期写在正文的右下方，总结的语言要求准确、简明、严谨。

(2) 文字表达能力的提高

为提高文字表达能力，需注意以下几个方面。

下决心、有毅力、勤读书 文字表达能力的提高，不是一蹴而就的，但也不是高不可攀的。只要下决心、有毅力、勤读书，坚持不懈，不断努力，就会达到成效。

要善于调查研究，提高观察思维能力 要写出高水平的文章，最重要的是经过实践，对研究的对象有精辟的认识，能够提出富有新意的观点。要做到这一点就要在实际工作中深入生活，深入实践，搞调查研究，总结观察事物本身的变化和其周围的环境联系，在调查研究、观察的基础上还必须进行思维，这样才能透过现象抓住本质，揭示各种事物的内在联系和客观规律。

要善于动脑，经常积累材料 一篇好文章，必须以充实的材料为基础，没有丰富的材料，写文章如无米之炊。材料要靠平时的积累，包括各种会议记录、总结、演讲、对话、读书笔记、计划等，要随时积累、记录，然后分门别类，归纳综合。勤于动脑研究分析，使之用时信手拈来，运用自由。

要加强文字修养，多写、多练 要提高写作能力必须要加强基本功训练，掌握写作基本功。饭店管理者常用的文体，如演讲、总结、计划、通知、论文等，其观点都是通过语言文字来表达的，因此，要加强文字的修养，学点写作、语法、修辞知识。要多写、多练，当确认选题和积累了足够的材料之后，就应动手多写文章。

2.2.6 创新能力

2.2.6.1 创造能力概述

创造是一种综合的能力，它包括良好的记忆力、敏锐的观察力、丰富的想象力、严谨的抽象力、高超的直觉力、轻松的幽默感、娴熟的操作力和准确的评价力等。饭店管理者必须具备创新意识，拥有创造能力，才能在现代社会的竞争中立于不败之地。

(1) 良好的记忆力

任何创造都不可能凭空产生，人们的创造力是建立在人脑中储存记忆的知识、经验的基础之上的，饭店管理者的创造，就是对记忆提供的已有知识进行加工、联结、融会、创新。假如没有对前人知识和经验的记忆，创造活动就成为没有原料的无米之炊。如果管理者的记忆力很差，提供所需要的知识的速度很慢，信息量少，那么，产生新设想的机会就会减少，创造性思维的速度就慢，大大影响创造的效率。强调卓越的创造离不开良好的记忆力，决不是指死记硬背。通过记忆所获得的知识，在创造性的活动中要加以灵活巧妙地运用，才能发挥其促进创造力的作用。否则，固守已有知识的结论，把它奉为经典不敢突破，这种知识不但不会促进创造力，反而成为创造力的严重障碍。提高记忆力的根本途径是刻苦、勤奋地学习，离开这个基本点而单纯指望寻求一些具体的记忆方法，是不会有好结果的。当然，既有刻苦、勤奋的精神，又有科学而得当的记忆方法，那么人的记忆力会如虎添翼，效果更佳。心理学分析表明：① 注意是记忆的首要条件；② 目标明确是记忆的重要条件；③ 多思是记忆的必要条件；④ 及时复习是防止遗忘的武器。

(2) 敏锐的观察力

管理者的创造活动是为了解决实践中的问题且探索其规律和方法的，只有通过对现象的仔细观察才能获得第一手资料，经过认真思考，才能发现问题，找到解决问题的方法。特别是在变化多端的竞争环境中，常常会出现许多意想不到的情况和机会。只有具备敏锐的观察力，才能及时地、敏锐地、准确地捕捉到机遇，甚至是微不足道的偶然事件，也能迅速做出反应，取得意外成效。否则，观察力很差，对意外情况不敏感，甚至“视而不见”，“听而不闻”，就会浪费机会，追悔莫及。

(3) 丰富的想象力

创造性想象力不是对现成形象的描述，而是根据一定的目的和任务对已有的表象进行选择、加工和改组而产生新形象的过程，饭店管理者在行动之前，先在头脑中已构成行动结果的“蓝图”，在改革之前，已在头脑中构成了将要创造的新事物的形象，这些都是创造性的想象力。创造性想象力的特征在于新颖、新奇、独创。

为使创造性想象力得到充分发挥，首先要有积极的思维状态。具有明确的目的性，是创造性的方向和动力。为了培养丰富的想象力，管理者还应不断积累知识和经验，善于在头脑中形成和保持丰富多彩的记忆表象。一般说来，知识越渊博，经验越丰富，记忆表象越充分，想象力的驰骋面就越广阔，越活跃。当然，强烈的好奇心与求知欲，乐观饱满的情绪也是想象力的必要条件。

(4) 严谨的抽象力

饭店管理者需要在总体上把握发展时机、发展方向，发现主要矛盾、关键因素和问题的要害所在，才能拟定创造性的行动方案，并有效地组织实施，而事物发展方向、主要矛盾、关键因素则需要通过科学的抽象才能发现。一个没有抽象思维习惯和能力的人，对全局就不得要领，发现不了关键，习惯于处理具体事物，批条子，发指示，终日辛苦忙碌，也就没有什么新点子、新方法、新创见，至多做一个辛辛苦苦的事务主义者。

抽象能力对创造性思维的第一个作用表现为揭示事件的本质。抽象能力对创造性思维的第二个作用表现为概括各个对象的共同特征，创造性思维可以循着2个方向发展而获得新成果：一个方向是发现事物之间的不同之处，能从相同之中发现不同；另一方向是从一般事物中发现特异点。

(5) 高超的直觉力

直觉能力在创造中的作用主要表现在：① 直觉可以迅速做出优化选择。创造性的工作大都是从发现问题开始的，而每一个问题的解决，往往有许多可能性，能否做出正确的抉择，就成为解决问题的关键。② 直觉可以寻找各种事物之间的联系。在经营中，管理者可以通过逻辑思维寻找事物之间的联系，但在使用逻辑思维无效，“百思不得其解”时，往往可以凭借直觉找到其间的联系。③ 直觉还可以帮助饭店管理者做出创造性的预见。凭借卓越的直觉能力，管理者能够在纷繁复杂的事实材料面前，敏锐地觉察某一类现象具有的重要意义，预见到将来在这方面会产生重要的发展或转变。

饭店管理者增强直觉力方法是：① 要重视自己的直觉感。平时，一旦预感直觉来到，不管大小，都要把它记录下来，并用以后发生的事实来检验是否正确。从正确的直觉预感中，可以获得经验；从错误的直觉预感中，可以吸取教训。通过这个预感、记录、检验、总结的过程，就可逐步提高直觉能力。② 要熟悉与本行业务有关的知识、信息的情况，积累与本行有关的实践经验。直觉预感与直觉判断，既不是幻想，也不是神机妙算，它的产生，必须以基本知识与事实为基础。③ 要在直觉预感和直觉判断中剔除个人内心深处的愿望和感情，以便尽量减少判断的误差。

(6) 轻松的幽默感

饭店企业经营，市场竞争火药味十足，经常处于紧张而严肃的状态中，需要有轻松的话题或幽默来调剂。具有幽默感的管理者，可以把幽默带进企业经营领域，把幽默感渗透到经营艺术中去，从而创造出幽默的经营艺术风格，减缓由于紧张而带来的压力。

(7) 娴熟的操作力

现代经营活动的迅速发展，不是对操作能力要求降低了，而是提出了更高的要求。操作能力在创造中的作用，主要表现在以下3个方面。

发现创造课题 饭店管理者亲自搞调查研究，了解材料更直接、更真实、更利于了解一个的呼声和要求，更容易发现需要解决的最敏感、最迫切的问题。一个高高在上的管理者，不接触实际，他了解的情况往往是不真实的，做出的决策往往是脱离实际的。

探索作用 在改革中，饭店管理者会遇到大量新问题，需要探索新的解决问题的方法。管理者如果亲自动手抓一二个典型进行试点、蹲点，从中探索，总结出经验，然后在面上推广，这会大大提高成功率，减少失误。

检验作用 创造的新方法，做出的新决策是否正确，要经过实践检验。经理人如果亲自指挥决策实施，就可以及时发现实施过程中出现的问题，或是通过协调各种关系，或是修正原来的计划，使实施中的问题迅速得到解决，保证决策目标的实现。

(8) 准确的评价力

评价是创造性的重要环节。为了解决新问题，可能设想出许多新方案、新方法、新措施，这就需要对这些方案、方法、措施进行评估选优。优秀的饭店管理者往往具有很高的评价能力，敢于决断，善于决断。这种能力在解决问题的途径似乎很多，但又无法一一尝试时特别宝贵。心理学实验证明，评价能力高的人往往都是优秀的管理者。其最重要的任务是对不同方案的选定，这需要果断的品质。

2.2.6.2 创新方法

(1) 头脑风暴法

头脑风暴法是美国学者奥斯本于1938年首创的，该方法最初用于创造广告的新花样上，1953年经总结后著书问世，这是一种用来提出新设想的方法。

所谓头脑风暴，就是开动脑筋，发挥创造性思维的能力的意思。头脑风暴法就是请参加会议的与会者和智囊们，通过互相启发、互相影响、正相刺激，产生共振（即创造性设想的连锁反应），诱发出更多的创造性设想，达到集体创造出成果的目的。这种会议与一般的专家会议不同，有利于充分调动与会者的积极性，不打棍子，不扣帽子，鼓励创造性思维，鼓励新思想的产生。由于这种方法具有上述优点，而且可以在比较短的时间内整理和归纳出富有成效的结论，因而在现代管理者、管理活动中逐步得到广泛应用。

(2) 德尔斐法

德尔斐法是美国兰德公司在20世纪50年代初协助道格拉斯公司，研究如何通过有控制的反馈使收集专家意见更为可靠时提出，以德尔斐为代号而得名的。

德尔斐法是一种较为科学的专家集体预测法。以往征求专家意见，往往采用专家会议的方式，存在一系列弊病。如参加会议的人数有限，代表性不充分；权威的影响太大，容易出现随大流的情况，等等。德尔斐法尽可能地消除这些人的主观因素，力求得到更客观正确的结论。德尔斐法要点如下。

- 就问题的内容写成若干条含义十分明确的问题。规定统一的评估方法，如要求专家们对某项技术在未来可能出现的时间和概率做出估计。
- 选定专家数十人，将上述问题寄给他们背靠背地征询意见。必须对专家姓名严加保密，从而消除专家之间各种不良影响。
- 各位专家意见收回后，对每个问题进行定量统计归纳，反映出专家的集体意见。
- 将统计结果再反馈给专家。每个专家根据统计归纳结果，慎重地考虑其他专家的意见，以便修改自己的意见。
- 收回第二轮征询后，再进行统计归纳，反馈给专家们。如此多次反馈，一般经过3~4轮，就能取得比较集中的意见了。

(3) 提问法

提出疑问对于发现问题和解决问题是极其重要的。创造力高的人，都具有善于提问题的能力。提出一个好问题，就意味着问题解决了一半。提问题的技巧，可以发挥人的想象力；相反，有些问题提出来，反而会挫伤我们的想象力。提问法是对拟改进的事物进行分析、展开、综合，以明确问题的性质、程度、目的、理由、场所、责任等项，从而由问题的明确化来缩小需要探索和创新的范围。

（4）形态分析法

形态分析法亦称形态方格法、棋盘法或形态综合法，由美国加利福尼亚大学开韦教授发明创造。这种方法的出发点是：很多创新并非都是全新的东西，而只是旧东西的重新组合。因此，如能将问题加以系统的分解与组合，即可大大提高创新的可能性。

（5）希望点列举法

希望点列举法是从人们的希望出发，沿着所提出的希望去进行创造的方法。这种创造技法不同于缺点列举法。缺点列举法是围绕现有事物的缺点提出各种各样的改进设想，这种设想不会离开事物的原型，因此它是一种被动型的创新方法。而希望点列举法是从创新者的意愿而提出的设想，它可以不受原事物的束缚，因此它是一种积极、主动型的创造方法。

（6）缺点列举法

缺点列举法就是通过发掘事物的缺陷，把它的缺点一一列举出来，针对具体问题，寻找改革方案，进行创新的一种方法。列举缺点，实际上就是发现问题，而创造发明正是解决现存的问题。所以，能够发现事物的缺陷，往往就是找到了一个创新的课题。但是，人常有惰性，对于看惯了，用惯了的东西，往往不想去发掘它的缺点，会以“将就点”“凑合点”的观点去对待它。这样，就会安于现状，丧失创造动机，无所创新。

（7）类比法

类比，是指不同事物或现象在一定关系上的部分相同或相似。类比法是根据2个（或2类）对象之间某些方面的相同或相似而推出它们在其他方面也可能相同或相似的一种方法。

类比法是一种富有创造性的方法。借助类比，人们可以把陌生的对象与熟悉的对象进行类比，把未知的东西与已知的东西进行类比，由此及彼，可以起到启发思路，提供线索，举一反三，触类旁通的作用，可以产生出新的设想，获得更多的创造成果。但是，从异中求同，从同中见异的类比法也有缺点，就是运用这种方法推导出来的结论，或提出的创造设想，成功的可靠性不高，有时会把人引入迷途。尽管如此，它仍然是一种创造性极强的方法。

（8）模仿创造法

这是一种由模仿引发物而设想出与其类似的创造物的创造方法。在人类的创造活动中，模仿创造占有很重要的地位。一般来讲，人的创造活动可以分为2个阶段：第一阶段称为初期创造活动，主要依赖于模仿，因此称为模仿创造阶段；第二阶段称为后期创造活动，即在模仿创造的前提下进行再创造。这类创造往往突破模仿，成为一种独创。人们只要稍加注意自己身边的事情，勤于思考，就能通过模仿来创造发明。

（9）移植法

移植法，就是将某一领域中已发现的原理、技术、方法，移植、应用到另一领域中去，为解决其他领域中的疑难问题提供启示或帮助，从而使它得到新的进展的一种创造技法。移植法是通过相似联想、相似类比，力求从表面上看来仿佛是毫不相关的2个事物或现象之间，发现它们的联系。因而，它与类比法、联想法有着密切的联系，在很多情况下与灵感思维有关。

2.2.7 自我管理能力

管理好个人生活和工作的能力是一个人事业有成的基石。要想管理别人，首先要管理好自己，要全面开发自我控制的潜能，即成长和学习过程中自我约束能力。

2.2.7.1 全面自我控制的特征

全面自我控制能力达到一定水平的管理者具备一些相同的基本特征。

首先，目标感强烈。对管理者来说，事业不仅仅只是天天去工作，而是一种使命。作为管理者的目标是通过带领他人来取得成功。优秀管理者所担负的重要使命是：给员工带来利益，给每一个员工提供机会，让员工在管理者的指导和支持下有更大的个人发展。

其次，不断地学习。优秀管理者无一不是热衷于学习的人，他们发现了学习的价值，把事业看成是一次愉快的旅行。确切地说，他们都是些活到老学到老的人。他们通过读书、上课、与知识渊博的人谈话来不断增加自己的学识。

最后，设定长远目标并为此而努力工作。设定长期目标之后，往往需要付出多年的努力方可如愿以偿。要达到远大的目标，必须做出牺牲，长期致力于所选定的事业。比如说，我们可能要先读完大学，干几年“基层”工作，在被委以权力和责任之前经受漫长的磨练。必须全力以赴。

2.2.7.2 自我评估

评估自己的现实状况时，可以采用基准问题测试法来确定自己的发展。首先列出自己所具备的各方面技术、知识和能力。然后向所在工作领域中最优秀和最杰出的人士请教他们成功的原因。确认哪些技术、知识和能力对他们的工作和生活影响最大。最后进行差距分析。哪些是他们具备而自己不具备的。与他们之间的差距就可以用来制订促进自己事业进步的发展目标。

现实和理想之间的差距会产生压力，这种压力又进而形成把现实向理想推进的强烈愿望。完成从现实到理想的过程可有2种途径。一种是刻苦工作，逐步向既定目标迈进；另一种不太有效的途径是修改或重新评价所设定的目标，降低标准，使之较为容易达到。如一名前台接待员的长远目标是成为西南部度假地某个饭店的总经理。这一目标当然会使他产生压力或渴望。为了实现理想，这名员工首先要拿到学士学位，在各个部门积累几年工作经验，还要培养在企业界发展所必须具备的政治敏锐性。显而易见，达到这一目标需要多年的奋斗。这名前台职员可能会觉得需要投入的时间和精力超出了他可承受的范围，因而决定降低标准，把目标定在度假饭店的前厅部经理这一职位。这样，现实和理想之间的距离就被拉近了。

小测验：您的压力过重吗？

通过下面的小测验测试一下您承受了多大的压力。下面的10句话描述了10种情景，按照您的情况与之相符的程度给自己打分。最低1分，最高10分。

完全不相符　　　　有点相符　　　　几乎吻合

1	2	3	4	5	6	7	8	9	10

- 我几乎不能控制我的学习和工作。
- 我责任很多，但权利很少。
- 我没有时间把工作干得很出色。
- 我很少得到我应该得到的赞扬。
- 我没有充足的时间陪伴我的家人和朋友。
- 在学校或是公司，我根本不能展现真实的自我。
- 我感觉不能充分发挥自己的潜力。
- 别人歧视我。
- 我对自己的工作质量不满。
- 朋友和同事让我心烦意乱。

如果您的得分在：

10～30 分之间：您承受的压力水平较小。目前的状况似乎对您很有利。

31～59 分之间：您承受的压力水平居中，可以考虑采用一些减轻压力的方法来减缓压力给您带来的困扰。

60～100 分之间：您承受的压力过重，必须采取措施减少压力。如果积分过高，您有必要咨询有关专家。

2.2.7.3 管理自己的时间

这个世界不乏志向远大却一事无成的空想家。若不想落得同样的命运，就必须善于有效地利用时间。一天有24h，懂得利用它的人将会在个人生活和事业上取得成功，惯于浪费它的人将一事无成。斯蒂文·卡维在他的畅销书《高效人群的七大习惯》中，总结了能够有效管理好自己的时间、获取成功的生活习惯。

学生在管理时间方面遇到的挑战很大，因为大部分时间都由自己来安排。等以后做了饭店管理者，会发现时间的安排更有条理，但工作压力也骤然加重。除了繁忙的业务外，还有上级派下来的特殊任务，以及一大堆急等着处理和没有预见到的紧急情况。不管面临何种情况，时间管理总是一大挑战。如果把握了以下一些基本做法，将有助于在较少的时间里完成较多的工作。

把奋斗目标置于显要位置　如果有可能的话，把奋斗目标贴在白天经常可以看到的地方。以确保一天的行动都以达到这些目标为导向。

列出每天“要做的事情”　一种既简单又有效的方法是准备一个笔记本，在左边的页上列出所有要完成的工作，在右边的页上做备注。每天挑出5或10项最重要的工作，着手处理。划掉已完成的工作，加进去新安排的任务。

强迫自己动手　当遇到不情愿做的工作时，强迫自己干上十几分钟。这时就会发现它并不像想象的那样糟糕，而且可能会从中体会到极大的成就感。

奖励自己　当自己完成了一项大型的或不情愿做的工作时，用最喜欢的活动奖励一下自己。

寻找指导者　如果遇到了解决不了的问题，不妨找一个可以指导自己的朋友或同事。每周见面一次，审核一下所设定的目标和已取得的成绩。向指导者汇报工作的压力会使自己产生完成工作的动力。

检视自己　来确保自己每天所做的事情都是有价值的，没有偏离目标。每天一次或多次检查自己的行为，看看过去几个小时所做的事情是否与长期目标相一致。若是一致，继续；若不一致，考虑如何回到正轨上来。

高效人群的七大习惯

斯蒂文·卡维在他的畅销书《高效人群的七大习惯》中总结了能够使事业有成和成为成功的领导者的七大品质。卡维认为，时间管理、自律和道德产生效率。

这七条习惯是：

- 制定长远的个人目标。
- 开始就要考虑到结尾。所有的行动都应该以要达到的目的为导向。
- 首先完成最重要的事情。所有的行动都应该以工作和生活中最优先要做的事情为基础。
- 双赢思维。寻求互利的人际关系。
- 先了解别人，再让别人了解自己。要设身处地地听别人的讲话。
- 协同增效。整体大于部分，团队协作比单干更有效。
- 欲善其事，先利其器。活到老，学到老。不断培养新的习惯，在身体上、思想上、情感上和精神上不断更新自己。

卡维认为，勇气和体贴是成熟情感不可或缺的一部分。当我们有勇气表达自己的感受和信念，同时又体贴他人的感受和信念，并能将二者加以平衡时，才可以说自己在情感上已经成熟了。

2.2.7.4 建立指导关系

管理者的成功离不开他人的指导。指导者能帮助自己认清发展目标，识别培训机会，支持管理者不断追求晋升。建立指导关系的做法如下。

参加正规的指导课程 首先与人力资源部联系，了解饭店是否开设正规的指导课程，指定一名高层管理者引导自己的工作。如果没有，也不要放弃。可以自己寻找指导者。

挖掘潜在的指导者 在企业内部找一位经验丰富、支持他人工作、被公认为可以做指导者的人做自己的指导者。指导者确定之后，可以约他见面。第一次会面时，要了解一下指导者事业发展情况，指导者是如何实现自己的目标的。然后，谈谈自己的抱负并向指导者征求意见。如果指导者对此表现出兴趣，并鼓励自己奋斗，便找到了指导者。如若不然，要另觅人选，直到找到对自己和自己的事业感兴趣的人为止。

把目光放在饭店企业以外 饭店企业之外也不乏指导者。事实证明，大学教授、邻居和同学都可能成为出色的指导者。没有必要只局限于一个指导者，完全可以同时确定若干个能对自己的生活和事业产生积极影响的人。

2.2.7.5 构筑关系网

构筑关系网指为了个人和工作的需要，有计划地与他人建立联系，分享信息。这与建立指导关系有些相似，不过构筑关系网更多的是建立在“给予与得到”基础之上的。指导关系以自己的需求为中心，而在关系网中，双方关注的是共同利益。

“建立关系网”最初是销售人员的术语，但对推动个人事业发展十分有利。与所在的行业和其他行业的人建立关系可以及时洞悉各种发展机会。可以获取有关饭店企业或研究领域最新发展动态的内部消息。构筑关系网提供了进行社交、结识新朋友和赢得广泛支持的机会。当面临失业或艰难的抉择的时候，就会意识到这些支持有多么重要。

从企业或学校内部着手　要待人友好，面带微笑，抽空多跟同事和同学聊聊天。多数人乐意与别人谈谈自己和自己的生活。您可以适当地提些问题，鼓励对方坦诚相待，但切忌探问别人的隐私。阐述自己的观点，但不要一个人把持谈话。很快，别人就会认为您友好、开朗、易于接近，是可以结交的人。

积极参与　不要把关系网局限于身边的几个人。参加与管理者的职业领域相关的各种组织，并积极参与他们组织社交和教育活动。主动与人交谈、交换名片，争取做到一次活动结识一位有影响的人物。

确认希望结交的人　在建立关系网时，要注意哪些人与管理者有相同的职业爱好、愿意与管理者分享信息并能够积极支持管理者。不要害怕同比自己职位高的人建立关系。这些人能对事业产生最有利的影响。

培育关系　确定了意欲纳入关系网的人选之后，接下来就是构筑关系了。如果您曾就某一话题与某人进行了一次特别有趣的谈话，不妨搜集更多的相关信息，用短信发给这个人。方便的话，与新朋友共进午餐或一起喝咖啡。把握机会与关系网中的重要人士保持联系。如果此人获了奖或升了职，一定要致函祝贺。酝酿一些有望合作的项目。同与指导者交往一样，尽量保持一种工作关系，否则往往会产生适得其反的结果。

双向关系　建立关系网时，一定要多考虑能为别人做些什么。不要一开始就以要事相求，这样对方会产生被利用的感觉。最好是先建立关系，然后看看是否能为对方提供什么帮助，最后才考虑遇到困难时，请对方助你一臂之力。

保持联系　精心编织关系网，会同时要与许多人保持接触。因此必须有所选择，确定哪些人是最重要的，与目前的事业和长远的目标联系最为紧密。优先考虑与这些人保持联系（列入“必须要做的事情”中）。定期给他们打电话、发电子邮件、寄明信片或短信。尽量找机会见面。当初，下了很大工夫建立的关系网，现在如果任其关系淡化，等到最需要支持的那一天，则会发现自己处于孤立无援的境地。

餐厅主管的时间分配范例

基层管理者对自己工作时间的正确分配应该是：51%的时间运用于亲临服务现场第一线，对现场服务进行现场督导和走动式管理；24%的时间运用在工作的组织上；15%的时间运用在工作的计划上；剩下10%的时间则运用在对工作重要环节的控制和总结上。

以一名餐厅主管为例。从上班走入餐厅起，所做的第一件事情应该是翻看昨天留下的交班记录，看看还有哪些工作没有完成，昨天的服务还存有哪些问题，等等，然后对照月度计划表及周计划表来安排一天的工作。但要注意的是，要按事情的性质和轻重缓急来安排，最好是有一个详细的限时提示，这一项工作大概需要多少时间来完成，同时，还要根据工作的实际变化来调整原先的计划，不能一成不变。

其次，应该是查看当日餐厅的人员安排情况及预订情况，根据员工的不同特点来安排与其相适应的工作，将合适的工作安排合适的人去做，这一点非常重要。因为不合理的安排除了会导致员工的不满，造成工作效率低下外，还会影响对客服务质量，导致客人的不满。另外，身为餐厅主管，还应随时根据生意状况，及时转移工作中心。

接下来就是对服务进行现场全方位、全过程的督导，这是管理者的工作重心之一。在现场督导过程中，要注意抓住全局的重点时段进行有效督导。例如，重要接待的迎宾阶段、第一个菜的上菜阶段、买单征询客人意见阶段、送客阶段、宴会服务中的祝酒阶段、上菜过程中对上菜速度的控制阶段、买单高峰期的控制阶段等。总而言之，对现场服务的督导应该抓住重点，用80%的时间花费在20%的重点督导阶段，这样的走动式管理才更有效率和效果。

最后，下班前40min，应该静下心来，对照工作计划，对一天的工作进行小结，全面掌握工作完成与否的情况。如对今天服务中的亮点要总结成操作规范和服务标准，在员工中推广；对存在的问题要以案例形式进行记录和分析，并在班后会上进行讲解。另外，对于当日的重点接待和工作也应该记录、整理好，便于月底进行总结。

【思考题】

1. 简述饭店管理者应具备的基本素质。
2. 饭店管理者应具备哪些能力？
3. 具备驾驭全局能力的管理者应具有哪些特点？
4. 如何对员工实施有效激励？
5. 如何对员工授权？
6. 正确决策的基本要求有哪些？
7. 简述沟通协调的方式。
8. 沟通原则是什么？
9. 简述正确倾听的姿态。
10. 简述社交能力的内容。
11. 简述创新方法。
12. 创新能力包括哪些内容？
13. 如何管理自己的时间？

【经验性训练】

为自己将来成为一名出色的饭店管理者做一份行动计划

【概述】

一项对饭店人力资源部高级职员和招聘人员的调查显示：成功的管理者一般精力充沛、善于交际、可靠、友好、持重、纪律性强、自信、客观。其中“可靠”“精力充沛”2点尤为重要。管理者可以依据这些信息在企业内部选拔和培养领导人才，减少员工的流动、鼓励教育机构开设相关课程，有意识地培养这些品质。学生正处于学习、培养阶段，完全可以被塑造成为一名优秀的饭店管理者。因此，要求学生就如何成为一名杰出的饭店管理者做一份行动计划书。

【步骤】

1. 学生依据上述性格特征，比照自己的性格特征，找出自己已经具备的性格和不具备的性格特征各2项，写在笔记上。
2. 对于自己已经具备的性格如何发扬做出计划。
3. 对于自己不具备的性格如何改进并强化做出计划。
4. 教师给学生2周时间，请学生认真思考并做出行动计划书。
5. 全体学生上交行动计划书。
6. 要求学生遵照行动计划书上的内容修炼自己。
7. 教师对每一位学生的计划书进行点评，并指导与督促学生，学生经过一个学期的努力，到期末时做自我总结。

【案例分析】

李晓利是一家饭店集团的新任前厅部主管，她所在的饭店位于城市的中心。郭强任一家独立经营的大型餐馆的经理，餐馆位于一座大城市附近的一个繁华地段。您是李晓利和郭强的顾问，负责向他们提供解决问题的最佳办法和建议。问题和解决方案与本章所学内容紧密相连。

李晓利刚刚毕业于一所大学，获得旅游管理专业学士学位。她的工作经验包括在校期间实习半年，在度假地饭店的前台和预订部工作过，毕业后来到这家饭店工作，并刚刚结束为期3个月的管理者培训。目前被安排到一家大型会议饭店做前厅主管。李晓利负责雇用、调动和督导16名前厅夜班职员。她直接向前厅部经理林荫汇报工作。

郭强在市内一所大学的饭店管理专业取得学士学位文凭，他边学习边工作，做过餐厅引位员、值台员、餐厅领班、餐厅主管等职位，获得不少实践经验。毕业后受雇于这家经营有方的大餐馆。上任前只接受2周的岗前培训。作为餐厅日班经理，郭强负责招聘、调动、督导餐厅各岗位的服务员共25名。他直接向总经理张洪涛汇报工作。此外郭强还要与厨师长刘柳密切合作。

李晓利和郭强都渴望在新的工作岗位上做出成绩，郭强希望尽可能多地学到本领，以便将来自己开一家餐馆。李晓利希望先晋升为前厅部经理，然后转到销售部工作，最终成为一家大饭店的总经理。李晓利和郭强具有扎实的专业知识基础，但他们都认识到在目前的岗位上最重要的是如何管理和激励自己的员工。他们接受培训后找到您，就领导艺术方面的问题向您咨询，他们的问题如下，您能给他们一些什么建议呢？

1. 我如何给员工留下美好的第一印象？
2. 对于饭店业的管理者来说，哪些领导技巧显得尤为重要？
3. 从一开始我就想创造一个充满乐趣的工作环境，应该如何着手？

【本章推荐阅读书目】

1. 世界旅馆　旅馆世界．张广瑞．中国经济出版社，1991.
2. 饭店职业经理人职业资格培训课程．吴旭云．辽宁科学技术出版社，2003.
3. 饭店管理概论．黄震方．高等教育出版社，2002.

第 3 章

饭店管理理论基础

【本章概要】

本章重点讲授饭店管理理论基础，对饭店的基础理论进行全面概述，分别介绍了西方管理理论的几个分支，即古典管理理论、行为科学理论和现代管理理论。论述了饭店管理基本职能，并分别就饭店计划管理、饭店组织管理和饭店企业文化的建设进行了深入的探讨和详细的阐述。

【学习目标】

- 掌握饭店计划管理的含义和重要性；
- 了解饭店计划管理中的计划类型及计划指标；
- 熟悉饭店计划制定的程序；
- 掌握影响饭店计划的因素；
- 掌握计划与决策的关系；
- 了解决策的过程及动机；
- 掌握饭店决策的方法和类型；
- 掌握饭店组织设计的原则；
- 掌握常见的饭店组织结构形式；
- 了解饭店组织制度；
- 了解饭店企业文化的结构；
- 掌握饭店企业文化的建设。

【关键性术语】

权力体系、X 理论、Y 理论、马斯洛的需求层次、双因素理论、期望理论、企业再造、学习型组织、知识管理、计划职能、组织职能、领导职能、控制职能、计划、计划管理、计划指标、客房出租率、客房双开率、决策、饭店组织管理、分工、协作、管理幅度、权利、责任、组织结构、总经理负责制、经济责任制、岗位责任制、员工手册、工作制度、饭店企业文化、饭店物质文化、饭店行为文化、饭店制度文化、饭店精神文化。

【章首案例】

海景酒店管理模式

海景酒店在借鉴国际一流酒店管理经验的基础上，通过长期的经营管理实践，大胆探索，构建了具有独特风格的管理模式。海景酒店管理模式的基本内涵集中概括为“6I”体系，这个体系的具体内容包括以下 6 个方面。

(1) Image (形象化管理)。海景酒店为了争取更大的市场机会和商业空间，确立了“打造和提升商务度假型酒店的品牌，以品牌参与市场竞争”的经营战略。在这个战略的总体原则指导下，海景酒店进行了 CIS (企业形象系统) 的策划和设计，对企业的经营理念、视觉识别和行为识别进行了精致化和具体化的管理，并通过不断强化培训和过程监督，将形象化管理落实到每一项工作、每一个岗位和每一位员工，从而形成了激活企业感召力、提升市场营销力、培植核心竞争力的有力保障。

(2) Impersonation (人格化管理)。海景酒店在扎扎实实开展规范化、制度化管理的基础上，大胆实践现代企业管理理论，更加重视管理过程中的心理因素、情感因素和社会因素，逐步建立了让员工有成就感和自豪感的人格化管理体系。海景酒店通过实行全员劳动合同制、新员工试用制、管理职位聘用制、店内待岗和员工流动制，建立了竞争择优、科学合理的用工和晋升制度；通过实行逐级逐日考核制、过失提醒制、表扬证书制、每月工作报告制、年度考评制、管理者民主测评制和研讨制，建立了严格公正的考核评估制度；通过实行岗位等级工资制、模块工资制、质量考核加薪制和竞争性工资制，建立了自主的激励性工资分配制度；通过党、团、工会等渠道，提高酒店决策透明度，把经营管理目标变成全体员工的自觉行动。

(3) Individuality (个性化管理)。我国酒店业经历了初创阶段、价格竞争阶段、质量竞争阶段等3个阶段的竞争发展，现在进入文化竞争与创新竞争的阶段。“个性化”是企业文化和创新精神的集中体现，是酒店参与市场竞争的基本策略。海景酒店在多年的经营管理实践中，培养了“依托团队整体推进，激励个人创新进取”的企业文化，积极弘扬全体员工的首创精神，形成了“对客个性化服务，酒店个性化管理”的特色管理机制，从而提升了海景酒店的服务水平和经营管理效率。

(4) Information (信息化管理)。现代酒店业的市场竞争是以信息技术为支持平台的资源配置能力的综合竞争。海景酒店主动把握这种竞争的大趋势，一方面积极开展酒店经营管理信息系统的建设，另一方面充分发挥酒店经营管理信息系统的功能，实行信息化管理，不仅提高了酒店经营管理的效率，而且提高了酒店经营管理的效益。海景酒店内部建立前台与后台双向互动的计算机管理系统，对外建立了高度响应市场变化的网络化管理系统，充分利用现代信息技术，强化对酒店经营管理流程的实时管理和动态管理，提高酒店对市场的反应能力和应变能力。

(5) Inimitable (零缺点管理)。“追求卓越的服务”是海景酒店提高市场竞争力的核心策略之一。只有卓越的服务，才能赢得客人的厚爱，从而才有忠诚的客人。经过多年的不懈努力，海景酒店全体员工形成了这样的共识，而且将这种共识落实到了具体的实践中。“零缺点管理”就是在追求卓越的服务过程中，逐渐构建起来的一种管理体系，是海景酒店实现精致化管理的有效保障体系。为了推进“零缺点管理”，海景酒店在借鉴国际一流酒店经营管理经验的基础上，建立了一系列的配套性管理制度、操作规范和实施细则，真正做到全员化、全天候、全过程、全方位的全面质量管理，从而保证客人在海景酒店得到“物有所值、物超所值”的服务，保障酒店获得“业绩增长、员工满意”的发展。

(6) Intellect (知识化管理)。信息技术的革命性发展，促进人类社会迈进了知识经济时代。知识经济时代，酒店业面临着全球化、自由化、科技化、集团化的挑战。海景酒店未雨绸缪，积极把握历史机遇和应对时代挑战，从1997年开始，就在酒店大力推进“学习+工作”的知识化管理模式。“培训、培训、再培训”是海景酒店对人力资源进行开发与激活的基本原则；采取“走出去”方式，让员工直接感受国际一流酒店的经营运作，接受现代酒店经营管理理念的熏陶和锻炼，开阔眼界，增长见识，从而提高员工素质；采取“请进来”方式，有计划地聘请酒店业的主管领导、资深学者、高级经理人和业内知名人士，深入酒店培训员工，从整体上提升酒店员工的专业素质和业务水平。“知识就是资本”，知识化管理任重道远，海景酒店将一如既往地积极推进知识化管理，以创新的精神培植酒店的核心竞争力，实现海景酒店的可持续发展。

3.1 饭店管理的基础理论

饭店管理是以管理学的一般原理为基础，从饭店本身业务特点和管理特点出发而形成的一门独立学科。饭店管理者要对饭店实施有效的管理，就必须学习和掌握这些管理理论和方法。

西方管理理论可被划分为几个分支，我们按照理论分支出现的先后顺序，依次介绍古典管理理论、行为科学理论和现代管理理论。

3.1.1 古典管理理论

古典管理理论是以“经济人”假设为基础的管理理论，其出发点是：经济利益是驱动职工提高劳动效率的主要动力。在研究方法上侧重于从静态的观点分析管理过程的一般规律。其代表性的理论在美国表现为泰罗的科学管理理论，在法国表现为法约尔的一般管理理论，在德国表现为韦伯的理想的行政组织理论。

3.1.1.1 泰罗的科学管理理论

泰罗当过工人、车间主任、工程师、总工程师等，因此对企业中存在的低生产率的原因十分清楚。为提高企业的生产率，泰罗用其毕生精力致力于管理问题的研究。1911 年他的著作《科学管理原理》问世，奠定了科学管理理论的基础，因而在管理理论界被称为“科学管理之父”。泰罗的科学管理理论主要包括以下内容。

第一，科学管理的中心问题是提高劳动生产率。为此，泰罗通过科学的观察、记录和分析，致力于“时间动作研究”，探讨提高劳动生产率的最佳方法，制定出合理的日工作量。

第二，科学挑选工人。泰罗认为为了提高劳动生产率，必须为工作挑选“第一流的工人”，所谓第一流的工人是指适合于某种工作并且愿意努力工作的人。

第三，要使工人掌握标准化的操作方法。使用标准化的工具、机器和材料，在标准化的工作环境中操作。

第四，采用刺激性的工资报酬制度激励工人努力工作。这主要是通过制定合理的工作定额，实行差别记件制。

客房部的有差别的计件工资制

某饭店为提高客房员工的工作效率，采取了“有差别的计件工资制”，规定客房清扫服务员根据清扫的房间数和质量等级计算每日工资。根据这一原则，饭店确定了清扫客房的标准工资：清扫一间走客房（标准间）可得工资 9 元，住客房 7.2 元，套房 18 元，等等。客房员工清扫完毕，由客房领班查房，符合饭店清洁卫生质量标准、无返工项目，定为一等，可获得所清扫客房的 100% 标准工资；如有个别项目清洁不到位，需要返工，定为二等，返工后只能拿 80 % 的所清扫客房的标准工资；若需要全部返工，则为三等，返工后也只能拿 50 % 的所清扫客房的标准工资。同时，饭店确定了员工每日的工作定额是清扫 13 间走客房，经过测算后，又规定清扫一间住客房折算为 0.8 间走客房，一套套房折算为 2 间走客房，空房折算为 0.4 间走客房等。员工完成每日工作定额 13 间或以上，可获得标准工资，如果不能完成 13 间，则只能获得标准工资的 60%。推行后，该饭店客房员工的工作效率大幅度提高，清洁卫生质量也有了明显的改善。

第五，计划职能和执行职能分开，以科学的方法取代经验方法。

第六，在管理上实行例外原则。即日常事务授权部下负责，管理者只对例外事项（重大事项）保留处置权利。

第七，实行职能工长制。即一个工长只负责一方面的职能管理工作，细化生产过程管理。

第八，工人和雇主双方合作。工人和雇主两方面都应当来一次“精神革命”，双方合作，共同致力于提高劳动生产率，把“蛋糕”做大，即使不改变分配比例也同时有利于双方。劳资双方应变对立为合作，共同为提高劳动生产率努力。

3.1.1.2 法约尔的一般管理理论

亨利·法约尔是古典管理理论在法国的最杰出的代表。他所提出的一般管理理论对西方管理理论的发展具有重大影响，成为后来管理过程学派的理论基础。他的代表作是《一般管理与工业管理》。

（1）6种经营活动

法约尔认为经营和管理是2个不同的概念，经营是引导一个组织趋向某一既定目标。经营包含6种活动：技术活动（生产）、商业活动（交换活动）、财务活动（资金的筹集、运用和控制）、安全活动（财物和人身的安全）、会计活动（记账算账、成本核算和统计等）、管理活动。

（2）管理的5个基本职能

法约尔首次把管理活动划分为计划、组织、指挥、协调与控制5项职能，揭示了管理的本质，并对这五大职能进行了详细的分析。计划就是探索未来和制定行动方案；组织就是建立企业的物质和社会双重结构；协调就是连接、联合、调和所有的活动及力量；控制就是注意一切是否按已制定的规章和下达的命令进行。

（3）14条管理原则

法约尔提出了著名的14条管理原则，至今仍有重要的实践指导意义。这些原则包括：① 劳动分工原则；② 权力与责任对等原则；③ 纪律原则；④ 统一指挥原则；⑤ 统一领导原则；⑥ 个人利益服从集体利益原则；⑦ 员工报酬原则；⑧ 集权原则；⑨ 等级系列原则；⑩ 秩序原则；⑪ 公平原则；⑫ 人员稳定原则；⑬ 首创精神原则；⑭ 团结合作原则。

3.1.1.3 韦伯的行政组织理论

韦伯是德国的古典管理理论代表人物之一。他在管理思想方面的贡献是在《社会组织与经济组织理论》一书中提出了理想行政组织体系理论，由此被人们称为“行政组织理论之父”。韦伯管理思想主要包括以下内容。

明确分工 对每个职位上的组织成员的权力和责任都有明确的规定，并作为正式职责使之合法化。

权力体系 管理者按职务等级系列和权力等级进行安排，形成一个自上而下的等级严密的指挥体系，每一职务均有明确的职权范围。

规范录用 人员的任用完全根据职务的要求，通过正式的考评和教育、训练来实现。每个职位上的人员必须称职，同时，不能随意免职。

管理职业化 管理者有固定的薪金和明文规定的晋升制度，是一种职业管理者，而不是组织的所有者。

公私有别 管理者在组织中的职务活动应当与私人事务区别开来，公私事务之间应有明确的界限。管理者没有组织财产的所有权，并且不能滥用职权。

遵守规则和纪律 组织中包括管理者在内所有成员必须严格遵守组织的规则和纪律，以确保统一性。

韦伯认为，理想的行政组织体系最符合理性原则，效率最高。能适用于所有的各种管理工作和各种大型组织，如教会、国家机构、军队和各种团体。

科学管理理论对饭店管理的基本理论和方法、服务质量、劳动组织、设备物资、各项业务管理等有直接的重大意义。我国饭店管理正是从作业研究和标准化、健全规章制度、合理组织饭店的各项经济活动而走上科学管理轨道的。

3.1.2 行为科学理论

泰罗的科学管理理论揭示了企业生产过程中的规律性，以科学代替经验来进行管理。但科学管理在重任务、重物质、重过程的同时，却忽略管理中最为重要的因素——人。行为科学就是以人为研究对象的科学。它是对企业中员工在生产中的行为，以及这些行为产生的原因进行分析研究，其中主要的研究领域集中在以下4个方面：① 有关人的需要、动机和激励的问题；② 有关所谓“人性”的问题；③ 有关非正式组织及人际关系的问题；④ 有关领导方式的问题。在上述领域中行为科学要求从心理学、社会学的角度去研究管理，重视社会、心理对人和生产效率的影响。其目的是按照人的心理规律去调动人的积极性，挖掘人的潜力，充分利用人力资源，达到企业最优化的效果。这一时期的主要代表人物有梅奥和马斯洛等人。

3.1.2.1 梅奥的霍桑实验

梅奥是美国哈佛大学的教授。1927 年开始，他和他的学生罗特列斯伯格在芝加哥西方电气公司霍桑工厂进行了著名的人际关系实验，即“霍桑实验”。并于1933 年发表了《工业文明中人的问题》一书，总结了霍桑实验第一阶段的工作，并提出了人际关系学说。这一人际关系学说与古典管理理论相比，有以下几个新的理论观点：① 人是社会人，不是单纯的“经济人”，除了物质因素之外，还有社会和心理的因素影响人的生产积极性；② 生产效率不仅与工作条件有关，主要取决于职工的积极性和人群关系；③ 企业中除了正式组织之外，在职工中还存在着非正式组织；④ 现代企业的领导人最重要的素质之一是应具有掌握人的感情，善于处理人与人之间的关系，提高职工士气的能力。

以上 4 个观点构成了人际关系学说的主要内容。这些观点虽然受到一些人的批评，但是他把社会学、心理学等引进企业管理理论，为创立一个新的管理学说奠定了基础，促进了对组织中人的行为的一系列研究。特别是在企业管理中注意掌握人的需要、欲望和感情，善于处理人与人之间的关系，重视非正式组织的作用等方面内容，对提高现代企业管理效率都有重要参考价值。

3.1.2.2 麦格雷戈的 X 理论和 Y 理论

1957 年，美国麻省理工学院心理学教授麦格雷戈在《企业的人事方面》一书中提出了 X 理论和 Y 理论。1960 年，他在《企业的人性问题》中对 X 理论和 Y 理论做了进一步说明。麦格雷戈认为，管理者对人进行管理时，其对人性的假设决定着他的管理方法。在企业管理中，对人性通常存在着 2 种对立的假设：X 理论与 Y 理论。

(1) X 理论

X 理论的要点为：

- 多数人天生是懒惰的，只要有可能他们就尽可能逃避工作；
- 多数人没有雄心大志，不愿负任何责任；
- 多数人生来以自我为中心，不顾组织目标；
- 多数人工作是为了满足基本的生理和安全需要，他们安于现状不求进取；
- 多数人符合上述设想，只有另一类人能克制感情冲动，鼓励自己，具有解决问题的想象力和创造力。这些人才能担负起管理的职责。

X 理论强调客观因素。从 X 理论出发，管理的措施是：管理工作的重点是提高生产率，管理是少数人的事，管理应按制度从严要求，员工的主要任务是听从管理者的指挥，用软硬两手来对待员工；用金钱来刺激员工的生产积极性；用严厉的惩罚措施来对待消极怠工。

(2) Y 理论

麦格雷戈对 X 理论抱否定态度，他提出了与 X 理论相对立的理论——Y 理论。Y 理论的要点为：① 如果环境适宜，人们运用智力和体力从事工作，正如游戏和休息一样自然；② 控制和惩罚不是现实组织目标的唯一方法。人们对自己所参与的目标能实现自我指挥和自我控制；③ 对组织目标所承担的义务是与获得成就的报酬直接相关的；④ 在正常情况下，一般人不但能接受而且能主动承担责任，缺乏雄心壮志和过分强调个人安全并不是人的天性；⑤ 在人们中间广泛地存在着高度的想象力、创造力和独创性；⑥ 在现代工业条件下，一般人的智力只用了一部分。

Y 理论强调人的内在因素。根据 Y 理论，管理应采取的措施有：用外部控制，鼓励员工自我控制，重视人和人际关系，创造一种适宜的环境，使员工能发挥自己的潜力而实现目标。

3.1.2.3 马斯洛的需要层次理论

需要层次理论由美国心理学家马斯洛提出。马斯洛的需要层次理论是基于 2 个前提：人是有需要的，需要会产生动机和行为，需要得到满足就成为一种激励因素。需要层次理论把需要层次分为 5 个等级。

生理需要 维持生存的必要条件，主要指住、食、衣、行、性 5 个方面，这是人最基本的、层次最低的需要。

安全需要 主要指职业的保障，劳动安全、财产安全、人身安全、健康保障。

社交需要 指人归属于一个团体的需要，与他人交往的需要，得到别人的友谊，得到爱情的需要。简言之就是建立良好的人际关系，得到友情和爱情等精神上的满足。

尊重的需要 一是指自尊，对自身价值和能力的信心；二是被人尊重，即对名誉、地位、赏识、晋升等的需要，是一种较高层次的精神需要。

自我实现的需要 自我实现即是成为自己希望成为的那种人，亦即实现人生价值的理想。自我实现要充分地发挥个人的聪明才智，充分地发挥个人潜力，在工作中取得希望得到的成就。自我实现是人最高层次的精神需要。

马斯洛认为，在特定的时刻，人们一切需要如果没有得到满足，那么满足最主要的需要比其他需要更迫切；只有排在前面较低层次的需要得到满足，才能产生更高一级的需要，而且只有当前一层次需要得到满足，后面的需要才显示出激励作用。在管理中要善于不断发现饭店员工的未被满足的需要，及时采取措施激励员工，调动员工的积极性和创造性。

3.1.2.4 赫茨伯格的双因素理论

双因素论是美国心理学家赫茨伯格于20世纪50年代后期提出的。赫茨伯格认为，使员工感到满意的因素与使员工感到不满意的因素是大不相同的。使员工感到不满意的因素往往是由外界环境引起的，使员工感到满意的因素通常是由工作本身产生的。赫茨伯格发现造成员工非常不满意的原因有：公司政策、行为管理和监督方式、工作条件、人际关系、地位、安全和生活条件等。这些因素改善了，只能消除员工的不满、怠工与对抗，但不能使员工变得非常满意，也不能激发他们的工作积极性，提高效率。赫茨伯格把这一类因素称为保健因素，就像某些保健物品只能预防疾病，但不能提高身体状况一样。赫茨伯格还发现使员工感到满意的原因有：工作富有成就感、工作成绩能得到认可、工作本身具有挑战性、负有较大的责任、在职业上能得到发展，等等。这类因素的改善，能够激励员工的工作热情，从而提高生产率。如果处理不好，也能引起员工的不满，但影响不是很大，赫茨伯格把这类因素称为激励因素。这2类因素见表3－1。

双因素理论与需要层次理论有很大的相似性，需要层次中的高层次需要是双因素理论的主要激励因素，低层次需要相当于保健因素。可以说双因素理论对需要层次论做了补充，它划分了激励因素和保健因素的界限，分析出各种激励因素主要来自工作本身。这就为激励工作指出了方向。双因素理论同需要层次理论的关系如图3－1所示。

表3－1 保健因素与激励因素

保健因素	激励因素
金钱 监督 地位 安全 工作环境 政策与行动 人际关系	工作本身 赏识 进步 成长的可能性 责任 成就

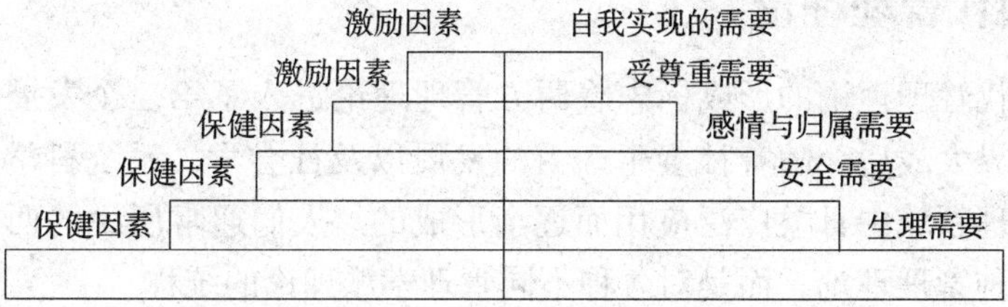

图 3–1 双因素理论与需要层次理论的关系

3.1.2.5 弗鲁姆的期望理论

美国的维克多·弗鲁姆认为，人们从事某项活动、进行某种行为，其积极性的大小、动机的强烈程度与期望值和效价成正比，即

$$激发力量 = 期望值 \times 效价$$

这里的激发力量是指为达到某个目标而对行为的激励程度。期望值是指该员工据个人经验判断其能够成功达到该目标的可能性，即概率。效价是指达到该目标对于满足该员工需要的价值。价值大，则效价高，反之，则效价低。

所以，对员工的激励力量取决于 2 个因素：吸引力和可能性。管理者为激发员工工作积极性，一方面应使员工了解某项活动成果的吸引力，并尽可能加大这种吸引力。另一方面还应采取措施为员工创造条件，使员工有可能选择对他来说效价最高的目标，提高期望概率，提高员工对实现目标的信心，以激励员工。

管理者的承诺

张总是一位非常和善的管理者，关心下属，平易近人，唯一的缺点就是喜欢随便承诺。将近年底，踏实肯干的秘书小李将一份花了许多时间和心血整理出来的总结报告拿给张总过目。张总浏览之后，觉得文字流畅，内容全面，措词得当，非常满意，信口对小李说："你真是一个人才，有机会送你出国学习学习，回来堪当重任。"小李听了之后非常高兴，更加努力地工作，期望能有机会出国学习。终于饭店要派几个人去新加坡某五星级饭店进行管理方面的交流和学习。小李满心以为张总亲口答应自己的，一定有机会前往新加坡。但是，当出国名单出来以后，小李发现根本没有自己的份。之后，小李递上辞职报告，前往另外一家饭店就职。

在此案例中，张总的许诺给了小李一个非常高的期望值，使之成为小李更加努力工作的动力，但是由于没有信守诺言，使得小李的期望变成了彻底的失望，反而大大打击了小李的工作热情，起到了反激励的作用。因此，在运用期望理论激励员工时，应特别注意设定目标的可实现程度，而且一旦许诺，应该信守承诺。

行为科学的代表理论很多，以上只是对行为科学的代表理论做简要的介绍。对行为科学做出重大贡献的还有：利克特的"领导模式"、布莱克和穆顿姆的"管理方格理论"、大卫的"Z 理论"等。行为科学作为一门研究人的学科，不但内容庞大，内涵丰富，而且和许多其他学科交织在一起。饭店管理中人的管理比重较大，行为科学对饭店管理有着特殊的意义。

3.1.3 现代管理理论

西方现代管理理论的形成标志着西方管理理论进入了第三个发展阶段。它是在第二次世界大战后，随着社会生产力的发展以及社会学、系统科学、电子计算机技术在管理领域中日益广泛应用而逐渐形成的。人们通常所说的西方现代管理理论不是一种管理理论，而是对各种不同管理学派理论的统称。

3.1.3.1 现代管理理论的丛林

(1) 管理过程学派

过程学派认为管理是一个过程，是在有组织的集体中让别人和自己共同去实现既定的目标。该派最初的代表人物是法约尔。管理者在管理活动中执行着计划、组织、领导、控制等若干职能。管理是一个循环的过程，从计划到控制，再从控制到计划，表明了过程的连续性。控制职能确保组织达到其计划的目标。

(2) 社会系统学派

该学派认为，人的相互关系就是一个社会系统，它是人们在意见、力量、愿望以及思想等方面的一种合作关系。管理者的作用就是要围绕着物质的、生物的和社会的因素去适应总的合作系统。社会系统学派的主要代表人物是美国的巴纳德。巴纳德的主要贡献是：① 提出了社会的各种组织都是一个协作系统的观点。他认为，组织的产生是人们协作愿望导致的结果。人们个人办不到的许多事，协作就可办到。② 分析了正式组织存在的3种要素，即成员协作的意愿、组织的共同目标及组织内的信息交流。③ 提出了权威接受理论。巴纳德认为管理者的权威来自下级的认可，单凭发号施令是不可取的，重要的是取得下级的同意、支持和合作。④ 对经理的职能进行了新的概括。经理应主要作为一个信息交流系统的联系中心，并致力于实现协作努力工作。

(3) 决策理论学派

决策理论学派的主要代表人物是美国的赫伯特·西蒙。决策理论的主要论点有：① 强调了决策的重要性。该理论认为，管理的全过程就是一个完整的决策过程，即决策贯穿于管理的全过程，管理就是决策。② 分析了决策过程中的组织影响。上级不是代替下级决策，而是提供给下级决策前提，包括价值前提和事实前提，使之贯彻组织意图。价值前提是对行动进行判断的标准，而事实前提是对能够观察的环境及环境作用方式的说明。③ 提出了决策应遵循的准则。主张用“令人满意的准则”去代替传统的“最优化原则”。④ 分析了决策的条件。管理者决策时，必须利用并凭借组织的作用，尽量创造条件，以解决知识的不全面性、价值体系的不稳定性及竞争中环境的变化性问题。⑤ 归纳了决策的类型和过程。把决策分成程序化决策和非程序化决策2类：程序化决策是指反复出现和例行的决策；非程序化决策是指那种从未出现过的，或者其确切的性质和结构还不很清楚或相当复杂的决策。

(4) 系统管理理论学派

系统管理理论学派强调管理的系统观点，要求管理者树立全局观念、协作观念和动态适应观念，既不能局限于特定领域的专门职能，也不能忽视各自在系统中的地位和作用。系统管理学派的主要代表人物是美国的卡斯特和罗森茨韦克。

（5）经验主义学派

经验主义学派的主要代表人物是德鲁克和戴尔等人。经验主义学派以向大企业的经理提供管理企业的成功经验和科学方法为目标，认为传统的管理理论和行为科学不能完全适应企业发展的需要，管理的科学应该从企业管理的实际出发，以管理实践为主要研究对象，以便在一定的情况下把管理实践加以概括和理论化。

（6）管理科学学派

管理科学学派也被称为管理数理学派或管理计量学派。这一学派的主要代表人物是美国的伯法等人。他们认为“管理”就是用数学模型及其符号来表示计划、组织、控制、决策等合乎逻辑的程序，求出最优解，以达到企业目标。因此，他们认为管理科学就是制定用于管理决策的数学和统计模型，并将这些模型通过电子计算机应用于管理实践中。

（7）权变理论学派

权变理论是一种较新的管理思想。权变的意思，通俗地讲，就是权宜应变。该学说认为，在企业管理中，由于企业内外部环境复杂多变，因此管理者必须根据企业环境的变化而随机应变，没有什么一成不变、普遍适用的“最佳”管理理论和方法。要求管理者根据组织的实际情况来选择最好的管理方式。

3.1.3.2 现代管理理论的进展

（1）企业再造

所谓企业再造，是指为了获取可以用诸如成本、质量、服务和速度等方面的绩效进行衡量的显著的成就，对企业的经营过程进行根本性的再思考和关键性的再设计。这一定义揭示了企业流程再造的核心，来源于美国著名管理专家迈克尔·哈默和詹姆斯·钱皮合著并于1993年出版的《再造公司——企业革命宣言》一书。

企业再造的原则与方法：① 紧密配合市场需求确定企业的业务流程；② 根据企业的业务流程确定企业的组织结构；③ 以新的、柔性的、扁平化的和以团队为基础的企业组织结构取代传统的企业组织结构；④ 强调信息技术与信息的及时获取，加强企业与客人、企业内部经营部门与职能部门的沟通与联系。

企业再造是围绕业务流程展开的。业务流程再造的关键是重新设计业务流程。再造不是对现有的东西稍做改良。要治本，重新做，要脱胎换骨。要做到脱胎换骨，就要求从根本上改变思路。

（2）学习型组织

学习型组织是指通过营造整个组织的学习气氛充分发挥员工的创造性思维能力而建立起来的一种有机的、高度柔性的、横向网络式的、符合人性的、能持续发展的组织。美国彼得·圣吉于1990年出版了《第五项修炼——学习型组织的艺术与实践》一书，指出未来组织所应具备的最根本性的品质是学习。试图推动人们刻苦修炼，学习和掌握新的系统思维方法。要使组织变成一个学习型组织，必须具有以下5项修炼的扎实基础。

系统思考 是五项修炼的核心，强调把各个独立、片断的实践联系起来看，以发现其内在的互动关系。

自我超越 是五项修炼的基础，强调要认识真实世界并关注于创造自己最理想境界，并由这二者之间的差距产生不断学习的意愿，不断地自我创造和自我超越。

改善心智模式 人们要学习如何改变自己多年来养成的思维习惯，摈弃陋习，下力气强制和约束自己进入新的心智模式，破旧立新。

建立共同愿景 所谓共同愿景，是指能鼓舞组织成员共同努力的愿望和远景，或者说是共同的目标和理想。共同愿景主要包括3个要素：共同的目标、价值观和使命感。"愿景"强调的是大家共同愿意去做的远景。因此组织需要建立共同的理想、共同的文化、共同的使命，能使员工看到组织近期、中期和远期的发展目标和方向，从而使员工心往一处想，劲往一处使，使每个人的聪明才智得以充分发挥，使组织形成一种合力。

团队学习 是组织化的学习或交互式的学习。团队学习是适应环境突变的最佳方式。唯有大家一起学习、成长、超越和进步，才能让组织免遭冲击，创造持续佳绩。

学习型组织突破了原有方法论的模式，以系统思考代替机械思考，以整体思考代替片断思考，以动态思考代替静止思考。该理论试图通过一套修炼方法提升人类组织整体动作的"群体智力"。现代企业和其他许多组织面临复杂多变的环境，只有增强学习能力，才能适应种种变化，未来真正出色的组织将是能够设法使组织各阶层人员全心投入，并有能力不断学习的组织，也就是"学习型组织"。

（3）知识管理

知识管理的研究最早始于美国。20世纪90年代中期，知识管理蓬勃发展。目前，知识管理已经不仅仅局限于理论上的探讨，开始进入实用化阶段。

知识管理的内容 知识管理可分为人力资源管理和信息管理2个方面。人力资源管理是知识管理的核心内容，人力资源管理就是一种以"人"为中心，将人看作是最重要资源的代管理思想。

知识经济时代决定企业成败的不仅仅是企业掌握了多少显知识和物化了的知识，而更重要的是能够使那些隐知识转换为显知识。隐知识集中储存在人的脑海里，是个人所获得的经验和技能的体现、结合与创造性转化和发挥。知识管理就是要有效地实现这2类知识的转换并在转换中创新，它使企业能够明智地运用内部资源并预测外部市场的发展方向及其变化，对外部需求做出快速反应。

知识管理的特点 知识管理主要包括以下3个特点。

重视对组织成员进行精神激励 组织成员拥有不断创新和创造新的有用知识的能力，他们是组织知识创新的主体。因此，采取恰当的激励机制就显得尤其重要，它不仅注重物质激励，更注重精神激励——一种新型的精神激励，即赋予组织成员更大的权力和责任，使其更好地发挥自觉性、能动性和创造性。

重视知识的共享和创新 未来组织间的竞争取决于其整体创新能力，有效的知识管理要求把集体知识共享和创新视为赢得竞争优势的支柱，创造一种组织知识资源能够得到共享和创新的环境。其目的是通过知识的更有效利用来提高个人或组织创造价值的能力。

强调运用知识进行管理 传统管理是经验管理，而经验只是知识中的一个层次。管理科学产生后，管理的知识也是不完整、有失偏颇的。在知识管理中，管理的知识应当是完整的、全面的、有机统一的，它要求管理者能够掌握并在管理

过程中综合地运用各种相关知识，使得管理活动卓有成效。将知识视为组织最重要的战略资源，把最大限度地掌握和利用知识作为提高竞争力的关键。

知识管理的实施 知识管理主要包括以下5种实施内容。

设立知识总监 设立知识总监或主管的目的是要在没有先例可循的情况下能够熟练地丰富、支配和管理不断发展的知识体系，以便有效地运用集体的智慧提高应变和创新能力。如可口可乐、通用电器等公司都设立了知识主管。知识主管的主要职责为：① 了解公司的环境和状况，理解公司内的信息需求；② 建立和造就一个能够促进学习、积累知识和信息共享的环境，每个人都要认识到知识共享的好处，并为公司知识库的丰富做出贡献；③ 监督保证知识库内容的质量、深度、风格并与公司的发展相一致；④ 保证知识库设施的正常运行与信息更新；⑤ 加强知识的集成和新知识的产生，促进知识共享与生成的不断循环。

从市场和客户那里获得信息和知识 这是实施知识管理的重要途径。通过给客户提供超越业务范围相关知识的服务是企业获得信息和知识的重要手段。

建立知识与信息的共享网络和知识联盟 知识与信息共享网络主要有2种：一是内部网；二是虚拟网。二者都具有众多的功能。例如，美国的波音公司通过建立虚拟网络，实现了空军地勤的“无纸”开发。波音公司的员工无论在世界哪个角落都能使用相同的数据库。知识联盟有助于组织之间的学习和知识共享，使组织能够开展系统思考。知识联盟将比产品联盟更紧密和具有更大的战略潜能，它可以帮助组织扩展和改善自己的基本能力，从战略上创造新的核心能力。

以知识创新为基础设立职位 这体现了知识时代独特的管理理念。发达国家的许多公司都开始实施知识创新管理规则，即根据职员知识创新的表现发放奖金和晋升职位。此外，美国的IBM公司、日本各大公司等，还鼓励专业技术人员与管理者进行岗位交换，目的是使职员获得更多的有关公司的整体化知识。

建立学习型组织 破除旧的管理观念与思维模式的束缚，强调学习和“知识能力”的重要性，知识将成为创造财富及其附加价值的主体；获取和应用知识的能力，也将成为企业核心竞争力的关键。知识社会的来临使得企业再造和学习型组织成为时代的热潮。

管理学理论是十分丰富的，以上只是对管理学的主要原理作一般的介绍。各种原理运用于饭店都不能照搬照抄而是要根据饭店的实际情况，灵活合理地运用，在实践中不断地发展和创新管理学的理论。

3.2 饭店管理的基本职能

早在1916年，法国管理学家法约尔在其《一般管理与工业管理》一书中，就提出管理是由计划、组织、指挥、协调、控制5个因素构成，即现在常说的管理五大职能。后来许多管理学家提出了一些另外的说法，但都是在此基础上进行的取舍或补充。其中，较具代表性的是计划、组织、控制和领导四职能论。饭店管理过程中同样离不开这四大职能。饭店管理的核心就是管理者通过执行管理职能来实现饭店的经营目标。

所谓饭店管理职能，就是饭店管理者实施管理的功能或程序。即管理者在实施管理中所体现出的具体作用及实施程序或过程。

3.2.1 计划职能

计划职能是饭店通过对未来市场的变化的预测，结合饭店自身的实力分析，提出某一时期饭店的发展目标，并提出实现目标的若干方案，最后经过评价选择一个较优方案。简而言之，就是要饭店决定做什么，什么时候做，怎样做，和谁来做。

计划的目的是为了确定一个明确的行动方案，避免盲目性，避免出差错，同时它又是检查和衡量成绩的标准。要实现饭店的管理目标，必须根据饭店的实际情况、饭店资源的优缺点、将来的发展趋势等方面，预先确定饭店发展的目标及方针，然后根据目标制定一整套详细的实施方案，从而达到预定的管理目标。目标不是轻易能实现的，但经过努力是可以实现的。管理者在制定目标时可以做长计划、短安排，具体落实，逐步实现。

科学的计划职能主要是正确的规定未来的发展，有效地利用现有的资源，以期获得最佳的经济效益和社会效益。为此，应做到以下2点：① 应以目标为中心统筹安排全部工作。确定目标，是制定计划的关键，目标选择不对，或对制约目标的因素预见不足，计划做得再好，也是纸上谈兵。② 就是要充分发挥现有设备，空间和各种资源的作用，挖掘潜力，以最佳效果去实现预期目标。

计划职能是检查行动的尺度，可以减少管理中的盲目性和分散性。计划职能是现代饭店管理的客观要求，如果饭店存在一种目标感或上进心，计划就很容易实现了。因为目标感或上进心能激发员工的士气。饭店的各级人员都要实行责任制，各司其职、各负其责，权责分明、是非清楚，才有利于计划的完成。

3.2.2 组织职能

饭店是一个综合性的企业，包括一系列不同类型的工作部门，所以为了保证实现饭店计划目标的实现，饭店就要通过发挥组织职能，充分有效地利用这个系统的每个职能单位、每项设备、每个员工，使其在饭店经营活动中协调一致地发挥功能和作用。

具体来讲，饭店的组织职能包含2个含义：一是建立饭店的组织结构和组织管理系统，即确定饭店管理机构的设备、各管理层次的职能权限、人员分工及相互关系；二是合理地组织和调配饭店的人、财、物，形成接待能力，有效地开展各项业务活动。组织职能是饭店计划职能的自然延伸。

3.2.3 领导职能

领导职能是指饭店管理者指挥、激励下级，实现饭店目标的行为。领导职能一般包括：选择正确的领导方式；运用权威，实施指挥；激励下级，调动其积极性；以及进行有效沟通等。凡是有下级的管理者都要履行领导职能，不同层次类型的管理者领导职能的内容及侧重点各不相同。领导职能是管理过程中最经常、最关键的职能。

3.2.4 控制职能

控制指监督和检查计划的执行情况和目标实现的程度。一个计划在传达、贯彻和执行过程中，必须进行监督、检查和考核，看是否按计划执行、执行中是否发生偏差，发现问题就必须及时指正或做适当修正，使计划逐步完善以达到理想的经营目标。控制的有效与否，直接关系管理系统能否在变化的环境中实现管理决策及计划制定的预期目标。所以，控制和计划息息相关，计划是控制的前提，控制是计划目标实现的保证；没有控制，计划则难以实现。

控制职能对现代饭店管理具有重要作用 一是预防作用。饭店实施控制职能，可有效地防止差异的出现，如加强员工的职业培训，有利于提高饭店服务质量，使饭店差异消失在萌芽状态或减少到最低限度。二是补救作用。饭店业务一旦出现差异，控制职能有助于管理者及时发现问题，采取相应补救措施，从而避免更大的损失。三是改进作用。控制的实质是对饭店业务的实际应用活动的反馈信息做出反映。这种反馈信息可帮助管理者及时了解饭店工作有无偏离计划目标，从而扬长避短改进工作。

以上是饭店主要的4个管理职能，它们是互相联系、互相融合、互相制约和互相补充的一个有机统一体，是饭店管理者必须要了解并实施的基本管理职能。

3.3 饭店计划管理

3.3.1 计划管理概述

在所有的管理职能中，计划管理是饭店管理的基本职能或首要职能。计划管理涉及饭店经营管理活动的各个方面，在饭店管理中占有特殊的地位，它为其他各项管理职能发挥作用提供了目标、纲领和实施的依据；其他任何管理职能都离不开计划，否则会成为无的放矢而无法存在。

世界上一些著名的大饭店或饭店集团，如假日、希尔顿、马里奥特等之所以能获得巨大成功，一个很重要的原因就是他们在计划管理方面胜人一筹，有一个杰出而出众的计划。如果说饭店管理的主要目标是使饭店能继续不断地经营下去，那么为生存而制定计划便是管理者的一项主要职责。

(1) 计划管理含义

什么叫计划？通俗地讲，就是预先的规划，以及做什么、谁去做、如何做。计划管理的内容，就是预测未来环境变化趋势，确定企业经营目标和经营政策，拟订和选择经营方案，以便充分利用资源，实现企业的经营目标和经济目的，推动企业的发展。

饭店计划管理的含义包括以下几个基本点。

市场和社会需求预测 现代计划管理，特别强调和重视对未来的预测。预测的内容是多方面的，但对饭店经营来讲，市场需求及其变化趋势是预测的中心内容，是饭店制定计划的直接和主要依据。

确定计划目标和经营政策 计划目标是为实现管理过程树立的方向，它决定了各项管理活动的内容、管理方式的选择、管理干部的挑选等。科学预测是确定计划目标的基础。经营方针政策指的是管理过程中的战略性和策略性规定，决定了管理过程的发展轨道。规定各种经营策略，目的在于更好地实现计划目标。

设计和选择经营方案 一切计划的共同要求，就是必须具有可行性。现代计划管理，非常强调优化经营方案的选择，这是有效地实现计划目标的关键。

计划的目的性 制定计划和实施计划管理，目的就在于提高管理工作的预见性，减少盲目性和经营风险，以提高经营管理的经济成果和效益。

(2) 饭店计划管理的重要性

计划管理对饭店的经营业务活动具有指导性，科学的计划管理是保证饭店科学管理的必要条件。饭店计划管理的重要性主要表现在如下4个方面。

为饭店的经营活动与发展提供重要的依据 饭店的经营特点复杂，内部工作多，工作性质各异，因此，为了协调饭店的服务接待工作，就必须要有一个事先通盘考虑成熟的计划。另外，饭店经营成本大部分是新建饭店或改造所投入的大量资本，并且投入的资本一般都比较大，回收期较长。在投资前，饭店的经营者势必先经过一番计划，这种计划的好坏，足以决定未来饭店经营活动的成败。从这个意义上说，饭店的经营计划目标是使投资的风险减少到最低的限度。因此，要维护饭店的接待服务活动的正常进行，要使饭店的发展得以顺利进行，计划工作是不可缺少的。

为饭店顺应市场需求的变化提供重要的对策 市场的发展过程主要经历了4个阶段：制造出来就可以卖出去的阶段、制造出来就要卖的阶段、制造卖得出去的产品的阶段、创造需求的制造阶段。在各种阶段的变化中，市场主权的归属也发生变化。在前2种市场阶段，产品只要能制造出来就可以卖出去，因此，市场的主权操纵在生产者的手里，这就是生产者的市场；在后2种市场阶段里，必须选择那些卖得出去的产品或能够创造消费者需要的产品加以制造，否则产品就有卖不出去之虑。因此，在后2种阶段里，市场的主权操纵在消费者的手里，这就是消费者的市场。现在市场基本是处于消费者的市场。消费者的兴趣与时尚极容易发生变化，而饭店的产品相对显得难以及时适应其需求的变化。如不对市场的需求变化做好预测，做好应变的计划，一旦市场情况发生变化，饭店内部的产品与服务就难以适应市场的变化。因此，饭店经营活动之前的计划就显得十分重要。

为饭店的控制管理提供标准 过去企业对利润的看法是很简单的，将收益减去费用所剩余的结果视为利润。由此企业的经营方法是先求得某一时期内的收益与费用，然后求出收益与费用的差额，就是利润。而目标管理是先拟定利润目标之后，再根据决定好了的目标利润去安排适当的收益与费用。采用目标管理之后，企业对未来的利润水平就要花一番工夫预先加以计划，也就是要为饭店经营活动的目标、利润、费用、收入确定标准，实际上是制定企业管理活动中控制管理的尺度。所以往往企业的控制管理活动实际上是计划管理工作的一部分，是以计划中目标作为管理活动的标准。

为饭店履行社会职责提供合适的政策 饭店业在社会经济中所扮演的角色越来越重要，它对社会的影响也越来越大。饭店的经营活动不仅影响到饭店消费者的利益，同时也影响到饭店内部员工生活与就业，更有甚者，还会对所处的社会环境造成一定的影响。因此，饭店的经营者在经营活动之前，就要通盘考虑饭店在社会经济中所负有的这些责任，这也是经营计划工作必不可少的一环。饭店中的用工计划、环境保护措施、食品卫生以及保安消防系统的设计等，都是与它的社会职责密切相关的环节。这些环节不仅影响饭店目标的实现，而且它与社会大众的利益息息相关，不可忽视。

3.3.2 计划工作的程序

在明确了饭店计划管理的重要性后，应了解并掌握饭店是如何编制计划的。不同的计划类型编制的方法和过程虽然有所不同，但基本按以下的编制程序进行（图 3－2），这样才能保证编制的计划切实可行，而且能够防患于未然。

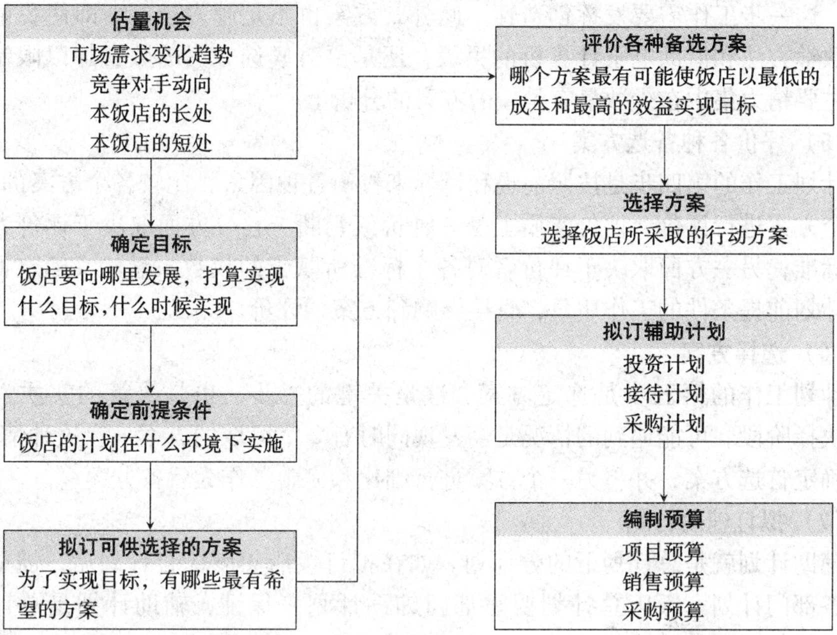

图 3–2 计划工作程序

（1）估量机会

对机会的估量，要在实际计划工作开始之前就着手进行，它虽然不是计划的一个组成部分，但却是计划工作的一个真正起点。其内容包括：① 对未来可能出现的变化和预见机会进行初步分析，形成判断；② 根据本饭店的长处和短处了解饭店所处的地位；③ 了解本饭店利用机会的能力；④ 列举主要的不确定因素，并分析其发生的可能性和影响程度；⑤ 在反复斟酌的基础上，扬长避短，进行科学的决策。

（2）确定目标

计划工作的第一步，是在估量机会的基础上，为饭店及下属的各部门确定计划工作的目标。要说明基本的方针和要达到的目标，提出制定战略、政策、规则、程序、规划和预算的任务，并指出工作的重点。

（3）确定前提条件

计划工作的第二步是确定一些关键性的计划前提条件，并使设计人员对此取得共识。所谓计划工作的前提条件就是计划工作的假设条件，换言之，即计划实施时的预期环境。负责计划工作的人员对计划前提条件了解得越细越透彻，并能始终如一地运用它，则计划工作也将做得更加协调，更加切合实际。

按照饭店的内外环境，可以将计划工作的前提条件分为外部前提条件和内部前提条件；按可控程度，可将计划工作前提条件分为不可控、部分可控和可控的3

种前提条件。外部前提条件多数为不可控的和部分可控的，内部前提条件大多数是可控的。不可控的前提条件越多，不确定性越大，就越需要通过预测工作确定其发生的概率和影响程度的大小。

（4）拟订可供选择的方案

计划工作的第三步是调查和设想可供选择的方案。通常，最显眼的方案不一定就是最好的方案。在过去的计划方案上稍加修改和略加推演也不会产生最好的方案。这一步工作需要发挥创造性。此外，方案也不是越多越好。即使我们可以采用数学方法和借助电子计算机的手段，还是要对候选方案的数量加以限制，以便把主要精力集中在少数最有希望的方案的分析上。

（5）评价各种备选方案

计划工作的第四步是按照前提和目标来权衡各种因素，比较各个方案的利弊，对各个方案进行评价。评价实质上是一种价值判断。它一方面取决于评价者所采用的标准；另一方面取决于评价者对各个标准所赋予的权数。显然，确定目标和确定计划前提条件的工作质量，直接影响到方案的评价。

（6）选择方案

计划工作的第五步是选定方案。这是关键的一步，也是决策的实质性阶段——抉择阶段。可能遇到的情况是会发现同时有2个可取的方案。在这种情况下，必须确定首选方案，并将另一个方案进行细化和完善，作为后备方案。

（7）拟订辅助计划

辅助计划就是总计划下的分计划。如在拟订饭店年度综合计划后，需要制订饭店各部门计划。饭店总计划要靠部门辅助计划来保证，辅助计划是总计划的基础。

（8）编制预算

计划工作的最后一步是把计划转化为预算，使之数字化。预算实质上是资源的分配计划，是数字化的计划。预算工作做好了，可以成为汇总和综合平衡各类计划的一种工具，也可以成为衡量计划完成进度的重要标准。

××大饭店例行会议安排

星期一	店务会议 节能会议	每周 每月第一周	9:30 总经理、副总经理、总经理助理、总工程师 14:30 副总经理、总工程师
星期二	部门经理会议 安保消防会议	每周 每月第一周	10:00 总经理、副总经理、总经理助理、总工程师、各部门经理 14:30 副总经理；安保部、工程部、客房部等有关部门经理
星期三	经营会议 3月预测会议	每周 每月第三周	9:30 副总经理、（前厅、客房、餐饮、商场、销售、安保部）经理 14:30 总经理、副总经理、销售部、前厅部、餐饮部、财务部经理
星期四	巡回检查或科室干部劳动 代表协调会	每周 每周	9:30 巡检：客房部经理等各部经理 劳动：所有科室人员 14:30 总经理、工会主席、职工代表
星期五	销售会议 财务会议	每周 每月第三周	10:00 副总经理、销售部、前厅部、餐饮部等经理 14:30 副总经理、财务部经理
星期六	经营会议 总经理和副总经理与职工对话	每周 每月	10:00 副总经理、一线6个部门经理 总经理或副总经理、办公室主任

3.3.3 饭店计划的类型

饭店实施计划管理必然要有计划。制定计划是饭店计划工作的主要内容。饭店计划种类较多，用途各异。在饭店的计划管理中，最常使用和制定的计划为长期计划、年度综合计划和接待业务计划。

3.3.3.1 长期计划

长期计划是饭店在较长时间（一般为5年以上），在发展方向、规模、设备、人员、经济、技术等方面建设发展的长远性纲领性计划。饭店长期计划是一种战略性计划，它规定了饭店的发展方向和所应达到的目标。饭店长期计划的内容主要有以下几个方面。

（1）饭店目标

饭店目标从总体上确定整个饭店在未来的一段时间内应达到的目标，其中包括各项主要指标：饭店等级标准、服务管理水平、经营规模、经营方向、经营内容等所要达到的水平的描述；以及饭店对市场的预测和占有情况，饭店各项经济效益指标增长情况等的分析。

（2）饭店建设与投资

饭店建设与投资即饭店在规划期内对固定资产建设的总体规划。饭店要确定各种固定资产建设的目标和方向，包括新建、扩建、改建项目及对现有固定资产的更新改造、新设备的设置等。同时饭店还要计划所有这些项目的投资额、资金来源、投资计划（投资总额的分配、分期投资额）、投资效益预算、跨年度工程进度安排。长期计划除了规划本饭店内部的建设与投资外，在有决策有条件的情况下，还要规划对外的投资与建设。如饭店集团企业的投资、与其他行业部门联合搞开发经营的投资，等等。

（3）饭店经营管理

饭店经营管理即规划饭店在未来一定时间内经营管理应达到的水平，如管理体制改革、管理者的配备、管理手段的更新、管理方法的改进等。

（4）饭店规模

饭店规模即规划饭店发展的规模和接待能力。确定饭店接待能力的扩大，为此而相应扩建、征地等。确定饭店经营业务的扩大，如建设由饭店所属的其他企业，或与其他企业行业联营，或组织管理公司对外管理，或发展饭店联号，或组织饭店集团公司等。不管哪种形式，都是饭店在整体接待能力或部分接待能力上的规模扩大。

（5）人力资源计划结构

包括确定饭店未来员工队伍发展的总体规模以及确定饭店管理者和职工来源的要求和规划，人员素质所要达到的标准，欲达此标准所需要的培训层次和培训计划。

（6）生活福利计划

生活福利计划主要是规划职工生活福利水平。包括规划职工生活福利逐年所应达到的水平标准、职工工资增长、职工集体福利的逐年规划、职工本人及家庭的福利设施及一般水平的规划、福利基金规划等。

一般而言，长期计划规划期较长，对未来的计划指标来说，存在着许多不确定不可预见的影响因素。所以在制定饭店的长期计划时，必须要注意外部环境及其可能的变化，还必须考虑完成计划所需要的资源。这就要求长期计划的制定者必须要有丰富的知识和经验，并建立必要的信息来源渠道。

3.3.3.2 年度综合计划

饭店年度综合计划是具体规定计划期全年度和年度内各时期饭店在各个方面的目标和任务的计划。年度综合计划是饭店在计划期行动的纲领和依据，是饭店中最重要的计划。从时间上说，年度综合计划要统驭全年度。从内容上说，年度综合计划要包括全饭店及各部门各种业务的目标、任务、经营方式等。年度综合计划从结构上来讲可以分为二大部分：一部分是饭店综合部分。这一部分提出饭店的目标和任务，确定饭店所有计划指标和附加指标，并对指标分解做总括说明，同时对涉及全饭店的有关业务做出计划。这一部分由于它的综合性，称为饭店经营业务总计划。第二部分是组成饭店综合计划的部门分类计划部分。它提出了各业务和职能部门为达到饭店目标，各自在本业务范围内执行的目标和任务，提出本部门在计划期的各项指标和业务内容。部门分类计划主要有以下几个方面。

（1）市场营销计划

饭店客源来源、市场推销、市场占有率均应有个决策，均要在计划的指导下进行。市场营销计划就是从市场实际出发，确定饭店产品结构、档次及组合方式；规划饭店接待人数、客源来源和结构及市场占有率；制定饭店的市场营销策略等。该计划要具体翔实，如对客源单位要明确是哪几个方向或哪几家，如何做联络工作；对计划年的旅游展销会、旅游交易会、旅游客商集会等要做一个详细的列表，确定参加人员及目的。

××饭店市场营销行动计划表

营销目标：吸引会议和展览会客源
销售指标：每周至少获得2次会议或展览会预订
营销策略：1. 在饭店外部做广告，推销饭店的会议设施
2. 在饭店内部做推销展览业务
3. 对当地会议组织单位搞好招徕工作
4. 对当前全国会议活动做调查

具体营销行动	开展活动的期间	完成任务日期	费用预算	负责人
1. 对全国会议组织单位和旅行社直接通信推销	1~2月	2月28日	¥500	营销部 李华 王翠翠
2. 向首都各种协会进行销售访问和电话推销	4~5月	5月31日	¥2000	营销部 董强 项丽娜
3. 在有关专业杂志上刊登广告	广告发布 9~10月	广告计划和内容：6月3日 广告编写：6月10日 艺术设计：6月15日 联系媒介：6月20日	¥12 000	营销部经理 公关部肖剑华 公关部刘晓晓 公关部张建
4. 会议团体预订推出优惠价	2~12月	确定价格：1月25日 执行价格：1月31日		营销经理报总经理前台接待预订处

（续）

具体营销行动	开展活动的期间	完成任务日期	费用预算	负责人
5. 访问当地会议组织单位	1~12月	12月31日	¥100	会议销售员周佳林 会议销售员区兴惠
6. 找出当前全国性会议组织单位	1~2月	列出会议组织单位名单：2月31日		前台户管员古素珍 会议销售员周佳林
7. 了解会议组织单位使用会议厅原因	2~3月	写出会议厅使用动机报告：3月31日		前台户管员古素珍 会议销售员周佳林
8. 调查会议参加者对饭店服务满意与不满之处	3~5月	编写客人询问表：2月8日 分发收集客人询问表：4月30日 汇总并写出客人意见报告：5月31日	¥300	公关部刘晓晓 客房部张小莉 前台户管员古素珍 会议销售员周佳林
9. 向公务客人宣传饭店会议和展览厅设施	2~12月	职工推销培训：1月31日		前厅部经理 营销部经理 餐饮部经理
10. 在饭店前厅陈列会议推销广告册	2、3、4及7、8月	小册子计划和内容：1月10日 文字编写：1月20日 艺术设计：1月20日	¥1000	营销部经理 公关部肖剑华 公关部刘晓晓 前台罗列

××饭店　　年　　月　　日

（2）前厅部计划

前厅部根据经营业务总计划，确定全年及各业务季、月的接待人数、客源结构和客源组织形式；提出前厅接待部、行李部及总机等的相关所属部门的服务计划和服务要求等。

（3）客房部计划

客房部根据经营业务总计划，具体核定本部门的接待能力、接待人数以及这些指标具体在时间上的分段分配和各单元的分配；规定客房劳动组织形式、人员安排和编制定员；各工种劳动定额、业务组织形式、人员培训及服务质量计划、物资消耗计划、设备设施维护保养计划等。同时客房部计划还包括客房所属部门如洗衣房、公共卫生及其他单位的相关计划。

（4）餐饮部计划

餐饮部根据经营业务总计划，确定餐饮部的营业收入、营业收入构成（如宴会、点菜、团体、风味、酒吧、咖啡室等部分的收入在营业额中的比例）。为达到计划目标，餐饮部还要在计划中确定餐饮部流动资金占用及来源，饮食品及原料的存储和采购量，厨师技术力量的配备和培训计划，服务形式和服务质量计划，餐饮设备设施的配置与更新，物料能耗测算，成本控制计划。

（5）商品部计划

商品部在制定计划时要对市场进行调查并做出预测，通过对计划期市场趋势、经营方向做出客观而详细的分析，从而确定商品经营的内容、经营方式、各类商品和各柜组的经营方针和经营策略，各柜组经济效益。商品部还要核定流动资金占有和周转，各柜组流动资金分配及效益指标，确定商品采购形式，采购计划，商品部与其他部门、其他单位的联营或其他合作形式，确定优质服务、售后服务等方式和控制办法。

（6）劳动工资计划

劳动工资计划主要对饭店的人员及劳动报酬制定目标。其中劳动计划包括确定饭店正常运转所需人数，职工分类、职工构成比例；计划确定的招收、培训、学习、上岗等具体人数和时间；对在职人员的培训和考核，定级定职称的基本计划；核定饭店全员劳动生产率、创利率和创汇率。同时，也要对计划期职工退离休、劳动保护、保险等制定具体计划。

工资计划要确定饭店工资总额和平均工资额，职工工资的构成和分配形式，计划期因职工人数变动及工资标准调整所发生的工资总额的变化。工资计划要核定饭店奖金、津贴和其他工资的支付额度。同时，要分析计划期饭店的工资状况和工资变动状况。

（7）设备建设和维修计划

设备建设和维修计划是对饭店设备进行投资建设、保养维修的计划。该计划要制定设备的需用量、需添置设备的种类、数量、资金来源，制定设备更新改造和报废淘汰计划。该计划对饭店设备现状要做出分析和评估，对设备的归口保养，设备部门对设备保养的控制做出规定。确定日常修理的方式和工作量，计划修理的方法和工作安排。并根据不同类型的设备确定修理的时间和方法，以及在计划修理期间设备使用的替代方案、经费预算、力量安排。

（8）物资计划

物资计划是为饭店各部门完成接待和供应任务而提供各种物资的计划。物资供应计划要确定饭店各部门各种主要物资的种类及基本要求（如规格、质地、使用特征等），计划期物资的需用量，物资储备量，物资进货渠道，物资的采购批量。该计划还要确定物资保管的体制和方法，仓库管理方法，资金占用量和来源，物资供应方法。计划各部门各类物资的消耗量或消耗比例。物资计划应由财务部会同各使用物资的部门进行测算核定后再制定。

（9）财务计划

财务计划是根据各部门和全饭店的决策和预算，为保证这些决策的实施而在财务上做出规划与之相适应。财务计划主要包括固定资产计划、流动资金计划、利税计划、专用基金计划、财务收支计划、成本费用计划。财务计划要规定饭店资金的一些主要方面，如固定资产折旧费、大修理费、流动资金需用量、流动资金周转速度、流动资金部门分配、利润总额、收入总额、收入和利润构成、利润率、各种专用基金的收入与支出、成本及费用的计划量。

（10）基建及改造计划

本计划主要是针对有土建或较大规模的饭店建筑或装修的计划期而言的。基建计划有两部分内容：一部分是基建或改造的内容，如项目、规模、投资、委托的土建和设计单位；另一部分是基建或改造的进度安排，基建或改造要其他部门配合的范围和要求等。由于基建和改造内容较多，专业性较强，有时还要和其他部门协调配合，所以有的饭店也把该计划单独列为一个专门计划而不放在年度综合计划里。

饭店年度综合计划主要由上述这些部分组成。饭店年度综合计划由于内容复杂具体，时间跨度上纵贯全年，因而该计划具有全面性。对饭店实际业务活动的开展起到协调制约作用。该计划制定要慎重，一经制定，就要抓落实，进行控制，以保证计划的顺利完成。

3.3.3.3 饭店接待业务计划

为了保证年度综合计划的完成，作为年度综合计划的实施和补充，饭店还需制定接待业务计划。饭店的接待业务计划分为以下2类。

（1）月计划

月计划是以时间单位月为范围，根据年度综合计划和各个月预报预订客源的实际情况，具体规定了每个月的计划指标和各部门的日常接待业务活动，它是年度计划在各个月的具体化。制定月度接待计划，除要注意以年度计划为依据，使各月计划相互衔接外，还应以前厅部的接待业务计划为中心，由后台各部门制定各自相应的计划。

由于饭店接待有多种类型的淡旺季，每个月的业务量、业务内容、客源、经济状况都会有所不同，所以各个月计划也是不完全相同的。对月计划要求逐月制定，月计划要详细具体。

（2）重要任务接待计划

重要任务接待计划是指饭店针对某一项重要的接待任务而专门制定的接待计划。所谓重要任务或是指来宾的特殊身份，或是指来宾接待规格要求高，或是指来宾团体规模较大等。这一计划主要是根据接待对象的重要性和特点，对接待的标准和具体内容做出规定。这一计划的特点是实效短，重点突出。

重要任务接待计划要明确对象、规格、接待目标，拟订接待内容和规格标准；具体的时间安排表有：接到正式通知时间、准备时间、接待开始时间、接待结束时间；还应把各种任务和具体事项落实到部门及个人，确保专门接待计划的顺利完成。

重要任务接待计划一般列入月计划之中，但不列明详细内容，而是在月计划制定后，再逐个制定重点任务接待计划。

2007年××饭店综合计划

项目	目标		问题与机会	措施	实施时间				负责人			控制			
	指标	指标值			1季度	2季度	3季度	4季度	主办	协办	领导	自查	专查	抽查	总结
经营	营业额	6000万元	1. 竞争加剧，推销需加强 2. 工作积极性有待提高	推行经济责任制	→	→	→	→	财务部	各业务部	总经理	√	√		√
	利润	1800万元		加强销售与公关工作	→	→	→	→	前厅部		总经理	√	√		√
	全年客房平均出租率	85%		加强客房、会议与宴会设施推销	→	→	→	→	销售部	前厅部宴会部	销售部经理	√	√		√
服务	平均客人满意率	92%	1. 旺季忙时忽视质量 2. 地区稳定、商务额增加	设部门服务质量经理，加强事先检查	→	→	→	→	质量部	各部门	质量部经理	√	√		√
	回头客比率	50%													
	贯彻五星质量标准	95%得分率		建立荣誉客人奖励卡	→	→	→	→	销售部	前厅部	销售部经理	√	√		√
培训	员工英语水平	A级	1. 员工流动率高，新员工多 2. 离管理要求有差距	设立英语培训班	→	→	→	→	培训部	各业务部	培训部经理	√	√	√	√
	管理技术培训	一次		设立管理技术研讨班	→	→			培训部	各业务部	培训部经理	√	√		√
	作业技术培训	一次		设立作业技术培训小组	→	→	→	→	各业务部	培训部	业务部经理	√	√	√	√

（续）

项目	目标		问题与机会	措施	实施时间				负责人			控制			
	指标	指标值			1季度	2季度	3季度	4季度	主办	协办	领导	自查	专查	抽查	总结
安全和设备	安全无事故率	95%	1. 设备老化 2. 卫生和食品质量有待提高	严格执行防火，安全操作等各种制度	→	→			保安部	各业务部	保安部经理	√	√		√
	综合设备完好率	95%		加强对饭店内施工现场管理	→	→	→	→	工程部	保安部	工程部经理	√	√	√	√
	量具受检率	100%		严格执行设备维修、保养制度	→	→	→	→	工程部	各业务部	工程部经理	√	√		√
	食品化验合格率	100%		食品供应、厨房及食品化验室对食品质量共同把关	→	→	→	→	质量部	餐饮部	质量部经理	√	√	√	√
基建与开发	拟订旧楼改建方案	2007年5月	1. 旧楼已老化 2. 西餐厨房太小 3. 有合资机会	确定最佳改建和施工方案	→	→			工程部	销售部、客房部、财务部	工程部经理	√	√		√
	完成西餐厨房改建	2007年9月		加强对施工的管理，确保进度和质量	→	→	→		工程部	保安部	工程部经理	√	√		√
	新建时装店	2007年9月		与德国商人合资	→	→	→	→	商场部	财务部	总经理	√	√		√
福利	年内提供员工住房	1000 ㎡	1. 员工综合待遇已经落后同行业 2. 增加凝聚力	加强对施工进度、质量管理	→	→	→	→	工程部	保安部	工程部经理	√	√		√
	员工浴室装修	2007年6月		提供客人厨房与员工对餐饮原材料的综合利用	→	→			餐饮部	人力资源部、工会	餐饮部经理	√	√		√
	员工免费餐增为2餐	2007年1月			→							√	√	√	√

3.3.4 饭店计划的指标

3.3.4.1 计划指标概念

饭店实施计划管理，首先要有计划。饭店计划的框架是什么呢？就是计划指标。计划指标是反馈饭店企业在一定时期内经营管理所要达到的目标和水平的各种数值。它包括概念明确的指标名称和具体数值2部分。

饭店的计划指标不是只有一个或几个，而是根据饭店经营管理的需要有一系列的指标。饭店每一项计划指标都反映了饭店某一方面的目标和情况，但每一项指标都有它的局限性，都不可能综合反映饭店的经营业务情况。因此，制定饭店计划指标时，要根据管理的需要和饭店的实际情况，形成必要的一系列的指标，并使各项指标之间互相联系、互相补充，组成一个计划指标体系。只有有了一个完整的指标体系，才能正确全面地反映饭店的经营业务情况。

管理者在管理饭店时，应对数字有特别明确的概念，同时还要有系列数字（指标体系）概念，要学会从指标体系一系列数字中去分析判断情况，得出正确合理的结论。以营业收入为例，营业收入只反映了饭店收入的情况，并没有反映效益情况，只有把成本、费用、利润、税金等因素考虑进去，才能比较客观地反映出饭店的经济效益情况。如果要全面反映经济效益情况，还应该考虑资金占用情况和饭店固定资产情况，如客房数、营业面积，等等。

由此可见，要真正反映饭店经营水平及业务经营情况，应借助于一系列互相联系的指标。这些互相联系的指标就形成了饭店计划指标体系。

3.3.4.2 主要计划指标

饭店计划管理不可能把饭店的所有指标都统统管起来。饭店管理者的责任就是确定并保证完成饭店的各项主要计划指标。根据国家旅游局的有关规定及我国饭店管理中的实际需要，饭店计划主要有以下 13 种指标。

(1) 客房或床位数

客房或床位数是表示饭店接待能力的最基本的指标，是其他各项指标的基础。客房或床位数对具体某一家饭店来说，一般只取其中一项，或客房数或床位数。另外，客房数或床位数还可以反映一个国家、一个地区或一个城市的旅游接待能力。

(2) 客房出租率

客房出租率是表示饭店客房利用状况的基本指标。其计算方法为：

$$客房出租率 = 出租的房间数 \div 可供出租的房间数 \times 100\%$$

客房出租率每天都要进行统计，每月做一次小计，每年进行一次大计，以此来有效地掌握客房出租情况，及时得到信息，为经营提供市场情况。

客房出租率是饭店追求的主要经济指标，它象征饭店客源市场的充足程度，以及经营管理成功的程度。饭店的盈亏百分比也是以客房出租率表示的，因此客房出租率是一个非常重要的数据。但需指出的是，如果饭店的客房出租率长年都保持在96%、98%，甚至100%，并非是好事，因为长年保持这样高的出租率，不可避免地会导致饭店产品质量及管理水准的下降。一方面，过高的出租率会使客房的使用始终处于饱和状态，无法进行保养和维修；另一方面，管理者也会放松对服务质量的管理和控制，致使客人对客房设施设备状况、卫生状况及接待服务水平等产生不满和抱怨，最终导致客房出租率的下降。因此，片面追求高出租率是一种短期行为。任何饭店企业都不应着眼于眼前利益，而应该从长计议，保证产品质量，以确保稳定的销售市场。饭店客房出租率的理想参数应该在 75% ~ 85%，这可以确保饭店有一定的盈利，同时也有利于客房平时的保养与维修，保持客房的洁净、美观及崭新程度，而且也会给客人一种管理有素、服务周到的感觉。

(3) 客房双开率

客房双开率又称为双人租用率，是双开房间数与已出租的房间数之比。其计算公式为：

$$客房双开率 = 双开房间数 \div 已出租房间数 \times 100\%$$

在饭店中，一间标准房由一位客人租用称为单开房；由 2 位客人租用称为双开房。按国际惯例，饭店一般为这 2 种租用形式制定出不同的房价。单开房的价格要比双开房的低，这样容易为客人接受。如双开房价 400 美元/天，单开房价 350 美元/天。目前，我国的一些合资饭店都采用这种价格政策。

客房双开率的高低对客房的平均收益有直接的影响。在一般情况下，饭店应适当安排 2 人住一间房，以提高经济效益，尤其对那些根据合同而享受优惠价格的团队客人或公司客人。另外，通过双开率的预测，还可以掌握住店人数这一重要数据。

(4) 接待人数

饭店经营活动的直接成果是饭店接待人数。接待人数可以通过 2 个指标反映。

住宿人数　指饭店接待的住宿过夜的人次数，即一个客人不管在饭店住几天，都只算一个人次数。

人天数　又称人过夜数。指客人在饭店住宿的天数之和。一个客人在饭店住宿一天称为一个过夜数。饭店要考核的是人天总数，利用住宿人数和人天数计算的客人平均逗留期，对饭店了解客人的结构具有一定的作用。其计算方法为：

客人平均逗留期 = 人天数 ÷ 住宿人数 ×100%

按照国际惯例及我国饭店行业的规定，客人如在当天 12:00 以后离开，要加算半个人过夜数，即要加收半天房租；如果占用客房至当天 18:00 以后，要加算一个人过夜数，即要加收一天房租。

(5) 人均消费

人均消费额是指住店客人在饭店住宿一次的平均消费总额。其计算公式为：

人均消费额 = 饭店营业收入总额 ÷ 接待人次数

因饭店人均消费额对饭店增加收益具有重要意义，饭店应努力提高人均消费额。一般来说，由于物价指数的上涨和消费水平的提高，饭店也应该不断提高人均消费额，确定人均消费额的增长率。

(6) 平均房价

平均房价是指各类客房按不同的客房结构以门市价出租时要达到的平均值。或者说，平均房价是指在统计期（计划期）出租客房的平均价格。平均房价可以以日计算，也可以以 1 个月、1 个季度或 1 个年度计算。饭店的平均房价一般依据饭店的等级、市场的供求情况和饭店的盈利目标来定。其计算公式为：

平均房价 = 统计期房费总收入 ÷ 统计期客房出租总数

由于市场的变化和淡季、旺季等因素，客房的房价会发生浮动，房价的水平将会直接影响客房部及整个饭店的各项经济指标，因此，平均房价是饭店的一项重要指标。

(7) 饭店营业收入

饭店营业收入是以货币表现的饭店在营业中提供的服务和商品的价值总和。作为饭店的经营管理者，最主要的任务和职责是确定饭店的营业收入指标，因为它是反映一定时期内饭店经营效果的最基本的价值指标。饭店的营业收入是由饭店多种营业收入汇合而成。从饭店营业收入的结构来看主要包括客房收入、餐饮收入、商品部收入和其他收入。其中，饭店客房收入是第一位的，一般不能低于饭店总收入的 50% ；其次是食品饮料方面的收入，一般占 30% 以上。

(8) 饭店营业成本和费用

饭店的营业成本和费用是饭店在营业过程中各种支出的总和。成本和费用常常互相混用。在实际核算过程中，饭店的成本和费用是分开计算的。饭店经营时的直接支出，即直接成本，称作营业成本，如餐饮经营中的各种食品的原料、配料，商品销售的进价金额等；而费用则是指包括营业费用和管理费用在内的间接成本。饭店在确定营业收入的前提下，必须确定营业成本和费用指标。

饭店在确定营业成本和费用指标时，可以从2个方面测定：一是以报告年度的营业成本率和费用率为基础，根据计划年度的相关因素测算出计划年度的营业成本和费用；二是先测算出各部门的营业成本和费用，汇总后形成饭店总的营业成本和费用。

(9) 利润

利润是考核饭店经营活动成果和质量的综合性指标；税金则表现饭店对国家所承担的经济责任。确定饭店利润指标，主要是要确定各经营部门的部门利润指标，包括各部门的毛利率、毛利额、利润率、利润额。各部门经营利润的汇总形成饭店的利润指标。饭店企业利润的大小一方面反映市场销售情况，另一方面取决于成本与费用的控制情况。

(10) 税金

饭店的税金指标要根据国家规定应交纳的税种税率，结合饭店其他与税金有关的各项经济指标进行测算。

(11) 职工人数

饭店职工人数指标是计划期饭店应支付工资的人员总数，它包括固定工、合同工、临时工、计划外用工等。职工人数的多少对饭店的服务质量、劳动效率和经济效益均有重要影响。

(12) 工资总额

工资总额是饭店在一定时期内以货币支付给全体职工的劳动报酬总额。包括计时工资、计件工资、基本工资、职务工资、各种奖金、津贴和加班工资等。工资总额反映了饭店各部门活劳动消耗的水平。

(13) 劳动生产率

饭店的劳动生产率指全员的劳动生产率。它反映饭店劳动效率状况，一般用劳动生产率和人均创利2个指标反映，即：

饭店劳动生产率 = 计划期营业收入总额 ÷ 饭店职工人数

饭店人均创利 = 计划期利润总额 ÷ 饭店职工人数

××饭店经营计划表

元

项　目	金　额	备　注
营业收入	9 000 000	
减：营业成本	2 381 812	
毛利	6 618 188	
毛利率	73.54%	
减：营业税金	389 350.80	
营业费用	3 347 015.80	
营业管理费	831 785.40	
经营利润	2 050 000	
加：营业外收入	15 000	
减：营业外支出	5 000	
利润总额	2 060 000	
利润率	22.89%	
外汇收入（美元）	1 702 702.70	9 000 000×70÷3.7
外汇留成额度（美元）	618 080.08	1 702 702.70×40%

3.3.5 饭店管理中的决策

3.3.5.1 决策的含义与重要性

(1) 决策的含义

决策是指管理者为实现组织目标，运用科学理论和方法从若干个可行方案中选择或综合出优化方案，并加以实施的活动总称。决策，从广义上讲，包括调查研究、预测、分析研究问题，设计与选择方案，直至付诸实施等一系列活动。在狭义上，决策仅指对未来行动方案的抉择行为。

(2) 决策的重要性

决策的重要性主要体现以下2方面：① 决策是计划职能的核心。履行计划职能，最核心的环节是进行决策；② 决策事关工作目标能否实现，乃至组织的生存与发展。因为决策失误，必然导致管理与经营行为的失败。

3.3.5.2 决策的类型

(1) 根据决策性质划分

可分为常规决策和非常规决策。常规决策亦即程序性决策，指对经常的、反复出现的问题进行决策。如饭店中岗位人员的安排、物资采购、业务周期内容、年度计划的制定等都属于常规决策。管理者在做这类决策时，一般有章可循、有法可依，可根据处理此类问题的例行方法做出决策。随着电子技术的普及，这类决策甚至可交由“电子管理者”——计算机去完成。非常规决策亦即非程序化决策，指对偶然发生或首次出现的非重复问题进行决策。如饭店的市场决策、新产品决策、资本重组决策、竞争手段决策等都属于此类决策。非常规决策难以预料，因此，这类决策结果的好坏主要依赖于管理者的知识、能力、经验、思路、魄力。饭店发展过程中将会越来越多地遇到这些非常规决策，它是对饭店管理者管理能力的一种挑战和检验，管理者的主要精力应放在非常规决策上。

(2) 根据决策条件划分

可分为确定型决策、非确定型决策和风险型决策。确定型决策是指在稳定（可控）条件下进行的决策。在确定型决策中，各种可行方案所需的条件是已知的，每个方案只有一个结果，最终选择哪个方案取决于对各个方案结果的直接比较。确定型决策一般可以用数学模型来选择，如利用量本利分析法来确定饭店的保本销售量等。风险型决策也称随机决策，是指决策者不能预先确知环境条件，可供选择的方案可能有几种自然状态，只能根据自然状态发生的概率进行决策。在风险型决策中，决策者虽然不知道哪种自然状态会发生，但能够知道有多少种自然状态以及每种自然状态发生的概率，根据概率进行计算并做出决策。不确定型决策是指在不稳定条件下进行的决策。在不确定型决策中，决策者不知道有多少种自然状态，也不知道每种自然状态发生的概率，只能根据决策者的直觉、经验和判断能力来决策。这种分类方法在解决具体问题时经常用到。

(3) 根据时间长短划分

可分为长期决策、阶段性决策和随机决策。长期决策指决策作用时间较长，有时甚至贯穿饭店发展的全过程。因此，在进行这一决策时，决策者要对未来环境进行充分估计和科学预测，并认真考虑决策目标的长远性、战略性、可连续性和可分解性，以确保决策工作的完整性和连续性。

阶段性决策的时间跨度往往较短，属短期决策。它一般在某一阶段起作用，为达到阶段目标而进行决策，它一般为长期决策服务，是长期决策的具体化。在进行这一决策时，决策者应考虑决策的实效性。

随机决策是针对某个突发问题而做出的。饭店业务的随机性很大，客人流动多变，因此，随机决策在饭店运用的机会很多。在进行这一决策时，决策者应考虑决策方案的对口性，使之瞬时见效。

(4) 根据决策层次划分

可分为高层决策和基层决策。高层决策带有全局性和整体性，属于战略决策。即这一决策涉及的面较广，且对饭店整体运转将会产生较大、较长久的影响。如饭店改制决策、饭店产品决策、饭店融资决策等均属这一决策。

基层决策多属战术决策，它在决策活动中所占的比重较大，是战略决策工作的延续和指令化。基层决策一般针对某一具体问题，影响时间较短。如客人投诉处理决策、产品短期促销决策等。

(5) 根据目标数量划分

可分为单目标决策和多目标决策。顾名思义，单目标决策时锁定的目标只有一个，因此决策目标清晰明了，决策思路单纯集中。单目标决策不是孤立的，它往往是一个更大目标系统中的一个元素。因此，饭店在作此类决策时，应考虑到饭店经营的连续性和整体性这一基本要求。

多目标决策指有2个或2个以上相互关联的目标需要实现，属复杂决策。在多目标决策中，决策者首先应根据各个目标建立目标系统，并处理好各个子目标之间的协同关系、主次关系和矛盾关系。

圣诞节促销决策

一年一度的圣诞节给现代饭店带来了绝好的“掘金”机会。饭店在这一时段能否掘到“金子”，很大程度上取决于饭店节日促销决策做得正确与否、及时与否。圣诞促销决策涉及的问题复杂全面，既要求饭店餐饮、客房、娱乐业务经营部门结合本部门情况提出新点子，又要求饭店工程、保安等职能管理部门鼎力合作。就圣诞卖场布置这一工作而言，就应考虑饭店的场地问题、资金问题、客源需求问题、宣传品印制问题等。满意的圣诞决策应能带动饭店客房、娱乐、餐饮等的全面销售以及饭店整体形象的全面提升。因此，管理者在做决策时，既应考虑饭店总体形象目标和经营目标，又要兼顾餐饮、客房、娱乐等部门的目标。这一决策属于典型的多目标决策。

3.3.5.3 决策的过程

饭店管理中的决策过程大致可分为以下几个步骤。

(1) 发现问题

决策过程的第一步就是要发现问题。找准问题所在，才能对症下药，这也是正确决策的前提。例如，某家饭店餐饮部利润未获得预期利润，经营者立即决定裁减员工或减少供应食物的数量以求改变局面。但实际上问题的根源却在于菜谱定价太低，限制了客人较高标准的消费。所以分析问题时，应从以下角度认真考虑：谁引起的问题，谁与此有关系——个人、部门或整个饭店；这是什么类型的问题——缺乏技术，目的不明互相闹矛盾；这个问题的存在会导致什么结果，等等。

（2）拟订解决的可行方案

一旦查明了问题的原因，弄清了问题的所在，就要寻找解决问题的方法。从理论上来说，应该先列出该问题所有的解决方法，再从中选出最好的一个。但我们在实际决策时，常常不是这样。由于情况不明，缺少相关知识，或是由于时间不够，我们决策时通常采用第一个方法，不再考虑其他的方法，认为有一个解决方法就足够了。因此，为了避免不做选择的决策，我们可以充分利用集体的智慧，集思广益，找出多种解决方案。

（3）评估各种方案

决策归根结底就是在各种方案中选择最佳方案。所以必须要分析这些方法的可行性，将它们互相比较，看哪一个方案更有可行性。各种方法都有其优点和缺点，要全面、辨证地看，做到扬长避短，择其优者而用之，乃不失为明智的决策。

（4）执行决策

决策做出之后，还要付诸实施。在执行前应得到企业内部认可，然后应用各种管理职能保证决策的顺利进行，最后还要建立信息反馈渠道，以便发现新问题时，修订目标或修正、补充原决策方案。

3.3.5.4　决策动机

虽然决策过程是按照一定的逻辑步骤进行的，但决策往往是由人来做出的，所以人的诸多动机不可避免地会影响到决策结果。因此，为了更好地进行决策，或是更好地理解由他人做出的决策，应该熟悉一下决策动机。

（1）获取最高利润动机

对商业性企业来说，增加利润是最合乎逻辑的决策理由。饭店发展至今已成为了一种以盈利为目的的商业性的服务企业，所以饭店的决策宗旨一般都是利用现有资产，为客人提供最佳的服务以获得良好的经济利润。例如，饭店准备给客房部增加一名服务人员时，先要考虑新增人员创造的利润是否能超过付给他的工资数，如果肯定饭店能因此获利，那么就做出增聘该员工的决定。但企业如果过分强调利润，有时也会导致不良后果。如果企业能提供优质服务并获取高额利润，那无疑是合情合理的事情，但假如以降低服务标准的手段来增加利润，则难免不影响企业的发展前途。

（2）保持平稳动机

决策过程中常常存在着保持平稳这一观点。企业的决策者不一定会全力以赴地增加企业利润，而是设法让企业始终处于令人满意的，或“相当好”的水平。例如，从利润的角度出发认为应该解聘饭店中的某位员工，虽然这位员工仅是饭店的一般一线职员，但却在饭店的非正式组织中处于“领导”的地位，深得人心，解聘此人会在饭店内引起矛盾，因此饭店就应该暂时放弃为了经济利益的决策，让那人继续留任，以获得企业的平衡。明智的决策者应该分清哪样决策是以“保持平衡”为目的的，哪些是以经济利益为基础的。保持平衡并非坏事，反而是好事。

（3）个人欲望满足的动机

每个人都有欲望，而动机则代表满足这些欲望的企图。这些欲望如果较好发掘，就会产生较大动力促使完成任务，为饭店创造经济效益。例如，饭店经过分析研究认为销售部应能在此季度让客房出租率超过上一季度，并达到某一水平，从而向销售部经理下派了指令。销售部经理产生了达到该出租率的动力，促使他率领销售部团队成员完成了此任务。事实上，销售部经理在这过程中做出的任何决策并不是为了饭店能获取更多利润，而只是为了满足达到这个出租率的欲望而已。不可否认，仅仅为了满足自我欲望，而进行的决策造成了企业整体利益的损害的例子大有所在。所以，在做出决策时，一定要以企业效益为第一考虑的前提。

3.4 饭店组织管理

饭店组织管理是饭店管理的一项重要职能，也是体现饭店管理者经营管理能力的一个重要方面。组织管理是否有成效，将对饭店正常运转产生重大作用，直接影响整个饭店的经营成果。如果组织管理良好，组织内部各级人员同舟共济，互相配合，则整个饭店的效益就会提高；反之，效益就会下降，甚至导致经营失败。因此，饭店各级管理者必须把组织管理工作作为重点来抓。

3.4.1 饭店组织管理的主要内容

饭店组织管理是指饭店对实现饭店目标的各种组织要素（人员、职位、职责、关系、信息）和人们在经济活动中的相互关系进行组合、配置的管理活动。它通过确定饭店的奋斗目标，科学地组织各类人员的结构、确定职位、明确责任、安排各种关系的协调网络来发挥组织的整体效能，从而实现饭店组织目标。饭店组织管理主要包括以下内容。

建立一套适合的组织结构 根据饭店组织既定目标和任务，建立一套适合的组织结构，包括组织内横向管理部门的设置和纵向管理层次的划分。

为饭店内各职务选择和配备相关人员 包括人员的招聘和定岗、训练和考核、奖惩制度，以及对人的行为的激励等。

制定相关规章制度和管理制度 形成良好的指挥系统，以保证组织的运转，使饭店的组织效能发挥最大。

处理协调内部关系 在完成组织目标的过程中，处理协调内部关系，适度分权和正确授权。

决定具体的组织结构形式 根据组织的发展情况决定具体的组织结构形式。当内外部环境发生变化时，有效、及时地施行和开展组织的变革，始终发挥组织的最大效能。

培育与建设饭店文化 为了创造良好的饭店氛围而进行团队精神的培育和饭店企业文化的建设。

3.4.2 饭店组织结构设计的原则

（1）分工协作原则

分工就是按照提高管理的专业化程度和工作效率的要求，把组织的目标和任务分成各个层次、各部门及每个人的任务和目标，明确他们应做的工作以及完成工作的手段、方式和方法。通过分工，人们可以专心从事某一层次、某一部门或某一职权的工作，能够提高工作效率。协作是与分工相联系的一个概念，它是指明确部门之间、部门内部以及各项职权的协调关系与配合方法。组织作为一个系统，各部门或各项职权都是其子系统，它们不能脱离其他部门或其他职权而单独运行，必须经常相互协调，密切配合。分工与协作是相辅相成的，只有分工没有协作，分工就失去意义；而没有分工就谈不上协作。因此，在进行组织设计时，要同时考虑这2方面的问题。

(2) 有效的管理幅度和层次原则

管理幅度亦称管理跨度，系指一名管理者直接管理的下级人员的数量。一般而言，上级直接管理的下级人数多，称之为管理幅度大或跨度宽；反之，则称之为管理幅度小或跨度窄。从形式上看，管理幅度仅仅表示了一名管理者直接管理的下级人员的人数；但由于这些下级人员都承担着某个部门或某个方面的管理业务，管理幅度的大小，实际上反映着上级管理者直接控制和协调的业务活动量的多少。

适宜的管理幅度因人而异，不存在一个固定通用的最佳方案。处在不同层次的管理者的管理幅度，一般的规律是：高层管理者的管理幅度小于中层管理者的管理幅度，中层管理者的管理幅度又小于基层管理者的管理幅度，每一个管理幅度都形成了大小不等的业务范围，从而覆盖全企业。饭店中各层次的管理幅度，从高到低一般以3~15人为宜（高层3~6人；中层8~10人；基层小于15人）。

管理幅度究竟应该有多大才合适，还应综合考虑以下因素：直接关系的上下级双方的能力；工作的复杂性与相似性；工作的程序化与标准化程度；组织内部沟通与信息传达的方式和能力；外部环境的改变速度等。

管理层次亦称组织层次，是指组织内部从最高一级管理组织到最低一级管理组织的各个组织等级。管理层次从表面上看，只是组织结构的层次数量，但其实质上反映的是组织内部纵向分工关系，各个层次将担负不同的管理职能。因此，伴随层次分工，必然产生层次之间的联系与协调问题。

管理层次受到组织规模和管理幅度的影响。它与组织规模成正比：组织规模越大，成员越多，层次越复杂。在组织规模已定的条件下，它与管理幅度成反比：领导直接控制的下属越多，管理层次越少，反之，管理幅度减小，则管理层次增加。管理层次与幅度的反比关系决定了2种基本管理组织结构，即管理幅度窄，则层次多，形成高耸的结构；管理幅度宽则层次少，形成扁平结构。

组织设计要尽可能地综合2种基本组织结构形态的优势，以达到组织最佳的运作模式。

(3) 集权与分权相结合原则

集权是指决策指挥权在组织层级系统中较高层次上的集中，也就是说下级部门和机构只能依据上级的决定、命令和指示办事，一切行动必须服从上级指挥。组织管理的实践告诉我们，组织目标的一致性必然要求组织行动的统一性，组织实行一定程度的集权是十分必要的。

分权是指决策指挥权在组织层级系统中较低管理层次上的分散。组织高层将其一部分决策指挥权分配给下级组织机构和部门的负责人，可以使他们充分行使这些权力，支配组织的某些资源，并在其工作职责范围内自主解决某些问题。一个组织内部要实行专业化分工，就必须分权。否则，组织便无法运转。

为保证组织的有效运行，必须处理好集权与分权的关系。处理好集权与分权的关系，要求对组织中的重大决策及全局性的管理问题实行集权，对局部的日常管理问题实行分权。即该集中的权限必须集中起来，该下放的权限就应当分给下级。

（4）责权对等原则

权力是指在规定的职位上具有指挥和行事的能力。责任就是在接受职位、职务时所应尽的义务。有多大权力必须承担多大责任，这是理所当然的。职权与职责相对应，权责对等虽然很难从数量上划等号，但从逻辑上来说，这是必然的结果。如果有责无权，不仅束缚人的积极性和主动性，而且也不能承担起应有的责任；相反，有权无责，必然造成滥用权力，助长瞎指挥和官僚主义。所以，设置适当的机构，配备适当的人员，规定适当的职责，也应授予适当的权限。因此，在进行饭店组织结构设计时要充分考虑权责对等因素。

（5）统一指挥原则

饭店组织是一个完整统一的系统。同一系统就要求有统一的指挥，集中的管理，这样，组织的运作才可能畅通无阻。所谓统一指挥原则，就是统一划分各个部门的职权范围，统一制定规章制度，统一发布指令，以此来避免组织运作中多头指挥的出现。在组织设计中，统一指挥原则要求组织上下级之间形成一条连续不断的指挥链。任何上级都不允许超越下属的职责权限擅自跨级指挥；同样，任何一个下属只对直接上级负责，直接受直接上级的指挥和领导。

（6）弹性原则

饭店组织的客观环境是不断变化的，管理的目标、措施也常发生变化。这就要求组织结构不僵化，不一成不变，而应有较大的弹性，以适应经营环境的变化。根据这一原则，设计和建立一个组织一定要留有适当余地，制定某些带有伸缩性的规定，设立一些富有弹性的组织体，这样才能更好地适应可能出现的变化。外部环境一旦出现较大变化，就能及时做出必要的调整、改革，以适应外部环境，有效地达到组织目标，保持组织的相对稳定性。

（7）有效性原则

组织有明确的目标。组织所属的每一个部门，也应有其明确的，并且是为完成总目标所必须的具体目标。离开目标的组织就毫无意义。因此，组织的建立必须贯彻有效性原则。一个组织及其各分支机构，从建立到调整、增设、取消或合并，都必须紧紧地依靠目标，以是否对实现目标有利为衡量标准。这种从目标、任务出发设置机构叫作“因事设职”。饭店应坚决反对“因人设事”，杜绝“因人设职”现象，才能贯彻有效性原则。组织不但要讲效果，还要讲效率，机构是精简的，办事就是高效率的。最有效的组织，应是最简单、能以最高效率实现企业目标的组织。

3.4.3 饭店组织结构形式

组织结构是表明组织内各部分的排列顺序、空间位置、聚散状态、联系方式，以及各要素之间相互关系的一种模式。组织结构是组织的“框架”。组织结构是随着生产力和社会的发展而不断发展的。常见的饭店组织结构形式有：直线制、职能制、直线－职能制、事业部制、矩阵制结构等。

3.4.3.1 直线制

这是一种简单的组织形式，又称层级制、军队式组织。企业从最高层主管自上而下层层节制，实行垂直领导。

这种组织形式的优点是：结构简单；权责分明；命令统一，不致令出多门；组织程序与业务程序简单而一致，上下级之间均按照规章或指令行事；运转敏捷，信息沟通迅速；责任明确，解决问题及时。

但是由于没有实行管理劳动的专业分工，各级主管工作极其繁杂，事必躬亲，容易陷于日常行政事务之中，不利于领导者集中精力研究企业发展的重大问题。由于这种形式的管理职权都集中在一个人身上，所以要求管理者必须具有全面的知识和才能，而事实上在现代化的饭店里是很难做到的，因此，只适用于产品单一、规模较小、业务单纯的小型饭店。但直线制的组织形式被现代化大型饭店广泛地运用于部门以下的基层管理之中，如餐饮部、客房部、商品部等业务经营部门。

直线制组织结构的基本形式如图3－3所示。

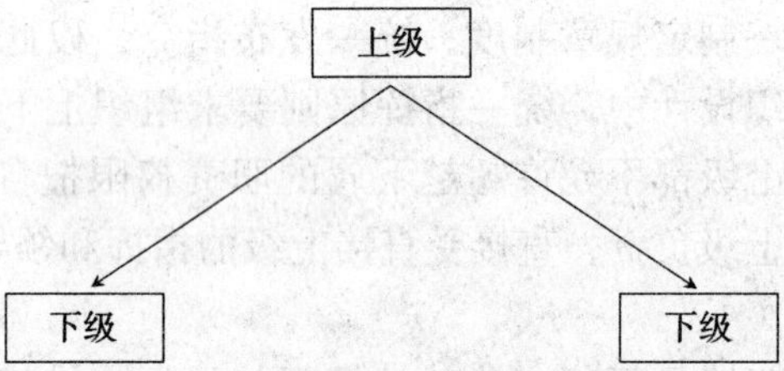

图3–3　直线制组织结构示意图

3.4.3.2　职能制

职能制就是由总经理领导各职能部门；职能部门在本部门的职权范围内又分别领导业务部门的有关人员的组织形式。

职能制的优点是：管理职能分工化，可以充分发挥专业人员的作用，协助上级指挥，管理较细，因此可以大大减少上级的指挥工作量，集中精力去抓大事。

职能制的缺点是：不利于集中统一指挥原则，往往令出多门，形成多头领导，使业务部门无所适从，不利于建立责任制，影响管理效能。

职能制组织结构的基本形式如图3－4所示。

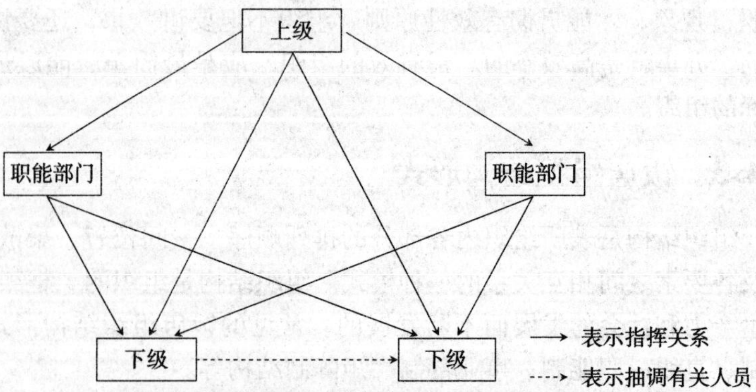

图3–4　职能制组织结构示意图

3.4.3.3 直线-职能制

直线-职能制是目前我国饭店普遍采用的一种组织结构形式。这种组织结构形式吸收了直线制控制严密的长处和“职能制”充分发挥专业人员作用的长处，兼有这2种组织结构形式的优点。直线-职能制组织结构的基本形式如图3-5所示。

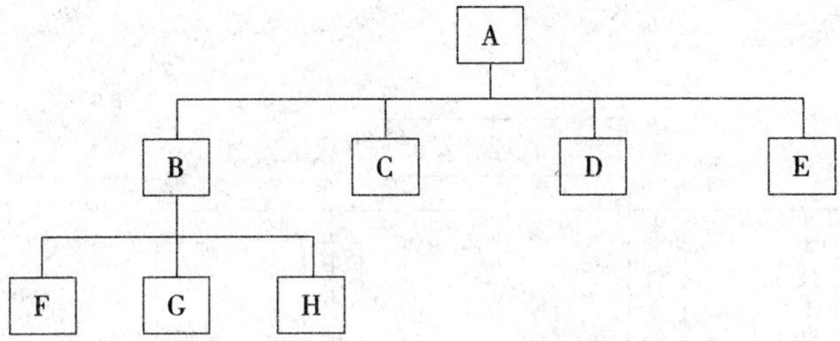

图3-5 直线-职能制组织结构示意图

在直线-职能制的组织结构形式下，饭店的所有机构和部门分为2类：一类为业务部门，如前厅部、客房部、餐饮部、康乐部、商场等；另一类为职能部门，如人事部、安保部、财务部等。

业务部门可以独立存在，并有自身特定的接待和供应业务内容，是饭店的直接对客服务和创利部门。业务部门按等级链的原则进行组织，形成垂直系统，实行直线指挥。业务部门的组织形式又称为直线制，即业务部门中各种职位是按照垂直系统排列的，各级主管负责人按照命令统一原则，在自己的职权范围内对其直接下属拥有指挥和命令的权力，并对本部门的工作负全面责任。业务部门按直线形式组织，结构简单，责权分明，效率较高，但不利于横向的多维联系。

职能部门按专业化原则组织，不直接从事接待和供应业务，而是为业务部门服务，执行自身某种管理职能。由于职能部门按分工和专业化的原则执行某一项管理职能，故这种组织形式称为职能制。

直线制和职能制二者结合起来，形成了饭店直线-职能制的组织形式。直线-职能制又称为业务区域制。这是指按照直线-职能制，饭店每个业务部门就是一个业务区域。如餐饮部就是一个业务区域，其下面又可分为餐厅、厨房、采购、保管等业务区域；餐厅下面又可分为中餐厅、西餐厅、咖啡厅等业务区域。

虽然直线-职能制是我国饭店业普遍采用的一种组织结构形式，但不能不看到这种组织结构形式的缺点。它的缺点主要表现在：① 各职能管理部门之间的横向联系复杂，由于各主管副经理或总监分兵把关，可能形成权力分割；② 组织程序与业务程序繁杂，信息迂回时间长，效率不高；③ 权力过于集中，影响下层人员的积极性和主动性的发挥，对于信息多变的市场和例外事件的处理缺乏灵活性。

3.4.3.4 事业部制

事业部制组织结构也称为“M型”组织结构。它的产生是以企业规模大型化、企业经营多样化、市场竞争激烈化为背景的。这种组织结构模式就是在总公司的领导下，按产品或地区分别设立若干事业部，每个事业部都是独立核算单位，在经营管理上拥有很大的自主权。

主要特点是“集中政策，分散经营”，即在集权领导下实行分权管理。

饭店管理总公司依据地区、产品、市场等因素，成立若干个事业总部，每个事业总部即为一个饭店拥有的企业。事业总部具有法人地位，进行独立的经济核算，对事业总部内的计划、财务、销售等方面有决策权。饭店管理总公司控制事业总部的盈利指标，负责筹集资金和事业总部主要负责人的任免等。它的工作重点是进行新的市场开发和新技术的引进。而饭店管理总公司成立的事业总部的工作核心是为了实现利润目标，因此事业部又称为利润中心。事业部制组织结构的基本形式如图3－6所示。

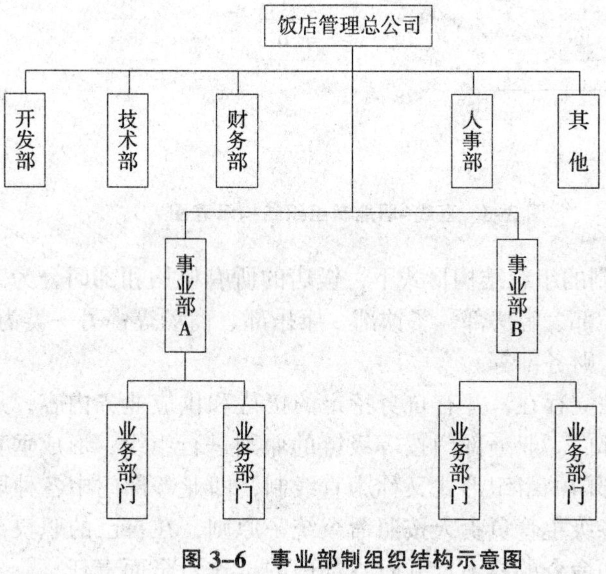

图3-6 事业部制组织结构示意图

事业部制组织形式是一种适用于大型饭店、饭店管理公司和集团化经营的饭店的组织结构形式。

事业部制组织结构的优点是：有利于饭店高层管理者摆脱日常行政事务，集中精力抓好饭店的经营发展战略和重大经营决策；有利于面向市场、分散经营，提高饭店经营管理效率，增强饭店的应变能力，提高服务质量和水平；有利于考核各事业部的经营业绩，促进各事业部之间进行比较和竞争，调动各方面的积极性和主动性；有利于培养独立、全面主持饭店经营管理工作的高级经营管理人才。

事业部制同样也存在着一定的不足之处，表现在各事业部之间容易形成部门狭隘观念，而忽略饭店整体利益；部门之间横向协调差，不利于人才的流动；机构重叠而导致管理费用增加；利益协调困难等。因此，应根据饭店实际情况而灵活采用。

3.4.3.5 矩阵制

矩阵制组织结构由2套管理系统组成，管理部门由传统的职能部门和为完成某个项目而专门组成的员工联合组成。为了加强对项目管理，每个项目由专门的高层领导负责领导专门小组，小组由不同背景、不同技能、不同知识结构、分别选自不同部门的人员所组成。项目完成后，小组成员各自回到原来单位。这样，若干职能部门所形成的垂直领导系统，和同为完成专门任务而形成的若干任务小组的临时系统，就组成了一个矩阵制组织结构。矩阵制组织结构的基本形式如图 3－7 所示。

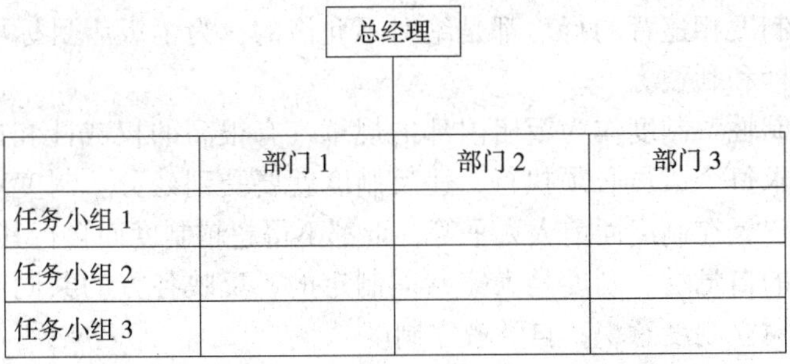

图 3–7 矩阵制组织结构示意图

矩阵制组织结构的优点表现 矩阵制组织结构由横向和纵向部门组成，能将组织从横向和纵向很好地联系起来，既能保证完成任务，又能充分发挥各职能部门的作用；项目小组复杂的人员结构能集中各部门专业人员的智慧，互相学习，经过很好的整合之后，能发挥巨大的潜力，提高工作效率；专门的项目小组是组织在面对复杂的内外部环境时成立的，具有较强的灵活机动性，能迅速地对外部环境的变化做出最快的反应，增强组织的抗风险能力；由不同部门组成的项目小组使组织内部的信息渠道畅通，资源共享。

矩阵制组织结构也存在一些缺陷 一是由于各成员隶属于不同的部门，容易产生临时观点，不安心工作，因而组织的稳定性较差；二是矩阵制实行纵向和横向双重领导，由于每个成员都要接受 2 个以上的上级领导，可能产生权责不清，互相扯皮，造成管理秩序混乱。

矩阵制组织结构一般适合在需要对环境变化做出迅速反应的饭店企业中使用。

综上所述，饭店组织结构的框架形式各有利弊。组织结构框架的选取应有利于饭店的经营管理，有利于提高工作效率，使饭店的组织结构效率与效能得到最大限度的发挥。采用何种框架应视饭店具体情况而定，要从本饭店的实际出发，选取一种最适合本饭店的组织结构框架形式。

3.4.4 饭店的组织制度

3.4.4.1 饭店组织制度的含义与作用

饭店组织是一个复杂的系统，为了这个系统能正常运转，必须依赖一整套科学、严密的组织管理制度，才能保证饭店组织目标的实现。利用制度来管理饭店是饭店现代化管理的重要方法。

饭店组织管理制度有 2 层含义：一是从宏观经济角度，指国家、地方、部门、行业对饭店经济活动的管理规范，即宏观管理制度；二是从微观经济角度，指饭店内部对所属范围经营活动的管理规范，也就是职工行为规范。

组织制度具有 4 个方面的作用。

制度可以维护饭店各方的共同利益 当饭店组织存在以后，饭店各方，如投资方、管理者、员工等，为了自身利益，为了饭店组织能正常运转，为了整个饭店的目标，都希望组织有个章法、有个规范，有一个大家共同遵守的秩序准则。

这些共同点就形成了组织制度。

制度有很强的目标性 制度的制定是为了饭店目标的实现，科学、严密的组织制度是实现饭店组织目标的基本保证。因此，一切因个人或小团体，以及非正式组织目标与制度相违背的行为都是绝对不允许的。为了饭店目标可以牺牲个人或小团体的目标和利益。

制度的强制性 制度作为饭店内部的规章，有很高的权威性和严肃性，它以强制的力量要求每个成员必须执行，违反制度就要受到处分。制度对组织中的任何人都一视同仁，在制度面前人人平等，谁都不得超越制度而自行其是。

执行制度的自觉性 制度是大家共同制定的，反映各方的共同利益，这就要求饭店各方都树立制度意识，自觉遵守制度。

3.4.4.2 饭店组织制度的类型

饭店同其他性质的企业一样，有宏观的、微观的，纵向的、横向的各种规章制度。对饭店而言，组织制度大致可以分为以下5类：

- 有关饭店所有制性质的制度（例如，国资饭店的资产管理制度，合资饭店的资产、经营管理制度，股份制饭店的公司制度等）；
- 有关管理体制的各种制度（例如，总经理负责制、党委工作制、职工代表大会制）；
- 有关饭店内部经营管理的一些基本制度（例如，员工手册、服务规程、岗位责任制、经济责任制）；
- 各部门的管理制度；
- 从横向角度制定的专业管理制度。

3.4.4.3 几种主要的制度

（1）总经理负责制

总经理负责制是目前饭店组织管理中普遍采用的一种领导制度。总经理负责制是指总经理既是饭店经营管理的负责人，又是饭店的法人代表。总经理根据上级主管部门或股东（职工）代表大会的决策，全面负责饭店的经营和业务，建立以总经理为首的组织管理体系。总经理负责制是适合饭店现代化管理、适合饭店市场经营、适合饭店管理规律的一种管理体制。

（2）职工民主管理制

职工民主管理制是我国社会主义制度的要求，也是饭店总经理负责制的基本保证。职工民主管理的法定形式和主要形式是饭店的职工代表大会制。职工代表大会具有管理、监督、审议三方面的权力，具体工作为：① 听取和审议通过总经理的工作报告；② 审议饭店的发展规划、经营计划，以及一些重要的经营管理问题；③ 审议饭店各项基金使用，以及饭店生活福利等重大事项；④ 评议、监督饭店各级领导干部，并提出奖惩和任免的建议。

职工参与民主管理体现了饭店职工的主人翁地位，但在实行民主管理的同时，要正确处理好民主与集中、自由与纪律、权力和责任的相互关系。

（3）经济责任制

经济责任制是饭店组织管理中的一项重要的基本制度。为了增强饭店内部活力，提高广大员工的责任心和充分发挥他们的作用，在饭店内部明确对每个岗位、每个员工的工作要求，必须建立多种形式的经济责任制。饭店经济责任制是以饭店经营的双重效益为目标，对自身的经济业务活动负责，实行责、权、利相结合的原则，国家、饭店、个人利益相统一。其特点是国家、饭店和员工相互间承担责任和义务，并与各方的物质利益相联系，它是调动饭店、部门、员工经营和工作积极性的有效手段。饭店的经济责任制包括饭店对国家的经济责任制和饭店内部的经济责任制。

饭店对国家的经济责任制 饭店对国家的经济责任制具体表现为，饭店对其上级主管部门的经济责任制、饭店要根据上级主管部门的计划和决策，按照国家有关政策、法律和规定，确定饭店对国家应负的经济责任。这一经济责任包括：饭店应根据市场需要发挥自身的功能和作用，满足市场需要。饭店以正当的经营手段取得经济效益，在上交税金等方面完成和超额完成国家下达的指标。在确定饭店的经济活动和经济效益指标时，还要提出社会效益指标。

饭店内部的经济责任制 饭店对国家承担的经济责任，要由饭店各部门、各岗位的全体员工分担完成，饭店各部门和员工承担一定的经济责任，从而形成饭店内部的经济责任制。饭店内部的经济责任制是以饭店的双重效益为中心，按照责、权、利相结合的原则，把饭店所承担的经济责任，逐级分散落实到部门、班组和个人的一种管理制度。

（4）岗位责任制

岗位责任制是饭店在管理中按照工作岗位具体规定各岗位及人员的职责、作业标准、权限、工作量、协作要求等的责任制度。实行岗位责任制有利于把饭店的各项任务指标切实落实到每个岗位和人员身上。饭店岗位责任制是一个完整的体系，它包括饭店总经理责任制；各部门主管和技术人员的岗位责任制；各生产、服务人员的岗位责任制。饭店服务人员的岗位责任制是责任制的基础，也是岗位责任制的主要形式。饭店岗位责任制可以用岗位责任说明书的形式来明确。岗位责任说明书包括以下内容：① 岗位名称、上下级关系；② 本岗位职责、任务范围；③ 工作量：服务质量标准、工作质量标准、生产量标准；④ 交接班的内容、程序和制度；⑤对设备的使用、维护和保养；⑥ 对物资的使用和保管；⑦ 安全生产；⑧ 工作关系；⑨ 培训；⑩ 任职资格等。

岗位责任说明书与饭店经济责任制不同，岗位责任说明书仅对岗位工作内容进行描述、记录，但不含有奖惩的内容；而经济责任制则突出权、责、利相结合，以及劳动所得与成果的结合。

美国假日酒店联号前厅部岗位责任制

职务：前厅部经理

隶属督导：总经理/副总经理

项目：前厅部经理岗位责任制

（1）负责培训所有前厅部接待人员和服务人员，达到本饭店要求的接待服务效率标准和接待礼仪及服务程序标准；其中包括培训前厅部客房预订人员、结账收银员、前厅夜审会计及电话总机服务人员。并要督导前厅部上述人员，在接待服务中有较高的迎送水准及服务精神和服务意识，同时作为前厅部经理也要负责前厅部的整体接待服务流程，不允许出现接待服务中的空白地带或造成服务脱节、冷遇客人的现象。再则，也负责编排、确认前厅部所有人员的工作班次及节假日轮休等。

(2) 每天要负责检查、核实超过100美元的客人账目；并要与财务部经理密切合作，以防止个别客人因累计费用过多，最终无法或无款付费的现象发生。同时，也要前厅部结账收银员增强财务收银意识。为此，有使用信用卡或类似的有关跑账现象要立即通知财务部，以便有效地控制客人费用账目。

(3) 前厅部经理负责做好一周的客房出租率预测，并要与餐务部、客房部、工程部及饭店后台部密切协作；通知上述部门有关下周的客房出租率预测及可能出现的变化情况，做好全饭店的一条龙接待服务。

(4) 负责督导预订部人员，确保客人的客房预订能准确地存档记录。

(5) 前厅部经理要负责并保证客房房态表的准确，以便保证客房的及时出租及重新整理、再次出租。

(6) 要确保客房部经理房间报表的及时、准确性；与此同时安排好前厅部的客房房态表。再者，还要检查电话信息表的准确性。

(7) 严格控制前厅部劳务费用，即保证前厅部合理的人员配备及每人的合理劳动强度，其中也包括电话总机室及客房预订部的人员配备。

(8) 负责即刻处理有关客人对客房和其他服务区域的不满及投诉。同时要跟踪检查、落实有关对客人投诉的补救措施实施效果，最终赢得客人的满意和谅解。

(9) 确保前厅部与饭店各个部门，社会团体及饭店业务有关的一切企业、公司、商社的良好公共关系，以便保证饭店有一个宽松的经营环境。

(10) 随时检查下属员工的仪表仪容、着装整洁，保证符合饭店员工仪表美的标准。

作为前厅部经理必须具有3年以上的客房预订工作经历和工作经验，同时要有公关的技能、工作计划及其督导下属员工达标工作的技能；再者，必须具有随和性格，易和各类性格的人接触、交往。

前厅部经理应具有的学历，高中文化或相当于大专文化程度即可。

(5) 员工手册

员工手册是作为饭店基本制度的又一个重要方面。它是全体饭店员工应共同遵守的行为规范的条文文件。它是饭店里最带有普遍意义、运用最广泛的制度条文，与每个员工息息相关。员工手册能够使员工对企业性质、企业目标、企业精神有一个充分的了解，使员工树立主人翁精神和责任感。

员工手册的条文要与国家的政策法规、饭店的自身特点以及饭店业的国际惯例相一致，要印刷成册，人手一份。员工手册的主要内容有：① 序言；② 主要是饭店的欢迎词，对职工加入饭店工作，成为饭店大家庭的一员表示欢迎，并提出希望；③ 饭店简介，介绍饭店的规模、设施、星级和特色；④ 饭店的工作精神，表达饭店的企业精神、经营宗旨和指导思想，使职工对饭店产生信心和归属感；⑤ 劳动管理，提出有关饭店职工的工作时间和加班的规定及报酬的支付方式、员工招聘、培训、录用、辞退和除名等内容；⑥ 组织结构，说明饭店的组织结构和形式；⑦ 职工福利，规定职工的医疗费用、病事假和其他请假制度，以及有薪假期和膳食、津贴等；⑧ 纪律，包括奖励和惩处的有关条例，以及职工所必须遵守的制度和违纪处分等一系列的条款；⑨ 安全守则，提出在饭店万一发生意外时，职工必须遵守和执行的条款，以及应尽的义务和责任；⑩ 其他内容，根据饭店性质及规模要求的不同，提出其他一些有关内容，如职工交通问题、互助会问题、子女教育问题等；⑪ 签署人，这是员工手册最后向每位职工提出的要求，每位职工在学习、认可员工手册所提出的各项条款后，必须签名，交人事部门备案，以便将来对照实施。

××饭店员工手册（参考范例）

（前部分略）

第×节 员工守则

以下所述的饭店守则条例，员工必须遵守。

1. 服从上司

员工应切实执行直属上司指派的任务，如遇疑难或不满，应从速向直属上司请示或投诉，在不得已时，才能越级向上一层主管请示汇报。

2. 上下班

员工必须按时上班工作，在工作时间内，事先未经主管批准者，不得早退，不得聊天、阅报、看书、写私函，不得擅离职守，当值时不得睡眠，不得带有醉态，不得打私人电话。

3. 客人设施

除因上司指派或工作关系外，员工不得在任何时间（包括非当值时间）在招待客人的场所或客房楼面逗留。

4. 拾遗

在饭店所拾得的财物，不论大小，一律要交给大堂副经理或部门负责人，并将详情记录在拾遗记录簿上。

5. 饭店财产

如员工犯有盗窃财物行为，不论所盗窃物品属于饭店、客人或其他员工者，均被立即开除并送公安机关查办。

6. 员工行为

（1）不得对同事有大声说话、拍手、呼唤、捻拇指等行为。

（2）不得使用污言秽语。

（3）不得与同事争执。

（4）不得在公共区域手挖鼻孔。

（5）不得随地吐痰。

7. 个人卫生

（1）员工需保持身体清洁，时常梳理及保持头发整洁，男员工发长不过耳及在领封上3cm为标准，并必须时常理发；头发过肩的女员工应将头发用花卷扎起（部分员工应按部门内的要求），女员工不许使用有色指甲油。

（2）女员工宜保持淡雅妆，不宜浓妆艳抹，饰物配带只限于结婚信物。

（3）穿戴整洁、大方。

（4）鞋子必须时常保持整洁、光亮。

（5）凡从事营业部门的员工，应经常保持手指清洁，员工均可佩戴手表一只及结婚戒指。女员工可配戴小型耳环，其他首饰一律不得佩戴，女员工不能留长指甲，须穿黑色皮鞋和肉色长袜，男员工不可留胡子，须穿黑色皮鞋黑袜。

8. 工作态度

（1）对客人要保持笑容，表现温文有礼，经常用下列的礼貌用语：

“我可以帮您吗?”

“请。”

“是，先生”或“是，小姐”或“是，太太”。

“早安!”“午安!”“晚安!”

（2）要服从上司的指示。

（3）在工作时，必须尽已所能发挥高效率，以表示你的工作效能。

（4）对待客人、上司、同事要亲切、友善和殷勤。

（5）对与工作有关的知识，要不断学习，熟练精通，善于应用。

9. 个人资料

员工个人资料有地址、电话、婚姻状况及生育子女等更改时，应尽快呈报行政人事部。

第×节 注意事项

1. 客人投诉

所有员工必须细心听取客人的投诉事件，若有投诉事件要紧急处理，如超越员工本身的权限时，应通知部门主管或大堂副理马上解决，或记录客人姓名及投诉详情，谢谢客人指出不妥的地方，并致歉不便之处，然后即转告部门主管。

2. 员工投诉

员工对工作有不满之处，应直接向直属主管投诉。如得不到解决，方可越级投诉。

第×节 纪律处分

1. A 类过失（口头警告）

(1) 不注意礼貌，仪表不整洁。

(2) 上班时不穿制服，忘记或不佩戴工牌。

(3) 上、下班不打卡或代人打卡。

(4) 不注意卫生，随地吐痰。

(5) 工衣柜不整洁、存放食物、饮品。

(6) 不得在工作场所进食。

(7) 不遵守服务规范。

2. B 类过失（书面警告）

(1) 擅离工作岗位，或到其他部门闲荡。

(2) 不依规程办理手续，违反考勤制度。

(3) 对客人不礼貌，粗言秽语，服务态度不佳。

(4) 工作时嬉戏、喧哗、进食、睡觉、看电视、听 MP3 等。

(5) 接受小费、礼物不上交主管处理，拾遗不报，私自向客人兑币。

(6) 不爱护公物，随意浪费，贪小便宜，擅取食物。

(7) 挑拨离间，制造混乱，影响工作。

(8) 工作中不服从指挥、调配。

(9) 违反安全守则或部门常规。

3. C 类过失（开除）

(1) 有偷窃行为。

(2) 蓄意破坏公物。

(3) 违法乱纪，营私舞弊，接受贿赂。

(4) 无理取闹、殴打他人或互相打斗。

(5) 行骗聚赌，走私套汇。

(6) 擅离职守，违反规则，造成严重损失和事故。

(7) 无正当理由连续旷工 5 天或 1 年以内累计旷工时间超 10 天者。

(8) 作不道德或猥亵交易。

(9) 携带或收藏一切禁品，如枪械、毒品、武器，等等。

(10) 泄露企业机密情报。

(11) 触犯国家法律。

4. 口头警告

凡第一次触犯 A 类过失，部门主管会发出口头警告，然后以此类推，最高处分解除劳动合同，直至开除。

5. 书面警告

适用于重复违反 A 类过失或第一次触犯 B 类过失：

(1) 由部门经理发出警告书，列明员工所犯规的细节。

(2) 员工须在警告书上签名，警告书副本送人力资源部存档。

(3) 如果在犯规书发出半年之后，该员工品行及工作表现皆符合饭店要求，其部门可考虑取消犯规书，不再存在档案内。

6. 最后警告

经发出一次书面警告书，再犯同样或其他过失，员工将被最后警告，表示其仍不知悔改，有随时被解雇的可能。

7. 无薪停职

(1) 重复多次违反 A、B 2 类过失。

(2) 在等待饭店对该员工做出开除处分决定期间。

(3) 在等待刑事案中审讯的或判决结果期间。

8. 即时开除

凡在最后警告书后，该员工再一次违反店规或触犯C类过失则做解除劳动合同处理，被开除的员工，将不做任何经济补偿。

第×节 安全守则

每位员工都应有保护饭店客人安全的义务和责任。

1. 火警

一旦发现火警，不论程度大小，必须做出下列措施：

(1) 保持镇静，不可惊慌失措。

(2) 第一时间向饭店消防中心报告。

(3) 呼唤附近同事援助。

(4) 在安全的情况下，利用就近的灭火设备。

(5) 把所有火警现场的门窗关闭，并关掉一切电源开关。

(6) 如火势蔓延，协助引导客人撤离现场。

(7) 参加每次防火演习时，要熟记火警记号，走火通道与出口位置及灭火器具的正确使用方法。

2. 伤亡

(1) 如遇有伤亡发生应马上通知电话接线生转告饭店总经理或当值经理并通知医生。

(2) 在医生的指导下协助伤者前往医务所或医院，但在医生不到现场时不要擅自移动伤者。

(3) 加设标志，警告其他人不要接近危险区。

3. 紧急事故

在发生自然灾害期间，将要求员工做额外超时工作，因此逗留超时工作或留店准备当值的员工，可获饭店供给膳食及住宿，紧急事故期间员工应鼎力合作，务使饭店保持正常营运。

(6) 工作制度

为了建立和完善饭店组织，使其协调有效地运转，必须将组织的有关原则，各职位的职责权限及其相互关系，沟通联络渠道，业务工作程序，例外工作程序以及其他的有关事项加以条文化，制度化。工作制度的主要内容包括前台部门的服务规范和后台部门的操作规范。具体内容有质量检查制度、财务制度、经济核算制度、领料制度、考勤制度、组织运转制度、各服务岗位的服务规范。工作制度是执行饭店控制职能的具体保证，也是实施经济责任制、饭店组织运行的基本保证。

建立合理健全的组织制度需要有一个不断完善的过程，但要注意保持制度的相对稳定性、连续性和权威性，切忌朝令夕改，法无定法。

3.4.4.4 制度的实施

饭店制定制度的目的是实施制度，使制度作为管理的一部分而为组织目标服务。饭店制定制度固然不易，但执行制度难度更大。制度实施也是饭店组织管理的一个重要内容。

(1) 制度实施的组织保证

制度实施的组织保证是指能使制度贯彻执行的客观条件和环境条件。主要内容如下。

法纪和制度教育 饭店要经常地坚持不懈地对全体员工进行法纪和制度观念教育。通过各种形式向员工灌输和培养规范意识和制度观念，使员工对法纪、制度有一个深刻全面的认识，牢固树立法纪、制度意识，并把这种意识作为自我约束的动机，自觉规范自己的行为。

营造优秀的企业文化 饭店企业文化要塑造全体员工的价值观念、共同信念和行为准则。企业文化对实施制度有2方面的作用：一是优秀的企业文化能使员工在正气的熏陶中不断得到优化和激励，使饭店形成一种浓厚的自觉执行制度的氛围，使井然有序和遵章守纪蔚然成风；二是企业文化对组织行为的影响，能使非正式组织的群体行为和执行制度的组织要求相吻合，从而产生执行制度的群体行为。

实行严格公正的考核和奖惩 制定了制度，饭店要对制度执行情况进行检查考核。饭店的管理系统就是制度执行情况的检查考核系统。监督、检查、考核是保证制度实施的重要组织手段。考核必须公正，要以客观公正的态度对待每一个人和每一件事。对考核结果要有结论，并要根据结论进行奖惩。奖惩也可以和经济责任制结合进行。

（2）制度实施的主观条件

制度实施的主观条件是指制度执行者的自身条件。主要有以下2种。

员工的基础素质 饭店在招收员工时应确定员工基础素质标准。基础素质好的员工较易于塑造，也就具备了执行制度的原始素质。一般旅游院校的学生、应届毕业生、在良好环境中成长的年轻人的基础素质比较好。这些对象应成为饭店员工的主要来源。

员工素质的塑造 素质塑造是一个艰苦的过程。一方面饭店要通过培训，通过企业文化，通过实践锻炼培养和塑造员工的综合素质。另一方面要引导员工进行自我塑造和自我提高。经过内外因的共同作用，使员工对执行制度从外界制约升华到自觉要求。这样饭店制度的实施才有可靠的保证。

3.5 饭店企业文化

企业文化是指所处的环境或企业的个性。最简单的解释就是基于价值观、行为、管理风格、法规、政策等所形成的“企业做事的方式”。对于饭店业而言，饭店员工融入并能成为企业文化的代言人，对于一个饭店的成功与否极为关键。

3.5.1 饭店企业文化的含义和特征

3.5.1.1 饭店企业文化的含义

从实践看，饭店企业文化是以一般文化的内在价值因素为依据，以饭店接待服务为依托，作用于对旅游者提供食、宿、购、娱等服务过程的一种特殊文化形态。饭店企业文化是饭店在为社会提供各种产品与服务的过程中所表现出的物质形态和精神形态的统一体。具体说是饭店在特定的社会文化背景下，在其长期的经营管理活动中形成和发展起来的独具个性特点的一种文化现象。其实质是饭店企业的价值观，它是以精神现象、规章制度、物质现象和服务理念为载体的多层次的有序整体，而以精神现象为载体的观念文化，是饭店企业文化的精髓。

3.5.1.2 饭店企业文化的特征

（1）个性和共性的统一

饭店企业文化是饭店中人与人之间的行为活动不断进化积聚而成的，有饭店就有了饭店企业文化。饭店企业文化扎根于饭店、依附于饭店，它具有鲜明的目的性，紧紧围绕饭店自身并为其终极目标服务。由于饭店企业文化的形成与实践的主体是该饭店的员工，其中决策者的个人人格力量具有主导性的影响，不同的饭店其成长环境、市场定位、经济效益的发展阶段不同，所以不同的饭店企业文化都具有自己的独特个性。然而，饭店企业文化统属于企业文化，是社会文化的一种亚文化，与社会文化紧密相联，不可避免地带上地域文化的色彩，它们之间相互影响。饭店企业文化有自己独特的个性，但在社会文化大背景下，处于绝对的从属地位，脱离社会文化的饭店企业文化没有生存的可能，与社会文化背道而驰的饭店企业文化必然遭到取缔。

（2）无形和有形的统一

饭店企业文化所包含的各种精神、道德规范等因素，作为一种文化标志、文化氛围是看不见、摸不着的，无法量化，是软性的，但当我们有意实施一些与这些核心价值观念和标准相抵触的策略或经营项目时，就会感受到饭店企业文化实实在在的坚强力量。如果说管理制度是让想犯罪的人没有机会犯罪，那么饭店企业文化就是让有机会犯罪的人不愿意犯罪。因此，饭店企业文化被称之为“第二只无形的手”。另外，饭店企业文化又通过饭店的员工、实施设备、产品等为载体，实实在在地为客人所感知，如体贴入微的服务、风格各异的环境。因而，有形是对无形的识别，通过有形把握无形。

（3）稳定与发展的统一

饭店企业文化一旦形成，就对饭店和员工的行为产生影响和约束，必须具有一定的稳定性，否则，令人无所适从，也不利于饭店企业文化的深入、巩固。但是，随着时代的发展，时代的要求在发生变化，饭店作为一个开放性的企业，不可避免地受到社会观念的影响，所以饭店企业文化也应该按照时代的要求赋予新的内容，反映时代要求，体现时代精神，不断向前发展。

3.5.2 饭店企业文化的结构

饭店企业文化是饭店硬件与软件相结合的一个系统，由表及里，由浅入深可以分为 4 个层次，如图 3－8 所示。

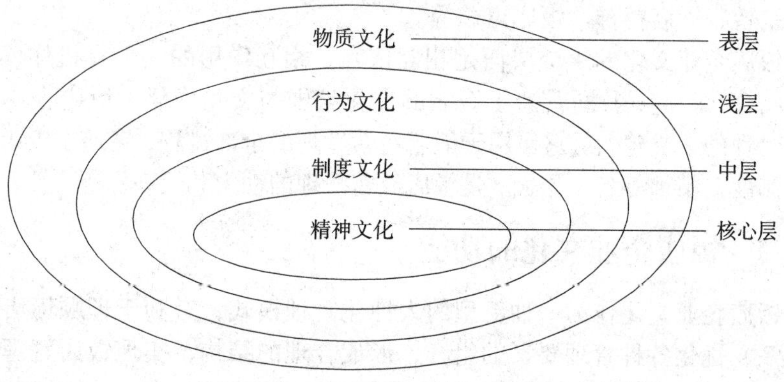

图 3–8 饭店文化的结构

在饭店文化的结构中，就其稳定性而言由外向内依次递增；就其重要性而言，对于饭店的服务对象客人，则由内向外递增，对于饭店内部的经营管理层及全体员工，则由外向内递增。

（1）表层的物质文化

饭店的物质文化是构成饭店企业文化的重要要素之一，它并不是简单地指饭店本身的物质构成，而是指饭店内外物质环境与产品的文化特色以及客人对它们的审美体验与文化感受，是指饭店通过可视的一切客观实体所表达和折射出来的文化特点与内涵。它是饭店企业文化的最外层，是形成其他3个层面文化的条件。同时，它又受行为文化、制度文化和精神文化的规范与制约。饭店企业文化涉及面相当广泛，诸如饭店建筑外景、内部装饰、店徽店服、设施设备、产品结构等。饭店物质文化是饭店在社会上的外表形象，同时也是饭店企业文化结构中最活跃、最生动的层面。

（2）浅层的行为文化

饭店行为文化是饭店精神文化在企业行为活动层面上的体现，它是饭店物质文化、制度文化和精神文化的直接塑造者。具体是指饭店员工在待客服务、学习生活中产生的活动文化，它主要体现在饭店的经营、服务方式和员工的行为准则，具体包括经营活动、宣传教育活动、人际交往活动、典礼仪式等，是饭店精神文化的动态反映。

（3）中层的制度文化

制度文化是连接物质文化与精神文化的中介体，既是精神文化的产物，又是物质文化的工具；既是适应物质文化的固定形式，又是塑造精神文化主要机制的载体；是饭店在长期生产、经营和管理实践中生成和发展起来的，以提高企业经济效益为目的的，以企业规章制度为载体的文化现象；是饭店精神在饭店制度上的体现，并对饭店文化的奠定、弘扬与变革，提供有力的组织保证。它强调了饭店管理工作的理性化、程序化与标准化，主要包括领导体制、组织机构、规章制度等。它是一种约束企业和员工行为的规范性、强制性文化。

（4）核心层的精神文化

饭店精神文化是核心层，在饭店企业文化系统中起着中心作用，它主导并决定着制度文化、物质文化和行为文化的变化和发展方向。饭店精神文化是一股无形的力量，能对饭店员工的精神面貌产生持久的作用，并且通过制度文化的渠道造就对行为文化的影响，以此来促进饭店制度文化的发展。精神文化是饭店企业文化的本质和灵魂，往往需要长时间的培养和塑造才能形成。主要包括饭店的价值观、饭店宗旨、饭店精神、饭店道德等。

饭店企业文化的4个层面是相互依存、相互作用的一个有机体，它们水乳交融地结合在一起，共同营造了饭店的文化氛围与文化内涵。饭店企业文化是饭店经营管理的上层建筑，它作用于饭店经营管理的全部过程，渗透于饭店的物质、行为、制度、精神等各个层面，是饭店经营管理的动力和灵魂。

3.5.3　饭店企业文化的功能

饭店企业文化作为一种新型的人性化管理模式，有利于理顺饭店内部人与物的关系，优化各种管理要素的组合，形成合理的结构，实现饭店管理功能的整体优化；有利于充分调动员工的积极性，全面提高饭店素质，增强饭店的竞争力，使饭店富有生机和活力。

（1）定位作用

在饭店管理中，饭店企业文化规定着饭店所追求的目标。卓越的饭店企业文化规定着饭店具有崇高的理想和追求，总是引导饭店去主动适应健康的、先进的、有发展前途的社会需求，从而走向胜利。拙劣的饭店企业文化使饭店鼠目寸光，总是引导饭店去迎合不健康的、落后的、没有发展前途的社会需求，最终使饭店破产。同时饭店文化还决定着整个饭店的定位，包括饭店建成之前的店景文化定位。店景文化从饭店的设计、设施以及客房布置来反映饭店企业文化的独特性，它是饭店个性和经营特色的一个重要方面，也是饭店吸引客人的重要因素。白天鹅宾馆举世闻名的根本原因就是经营中强调了思乡文化的作用，考虑到华侨落叶归根的心理特征来设计厅堂，布置装修，从而赢得了客人的忠诚。

（2）自律作用

文化具有无形而巨大的力量，饭店企业文化也不例外。饭店企业文化虽然不是法律规定，但在饭店中具有比法律更强的约束力。它通过精神、理念和传统等无形的因素，对员工形成文化上的约束力，将法律、规章制度等他律转化成员工的自律行为。饭店文化的自律作用是通过饭店企业文化的培育，在饭店员工中培育出与制度相协调的环境氛围，包括群体意识、社会舆论、共同习俗和道德风尚等精神文化内容，造成强大的群体心理压力和动力，使饭店成员产生心理共鸣、心理约束，进而产生对行为的自我控制，将个体行为从众化，这种自律行为具有更持久的效果。一个饭店可以有许多优势，如资金优势、人才优势，等等，但最重要的是文化优势，正如海尔首席执行官张瑞敏说的："海尔最大的优势就是这么多年来所营造的企业文化"，"海尔产品只是海尔精神和文化的载体"。

（3）凝聚作用

首先，饭店企业文化能对饭店员工产生凝聚作用。目前，我国饭店业人才流失现象比较严重，原因是多方面的，但其中一个重要的因素就是饭店内沟通机制不健全。良好的沟通是激励员工的一种重要手段。知识经济时代的员工对情感的需要、自尊的需要以及自我实现的需要越来越强烈，饭店对员工情感的关心、理解等需要的满足，将是饭店建立与员工和谐关系的重要因素。良好的沟通机制是满足这种需要的根本。饭店企业文化通过影响饭店员工习惯、知觉、动机、期望等微妙的文化心理，沟通员工的思想和感情，让员工能感到饭店无微不至的、家庭般的关怀，使员工有一种情感的归属感。同时，让员工能尽量做自己想做的工作，以发挥他们的才智，使其拥有成就感。从而在饭店内部形成一种和谐的人际关系，留住人才。

其次，饭店企业文化对客人的忠诚产生凝聚力。当市场进一步细分之后，客人将在市场上寻找适合自己品味的饭店，并对这种饭店产生情感上的归属。当我们在麦当劳吃快餐，除了解决了生理上的需要，还获得了一种与其企业文化相融的归依感，这就是企业文化的魅力所在。明智的饭店管理者应有意识地为客人创造一个让其身心愉快、难以忘怀的体验。这是一种无形资产，包含在饭店的企业文化中。而一旦客人对该饭店的企业文化产生情感上的共鸣，自然会对该饭店的服务形成强烈偏好并持续光顾，成为真正的忠诚客人。

3.5.4 饭店企业文化的建设

在饭店企业文化的构建过程中，不仅需要饭店领导者的积极倡导，而且需要员工的全面参与，还需要协调各方面的利益关系，这样的饭店企业文化才能获得客人与社会的认同，从而为饭店经营管理带来良好的综合效益。

3.5.4.1 饭店企业文化建设的基本原则

目标原则 每个饭店都有一个明确而崇高的目标，让每个员工都明确他们的工作是与企业目标联系在一起的，是为实现企业的目标而努力的。

价值原则 每个饭店都应有一个共同信守的价值标准。

卓越原则 饭店要具备追求卓越的精神，即永不自满，不断攀登高峰的精神。

参与原则 需要饭店全体员工参与管理和决策。

成效原则 即把饭店员工的利益与其工作成效联系起来，使其每项成就都能得到承认和肯定。

亲密原则 在饭店中，组织与个人之间、管理者与员工之间、上下级之间建立亲密联系，以满足每个员工的友谊和情谊的需要。

正直原则 每个饭店管理者和领导要诚实正直、言行一致。

环境原则 把饭店作为一个整体，让管理者与员工参与各种活动，使每个员工感受到自己是企业一员，形成一个整体环境。

兼容原则 处理好古代与现代文化、外来文化与本土文化的关系，继承和发扬传统文化的优秀遗产，逐步塑造现代饭店的企业文化。

3.5.4.2 饭店企业文化建设的目标

- 使饭店获得良好的经济效益，并为社会和国家做出贡献；
- 使饭店保持一个良好的社会形象；
- 创造一个使人心情舒畅的环境，和谐、团结的人际关系，人人受尊重的风尚；
- 全面提高饭店全体员工的素质，挖掘和开发人的潜能，充分发挥人的积极性和主动性。

3.5.4.3 饭店企业文化建设的步骤

(1) 选择价值标准

由于饭店价值观是整个饭店企业文化的核心，因此选择正确的饭店价值观是塑造饭店企业文化的首要战略问题。一般来说，选择饭店价值观有2个前提：

第一，要立足于本饭店的具体特点。不同的饭店有不同的目的、环境、习惯和组成方式。因此，必须准确把握本饭店的特点，选择适合自身发展的饭店企业文化模式，否则就不会得到广大员工和社会公众的认同和理解。

第二，要把握饭店价值观与饭店企业文化各要素之间的相互协调关系，因为各要素只有经过科学的组合与匹配才能实现饭店的整体优化。

在此基础上，选择正确的饭店价值标准要抓住以下几点：① 饭店价值标准要准确、明晰、科学，具有鲜明的饭店特点；② 饭店价值观和饭店企业文化要体现饭店的宗旨、管理战略和发展方向；③ 要切实调查本饭店员工对饭店价值标准的认可和接受程度，使之与本饭店员工的基本素质相匹配，过高或过低的标准都很难奏效；④ 选择饭店价值观要走群众路线，充分发挥群众的创造精神，认真听取群众的各种意见，并经过自上而下和自下而上的多次反复，审慎地筛选出既符合本饭店特点，又体现员工价值取向的饭店价值观和饭店文化模式。

（2）强化员工认同

一旦选择和确立了饭店价值观和饭店企业文化模式，就应通过一定的强化灌输方法使其深入人心，具体做法如下：

第一，利用一切宣传工具和手段，大张旗鼓地宣传饭店企业文化的内容和要求，使之家喻户晓。

第二，树立典型人物或英雄人物。典型人物和英雄人物是饭店企业精神和饭店企业文化的人格化身与形象缩影，能够以其特有的感染力、影响力和号召力为饭店成员提供可以仿效的具体榜样，而饭店成员也正是通过典型人物和英雄人物的精神风貌、价值追求、工作态度和具体行为来更好、更准确地理解饭店企业文化的实质和意义。尤其是在饭店发展的关键时刻，饭店成员总是以典型人物或英雄人物的言行为尺度来决定自己的行为导向。

第三，培训教育。有目的的培训和教育，能够使饭店成员系统接受和强化认同饭店所倡导的饭店企业精神和饭店企业文化。培训教育的形式可以多种多样，既可以在饭店内进行，也可以在饭店外进行。如在健康有趣的文体娱乐活动中恰如其分地揉进饭店企业文化的基本内容和价值准则，就不失为一种有效的、寓教于乐的方法。

（3）提炼定格

饭店的价值观和文化模式经过成员的初步认同后，还需要进一步地总结反省，以提炼定格。具体步骤如下。

精心分析　在经过饭店成员的初步认同之后，应当将反馈回来的意见加以剖析和评价，详细分析和仔细比较实践结果与规划方案的差距，必要时可吸收有关专家和员工的合理意见。

全面归纳　在系统分析的基础上，进行综合的整理、归纳、总结和反思，采取去粗取精、去伪存真、由此及彼、由表及里的方法，删除那些落后的、具有明显旧时代特征的或者不为员工所认可接受的内容和形式，保留那些具有科学性、先进性同时又为广大员工所接受的形式与内容。

提炼定格　把经过科学论证和实践检验的饭店企业精神、饭店企业价值观、饭店企业文化予以条理化、完善化、格式化，再加以必要的理论加工和文字处理，用精练的语言表达出来。构建完善的饭店企业文化需要经过一定的时间，不可能在一朝一夕形成，因此，充分的时间、广泛的发动、认真的提炼、严肃的定格是创建优秀饭店企业文化所不可缺少的。

（4）巩固落实

饭店企业文化的巩固落实至少需要有 2 方面的保障。

必要的制度保障　在饭店企业文化演变为全体员工的习惯行为之前，想使每一位成员都能自觉主动地按照饭店企业文化和饭店企业精神的标准行事，几乎是不可能的。即使在饭店企业文化业已成熟的饭店中，个别成员背离饭店宗旨的行为也是经常发生的。因此，建立某种奖优罚劣的规章制度还是有必要的。

领导的率先示范作用　饭店领导者在塑造饭店企业文化的过程中起着决定性的作用。他的看法和观点会影响员工，他的行为更是一种无声的号召和导向，对广大员工会产生很强的示范效应。所以，任何一个饭店如果没有饭店领导者的以身作则，要培育和巩固优秀的饭店企业文化是非常困难的。因此，领导者肩负着带领饭店成员塑造优秀饭店企业文化的历史重任。

（5）丰富发展

任何一种饭店企业文化都是特定历史的产物，都反映了饭店当时的状况。当饭店的内外条件发生变化时，如何不失时机地调整、更新、丰富和发展饭店企业文化的内容和形式就会提上议事日程。这是一个在新旧文化之间如何继承和发展的问题，其中首先要搞清楚已有文化中哪些是优性文化、哪些是劣性文化、哪些是中性文化，以及总体上这种文化是否适应饭店内部的环境、对饭店的发展起着促进还是阻碍作用等问题。

饭店企业文化的建设步骤如图 3－9 所示。

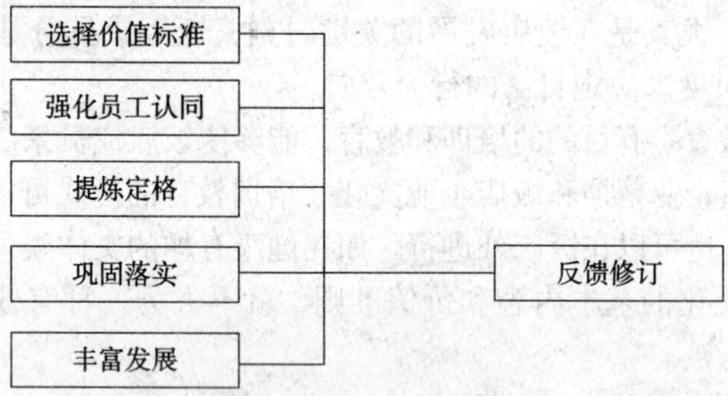

图 3-9　饭店文化建设步骤

【思考题】

1. 泰罗科学管理理论的主要内容有哪些？
2. 法约尔提出了哪些管理职能和哪 14 条管理法则？
3. 人际关系学说的主要观点有哪些？
4. 列表说明现代管理理论的主要观点。
5. 请分析饭店计划管理的重要性。
6. 饭店应如何编制饭店计划？你认为饭店计划的编制程序中哪一个步骤是最重要的？请进行详细解释。
7. 饭店有哪些计划类型和计划指标？
8. 请问饭店的决策是否就是饭店的计划？如若不是，请问它们的区别是什么？
9. 饭店组织管理应遵循哪些原则？
10. 饭店组织包括哪几种结构模式？请分析不同组织结构模式的特点。
11. 饭店企业文化有哪些作用？如何建设饭店企业文化？

【经验性训练】

了解并分析一个具有一定规模的饭店的组织结构

【概述】

对某一个饭店组织结构的了解和分析，培养学生对有关知识的综合和应用能力。初步掌握组织设计和分析的技能。

【步骤】

1. 根据学生学号，将学生们分成 4～6 人为一个小组的若干小组。
2. 各小组选举产生小组长，小组长决定选择的饭店企业名称，并组织小组成员做好走访前的准备工作。
3. 每一小组的任务是：① 了解所走访饭店的组织机构设置及相互之间的联系；② 对该饭店现有组织结构的状况进行分析，提出其是否有不合理之处；③ 画出所访问饭店的组织结构图，写出一份某一个职务说明书；④ 写一份1000字左右的调研报告。

4. 教师总结。

【案例分析】

北京有一家中型饭店。这家饭店的餐饮部由客人餐厅、咖啡厅、音乐茶座和员工餐厅几个小部门组成。近年来，餐饮部由于餐饮成本高，员工流动频繁，一直亏损。

李佳琪是一个刚满18周岁，十分讨人喜欢的漂亮姑娘。她在饭店餐饮部的客人餐厅当服务员。一个星期六的下午，当她结束工作正要离开饭店时，保安人员拦住她，检查了她的手提袋，从中发现了1片火腿和5个鸡蛋。李佳琪承认这些东西都是餐厅的食品原料，但她声明这些食品原料是厨师长费德林送给她的。送给她的原因是：当日午饭期间，厨房工作忙，缺少人手，李佳琪利用饭后休息时间去厨房帮忙，这些食品原料是作为帮厨的报酬而得到的。但费德林却断然否认了，他说："她在撒谎，大家都知道我没有权力做这样的事。"

费德林今年42岁。他身材魁梧，和蔼可亲，平易近人，在这家饭店已工作了12年。他的烹饪技术出色，善于待人处事，很受饭店中层管理者的青睐。

假设：你被任命为这家饭店的餐饮部经理之一，刚刚到任3个星期，负责餐饮部的日常经营和管理工作。上述事件是你与费德林的第二次交手。第一次交手是在不久前，饭店董事会做出决定，关闭饭店内部的高级员工餐厅，请所有的高级员工去普通员工餐厅就餐。费德林认为这个决定是由你到餐饮部之后向董事会提出建议而做出的。费德林对此决定十分不满，因为这使他再也没有机会在高级员工面前显示自己的烹调技术了，再也无法用高档精美的餐食讨好他们了。

费德林在李佳琪事件上的态度是粗暴而不合作的，这使得你对这一事件的调查处理处于困难的境地。餐饮部其他员工都不愿介入，不愿承担责任，不想去揭露他人的隐私。在调查中他们既不偏向费德林，也不偏向李佳琪。

【案例思考题】

你作为餐饮部的新任经理，饭店总经理要求你：

1. 进一步分析案情，提出解决费德林、李佳琪事件的办法。
2. 提出今后加强餐饮部管理的建议。

【本章推荐阅读书目】

1. 管理学．周三多．高等教育出版社，2000.
2. 管理学原理．余秀江，张光辉．中国人民大学出版社，2004.
3. 饭店文化的构成特征及管理功效．吴萍．中山大学学报论丛，2005.
4. 现代饭店经营思想与竞争战略．邹统钎，等．清华大学出版社，2006.

第 4 章

饭店营销管理

【本章概要】

本章就饭店营销管理的概念、任务、步骤及内容进行解释和分析，重点讨论饭店营销管理中的饭店市场营销分析、饭店市场营销计划、饭店市场营销组织与执行、饭店市场营销控制等方面的内容。

【学习目标】

- 正确理解饭店营销的概念；
- 熟悉饭店市场营销管理的基本内容；
- 了解饭店市场营销调研的步骤；
- 掌握饭店市场营销分析的内容；
- 了解饭店市场营销计划及主要内容；
- 掌握饭店市场营销组合的内容；
- 掌握饭店产品设计具体内容；
- 了解饭店价格决策的影响因素；
- 掌握饭店定价策略；
- 了解营销渠道的种类；
- 掌握饭店销售渠道策略；
- 掌握饭店促销策略的内容；
- 了解饭店营销控制的一般程序。

【关键性术语】

饭店营销、饭店营销管理、饭店市场营销调研、饭店市场营销分析、饭店市场营销计划、饭店市场营销组织与执行、饭店市场营销控制、市场细分、市场定位、目标市场选择、饭店营销组合、饭店产品策略、饭店价格策略、饭店销售渠道策略、饭店促销策略。

【章首案例】

华美达的全面促销

华美达旅馆联号起步于20世纪60年代，至20世纪80年代就发展成了一个多种经营的国际旅馆集团。其快速增长的诀窍之一就是全面有效的促销活动。

华美达自建立以来就一直重视促销活动，想尽办法把客人吸引过来，并把他们变成忠实的常客，一而再、再而三地光顾。由于整个联号的目标是中等市场的各个阶层，因此华美达的促销活动多以使常客得到实惠为主要吸引力，照顾到组成中等市场的每个部分。而且它所推出来的活动和它的饭店产品一样，都是经过认真细致的市场调查的。

近年来，华美达针对不同的细分市场，所推出来的促销活动有以下几项。

1. 华美达商业卡

商务旅游者是华美达最重要的客源之一，也是它尽力吸引的客人。申请这种卡是免费的。持卡人可以得到多种优惠，例如，快速办理进出店手续；自动提高住房档次，给予优惠价格，延长离店时间到15:00；提供免费的报纸与会员通讯；而且还可以使用饭店认可的信用卡，支取最多不超过100美元的现金；甚至持此卡还可以在租用赫兹公司的汽车或订阅某些商业杂志时得到减价优惠。更具有吸引力的是持卡人每次下榻华美达联号在美国与加拿大的饭店时，都可挣得华美达商业卡红利分，而利用积分可以得到旅行奖励一周的免费假期：包括机票、华美达的客房和免费使用一流的赫兹豪华汽车。

2. 华美达公司房价

这是华美达吸引商务旅游者的又一活动，是和商业卡相类似的优惠方式：凡加入这一活动的公司，其雇员到华美达联号的住宿设施中可以享受上述“华美达商业卡”优惠。而且，华美达提供一份饭店优惠价目单，并保证1年内不涨价。成为会员的条件是：该公司每年至少有25名雇员每人在华美达联号的饭店里逗留至少2夜次。

3. 华美达最佳年华活动

这是一项旨在吸引老年人的促销活动。凡年龄在60岁以上，并参加了美国主要退休人员协会之一者，在华美达饭店联号参与此项活动的450多家饭店里，房费享受25%的优惠。

4. 华美达家庭奖励活动

家庭旅游者是华美达追逐的又一重大市场：美国和加拿大的一些华美达联号饭店联合推出华美达家庭奖励活动。在参加此项活动的饭店中一个单人或双人间客房里，付一个人的房费，可以最多住4个人；而且在此期间12岁以下的儿童和家长一起在饭店餐厅吃饭时，奉送“华美达儿童免费套餐”，在离店时还可以领取一张优惠券，等下一次参加此项活动时，第一夜房费减少5美元。另外，凡参加此项活动的家庭还可以领取一张彩票，最高奖是个人一周的澳大利亚免费旅游，往返机票、住宿、租车、早餐与部分当地游览费用都由华美达负担。

5. 华美达超级节省价

为了提高饭店周末的入住率，华美达联号推出一项超级节省房价，即从星期五到星期日，每个床位的价格可以最低到14.95美元，只相当正常房间的1/3。

6. 华美达运动员卡

凡属某种体育协会成员或参加比赛的运动员与教练员，可以领得一张华美达运动员卡。持此卡者，在华美达联号的饭店住宿时，逢周一到周四优惠15%，周末优惠25%。另外，可以提供任何时间的叫醒服务，介绍周围体育设施的详细情况，供应特殊食品与饮料，外带食品与夜点，而且凡预订15个房间以上者，免费提供给教练一间客房。考虑到运动员的特殊要求，饭店提供存放运动器械的地方，客房有多条备用毛巾。

7. 旅行妇女活动

考虑到大约占所有外出商务旅游公众37%的妇女的利益，作为美国全国妇女经理人员协会的指定饭店公司，华美达率先推出了“旅行妇女活动”。除一般公务人员所应享受的优惠之外，妇女商务人员在饭店里受到特殊的照顾。在她们所下榻的房间备有裙架，有更明亮的照明设备和更安全的设置。她们可以要求服务人员对房间做安全检查，饭店派人到停车场接送，为她们安排好餐厅位置，不将其房间号码告诉别人。尽力保证她们在逗留期间不受骚扰，过得安全、愉快。

除了不断推出吸引客人光临的活动外，华美达公司还特别重视广告宣传，而且往往也是别开生面的。在它的广告中一改传统上那种漂亮的女招待和英俊的门卫和笑脸，而是特别聘请了美国原国家足球队的教练、体育运动现场广播评论员约翰·麦登作为华美达全国广告代言人，由他向人们介绍华美达，宣传华美达的各种活动。他那幽默的话语，丰富的表情，诚挚的劝告，大大提高了华美达的知名度。据统计，自麦登为华美达做广告的9个月中，华美达预订中心接到电话的数量增加了10%。

饭店营销管理是饭店经营管理极为重要的组成部分。饭店营销理论与方法对饭店在竞争激烈的市场中，认识经营环境、分析市场、选择目标、制定经营策略、提高饭店经营管理水平等将起到重要作用。随着饭店业迅猛发展，饭店业市场竞争越来越激烈，这使得确立市场营销观念并将现代营销思想、方法和策略运用到饭店经营管理中已成为饭店管理的首要问题。

4.1 饭店市场营销管理概述

4.1.1 饭店营销的概念

饭店营销是饭店业者为使自己的市场出售物产生利益交换而实施的各种相关活动。对这一饭店营销定义，我们应着重把握以下一些观念。

交换 交换是饭店营销定义中最为核心的观念。它既可以指客人的货币与饭店的产品或服务的交换，也可以指客人的行为或态度与饭店业者行为或态度的交换。从某种意义上讲，现代饭店业者更应该重视后一种交换，它能使饭店业者树立形象，获取长期的利益。

利益 饭店营销定义中的利益是一种双向利益，即饭店业者的盈利和客人的经济效用或满足。这种利益观念还可以拓展为包括其他利益，如对客人、饭店业者或第三者甚至整个社会的健康和社会效益。

饭店业者 饭店业者一般指某个饭店但也可以指整个饭店行业。

客人 客人是指饭店产品或服务的需求者或购买者，一般分为零散客人和团队客人。

市场出售物 饭店的市场出售物可以是产品，如餐厅的菜肴；也可以是服务，如客房服务；还可以是行为或态度，如饭店员工的言行举止和服务态度。

活动 饭店营销部门实施的活动包括：

- 识别客人希望得到满足的需要；
- 形成满足客人需要的市场出售物；
- 确定市场出售物的交换价值；
- 如何使饭店的市场出售物在客人需要的时间和便利的地点上能够得到；
- 告知、劝说和提示客人购买饭店的市场出售物。

第一种活动通常称为饭店营销调研，其他4种活动分别是饭店的产品、服务开发、定价、渠道选择及促销。它们通常称为饭店的营销组合。

一般来说，这些活动中的第一种活动和第五种活动是饭店营销部门的专门职责。其他3种活动在饭店中通常由营销部门和其他部门合作共同实施。如饭店根据客人的需要推出产品或服务组合时，营销部门必须和餐饮部门以及客房部门协同研究有关策略。同样，饭店产品或服务组合的定价和渠道选择也是如此。

饭店营销定义中还有一个重要方面，即应该认识到饭店营销各活动之间是相互联系的，并与饭店的其他活动也是相互联系的。饭店营销活动不仅自身是一个整体的系统活动，而且又与饭店的其他活动（如管理、财务和战略发展等）

构成一个更大的系统活动。因此，饭店营销活动必须讲究整体性，并寻求整个饭店作为一个系统的最优。可见，饭店某一个营销活动的成功与否，不仅取决于该活动的努力和质量，还取决于其他活动的努力与质量。

关于饭店营销还应该注意其活动中所涉及的组织化结构——营销系统。我们将它定义为由饭店、购买其产品（服务）的客人以及使他们的交换得以顺利进行的各种组织（如旅行社、广告代理商和航空公司等）构成的系统。考察一个饭店的营销活动是从饭店营销的微观角度来看的；而考察营销系统中各个组织的相互联系以及影响营销系统的一些外部力量（如政府）则是从饭店营销的宏观角度来看的。微观的饭店营销侧重于单一饭店的营销活动和相关客人的利益。宏观的饭店营销侧重于营销系统的商业交易所影响的社会福利。

4.1.2 饭店营销的特殊性

应该说，饭店营销与一般消费品营销在基本原理上是一致的。很多大饭店的营销部经理也可能就毕业于普通营销管理专业。越是高级的管理者，你越难以在他们身上进行明确的专业界限的划分，因为他们已经实现了知识的有效整合过程。但是，由于饭店产品本身所具有的显著特点，饭店产品营销不可能也不应该完全等同于普通消费品营销。它是一个相对特殊的领域，需要营销人员针对这些特殊性来建立营销思想和策略，只有能够同时深刻理解营销的一般原理和饭店营销的特殊性的人，才能真正胜任饭店营销管理工作。饭店营销的特点主要体现在以下几方面。

（1）目标营销与过程营销并重

饭店营销非常重视从长远的、战略的视野进行营销策划。但必须提醒大家的是，饭店营销同时也非常注重短期的、战术性的营销实践，而这些分别都体现在产品、促销、分销和定价的具体过程当中。这里所说的目标营销与过程营销的区别就在于，目标营销重视结果，过程营销重视过程，而饭店营销必须同时兼顾目标与过程2个方面。其原因在于饭店产品生产与消费的不可分割性、无形性以及产品价值的不可储藏性等特点。如果仅仅限于确定营销目标而缺乏持续的过程性营销监督，很可能最终无法达到营销目标。

目标营销的焦点在于客人满意度、产品销售额、利润率和客房预订率（或出租率，二者从营销的意义上看有微妙的差别）。尽管把这些目标作为营销的重点是理所当然的事情，但饭店营销的特点在于强调这些目标的实现要极大地依赖于过程营销。过程营销需要将员工满意度、内部沟通、日常质量监控等作为营销的重要领域加以组织和管理。只有目标营销与过程营销有机地结合起来，饭店的最终经营目标才能得以实现。

（2）注重需求管理和规模经济

需求管理是对客人需求进行时间、规模和结构的引导和控制。这是饭店业营销的一个显著特点。对需求进行时间管理，主要目标在于平衡客人需求的淡旺季，减轻旺季对设施和人员的压力，增加淡季对资源的利用效率。

对客人需求规模进行管理，既包含着淡旺季的需求规模调控，也包含着在平季如何维持一个最佳运行规模的问题。例如，最佳的饭店客房出租率，并非

100%，企图保持100%客房出租率的饭店，肯定不是一个客人导向型的饭店。因为饭店客房的基本设施终究要有一个保养、维修的过程，饭店的员工也要有一个劳动强度调整的过程。不在意这些内在的需要，肯定要以牺牲客人的服务质量为前提。所以，采取适当的策略，将饭店的需求规模保持在一个适当的水平上，是饭店营销的特殊任务。

饭店需求的结构性管理主要解决的是对饭店各种产品或功能性设施的均衡利用的问题。一些大型饭店，由于拓展了许多功能性服务（如购物、娱乐、健身、商务、会议和展览等），因此常常面临着有些功能需求过旺、有些功能闲置不用的情况。在这种情况下，如何对各种功能的产品进行组合利用，如何策划协调的营销方案，就成为营销人员的重要工作。

规模经济是指由于生产或销售的产品数量的扩大而带来的成本的降低和利润的增长。规模经济对饭店之所以重要，是因为饭店的成本结构表现为固定成本比例高的特点。注重规模经济，使饭店必须在产品的适应性和高质量，定价的策略性和灵活性，促销的积极性和有效性，以及分销的多样性和稳定性方面进行有效的营销策划。

（3）内部营销与外部营销是一个统一体

内部营销是以内部全体员工为对象的营销，而外部营销是以客人为对象的营销。传统的营销主要是外部营销。但对于饭店业来说，由于生产过程与消费过程的统一，内部营销的重要性就体现出来了。里兹－卡尔顿饭店提出“我们是为先生与女士服务的先生和女士”的口号就典型地反映了一种重视内部营销的指导思想。在饭店，出售产品的过程，既是生产过程，又是消费过程；服务员工是生产与消费过程的要素，客人也是生产与服务过程的要素。这种结合使饭店无法将员工剥离出去，不能无视其利益和需要。饭店对内部员工的营销，实际上就等于是对客人的营销，是对客人消费过程的营销。因此，不管从哪个角度说，饭店业所从事的营销活动，是一个融合了内部营销与外部营销的整体性过程。

（4）通过关系营销培育品牌忠诚

一方面，饭店作为旅游产品组合当中的一种，它与其他旅游产品供应商之间的关系如何，对饭店经营的影响非常大；另一方面，饭店的高固定成本、生产与消费的不可分割性以及产品价值的不可储藏性，使回头客成为饭店最重要的客人资源。而这2方面的开发、维持和发展，要依靠建立一种关系营销思想，即不断地通过产品质量管理、品牌宣传和人员推销，建立与这些关键客人的良好关系。由于市场竞争越来越激烈，消费者所掌握的饭店产品信息越来越充分（比如，通过接触广告、口碑效应和互联网信息），饭店想凭借地理位置的单纯优势来招徕偶然路过的旅游者入住，是不可能达到其经营目标的。

4.1.3 饭店营销管理的任务

饭店营销管理的任务可按照需求的状态分类：负需求、无需求、潜在需求、下降需求、不规则需求、充分需求、过量需求和有害需求。每种需求状态产生特定的营销管理任务（见表4－1）。

表 4-1 营销管理的任务

需求状态	营销管理任务	名　称
负需求	转变需求	扭转性营销
无需求	创造需求	刺激性营销
潜在需求	开发需求	开发性营销
下降需求	再创造需求	重振市场营销
不规则需求	同步需求	协调市场营销
充分需求	维持需求	维持市场营销
过量需求	减少需求	降低市场营销
有害需求	消灭需求	反市场营销

(1) 负需求与扭转性营销

负需求是指公众不喜欢或厌恶某个饭店，抵制或故意避免购买该饭店的产品。造成负需求的主要原因是该饭店的不利因素被暴露在公众面前，公众产生了严重的不满情绪。例如，某饭店有 2 位美国客人被一位谋财的暴徒害死在客房内，在相当长一段时间，美国人都不愿意到该饭店投宿，使这家饭店的住宿率从平均每年的 90% 下降到 40%。在这种状况下，饭店营销的主要任务就应该是扭转性营销。要用强有力的措施，重新设计饭店产品，提高服务质量，重新塑造饭店的形象，改变公众的看法，扭转人们的抵制态度，使负需求变为正需求。又如，上面所提到的这家饭店为了改变不利的情况，对饭店进行了全面的改造，修建了新楼，从四星级提高到五星级，连饭店的名称都进行了改动。更重要的是饭店内部进行了全面整顿，严格培训员工，提高服务质量，以一个崭新的面貌出现在市场上。

(2) 无需求与刺激性营销

无需求是指消费者对饭店的产品不关心、没有兴趣、不予以购买。如饭店的地理位置偏僻或产品无特色等，消费者对它不了解和无兴趣，购买很少。在这种情况下，饭店就必须实行刺激性营销，要设法使消费者知道它、了解它直至感兴趣。通过刺激需求，促使消费者前往购买，使无需求转变为有需求。例如，一些新开业的饭店往往采用“50% 折扣试营业”的营销手段来吸引客人。

(3) 潜在需求与开发性营销

潜在需求的特点是：消费者对饭店产品有兴趣，具有心理上的或现实的需求，但还没有把需求或动机转变为购买的行动。产生潜在需求的主要原因是饭店没有开发出适合消费者需要的产品和服务。在这种情况下，饭店应该采取开发性营销（即了解这一潜在市场的需求类型和规模，开发合适的产品和服务）来满足这一需求。通过开发性营销，打开新的市场，使潜在市场变为现实的消费市场。

(4) 下降需求与重振市场营销

下降需求是指饭店的产品和设施老化，消费者的需求和兴趣减退，购买数量减少，效益明显下降。任何一家饭店如果长期保持它的产品不变，必定会导致需求下降的状况，这是产品生命周期规律的反映，这种状况任何一个饭店都是避免不了的。在这种情况下，饭店应采取重振市场营销（即分析需求下降的原因，进而开拓新的目标市场，改进产品特色和外观，或采用有效的沟通手段）来重新刺激需求，使老产品开始新的生命周期，并通过创造性的产品再营销扭转需求下降的趋势。

（5）不规则需求与协调性市场营销

不规则需求是指饭店某些产品的市场需求在不同的时间波动很大，时多时少。一般来讲，我国饭店客源市场有明显的季节性，波动性很大。在4、5、8、9、10这几个月，客房出租率高，在1、3、12这几个月，客房出租率低。在高峰时期，饭店客人往往爆满，甚至饭店超负荷运转，而在淡季，大量客房闲置。在这种情况下，饭店管理者应该通过灵活的价格和其他办法来调整供求关系，平衡需求。如饭店可实行淡季和旺季不同的价格、淡季加强营销、打折销售、会议奖励等措施来改变市场的不规则需求，这就是协调性市场营销。

（6）充分需求与维持市场营销

充分需求是指饭店产品和服务的目前需求水平和时间等于预期的需求水平和时间的一种需求状况。这是饭店最理想的状态。此时饭店管理者应该看到消费者的偏好会不断变化，竞争也会日趋激烈。此时饭店经营者的任务是“维持市场营销”，即努力保持产品质量，经常测量消费者满意度，通过降低成本来保持合理的价格，并激励推销人员和经销商大力推销，千方百计地维持目前的需求水平。

（7）过量需求与降低市场营销

过量需求是指对饭店产品和服务的市场需求超过了饭店正常的经营能力，甚至超过了在强有力激励下能产生的饭店经营能力这种状态。在这种超负荷运转的情况下，饭店应采取降低市场营销，即通过提高价格，减少促销，减少客源渠道，为需求降温，使供求关系协调。降低营销的目的是减少需求，保持长期的正常需求。

（8）有害需求与反市场营销

有害需求是指按照政府法规和饭店形象不能满足某部分客人需求，或者对社会有不良影响、有害的需求，如饭店客人的赌博、色情、酗酒需求等。在这种情况下，饭店应采取反市场营销，即要反对、制止这种需求，又不要影响大多数客人进行正常享受消费的环境和氛围。饭店在处理这类非法需求时，应做到事先有针对性的防范和事后小范围的严肃处理。

4.1.4 饭店市场营销管理的基本内容

有效的饭店市场营销管理应包括明智的营销分析、营销计划的制定、营销活动的组织与执行，以及科学的营销评估和控制等管理工作。

饭店市场营销分析方面 主要包括饭店内部营销环境分析、消费者的心理及购买行为分析、饭店客源市场分析、饭店竞争形势分析等。

饭店市场营销计划方面 主要包括饭店市场营销总体计划的制定、饭店市场营销目标的制定、营销方案的构思、经营趋势的评估、营销计划的调整等。

饭店市场营销组织与执行方面 根据营销计划对饭店市场营销组合进行具体的设计和落实。它包括饭店产品的设计、价格及其政策的制定、销售渠道的建立与调整、促销活动的具体策划与开展等。

饭店市场营销控制方面 根据既定的饭店市场营销目标和方针，对饭店的营销活动在实施过程中进行分析比较与评估，以便及时采取措施，调整饭店市场营销活动，提高饭店市场营销管理的效率。饭店市场营销控制主要包括各种营销活动的分析比较、营销部门及其人员业绩的评估，以及营销组织机构改革的评估与调整等工作。

4.2 饭店市场营销分析

饭店要进行市场营销分析，必须要了解有关客源市场、竞争对手等方面的信息。取得这些信息的一条重要途径就是通过市场营销调研。

4.2.1 饭店市场营销调研

市场营销调研在饭店市场营销管理乃至饭店整体管理中的地位举足轻重。可以预言，在未来的饭店管理中，没有充分可靠的市场营销信息，就没有饭店的长远生存。这正如许多管理专家们所言："管好一个企业，就要管好它的未来，而管好未来就意味着管理信息。"

饭店市场营销调研是指为了实现营销管理目标而对那些与饭店市场营销决策有关的信息进行系统的收集、分析和报告的过程。饭店市场营销调研的功能在于它通过信息把饭店同消费者、客户和公众联结起来，饭店借助这些信息可以发现和确定营销机会和问题；开展、改善、评估和监督营销活动，并加深对市场营销过程的认识。

饭店市场营销调研的范围很广，最常见的一些调研项目有市场特点研究、市场需求衡量、市场占有率分析、竞争对手分析、销售分析、营销组合因素研究等。饭店市场营销调研是一个完整的过程，它具体包括以下 4 个步骤。

（1）确定市场营销调研问题及目标

这一步工作也称为饭店市场营销调研问题的形成。它通常包括 2 方面内容：一是确定市场营销调研的具体问题；二是明确调研的目标。

确定问题及调研目标往往是市场营销调研过程中难度最大的一步。饭店可能已知道营销中存在的问题，但找不出发生问题的具体原因。因此，需要通过调研找到真正的原因。确定营销中存在的问题后，饭店经营管理层应和调研人员共同确定调研目标。调研目标一旦确定，就明确了进行某项调研是为了什么，即明确了调研的目的。

（2）调研的设计和数据收集方法的选定

调研的设计首先要明确饭店市场营销决策需要哪些信息，这是调研设计所要解决的首要问题。饭店市场营销信息通常分为二大类：第一类为第一手资料，它是指调研人员通过调查或观察搜集来的信息；第二类是第二手资料，即通过间接的方法搜集来的现存的资料。从二大类营销信息中，饭店市场营销调研需要得到的信息包括 2 种：一是有关环境方面的信息，如市场、消费者行为、竞争等；二是有关饭店市场营销组合方面的信息，如产品、价格、销售渠道、促销等信息。信息收集常用的方法有实地调研法和抽样调研法。而实地调研又包括观察、询问、实验、邮寄等具体办法；抽样调研法又包括随机抽样、非随机抽样等具体办法。

（3）实施调研计划

这一步包括收集、整理和分析信息等工作。调研中的数据收集阶段是花费最大且又最容易失误的阶段。因此，调研人员在实施调研计划的过程中，应尽可能准确地按计划要求去做，使所得的数据尽可能接近事实。对收集来的信息必须经常分析和处理，否则会出现原始资料杂乱无章、无法使用的后果。调研人员应利用较科学的、先进的数据处理方法，加工出真正有用的信息。

（4）编制营销调研报告

对调研结果做出解释、得出结论并向饭店市场营销管理部门提交调研报告，这是饭店市场营销调研的最后一步工作。在这里值得引起注意的是，调研报告不只是一系列数据的堆砌，而应是简明扼要的结论及说明，这些结论与说明应对营销决策有直接意义。一份正规的市场营销调研报告通常包括以下内容：

- 封面，包括报告题目、编写者、呈送对象、编写日期和呈报日期；
- 目录；
- 内容提要；
- 序言，说明调研原因、内容、问题及各种假设和调研目的；
- 调研方法；
- 调研结果；
- 调研分析，包括问题及局限性分析；
- 结论和建议；
- 附件；
- 文献目录。

调研人员对信息进行分析总结编写的报告，是真正有价值的信息，饭店经营管理者应将其作为重要的决策参考依据。

4.2.2 饭店市场营销分析

饭店市场营销分析可以帮助饭店了解营销的形势和现状，减少营销活动的盲目性，提高工作效率。饭店市场营销分析就是分析饭店所处的各种内外环境因素对饭店营销活动的影响。

4.2.2.1 饭店SWOT分析

SWOT分析是指饭店经营者通过对营销环境进行系统的、有目的的诊断，以便清楚地明确本饭店的优势（S）、劣势（W）、营销机会（O）和威胁（T）。

饭店的经营管理及营销活动都受到来自饭店内部和外部众多因素的影响。我们把影响饭店营销活动的内部因素和外部因素所构成的系统，称为饭店营销环境。而把有利于饭店营销活动顺利而有成效地开展的饭店内部因素，称为饭店营销的优势（S），如饭店优良的组织机构及现代化经营思想、优秀的饭店文化及雄厚的饭店资源等。反之，不利于饭店营销活动开展的饭店内部因素，如低劣的员工素质、不称职的管理者、低品位的饭店文化等，我们称之为劣势（W）。饭店营销机会（O）是指有利于饭店开拓市场、有效地开展营销活动的饭店外部环境因素，如良好的国家经济政策、高速度增长的市场等。反之，不利于饭店开展营销活动的外部环境因素，我们称之为饭店营销威胁（T），如竞争对手越来越多、竞争对手实力增强、经营的目标市场萎缩等。

（1）饭店优势、劣势的诊断

饭店组织机构、饭店文化和饭店资源是判断饭店营销优劣势的3类重要因素。

因此，饭店经营管理者通过对这些要素的认真诊断，大致能从总体上看出饭店营销的优势和劣势，从而充分发挥本饭店的优势，不断改进本饭店的不足之处，制定出切合实际的营销战略。

饭店是否拥有营销优势，首先要从其组织机构来看。饭店决策层人员的经营观念与素质、部门的设置和分工协作、中层管理者的素质以及基层员工的职业形象等诸多因素是衡量饭店组织机构优劣的具体内容。因此，通过对这些内容的分析、诊断，就可以确定饭店的组织机构是否有利于饭店营销活动顺利而有效地开展。

判断饭店营销优劣势的第二个要素是饭店文化。饭店文化是指全体员工所拥有的职业偏向、信念、期望、价值观及职业化工作习惯的表达形式。它包括饭店的精神面貌、优良传统、良好的声誉、建筑的外貌形象、内部的规章制度、奖惩制度、分配制度、员工职业道德、产品艺术设计和造型等具体内容。通常，优秀的饭店在这方面表现出良好的品位和品质，从而造成文化上的营销优势。

饭店资源是判断饭店营销优劣势的第三个要素。它包括人力、物力、财力、工作时间及管理的经验和技术等内容。一般说来，具有强大营销优势的饭店在这几个方面都具有较雄厚的实力。

(2) 饭店营销机会、营销威胁的诊断

饭店外部营销环境总是为饭店经营管理者提供营销机会或产生营销威胁。这是每家饭店都会面临的情况，经营管理者只有善于分析外部环境，捕捉各个重要机会，并同时善于发现各种潜在和现实的挑战，才能使饭店适应外部环境，这可谓适者生存。

饭店外部营销环境通常包括客人、竞争者、供应商、中间商、国际国内经济、政治、文化及技术等众多因素。具有良好营销意识的经营人员通常都有审视营销环境的洞察力，并善于发现更多的机会，避免各种挑战带给饭店的不良后果。

4.2.2.2 饭店消费者行为分析

饭店消费者行为指消费者购买饭店产品前、消费过程中及消费后整个过程中的所思、所为。消费者行为是受其个人因素、社会因素及环境因素共同作用而发生的。要想使消费者选择本饭店而不选择别的竞争饭店，饭店管理者就必须善于分析各类客人的行为及影响客人行为的各种因素。

首先，经营管理者分析消费者行为产生的内因，即消费者的个人因素。它主要包括对消费者的需要、自我形象、爱好与兴趣、动机、认识及态度等个人因素的分析。通过对这些因素分析与研究，经营管理者常能找到客人为什么选择某一饭店的内在原因。同时，也能使饭店提供的产品、服务、价格、促销活动等迎合客人所好。

消费者的个人因素固然是影响其消费行为的主要因素，然而这并不是唯一的影响因素。饭店消费者选择饭店并进行消费还受到诸如社会、文化，以及饭店各种促销宣传活动等外在因素的影响。这些因素是导致消费者行为产生的外在因素(即外因)。

绝大多数饭店消费者的行为是由其内因和外因共同作用而产生的。因此，作为饭店经营管理者应定期对消费者行为的影响因素进行诊断，弄清消费者行为产生的真正原因，从而为日后的营销活动，如产品服务设计、价格制定、促销活动的策划等提供有用的信息，为饭店营销活动的成功打下基础。

4.2.2.3 STP 分析

饭店消费者通常由于其所处的地理环境、文化背景、收入水平等多种因素的影响，其需求往往表现出明显的差异。任何一家饭店，即使是大型饭店或饭店集团，也不可能全面地满足所有消费者的需求。因此，饭店在对市场进行细分的基础上，选择特定的消费群体作为主要服务对象——目标市场，是饭店经营管理者必须重视的一项工作。此外，在同一目标市场上饭店之间的竞争愈演愈烈，所以突出自身优势进行市场定位也成为饭店市场营销工作的一部分。这一系列的工作也就是所谓的STP分析。

(1) S——市场细分 (segmenting)

所谓市场细分是指饭店依据选定的标准或因素，将一个错综复杂的饭店异质市场划分成若干个需求大致相同的同质市场（即亚市场），以便能有效地分配有限的资源，展开各种有意义的营销活动。饭店市场细分的常见变量有：地理细分、人口细分、心理细分、行为细分等。细分后的市场必须具有可衡量性、可占领性和相对稳定性，且要有一定的规模。

(2) T——确定目标市场 (targeting)

饭店在市场细分化的基础上，根据自身的资源和目标选择一个或几个亚市场作为本饭店的目标市场。这种营销活动称为确定目标市场。市场细分和确定目标市场二者为饭店带来很多益处。首先，有利于饭店经营管理者发掘最佳的市场机会。进行市场细分后，我们常会发现现有产品尚未充分满足客人的需求，或找到一些未被竞争对手注意的亚市场，这对知名度不高或竞争实力不强的中小型饭店，更具有实际意义。通过市场细分，饭店有可能找到销售机会，在竞争激烈的市场环境中求得生存和发展。其次，有利于按目标市场的需求来指导或改进现有产品或开发新产品，使饭店提供的产品更适合于客人。最后，市场细分及目标市场的确定有利于饭店针对目标市场制定合理的市场营销组合，使饭店有限的资源集中用在选定的目标市场上。

饭店针对目标市场常采用以下3种策略。

无差异营销策略 饭店不考虑细分市场的差异性，对整个市场只提供一种营销组合。这种策略的优势在于节约营销成本，适合于供不应求的卖方市场条件下或饭店推出新产品时使用。但它忽略了消费者需求的差异性，不适合竞争激烈的市场。

差异目标市场营销策略 饭店针对不同的细分市场制定出不同的营销组合策略，多方位、全方位地开展针对性的营销活动，同时占领所选定的几个目标市场。采用这一策略的关键在于饭店要找准细分市场上的差异性，并且使得这些细分市场之间能形成一种客源互补的结构。这种策略有助于饭店在客源市场上有“度”地“全面”开花，有利于饭店回避风险。但不足之处是营销成本较大，要求饭店有强劲的营销实力做支持。一般跨国饭店集团常用这类策略。

集中目标市场营销策略 饭店将资源集中起来用于一个最具潜力、最适应饭店资源组合现状的细分市场，目的是在这一细分市场上取得绝对优势，实现小市场、大份额的目的。这种策略适合于饭店，尤其是中小型饭店开发市场、挖掘市场深度，但具有较高的风险性，因为这种策略意味着饭店将所有力量集中于单一的细分市场。为降低风险，饭店必须对这一细分市场的变化保持高度敏感。

以上3种策略各有不同的适应对象，饭店应根据自身资源状况、产品生命周期、消费者需求变化、竞争对手状况、市场供求趋势等因素灵活选择不同的目标市场营销策略。

假日酒店的差异化策略

自20世纪50年代，威尔逊先生创建假日酒店以来，在半个世纪的成长过程中，创造了饭店业的神话，成了世界上第一家达10亿美元规模的饭店集团。该集团将酒店定位于中等价位并提供高标准服务，为客人提供了一个有着家一般感觉的休闲场所。他们在为客人提供“假日标准”的服务和设施的基础上，又针对不同的目标市场，推出不同的服务项目或强调不同的服务重点。

“皇冠度假酒店”位于世界各大主要城市，主要为客人提供较为舒适的服务和设施。

“假日快捷酒店”不设餐厅、酒吧和大型会议设施，但提供“假日标准”的舒适和价值。

“庭院假日酒店”在提供“假日标准”的同时更体现酒店所在地的特色和风情。

“阳光度假村”比较注重为旅行者提供较长的休闲、娱乐设施，强调舒适的享受和全面的饭店服务。

(3) P——市场定位（positioning）

目标市场确定以后，饭店必须进行市场定位，即在目标市场上树立一个鲜明的形象，并争取消费者的认同。它需要向目标市场说明本饭店与现有的及潜在的竞争者有什么区别。这种塑造饭店形象，以使目标客人理解和正确认识本饭店有别于竞争者的活动就是市场定位。市场定位的核心是，寻求“差异”，突出特色。例如，麦当劳公司将其连锁店定位为“家庭乐趣”餐馆，而温迪快餐公司的定位则强调自己高质量的美味食品。

饭店市场定位是为了使自己的产品和服务在公众和目标市场客人的心目中占据明确的、独特的、深受欢迎的形象，并与其他饭店相区别。一般饭店进行目标市场定位的方法有如下几种。

根据产品特色进行定位 根据饭店产品的某些优点，竭力去凸现的一种定位。这是最常用的方法，对于饭店来讲，可以用建筑风格、坐落地点、服务项目或这些特色的组合来定位。

根据价格-质量之间的联系进行定位 将产品的价格作为饭店质量的标识。因为，价格的重要功能之一便是象征产品质量，饭店的高价格暗示着消费者可以享受高质量的服务。

根据产品使用者进行定位 百事可乐的定位是12~24岁的男孩，“新一代的选择”。名为爱侣的娱乐中心在广告中宣称专为夫妇情侣准备。

根据产品的类别进行定位 企业通过变换自己产品类别的归属去进行定位。例如，度假地饭店可不必将自己定位为饭店，而是定位于温泉疗养中心之类的场所。通过这种定位，企业可扩大或控制自己的目标市场范围。

借助竞争者进行定位 饭店可通过将自己同市场声望较高的某一同行进行比较，借助竞争者的知名度来实现自己的形象定位。

4.2.2.4 饭店竞争形势分析

饭店经营者除了对市场、营销环境、客人消费行为等分析外，还必须较详细地分析竞争形势。这可谓“知己知彼，百战百胜”。通常，饭店竞争形势分析可分成以下几个具体步骤。

(1) 确定饭店主要竞争对手

在竞争分析中，饭店经营者首先必须明确谁是本饭店的主要竞争对手，谁将会成为本饭店的主要竞争对手。以沈阳为例，该城市星级饭店分布在市内几个重要区域，如沈河区、和平区、皇姑区及铁西区等。倘若沈阳的饭店经营者对整个城市的饭店都进行分析研究，从投入的人力、物力、财力上都是不可取和不明智的。因此，要进行有效的竞争分析，制定出奇制胜的竞争对策，首先必须找准自己的主要竞争对手。其方法有多种，诸如按饭店所在区域、饭店的星级档次、饭店经营的目标市场及饭店的产品和服务内容等因素来确定本饭店的主要竞争对手。

(2) 进行竞争情况比较

竞争情况比较可以从竞争饭店所争夺的目标市场客人的需求着手，尤其要针对客人选择饭店的重要标准来进行竞争情况的相互比较，如饭店的地理位置、设施、服务、价格等。然后进一步了解竞争对手的产品组合情况和近期展开的营销活动和销售情况。通过对营销活动和销售情况的比较，经营者可了解本饭店和竞争对手分别进行了哪些行之有效的营销策略，从而为制定日后的营销方案打下良好的基础。

(3) 确定饭店相对的竞争优势和劣势

根据前2步竞争分析工作，经营者可以容易地判断本饭店相对的竞争优势和劣势。值得注意的是，经营者应将判定的优势、劣势以书面的形式记录下来，便于饭店决策者在制定年度营销计划时参考和使用。

(4) 确定饭店竞争对策

饭店竞争分析的最终目的是希望通过分析能构思和策划本饭店有效的竞争对策和竞争地位。通常，在同一目标市场上竞争的饭店，因其营销目的、资源和实力不同，各自有不同的竞争地位，各饭店又因竞争地位的不同又要采取不同的竞争策略。

在饭店竞争中，通常可能出现4种不同竞争地位的饭店，它们分别为市场领导者、市场挑战者、市场跟随者和市场补缺者。这4种竞争地位既可针对一个饭店，也可针对饭店的某一经营项目，如餐饮、客房等。同一个饭店的产品有可能处于不同的竞争地位，需要不同的营销策略。

第一种策略 市场领导者及其竞争策略。市场领导者是指在相关产品的市场上占有率最高的饭店，该类饭店一般在价格变动、新产品开发、分销渠道的宽度和促销力量等方面处于主宰地位，市场领导者为了维持自己的优势，保住其主导地位，常采用3种措施。第一，扩大市场需求总量，包括发掘新的客户、开辟产品的新用途、增加客户对产品的使用量等具体措施。第二，保持市场占有率。在产品创新、服务水平的提高等方面做出不懈努力，同时抓住对手的弱点主动出击。第三，提高市场占有率。市场主导者通过对饭店营销组合策略的调整等努力提高市场占有率水平。

第二种策略 市场挑战者及其竞争策略。那些在市场中处于次要地位如第二、第三位的饭店，为了争取市场主导地位而向竞争者挑战，即为市场挑战者。挑战者的战略目标常是提高市场占有率。它们通过各种进攻性策略，对市场主导者或对与自己实力相当者展开进攻。通常挑战者应设计一套策略组合，一套整体策略，

借以改善自己的市场地位。然而，并非所有居于次要地位的饭店都可充当挑战者。如果没有充分的把握不应贸然进攻市场主导者，最好充当跟随者。

第三种策略　市场跟随者及其竞争策略。那些安于次要地位，在共存状态下求得尽可能多收益的饭店，就是市场跟随者。它与市场挑战者不同，不是向市场主导者发动进攻并图谋取而代之，而是跟随在主导者之后自觉地维持共处的局面。跟随者常用的策略有紧密跟随、有距离的跟随及有选择的跟随。

第四种策略　市场补缺者及其竞争策略。在饭店行业中，有些饭店专门关注市场上被大饭店或集团忽视的某些细小部分，在这些小市场上通过专业化经营来获得最大限度的收益，也就是在大企业的夹缝中求得生存和发展。这种有利的市场位置在西方市场营销学中被称为“NICHE”，即“补缺基点”，指对一个企业来说最有利的位置，在这个位置上可取得最大限度的利益。补缺基点通常具备足够市场潜量和购买力、利润有增长潜力、对主要竞争者不具有吸引力、企业有能力靠自己的信誉对抗主要竞争者等特征。取得补缺基点的主要战略是专业化市场营销。具体来讲就是在市场、客人、产品或渠道等方面实行专业化。

4.3 饭店市场营销计划

饭店市场营销计划是饭店营销管理的重要工具之一，它在饭店市场营销管理中发挥着重大的指导性作用。通过市场营销计划，饭店能明确未来的使命及奋斗方向。饭店在开展具体营销活动前有必要将未来或下一阶段要进行的营销活动全面地思考一遍，并按活动的主次、先后次序事先策划安排，这样才有利于饭店计划期内的营销活动有条不紊地开展并取得成效。

4.3.1 饭店市场营销计划及其主要内容

饭店市场营销计划是一份用来指导饭店在一定时期内开展各种营销活动的书面文件。营销计划可分为长期、中期和短期计划。其中最为常见的是饭店年度营销计划。一份正规、有效的饭店市场营销计划通常包括以下内容。

(1) 内容摘要

饭店营销计划往往含有很多内容，为了使饭店的各层管理者能迅速了解这些内容，必须提供计划的简略概要。

(2) 当前营销状况

这一部分主要提出饭店现阶段在市场、产品、竞争、分销和宏观环境等方面的基本特征。

市场情况　本饭店目标市场的规模与增长情况。包括近几年来的总销售量以及按市场细分的销售数额。同时有关消费者需求、观念和购买行为的趋势等方面的情况和数据也应列出。

产品情况　包括近几年内本饭店的产品组合中每一主要产品的销售额、价格、利润率等情况和数据，分别列出，并作简要的说明和分析。

竞争情况　提供主要竞争者的规模、目标、市场占有率、产品质量、市场营销策略及未来发展意图情况。

分销情况　包括分销渠道上各主要产品的销售量，各渠道的地位和重要性，以及未来变化趋势分析。

宏观环境情况 包括对市场营销前景及可能产生影响的人口、经济、技术、政治、法律及社会文化等因素变化趋势的分析。

(3) 机会和问题分析

概述饭店将面对的主要机会和威胁、优势和劣势，以及在计划中必须要处理的饭店产品所面临的问题。

(4) 目标

目标决定了随后的营销决策和行动方案的确定。一套目标应该具有一定的标准。首先，每一个目标应该具有既明确又能测量的形式和完成目标的规定期限；其次，各种目标应该具有内部的统一性；再次，各类目标的叙述应该有层次性，如果可能，目标应该从高到低非常清楚地排列；最后，这些目标是可以达到的，但同时它们又具有足够的挑战性，能激发员工的最大的努力。

(5) 营销策略

为实现计划目标而采用的主要营销策略，包括目标市场、营销组合定位、营销费用水平等方面的基本决策。

(6) 行动方案

详细阐述营销策略的每个要素，以便回答以下问题：将做什么？什么时候做？谁来做？成本为多少？

(7) 预计的损益表

在行动计划中，要特别集中说明支持该方案的预算，即做出一张实质性预计损益表。在收入方，它指出预计的销售数量和平均实现价格；在支出方，它表明生产成本、分销费用和营销费用，以及再细分下去的细节项目。收入和支出之差即为预计利润。上一级的管理者将审核这个预算，并提出赞成或修改意见。一旦批准后，该预算就是制定计划和对原材料采购、人力安排、营销活动安排的依据。

(8) 控制

营销计划的最后一部分是控制，用以监督计划的进程。通常，短期目标和预算按月或季来制定，上一级的管理者每期都要审查这些结果，找出没有实现预期目标的部门。这些落后部门应说明原因，以及他们正在采取什么行动来改进计划，以争取实现预期的目标。有些计划的控制部分还包括着权变营销计划，以鼓励营销管理者对可能发生的某些困难预先考虑。

4.3.2 饭店市场营销计划的制定

饭店在制定市场营销计划时要以饭店的发展目标和基本使命为依据。饭店的使命要在长期内通过一定的市场营销活动来实现，在这一过程中，离不开一个有效的营销计划。饭店制定营销计划一般包括以下6个环节。

(1) 分析饭店当前的营销状况

对饭店市场形势的分析 包括对饭店市场形势、产品形势、竞争形势、渠道形势、宏观环境形势等方面的分析。饭店市场形势主要分析以往数年饭店市场的总规模和总发展情况，以及各级分市场和区域市场的规模和发展情况，同时还要分析有关消费者需求、购买行为发展方面的资料。饭店产品形势主要分析以往数年内旅游产品的市场占有率、销售额、价格和净利润。竞争形势主要分析竞争对手的经营规模、目标、市场占有率、饭店产品质量、营销策略，以及其他有助于了解他们的意图和行动的情况。渠道形势主要分析各销售渠道的销售量、各销售渠道重要性的变化、渠道成员销售能力的变化，以及调动中间商积极性应采用的价格和交易条件。客观环境形势主要分析对旅游产品今后的销售情况会产生影响的人口、经济、生态、技术、政治、法律、社会文化等因素的发展趋势。

对饭店面临的机会和威胁的分析 机会和威胁是指对饭店未来发生影响的外部因素。机会是指饭店的营销环境中能享有差别利益的活动范围。饭店市场上存在着各种"未被满足的需求"，这些"未被满足的需求"如果被饭店利用，就会给其带来比现在更多的利益，这就是差别利益。威胁是指营销环境因素中对饭店不利的趋势和干扰。如果饭店没有能力和措施去对付它，就会导致失败。饭店应认识所面临的机会和威胁，并根据其影响程度和发生的可能性进行分类评价。

对饭店的优势和劣势的分析 优势和劣势都是指饭店的内部因素。优势相比劣势是指饭店的长处，劣势相比优势是指饭店的短处。优、劣势分析的内容包括饭店的位置、有形设施、进入渠道、企业形象、声誉、财务结构、管理系统和职工素质等。在进行优、劣势分析时，饭店营销人员应注重从消费者的角度来分析，只有这样才能真正做到扬长避短、发挥优势。

问题分析 在上述分析的基础上，对饭店面临的主要问题进行综合分析，并将分析结果在计划中加以说明。而且对这些主要问题所做出的决策，将对以后目标和策略的确定，有很大作用。

（2）确定营销目标

管理者在分析旅游市场营销状况之后，接下来就是确定营销目标。确定饭店营销目标是制定饭店市场营销计划的核心部分，饭店一般要确定以下 2 类营销目标。

财务目标 任何饭店要进行市场营销活动，都必须投入一定的资金。为了更有效地利用资金，饭店必须事先确定财务目标。饭店需要确定的财务目标有：长期投资收益率、本年度的利润目标和现金流量等。

市场营销目标 饭店的财务目标必须转化为市场营销目标。饭店常见的市场营销目标主要通过以下指标体现：销售量以及增长幅度、销售收入、市场占有率、营销渠道覆盖范围、消费者对饭店产品的了解程度等。

（3）制定饭店市场营销策略

目标是一个饭店想要达到的某一成果，策略是决定实现目标的路线和具体方式。饭店市场营销策略由 3 个方面组成：① 定位；② 确定目标市场；③ 为饭店市场营销组合的每个成分制定策略。

（4）制定行动方案

各种市场营销策略确定之后，如欲达到目的，必须将它们转为可操作的行动方案。这些行动方案包括：① 完成什么任务？② 什么时候完成？③ 谁去完成？④ 完成任务应该采取哪些步骤？⑤ 完成这些任务需花多少资金？⑥ 完成任务应防范哪些干扰？当然，行动方案不是不可变动的，在出现新情况、新问题时，就必须要对它们做出适当的调整。

（5）预算

饭店一旦拟定市场营销策略及行动方案之后，就应制定一份保证方案实施的预算。这份预算实际上就是预算损益表。预算损益表上收入与支出的顺差就是饭店的预期利润。编制预算应建立在饭店市场调研、预测的基础上，预算出在确保目标利润前提下计划期的营销费用和收支状况，并考虑税收对预算结果带来的影响。

(6）反馈和控制

制定饭店市场营销计划的最后一步就是监控整个计划的进展过程。营销计划中的目标、策略和行动方案实际上是营销计划实施过程中营销人员的工作标准。饭店要不断地将计划执行的结果与原定的计划目标相比较，分析其原因并及时调整计划的细节。在进行比较时，预算、工作进程、销售量和利润统计数据、成本费用分析和形象研究等都是可以运用的指标。

4.3.3 饭店市场营销计划的实施

饭店市场营销计划的实施是指饭店为实现其战略目标，将饭店市场营销计划变为具体营销活动的过程。也就是有效地调动饭店的全部资源投入到日常业务活动中去。饭店市场营销计划制定一般只解决了饭店营销活动应该“做什么”和“为什么要这样做”的问题，而饭店市场营销计划的实施主要解决“怎样做”的问题。饭店市场营销计划的实施包括相互联系的5项内容（图4-1）。

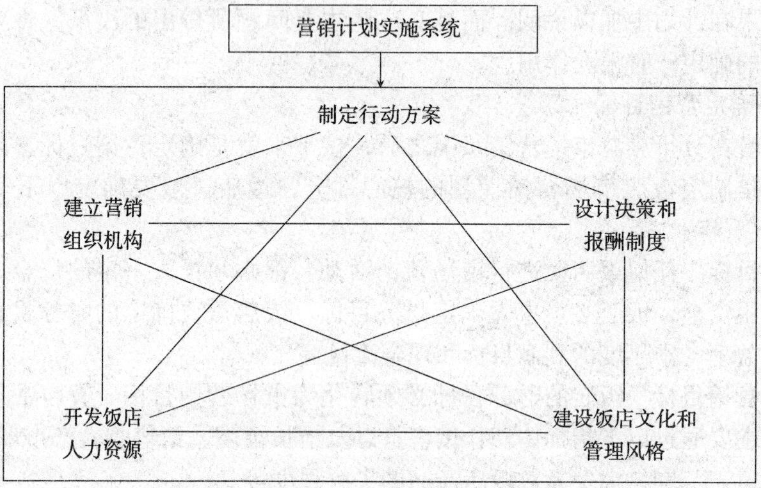

图4-1 饭店市场营销计划实施系统

(1）制定行动方案

为了有效地实施饭店营销计划必须制定详细的行动方案。这个方案应明确营销计划和营销战略实施的关键性决策和任务，并将执行这些决策和任务的责任落实到个人或小组。另外，还应明确具体的行动计划执行时间表，在时间上有严格的规定。

(2）建立营销组织结构

饭店市场营销组织是饭店市场营销计划和营销战略贯彻实施的主要力量，建立和强化饭店市场营销组织对推动饭店市场营销活动的开展起着决定性的作用。现代饭店不仅存在正式组织，而且存在非正式组织，如员工自发组织的社团等。正式组织将饭店市场营销计划和营销战略实施的任务分配给具体的部门和人员，确定职权界限和信息沟通渠道，协调饭店内部的各项决策和行为。非正式组织如果能和正式组织紧密结合，将提高饭店员工对营销计划和营销战略的共同认识、理解，促进和保证饭店市场营销计划的顺利实施。相反，如果不能和正式组织配合，将阻碍饭店营销计划的实施。因此，饭店不能忽视非正式组织的作用。

(3) 设计政策和报酬制度

为实施饭店市场营销计划和战略，还必须设计相应的决策和报酬制度，这些制度直接关系到饭店市场营销计划实施的成败。

(4) 开发饭店人力资源

饭店市场营销计划最终是由饭店企业的员工来实现的，因此人力资源的开发至关重要。人力资源的开发涉及饭店营销人员的选拔、配置、培训、考核和激励等问题。在选拔营销人员时，要研究是从饭店企业内部提拔还是从外部招聘更有利；在配置人员时，要注意工作分配的合理性，做到人尽其才，避免人浮于事；在考核营销人员时，要客观公正，除了依照硬性指标，还要具体情况具体分析。为了激励员工的积极性，除了必须建立完善的工资、福利和奖惩制度之外，还必须关心员工的思想变化，改善员工的生活环境。

(5) 建设饭店企业文化和管理风格

企业文化是指一个企业内部全体人员共同拥有和遵循的价值标准、基本信念和行为准则。饭店企业文化是饭店企业的精神之所在，对旅游企业的经营思想和领导风格，对员工的工作态度和作风均起着重要作用。通过饭店企业文化建设，逐渐形成员工共同奉行的价值标准和基本信念，才能保证饭店市场营销战略和营销计划在相应的企业文化氛围中得到强大的无形力量的支持。

与饭店企业文化相关联的是饭店企业的管理风格。有些营销管理者的管理风格属于“专权型”，他们一般发号施令，独揽大权，严格控制，坚持采用正式的沟通渠道，不容忍非正式的组织和活动。另一种管理风格称为“参与型”，他们一般主张授权给下属，协调各自的工作，鼓励下属的主动工作精神和非正式的交流和沟通。这2种对立的管理风格各有利弊，各自适用于不同的饭店市场营销战略和营销计划，具体需要什么样的管理风格，取决于饭店企业的战略任务、组织结构、人员素质和营销环境等因素。

从图4-1中可以看到，饭店市场营销计划实施系统各要素之间是相互关联，相互影响的。只有各要素协调一致，互相配合，才能有效地实施饭店市场营销计划和营销策略，实现营销业绩。

4.4 饭店市场营销组织与执行

饭店市场营销管理的第三项重要职能是如何按营销计划来有效地开展各项营销活动，这就是营销的组织与执行问题。根据饭店市场营销和营销管理的基本含义，饭店市场营销的组织与执行工作可理解为主要是饭店营销组合策略的设计与落实。

4.4.1 饭店市场营销组合

饭店市场营销组合是指饭店为了满足目标市场的需求，进行优化组合的自身可控因素。饭店可控的因素多种多样，这里介绍美国营销学教授麦卡锡提出的4P分类法。这一分类法在饭店业得到广泛应用。

(1) 4P组合的内容

4P是4个因素英文的第一个字母，即产品——product、价格——price 、地点(即销售渠道) ——place 、促销——promotion。4P组合也就是将这4个P因素恰当地搭配成一个整体。每个因素的内涵也非常丰富。

产品 它是指饭店提供给目标市场的产品集合体。其中包括品牌、声誉、位置、环境、气氛、有形产品和无形服务等。

价格 它是指饭店出售产品和提供服务后客人支付的金额。其中包括价目表价格、优惠价格及支付期限和信用政策等。

销售渠道 它是指饭店将适销对路的产品销售给目标市场客人的桥梁和纽带。其中包括销售中间商、预订系统、联营预订组织及有关预订政策等。

促销 它是指饭店利用各种形式与目标市场进行沟通的多元化活动。其中包括广告、人员推销、营业推广和公共关系等。

（2）4P 组合的特点

4P 组合是饭店市场营销可以控制的 4 个因素，饭店具有充分的决策权。但这 4 个因素中的每个因素都是一个自变量，饭店可以随时对其进行调整，以适应市场经营环境的需要。因此我们可以说，4P 组合是一个可控的、动态的整体组合。

4.4.2 产品策略

产品策略是关系到饭店生死存亡的关键，是饭店营销组合策略中最基本的策略。

4.4.2.1 产品组合

饭店消费者消费的饭店服务产品并非饭店的单个部门或个人能够全部提供的。一方面，饭店消费者需要的不是单个服务产品，而是多种服务产品的组合；另一方面，饭店消费者的需求又千差万别，要求饭店提供不同组合的产品以供选择。因而饭店要针对不同的消费者，开发不同的产品组合。饭店可以从产品的宽度、长度、深度和相关性 4 个方面进行产品组合，形成不同的饭店产品系列。

产品组合的宽度 指饭店所拥有的产品线的数量。

产品组合的长度 指饭店产品组合中所包含的产品项目的总数。

产品组合的深度 指一条产品线中所包含的产品项目的多少。

产品组合的相关性 指各条产品线之间在使用功能、生产条件、销售渠道或其他方面的关联程度。

饭店可以通过扩充或缩减产品组合的广度、长度和深度，提高或降低产品组合的相关性等情况出发，调整产品组合，使得饭店产品更具竞争力。比如，扩大产品组合的广度，增设产品生产线，能扩大饭店的销售领域，增加饭店的经济收益，也有利于分散饭店营销风险，提高饭店在竞争中的适应能力；增加饭店产品组合的深度，就是增加饭店服务内容，有利于饭店挖掘潜力，增加花色品种，满足更多细分市场的需求；提高饭店产品组合的相关性，可以降低成本，为整体营销或整体开发提供方便；而减少产品组合的相关性，则有利于饭店企业适应动荡的市场变化。

4.4.2.2 产品设计具体内容

饭店产品是一个综合概念，其产品内涵大于一般的产品，它既包括有形产品，也包括无形产品，还包括各类活动。对于饭店而言，除了重视传统的有形产品和无形服务之外，尤其应重视各类活动的组织和设计。从某种程度上讲，饭店的活动类产品体现了饭店企业的成长性和创新性。饭店企业可从现有的各类资源，立足社会大环境，寻找其中可策划的活动源泉。

饭店企业具体进行产品设计时，应重视产品质量、产品功能、产品品牌、服务模式、产品包装等内容的设计和管理，如图 4－2 所示。

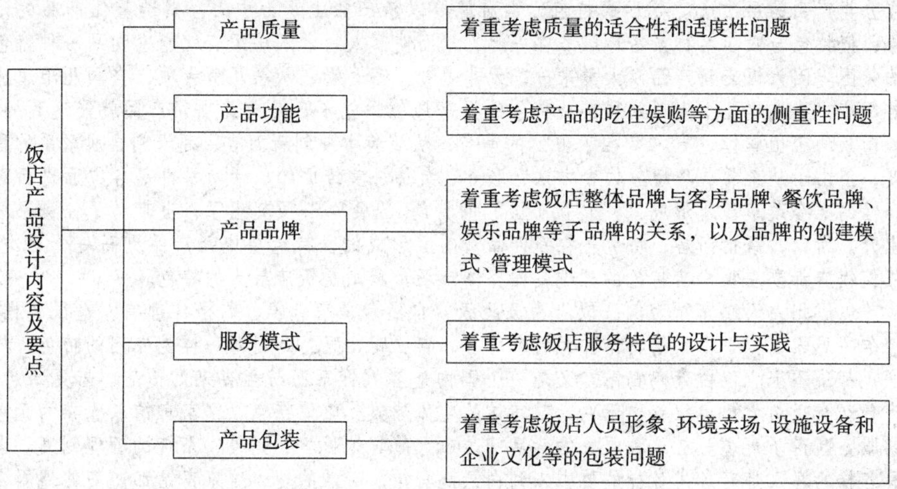

图 4–2　饭店产品设计内容及要点

4.4.2.3　新产品的开发

饭店产品都要经历一个由进入市场到被淘汰的生命周期。在这一生命周期中，饭店产品一般要经历介绍期、成长期、成熟期和衰退期 4 个不同的时期。饭店应依据产品生命周期的变化，及时调整产品组合，并不断开发新产品，满足人们不断变化的需要。开发新产品是饭店企业具有活力和竞争力的表现，也是饭店适应营销环境变化的一种策略。

新产品不等于全新产品。新产品是指在技术、功能、结构、规格、实物、服务等方面与老产品有显著差异的产品，是与新技术、新理念、新潮流、新需求、新设计相联系的产品。如一间客房，改进了房内的设施设备，就成为新产品；即使不改进设施设备，但改变了房内的文化氛围，也就成为一种新产品。一种产品，只要是消费者以前未接触过、尝试过的，但又愿意去接触、喜欢去尝试，便是新产品。它包括以下 3 类。

全新新产品　采用新原理、新结构、新技术、新材料研制而成的全新产品，技术含量最高，是过去人们未曾想到的产品，如客房内的 VOD、娱乐场所的镜宫等。

改进新产品　采用各种技术，对现有的产品在性能、结构等方面加以改进，提高其质量，以求得规格、式样等的多样化，它是在原有产品的基础上发展而来的，如各种改良的传统菜式、各类主题客房等。

仿制新产品　市场上已经存在，饭店企业通过模仿而生产出来的产品。开发新产品任重而道远，饭店应本着创新、对路、有利可图、量力而行的原则，不断开发各类新产品，满足人们不断变化的“求新求异”的需要。

新产品与饭店特色

新产品并不等于饭店特色。也就是说，有了新产品，并不意味着就一定具有特色。正确地认识应该是：饭店特色的形成需要以新产品为基础和前导，但新产品终究还只是停留在分类产品的层次上。要形成特色，饭店就要以新产品主题为中心，塑造整体产品的形象，把特色与饭店名称紧密地联系在一起，从而使客人一进入该饭店就能感受到一种特色的氛围。因为饭店新产品以大类来分，无非是食、宿、娱、购等几个大项，全国几千家旅游饭店，要在这几个大项中居某一特色的显著地位，就不只是有几项新产品就能达到的。如南京的丁山宾馆，有“食在丁山”的美名，从菜肴本身创新而言，还没到自成派系的程度，但由于从菜肴、环境、饮食方法、服务、装饰、宣传促销、活动举办等各方面进行综合性的配套改革，才形成了“食在丁山”的特色。“食”一项突出了，也带动了住房率的上升。所以，概括而言，特色是在新产品基础上形成的，特色要比新产品更高一个层次。任何饭店都要注重本店特色的塑造，而整体市场形象则是饭店最大的特色。

以广州白天鹅宾馆为例，饭店为五星级，自然食、宿、娱、购样样都有，也很高档，但乍一思索，似乎白天鹅宾馆并无特色可言，食、宿、娱、购，哪一样是专门的特色，好像也都谈不上。但白天鹅宾馆却又是一个国内外客人仰慕而纷至沓来的饭店。若无特色，为什么有吸引力？奥秘就在于白天鹅宾馆的整体形象、整体特色。这家宾馆以优异的无差错服务赢得了声誉。在这种服务的背后就是白天鹅宾馆科学、完善、系统的管理制度。各种各样的客人带着各式各样的要求来到白天鹅宾馆，奇怪的是，这家宾馆都能妥帖地服务到家，仿佛这里的每一位员工都对客人的心理活动了如指掌。这就是管理上的特色通过前台平凡普通的服务显示了出来。白天鹅宾馆的“特色”就是在平凡普通的服务中见“特色”。该店有着长达60万字的管理、服务和操作程序，无差错服务的奥秘也就在于此。

4.4.3 价格策略

价格是饭店市场营销组合的第二个组成因素，也是营销组合中最敏感的因素。价格又是影响消费者选择饭店的主要因素之一。因此，饭店定价是不可忽略的重要问题。如果饭店价格制定得不合理，会直接影响需求量和饭店的利润。

(1) 饭店价格决策的影响因素

饭店在给产品定价时，必须较全面地考虑影响价格的众多因素。通常我们把影响饭店价格的因素分成二大类：第一类是不可控因素，指饭店无法控制的那些定价因素，包括国家价格政策、政治、经济、文化、竞争、市场及饭店本身经营状况等；第二类因素称为可控因素，包括定价目标（销售、竞争及利润等目标）、成本、产品本身特征及饭店资源等。

(2) 饭店定价目标

饭店定价目标是饭店产品的价格在实现以后应达到的目的。定价目标一般与营销计划直接相关，而营销计划目标又与饭店总目标相关。饭店定价作为经营活动的一项重要内容，其一般目标，是在符合社会总体利益的原则下，取得尽可能多的利润。但由于定价考虑的因素甚多，因而饭店的定价目标也多种多样，饭店应权衡各个目标的依据和利弊加以选择。比较而言，营销目标对定价的影响更直接。常用的饭店定价目标有以下5种。

以获得最大利润为目标 其特点是价格定在“条件极大值”上，以利润作为定价主要导向。但由于很难确定“最优价格点”，因而经常凭经验定价。

以争取产品或服务质量领先为目标 其特点是饭店产品或服务的质量以较高

的价格为前提，采用这种定价目标的饭店，一般都是在消费者中享有一定声誉的饭店。

以扩大市场占有率为目标 其特点是以低价作为向市场渗透的工具，采用这种目标的饭店，不是在价格不变的情况下提高产品服务质量，就是在产品或服务质量不变的情况下降低价格。

以维持饭店生存为目标 当饭店的产品在市场上严重滞销时，饭店被迫以生存为目标。

以避免竞争为目标 其特点是参照竞争者的状况，根据饭店实际制定差异价格，这是一种比较稳健的定价目标。

（3）定价步骤

一般说来，饭店产品的定价需经过下述6个步骤。

评估目标市场购买力 调查消费者可自由支配的收入及其愿意将这部分收入用于饭店消费的比例，再通过专家评估或直接向目标市场问卷调查的形式，分析消费者的购买力，估测理想的价格水平和价格上限，同时，初步了解消费者对价格的敏感程度、能够接受的非价格竞争方式等。

估测产品单位成本 先预测产品的总需求，再估测饭店为满足总需求而进行生产的总成本。总成本除以总需求即为产品的单位成本，而依据平均单位成本则可估算出饭店可接受的最低价格。

分析市场环境 饭店了解并分析竞争者的价格水平、政府的价格政策以及饭店面临的各种外界机会及威胁。

确定定价目标 饭店在了解目标市场的价格要求、本饭店的产品成本、竞争者的价格、政府的价格政策以及市场环境中其他相关因素之后，确定选择何种价格目标。

确定定价策略 饭店在确定定价目标之后，根据市场状况、本饭店状况等确定定价策略，如新产品定价策略、心理定价策略、促销定价策略。

确定定价方法 在定价策略的指导下确定定价方法，如成本导向定价法、竞争导向定价法和需求导向定价法。所谓成本导向定价法，是以饭店的生产要素供给者所提供的生产要素价格为基础，再加上一定数量或比例的利润，从而最终形成产品的价格。所谓竞争导向定价法，即常为饭店采用的随行就市法。而需求导向定价法则以消费者的需求作为定价的主要参考指标。

（4）定价策略

定价策略是饭店企业进行价格决策的基本措施和技巧。饭店企业常采用以下3种定价策略。

新产品定价策略 新产品进入市场能否有效地打开销路，价格起着非常关键的作用。常用的新产品定价策略有以下3种方法。

撇脂定价法 产品以高价进入市场，以便迅速收回投资，当有竞争者进入时，则采用降价的方法限制竞争者的进入。采用这种定价方法，要求饭店提供的产品具有无可比拟的优质性或独特性。

渗透定价法 产品以低于预期的价格进入市场，以期获得“薄利多销”的效果。在饭店形成买方市场的情况下，许多新开业的饭店都是以这种方式进入市场的。

满意定价法 吸取撇脂定价和渗透定价的优点，选取一种比较适中的价格，

既保证企业获得一定的初期利润，又能被广大消费者所接受。

心理定价策略 利用消费者的心理因素进行合理定价，巧妙刺激消费者的消费欲望。常用的心理定价策略有以下5种。

尾数定价策略 给饭店产品定一个以零头数结尾的非整数价格，在消费者心目中留下一个价低的印象。适用于低档产品的定价。

整数定价策略 给饭店产品定一个整数价格，以这种价格来反映产品较高的质量。

分级定价策略 根据产品的质量、构成、价值等因素，将饭店产品定为不同档次的价位，以体现不同产品的价值，但是分级不宜过细。

声望定价策略 通过借助饭店或产品威望制定高于其他同类饭店产品的价格。这一策略一般适用于那些老字号、声望高的饭店，以及那些特殊产品、独家经营的产品、具有驰名商标的产品和特色产品。

招徕定价策略 饭店有意将几种产品的价格降到市价以下，个别甚至低于成本，以达到吸引客人的目的。这样做可以使消费者增加连带性购买，从而使饭店增加销售额。

两兄弟的"商战"

在美国费城西部，有两家敌对的餐厅：一家是美味意大利餐厅，一家是美食墨西哥餐厅。两家餐厅虽然是邻居，但老板却是势不两立的死对头。他们常常开展各种各样的商战。当美味意大利餐厅贴出告示，"本店意大利面条味道鲜美，质量上乘，售价仅29美元"时，美食墨西哥餐厅的窗口马上便会出现针锋相对的告示，"爱好美食的人们请到这里来，本餐厅墨西哥套餐极其丰盛，物美价廉，定价仅27.5美元"。两家老板除了使出浑身解数争取客人外，还经常走出餐厅，相互指责斥骂，甚至大打出手，引得大量客人驻足围观。末了他们中的一个会退出来，宣称另外一个老板是疯子，于是人们会跑到两家相互激烈竞争的餐厅竞相就餐。这两家餐厅的商业战一直打个不停，愈演愈烈。直到30年后，他们中间一个老板去世了，竞争才停下来。过了几天，另一位老板开始停业拍卖，然后搬了家，从此便销声匿迹。当房子的新主人进行大清理时，无意中发现两位老板的住房有一条暗道相通。通过进一步查证，原来两位老板是同胞兄弟。

折扣定价策略 在实行产品交易过程中，通过对实际价格的适量调整，让消费者得到一部分优惠，鼓励消费者购买。折扣定价策略主要有以下4种。

数量折扣 饭店根据消费者购买产品的数量或次数来决定是否给予折扣及折扣幅度，目的是鼓励消费者多买或重复购买。

季节折扣 根据消费者购买行为的发生时间来确定是否给予或给予多少折扣。饭店产品是一种季节性很强的产品，有明显的淡、旺季之分，饭店可利用季节更换作为打折的因素。

现金折扣 指对提前支付账单的消费者给予的一种优惠。

功能折扣 指饭店根据各类中间商在市场营销中所担负的不同职责，给与不同的价格折扣。

4.4.4 营销渠道策略

饭店营销渠道，又称为分销渠道，就是指饭店产品由生产者向消费者转移的过程中所经过的途径，它包括所有有关的组织或个人。饭店营销渠道不仅包括饭店产品实体的分配，更重要的是向饭店消费者提供使用产品的有关服务。

饭店外部的任何组织或个人，只要能为饭店推销产品，并使客人更方便地得到饭店的产品和接受饭店服务，便可以成为饭店营销渠道的中间环节，即渠道成员。

在市场经济条件下，市场的容量很大很广，大部分饭店产品必须依靠一定的销售渠道，才能将产品转移到消费者手中。它既是饭店产品商品化的必由之路，也是连接产品和消费者的中介。而不同的营销渠道，决定着营销活动的质量和效果。

4.4.4.1 营销渠道的种类

饭店产品的营销渠道主要包括直接销售渠道和间接销售渠道 2 类。

（1）直接销售渠道

又称零层次渠道，指饭店不通过任何中间商直接向消费者销售产品，亦即消费者直接向饭店购买产品。饭店企业通常有以下 3 种直接销售渠道可供选择。

饭店－客户（销售点为饭店现场）　指饭店直接向登门的消费者出售饭店产品和服务，这是饭店的传统销售方式。

饭店－通讯－客户（销售点为客源地、客户公司或消费者家中）　指客户通过电话、传真、互联网等途径向饭店预订产品。近年来随着信息技术的广泛应用及电脑的普及，网络已成为饭店营销的重要渠道。饭店应做好主页设计、网站建设、信息更新、需求回复等方面的工作，以强化营销效果。

饭店－自设销售网点－客户（销售点为网点现场）　指饭店在其经营区域或目标市场领域内自设零售网点，如饭店在机场、车站等设立销售点，直接面向消费者销售。这一模式还包括饭店公司（集团）成员与饭店之间相互代理预订，互荐客源。

（2）间接销售渠道

随着旅游市场进一步国际化，单靠直接营销渠道已难以有效地吸引分散在各地的消费者，直接销售渠道在全球分布的消费者面前显得越来越脆弱，许多饭店开始借助批发商、零售商、代理商等销售机构和个人在销售信息上的优势开展销售活动。这种借助中间商将饭店产品转移到最终消费者手中的途径称为间接销售渠道。

根据中间商介入的数量不同，间接销售渠道有不同的长度和宽度。营销渠道的长度是指产品从饭店转移到消费者这一过程中所涉及的中间商的数量。中间商的数量越多，销售渠道越长。所谓销售渠道的宽度，是指一个饭店在具体销售渠道中中间商以及销售网点的数目和分布格局。中间商及销售网点多，属于宽渠道；反之，称之为窄渠道。饭店通常有 2 种间接销售渠道可供选择。

饭店－零售商－客户（在零售商经营现场）　饭店将产品以较低的价格出售给零售商，由零售商组织客源。

饭店－批发商－零售商－客户（在批发商－零售商经营现场）　饭店在与批发商（如经营团体包价旅游的旅行社）进行价格谈判的基础上，以大幅度低于门市价的价格，将其产品批量销售或预订给批发商，批发商则委托零售商将产品出售给最终消费者。

4.4.4.2 饭店销售渠道策略

由于饭店在其经营性质、规模、地理位置、市场等方面存在差异，饭店经营者在设计销售渠道时，要注意销售渠道的搭配合理化，每一种销售渠道既能有利于饭店营销目标的实现，又能与饭店中间商保持良好的长期合作和交往。饭店销售渠道的设计应考虑以下5个要点。

第一，根据客源市场的类型选择合适的中间商，组建不同的销售途径。

第二，注意各销售渠道的销售量和销售能力。经营者要定期分析总结各销售渠道为饭店提供的客源数量、层次、质量以及为饭店带来的经济效益和利润，同时还应考察各销售渠道组织客源能力的强弱、销售网络是否处于客源较丰富的地区等。合理的销售渠道结构及其经销的百分比才能为饭店带来真正的经济效益。

第三，注意销售中间商档次的控制。销售渠道大致可以分为豪华、中档及经济型三大类。经营者应分析和了解各种销售渠道所属档次、组织及接待客源的层次。

第四，注意销售渠道的信誉。在选择中间商并与之建立联系时，经营者要分析该企业债务偿还能力并查明其是否有过拖债赖账的现象。饭店应该选择信誉好的中间商作为合作伙伴，才有可能减少不必要的损失。

第五，注意销售渠道的佣金制度。经营者在选择中间商时，还应考虑中间商要求的报酬或佣金的多少、价格折扣率的高低及付款方式。

4.4.5 促销策略

4.4.5.1 促销和促销策略

所谓促销，即“促进销售”，指饭店通过一定的手段，将有关饭店及其产品的信息传递给消费者，从而促进消费者对饭店产品的了解、偏爱，以达到销售的目的。促销的实质是宣传和沟通产品信息，通常通过广告活动、公共关系、营业推广、人员推销等方式实现信息沟通。

所谓促销策略，是指信息沟通手段和过程的系统化、规范化，即对促销对象或领域、促销任务、促销目标、促销效果、促销投入、各种限制条件等进行科学的选择、分析、配置、控制，尽量提高促销活动的效果和效率，使之低投入高产出。

4.4.5.2 促销策略的内容

促销是一个沟通过程，在具体设计促销策略时，应从以下9个方面着手。

(1) 选择促销对象

饭店在开展每一次促销活动时，首先要明确促销的对象是谁，是中间商还是消费者？这些对象分布在哪儿？其购买行为、心理活动等有何特点？针对具体的促销对象来设计具体的促销内容。

(2) 选择促销目标

促销目标指通过促销活动要解决的问题，促销目标通常由浅到深分为以下3个层次。

认识上的问题　通过促销，让客人知晓、了解饭店的产品。

感觉上的问题 通过促销，让客人对饭店的产品产生好感，产生好的评价。

行动上的问题 通过促销，让客人采取购买行为，促进饭店产品销售。

根据需要解决的问题确定具体促销目标。如增加市场销售额、发展新客人、提高知名度、塑造公众的品牌意识、激励客人重复购买、寻求有关机构的理解和支持等，然后根据选定的细目标，对各种促销因素做适当的组合。

(3) 选择促销设计方案

饭店要合理设计促销方案，确保信息传递的有效性。促销设计方案应注意以下4个方面的问题。

主题鲜明清晰 确定促销主题，确定采用何种文字语言、何种象征物来表达、突出主题。

形式恰当醒目 确定信息表达所采用的符号和编排方式，以图片为主、文字为主？还是二者结合？确定图片和文字的比例、版式，确定采用哪种字体、字型。

结构有序合理 确定信息内容叙述和表达的逻辑结构。如采用哪种信息表达方式，是诉诸情感还是诉诸理智，是先抑后扬、先扬后抑，还是只扬不抑。

信息源真实可信 确定权威度高、可信度高的传播者来散发信息的主要内容。

(4) 选择信息沟通渠道

指采用何种渠道来传递信息，是大众传播渠道？还是人际沟通渠道？或是饭店内部沟通渠道？以及如何做好这些信息渠道的有机组合，使之扬长避短，提高传播效率。

(5) 建立促销预算

指根据饭店经营现状、产品特点、流动资金状况、目标客人和竞争者情况等因素制定促销费用预算。

(6) 确定促销组合方式

指决定各种促销方式，如广告活动、人员促销、直接邮寄、形象促销等方式的主辅关系和配合方式，并根据国家的有关法律和法规，确定每次促销活动的活动规则，确保促销活动的严肃性和合法性。

(7) 衡量促销效果

指按照先前确定的促销目标，比较营业额、公众态度等指标的变化，衡量每次促销能释放出的“能量”，总结成败得失。

(8) 分析促销活动的限制因素

在设计促销组合策略时，为了保证促销活动的有效性，饭店应周密考虑各种不可控因素或不确定因素对促销活动可能发生的影响以及相应的应急对策，防止“临危手乱”现象的发生。当然，在分析限制因素时，饭店应本着抓住重点，照顾一般的原则抓大顾小，合理分配精力、物力和财力，防止主要精力被众多的小事所牵扯。

(9) 加强促销全过程的管理和协调

在这一点上，著名营销专家科特勒做出如下建议：

- 任命一名信息沟通的主管人员，对公司说服性信息沟通负责；
- 制定不同促销工具的适用范围及信息沟通作用宗旨；
- 对用于产品、促销工具、产品生命周期不同阶段的所有促销费用进行追踪，并观察其效果；
- 主要促销战役开始时，协调各种促销活动的安排。

4.4.5.3 常用促销手段

(1) 饭店广告

所谓饭店广告，是指饭店用付费的方式选择和制作有关饭店产品的信息，并由媒体发布，以传递有关信息，唤起消费者注意，说服消费者购买或使用，扩大影响和知名度，树立饭店和产品的形象，达到促销目的的一种营销工具。为强化广告效果，应遵循真实性、艺术性二大基本原则。

巧做广告

日本有家“吃光餐馆”，老板山田六郎在开业不久就遇上了麻烦事，上百名员工举行罢工。媒体对此进行了报道，山田的企业几乎陷于绝境。

为了企业的前途，山田给员工加了薪水。为了扭转被动，他突发奇想：“我完全可以反过来利用这次罢工来增加企业的知名度和美誉度。”于是，他在餐馆的进门处、餐桌旁、吧台前等显眼的地方贴满了条幅，上写“欢迎罢工”“我们欢迎批评”等字样。

这种令人啼笑皆非、莫名其妙的举动，不仅调动了客人的好奇心，改变了大家的看法，而且引得新闻机构竞相予以报道，立即成为大阪市的一个新闻热点，生意由此兴隆起来。

山田由此尝到了“做广告”的好处。但他不想花钱。不花钱怎么做广告呢？一天，他租用了十几头牛，给牛穿上写着店名的红红绿绿的衣服，牛背上载满洋葱、青椒、马铃薯、鸡、鸭、鱼等各种各样的原料，由自己亲自带头，牵着牛，在大阪街头招摇过市。成千上万的市民和行人被这种别开生面的“宣传”所吸引，纷纷驻足观看，而媒体又一次将这一事件炒得沸沸扬扬。

据统计，这2次为“吃光餐馆”刊登文章的字数，如果以广告费计算，山田六郎至少要付上1000万日元。这个数目，是他第一年营业收入的1/7。由于善于别出心裁，善于利用负面影响，巧做广告使其第二年的销售额达到了1.5亿日元，第三年4亿日元，到第四年时，跃居大阪市第一餐馆的地位，销售额高达18亿日元。

这种“逆向思维”，要求人们打破常规，跳出窠臼，将事情反过来思考，出其不意，攻其不备，使企业摆脱危机，实现超越。

(2) 公共关系

公共关系是指饭店为了与公众沟通信息，使饭店与公众相互了解，协调各方面关系，树立良好形象，提高饭店知名度和声誉，为饭店的市场营销活动创造良好外部环境而开展的一系列专题性或日常性活动的总和。这些活动始终贯穿于饭店企业的发展过程，既包括各项专业色彩浓厚的专题公关活动（如新闻发布会、大型庆典活动、大型酬宾活动等），还包括所有日常性的活动（如日常的服务活动、广告活动、礼仪活动等）。公共关系的优势在于其浓厚的“感情色彩”，往往能达到“以情动人”的效果。

饭店如何搞好公共关系

著名的营销学家考夫曼对饭店公共关系人员职责的阐述回答了这一问题。他的建议是：

1. 指定并完成公共关系计划，使之成为全盘工作的一个重要组成部分。这样将能提高饭店的声望。
2. 要利用公众舆论来支持饭店的管理工作。
3. 要保持一个牢固的信息传播网，它将把饭店的有关情况展现在各个目标市场。

4. 要散发有关资料和照片给那些经过挑选的新闻机构，你要做出精心的安排，使得宣传你们饭店的文章能够及时见报，你们饭店的有关人员能够出现在电视上。

5. 要用心写出新闻特写，并力求使它能够被全文刊用。

6. 要密切关注饭店的业务情况，因为这些都有可能成为宣传的素材。

7. 要策划并举办各种活动，并利用新闻界把这种信息传播到那些有可能前来参观饭店的政府要员和社会名流。

8. 要同新闻机构、贸易协会、商会、各种集会和旅游局、社团及政府机构代理人保持良好的关系。

9. 对于一切书面与实物资料，都应提出与实际一致的规范与标准。

10. 要经常更换布告栏、读者栏、大厅和电梯里的客人栏的内容，这样就能把饭店的设备和服务及时介绍给客人，并能使饭店的职工对此也有一个深入的了解。

11. 要通过受欢迎的信件、礼节，对刚下飞机的客人的问候和一些特殊的关照等来发展和保持同客人之间的良好关系。

12. 要为那些对饭店至关重要的社团和人物安排旅行。

13. 要对特别推销方法提出看法和建议。

14. 要建立政府要员和新闻机构人员的照片和自传的档案。

15. 要帮助建立和指导娱乐场所、特别项目、假日活动及其他与业务部门有关的销售项目。

16. 要成为饭店与外界新闻机构联系的纽带。永远记住，总经理应该是饭店的代言人。

17. 要及时收集报刊上有关宣传本饭店的文章，并送达总经理和其他管理者。

18. 要同其他社团和饭店的公关部门保持良好关系。

19. 要编发饭店内外动态刊物。

20. 要安排有总经理及部门经理参加的活动，如员工会议、讲演会等。

(3) 营业推广

营业推广也称销售促进，是企业用来刺激早期需求或引发强烈市场反应而采取的各种短期性促销方式的总称，目的在于劝诱消费者购买某一特定产品。饭店的营业推广，包括产品展销、现场操作、赠送样品等多种促销方式。营业推广的各种方式能使消费者产生强烈而又快速的反应，能被用来表现产品的特点，也能被用来通过刺激使即将低落的销售得到回升，但其推广效果往往是短期性的，对于建立长期品牌偏爱方面的效果并不理想。

(4) 人员推销

人员推销是一种古老的推销方式。饭店的人员推销指通过人际交往的方式向消费者进行介绍、说服等工作，促使消费者了解、爱好、购买本饭店产品或服务，如联系走访代理商、中间商、机关、团体、VIP 及零散客人。这种促销方式的优势在于强化了交易过程中的感情色彩，有利于培养稳定的交易关系，但促销人员成本较高。

产品策略、价格策略、营销渠道策略和促销策略，共同决定着饭店企业营销活动的成败。饭店应加强对这四大营销策略的有效实施和控制，提高整体营销效果。

4.5 饭店市场营销控制

营销控制是饭店市场营销管理中的最后一项管理功能。饭店营销控制与饭店营销分析、计划、执行等管理职能密切地结合起来，形成饭店完整的营销管理系统。作为营销系统中的一个环节，饭店市场营销控制是营销成功的保证。通过饭店营销控制，饭店可以发现营销计划中存在的问题，并据此提出改进现行饭店市场营销方案的措施。

4.5.1 饭店营销控制的形式

营销控制是指为了确保饭店实现营销计划目标而开展的分析、比较和调整等一系列有意义的活动。饭店营销控制通常有以下4种主要形式。

饭店决策层对营销部门的评估与控制 饭店营销部门的工作及业绩，直接影响饭店的餐饮、客房、财务、人事等部门的活动和成效。因此，饭店决策层对营销部门的控制相当重要，必须定期进行评估和调整。

饭店营销部门对其他部门的控制 饭店营销部门的工作必须得到其他部门的密切配合和积极支持方能顺利地开展。饭店决策层要从客观上赋予营销部门对其他部门工作的检查和协调权力。

饭店营销部门对中间商的控制 这主要是指饭店营销部门对旅行社等中间商的选择、评估和调整等工作。对饭店贡献大的中间商，饭店应给予应有的奖励，而对不守信用的中间商，饭店应考虑终止业务往来。

饭店营销部门的内部控制 这主要是指饭店营销总监或经理对营销人员的工作业绩等的评估和控制活动。

4.5.2 饭店营销控制的一般程序

饭店营销工作的开展遵循一套完整的控制程序，它包括如下5个步骤。

确定营销评估的内容与范围 可供营销评估的内容很多，范围很广。饭店计划期内所进行的营销活动都应包括在营销控制的范围之内，通常有对营销分析、计划、营销调研、营销组合因素的设计及营销人员的业绩等内容。

建立营销控制标准 即确定控制范围内各项活动的衡量标准。控制标准应尽可能定量化。

饭店营销活动实际结果的分析统计 控制者通过饭店营销信息系统，对计划期内所开展的营销活动进行统计分析，对各营销活动的实际结果进行总结。

营销活动结果与实际业绩标准的对比 营销控制者将营销活动的业绩与既定的标准进行一一分析比较，从而找出差距，以便修改和制定下一计划期的营销目标和策略。

分析产生差距的原因并提出改进措施 经过比较，营销控制人员对结果不理想的营销活动进行分析，找出产生差距的原因，并将分析结果总结成书面报告，连同提出的建议一并呈交饭店管理决策层，作为饭店下一阶段营销计划调整的重要依据。

4.6 饭店营销新理念

随着饭店市场的日益成熟，竞争日趋国际化、全球化。在这种新形势下，出现了一些新型的营销理念。这些营销理念丰富了饭店营销管理的内容，提高了饭店营销效果。

4.6.1 主题营销

4.6.1.1 主题营销的内涵

主题营销就是饭店企业在组织开展各种营销活动时，根据消费时尚、饭店特色、时令季节、客源需求、社会热点等因素，选定一个或多个历史或其他主题为吸引标志，向消费者宣传饭店形象，吸引公众的关注并使其产生购买行为。它的最大特点是赋予一般的营销活动以某种主题，围绕既定的主题来营造饭店的经营气氛。

（1）主题的差异性

与以往的营销活动相比，主题营销的特色在于强调差异，通过塑造一种与众不同的主题形象，使自己的产品与服务区别于竞争对手，优于竞争对手。差异的优势越明显，企业在竞争中的优势就越多，成功的机会也就越大。

饭店在确立差异化主题时，必须从客人的立场出发，调查分析客人的所有需求，包括细微的需求，从而确定主题。饭店所选定的主题切忌重复和随大流。饭店还要善于正确分析自身的优势和劣势，发挥本饭店各种资源的综合优势，扬长避短，形成其他企业一时难以模仿的主题，使本饭店的主题具有较长时期的稳定性，从而逐步形成垄断优势。

（2）主题的文化性

文化是主题营销的源泉和根本，是饭店的竞争力所在。主题应当是富有文化内涵的商业卖点，蕴涵丰富的文化特色。一个好的主题，不仅是饭店本身所具有的企业文化的高度凝结，也是传统文化、现代文化的凝聚。它能使传统文化、现代文化和饭店的精神气质相得益彰，同时又进一步形成不断的文化创新。寻找文化、挖掘文化、设计文化、制作文化产品和服务，应是饭店经营者最重要的事。饭店应在营销过程中体现一种健康的、积极的、民族的文化，并确保文化的独特性、唯一性和与饭店气质统一的对口性。以文化为生命的主题营销的兴起，在饭店行业中掀起了一股强劲的寻找文化、继承文化、发扬文化、创新文化的热潮，并由此形成了一个文化创新基地，推动饭店业高质、高速发展。

北大荒不了情

坐落在上海东北地区的上海大庆石油大厦，沿马路自上而下挂了6个硕大的红灯笼，上书“北大荒不了情”6个粗黑的大字。原来这是上海大庆石油大厦开办的特色餐厅，主要以北大荒为主题，回味上山下乡的生活。

“北大荒不了情”的餐厅从布置上就充满了浓郁的北大荒气息。门外是一大块木制的黑龙江地图，当年“知青”足迹所至之处在地图上一一标明。四壁挂满语录和标语，正面还有玉米、高粱、辣椒、大蒜等农产品做装饰物，“知青”用得颇多的锄头也在餐厅展示。大厅之内有3个包厢，被分别命名为“林海”“乡情”和“战友”，内中陈列着草帽、军装、语录本、木制猎枪、皮毛、水桶等在那个特定历史环境下的生活与生产的必需品，有的包厢内设计成东北老乡惯用的土炕，客人盘腿而坐；有的筑了土墙，把包厢一分为二。为渲染气氛，餐厅入口处还设计了一个陈列处，内放“知青”的“通知书”“乘车证”“饭票”等，在“小卖部”则挂着“好消息”的通知，上书：“凭条可购迎春烟5条、北大荒酒2瓶、猪肉半斤”。看了此条，人们不由得大发思旧之情。整个餐厅内的桌椅充满土气，餐具清一色是青边粗碗和陶瓷盆、碟，耳畔传来的是30年前最流行的革命歌曲，几大页菜单中洋洋洒洒列出数十种北大荒风味菜点：拉皮、皮冻、小鸡炖蘑菇、线粉炖肉、土豆丝、酸菜、酱黄豆、蒜泥拌茄子、酸黄瓜、窝窝头等。

“北大荒不了情”的特色餐厅吸引了众多“老知青”的目光，他们纷纷前来怀旧，其中不乏令人感叹、激动、兴奋的场面。许多客人临走前在餐厅门外的“联谊篇”上留下了自己的名片，期盼着与更多的老战友恢复联系。

4.6.1.2 主题营销的基本思路

饭店企业在组织策划各项主题活动时，应根据自身的特色、消费的时尚、对手的表现，因地、因时、因人，选择不同的主题。这些主题包括民族地理类主题、历史故事类主题、影视歌舞类主题、运动休闲类主题、文学艺术类主题等。饭店可采用不同的方式实践主题营销这一理念。

（1）完全主题化

完全主题化是指饭店赋予自身以不同的主题文化内涵，以主题饭店的面貌立足于市场并成为市场的最大卖点。主题饭店的概念起源于美国，著名的迪斯尼度假俱乐部、太阳国际度假公司等都是经营主题饭店的专业机构。近年来，主题饭店在地域上呈全球化分布趋势，并且可供选择的主题也趋向多样化，从原来单纯的与地理环境特征相一致的主题发展到音乐、博彩、高尔夫球、历史传说、体育活动等各种主题。在经营管理、营销策划、装修构思等方面均融入了新思路。

巴厘的硬石酒店

硬石酒店是以摇滚为主题的酒店，其客源对象集中于对摇滚有特殊偏好的人，有散客、家庭或团队。硬石酒店在店内所有活动场所打出“休闲、放松和摇滚”的宣传促销口号，酒店的核心是硬石咖啡馆，馆内从乐队、装饰、饮品、服务员到纪念品都是摇滚的化身，客人可在店内欣赏各种音乐，饭店还有专门的录音工作室，客人可现场制作各自需要的CD唱片。硬石酒店一改全球饭店的庄重的陈规和惯例，体现一种随意轻松的休闲氛围，并注重在店内全方位贯彻“摇滚理念”。在饭店内用以展示摇滚乐的各种纪念品和物件多达1100多种，就连咖啡厅的大门拉手也做成小小的“电吉他”，床单和枕头也印上了“Hard Rock”的字样。每天通宵达旦的摇滚乐表演是全店的亮点。而员工则用音乐行话来代替规范化、程序化的礼貌用语，如平常的 You are welcome（欢迎光临），在这儿被 That's cool（太酷了）所代替。饭店内每一项服务细节都能激起客人对摇滚乐的热情回忆，酒吧里的鸡尾酒都用著名的摇滚乐歌曲命名，即便是一张不起眼的行李标签上，也印上了自20世纪70年代以来风靡至今的摇滚歌曲“Hotel California”的歌词——You can always check out，but you can never leave（你可以不断进进出出，但你永远不会离去）！它信奉：作为一家摇滚主题的饭店，要拿的是美国优秀唱片最高奖——格莱美奖（Grammy Award），这比评上五星级重要得多。因为一家摇滚主题酒店得到全球唱片界的最高荣誉将能在摇滚客源市场里产生巨大的感召力，使之与其他五星级饭店明显区别开来。普天下五星级饭店多如星辰，而摘得唱片大奖桂冠的饭店却是独此一家。

在多元化消费时代，客人的需求呈现多样化特质。但并非每一种个性需求都可成为主题的源泉。对饭店而言，还应考虑更现实的市场需求量的问题，没有足够的量的支持，这类市场的有效力也将大为削弱。主题的选择必须围绕目标客源的需求进行，脱离需求的理想化主题或许能实现标新立异之目的，但因其缺乏雄厚的客源基础而无法在市场上长期站稳脚跟。饭店可选择与所在地地理环境和人文环境特征相一致的主题，如芝加哥素有爵士乐大本营之称，蓝屋饭店就是以爵士乐为主题的饭店；也可选择有特殊性或纪念意义的事件做主题，如根据大西洋失踪的城市传说，建造了寻找神秘失踪大陆的主题饭店；也可借助一些经营比较成功的主题餐厅、主题公园的主题概念进行延伸和输出，如迪斯尼主题。此外，饭店还应分析有这一需求的客人购买偏好的持续性和稳定性。现代消费者往往易受时尚、流行因素的影响。这就意味着对任何一类产品或服务而言，其生命周期正呈现不断缩短的趋势。而饭店以固定场所作为营销本体，一旦开始经营，在转型上就存在较大的退出壁垒，因此，在主题的选择上就应更为慎重。对饭店而言，主题的大众性意味着有足够的客源，但缺乏差异性，而主题的独特性虽可彰显饭店的差异性但又有缺乏客源根基之虑。原则上，主题饭店一般不宜走时尚化的设计思路，可采取试探性营销模式，分期分批开发设计产品，在推陈出新的基础上，形成系列化产品，稳步发展。

（2）部分主题化

部分主题化是指饭店通过开发各类主题客房、主题餐饮或主题娱乐等方式实践主题营销理念。以客房为例，长期以来，呈现一种千篇一律的“标准”模式和套房模式。而日趋个性化的客人希望能有一些个性化的产品与服务。因此，饭店在客房的设置上，应摆脱原先的“大一统”模式，开发各类具有个性主题色彩的客房，以满足不同客人的偏好，产生“宾至如归，宾见称奇，宾归思返，宾夸其效”的效果。而主题餐饮的出现，为饭店创造了一个新的经济增长点。近些年来，饭店中诸多的餐厅一反原先的泛化形象，开始向主题化方向转变，使客人在就餐过程中领略到文化的魅力。主题餐饮的生命力在于通过丰富多彩的活动、不断创新的产品形成主题特色。饭店还可通过举办主题美食周、主题宴会的方式体现主题营销理念。

4.6.1.3 主题活动

主题活动的本质是饭店在组织策划各类促销活动时，以某一文化作为主题，推销产品，推销这一主题文化。

饭店企业在策划经营型的主题活动时，应不断研究消费需求以挖掘“对路”的新卖点。这种主题活动成败的关键在于能否恰到好处地选择主题并做好相应的文章。鉴于此，饭店企业可根据一些时尚消费趋势，每月（或每季度）推出一个主题来引导消费，同时将饭店的环境、服务、品牌和文化融入主题进行全方位展示，以形象促消费；也可根据饭店的主题定位，策划各类主题活动强化饭店的主题特色。

饭店在组织实施各类经营型主题活动时，思路有二：一是依靠自身的力量，独自组织并推出各项主题活动；二是联合有关单位（如竞争对手、政府部门等）共同策划、组织主题活动。为扩大影响，做好主题文章，饭店可与有关单位共同策划并实施主题活动。

4.6.2 分时营销

分时营销自20世纪60年代问世以来，已在世界范围内得到迅速发展，成为风靡世界的一种饭店营销模式。随着消费者度假观念的成熟和国家相关政策的支持，分时营销将会逐渐深入人心，成为现代饭店主要的营销方式之一。

4.6.2.1 分时营销的概念

分时营销的英文为 time share marketing。它是指将饭店客房的使用权分时段卖给客人，即不同的消费者购买客房不同时段的使用权（简称时权），共同维护、分时使用客房，并且可以通过交换网络与其他消费者交换不同饭店的客房使用权。

分时营销把饭店客房的使用权按时段分割开，运用“时序性”这一特点，成功地引入了分时共享和分时交换这两大消费理念，从而实现了客房价值的最大化。

消费者可以每年在特定时段来享用该饭店的客房，也可以用自己的时段去“交换”同属于一个交换服务网络中的任何一家饭店的另一个时段，还可以享有时段权益的转让、馈赠等系列权益以及对公共配套设施的优惠使用权。按照国际通用的惯例，一般将饭店客房（也包括各种别墅、公寓）每年的使用期分为 52 周，将 52 周中的51 周分时销售给客人，其中 1 周用于维修保养。饭店所销售的分时产品，实际上就是在约定的时期内（一般为 20 ~ 40 年）每年拥有对这一客房 1 周的使用权。

4. 6. 2. 2 分时营销的过程

典型的分时营销过程包含饭店、销售代理商、交换公司、购买者四方之间的6种关系。这内在的 6 种关系基本体现了分时营销的运作原理。

饭店与购买者 在直接销售的情况下，饭店与购买者之间是买卖关系，即饭店将客房未来一定期限的时段使用权销售给购买者。双方以销售合同明确各自的权利和义务。

饭店与销售代理商 饭店与销售代理商之间是委托代理关系，即饭店企业委托销售代理商销售其分时产品，销售代理商按照双方委托代理合同的授权对外销售饭店的分时产品。

饭店与交换公司 饭店与交换公司之间是一种加盟关系，即通过双方的自由选择，交换系统批准符合条件的饭店将自己的分时产品加入交换系统的储备库中，与其他饭店企业进行交换。饭店则向交换系统公司支付相关费用。

销售代理商与购买者 销售代理商与购买者之间属于商业买卖关系，代理商按饭店的委托授权向购买者销售饭店的分时产品。作为饭店企业，在销售代理商向购买者销售时权时，要对自己在委托合同中的承诺负责。销售代理商在委托代理权限之外发生的其他问题，则需由销售代理商承担责任。

交换公司与购买者 购买者与交换公司之间属于服务产品的消费者与提供者之间的关系。购买者在使用网络交换系统实现分时交换时，需向交换公司支付费用。交换公司主要通过提供网络交换服务来获得收益。

开展交换的购买者与其他购买者 购买者如果通过交换系统与其他购买者进行交换，二者之间就成为通过合约进行的商业交换关系。因为购买者在将自己的房产使用权投入交换系统储备库的同时，明确表达了自己所希望得到的饭店分时产品的有关要求。这实际上就是发出要约。若双方条件彼此符合，交换系统将作为中介机构按统一制度规定的顺序将彼此符合条件的购买者联络到一起，实现分时交换。

4. 6. 2. 3 分时营销的运作模式

根据操作主体的不同，饭店分时营销的运作过程可以分为双边式、三边式、多边式三大类。

（1）双边式

双边式是分时营销最初始的一种模式，因此其运作过程也较为简单。大部分饭店组建自己的一个客户网络，然后将客房每年一定时段的使用权以非常优惠的价格提供给客户。购买者可以是个人，也可以是企业，一般用作度假或商务活动。这可以提高饭店的开房率，拓展客源，提高综合效益，其过程如图 4 – 3 所示。

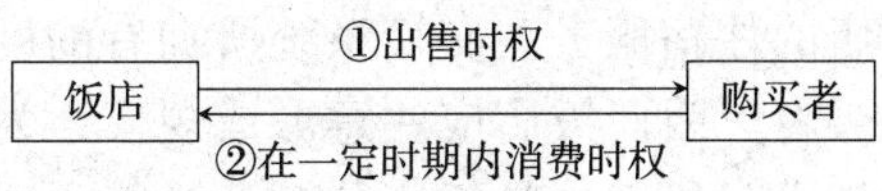

图 4–3 双边式分时营销

（2）三边式

分时产品有其一定的特殊性，因此必须采取有别于其他饭店产品的销售方式。但饭店的分时产品对于大部分消费者来说是一个新名词，其“先付费，后消费”的操作模式也很容易引起误解。所以，专业的销售公司便应运而生。无论在行政上这些销售公司是否隶属于饭店企业或其上级集团公司，在运营过程中，它们始终与饭店企业保持着委托代理的关系。其运作过程如图 4－4 所示。

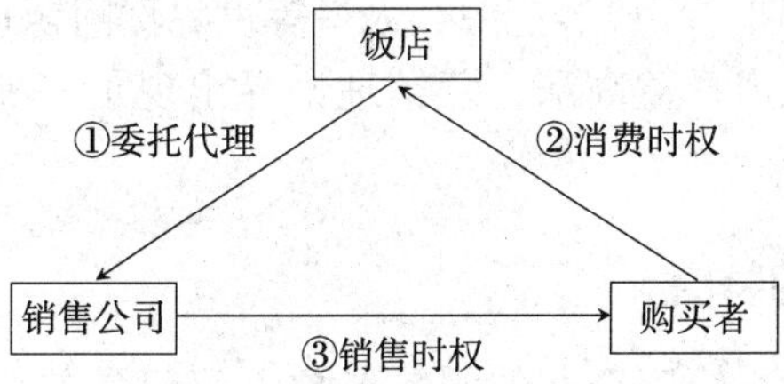

图 4–4 三边式分时营销

（3）多边式

当分时交换系统出现以后，整个运作过程又有了根本性的变化。因为分时交换系统起到了一个中介的作用，帮助购买者按照其意愿实现饭店时权的相互置换，这就在相当程度上扩大为市场范围，并进一步体现了专业化分工。专业的分时交换系统公司通常会把所有的时权信息进行整理归类，按照提交申请的先后次序及相应的配比条件来进行严谨的交换，并从中收取手续费。这样，即使是不同饭店、不同销售公司提供的时权产品，购买者也可以通过最后三步交换程序来实现置换。显然，多边式的交换程序比前 2 种要复杂得多，但却能更好地满足消费者的需求，其运作过程如图 4－5 所示。

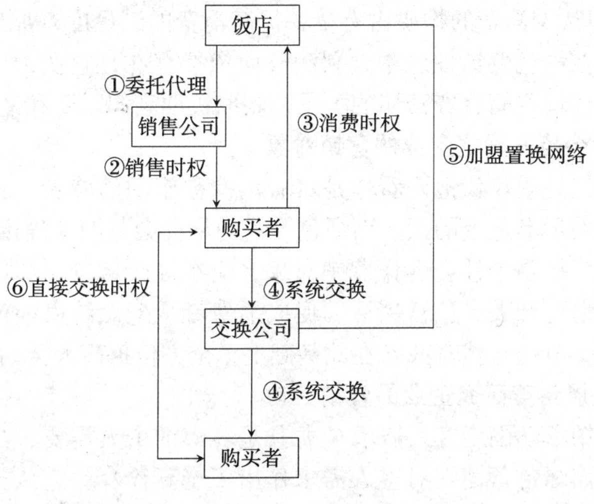

图 4–5 多边式分时营销

从消费者的角度来考虑，购买饭店分时产品的主要吸引力就是能够通过交换系统来享受不同度假饭店的住宿服务。交换系统所拥有的度假饭店越多，网络分布越广，就越能吸引购买者。因而饭店应注意形成规模，为消费者提供充分的选择余地。而选择适当的进入时机，也是饭店分时营销能否成功的关键因素。开发分时产品首先要充分考虑人们的度假需求以及他们的现实购买力。一般认为，当目标市场的度假需求逐步成熟时，最有利于开展分时营销。如果从供给方来分析，经济调整时期是进行分时营销的有利时机。在这一时期，经济高速发展时所留下的大量房产出现积压，便于饭店经营者以较低的价格收购，降低了经营成本。饭店还应设计各种灵活的消费制度来满足客人的需求，并在项目的设计上提供附属服务，提高饭店分时产品的附加价值，同时也能为饭店增加相关收入。

4.6.3 绿色营销

20世纪80年代后期，环境、能源、人口等世界性问题日益严重，人们的环保呼声、可持续性发展呼声日益高涨，营销理论界出现了一种全新的营销理念——绿色营销理念。

4.6.3.1 绿色营销的特点

绿色营销理念认为，饭店企业的服务对象不仅仅是单一的客人，还包括整个社会，整个环境。它要求饭店企业在营销活动中，不应以短期的、狭隘的利润作为行为导向，而应具备强烈的社会意识和环保意识。

绿色营销较之于传统的营销理念，其特点体现在以下3个方面。

（1）从战略高度框定企业的营销目标

绿色营销理念站在社会高度、长远高度看待企业的营销活动，它认为企业营销活动的基本出发点和归宿点应是社会整体效益、社会的长期发展，因此，饭店企业在开展营销活动时，不应狭隘地以经济利润最大化作为其目标，而应寻求企业可持续发展的营销模式。尤其是进入21世纪后，环保问题的日益尖锐要求企业的发展必须建立在自然资源和社会环境能够承受的范围之内。绿色营销理念认为：饭店是在一种“太空经济”中运行的，资源是有限的，因此，企业应在客人中提倡适量消费，而反对传统营销理念所提出的高消费、多消费，它认为企业应本着“少即多”（即减少消费的物质占有量，提高消费的满足度）原则实现企业的可持续发展。当然在绿色营销理念中，利润导向依然存在，它认为，企业获取利润享受成果和社会环境之间有着密切的关系，获取长期利润需要和谐的社会环境。

（2）从社会范围确定企业的营销对象

传统的营销理念仅仅把人看作是具有消费欲望的消费者，营销的基本对象是具有消费需求的形形色色的人。而绿色营销则从社会范围来确定企业营销的对象，它认为，企业应把整个社会看作营销对象，应在社会背景、环境背景下研究人的消费行为，并通过开展绿色营销活动促成消费者从毫无约束的消费物质资源转向保护自然资源、节约自然资源，在此基础上，全方位提高人类的生活品质。

（3）从发展角度研究企业的营销活动

传统的营销活动围绕客人需求（尤其是客人的个人需要、当前需要）是否得到满足展开，而绿色营销则对客人需求作出了全新诠释。它认为，既然客人的需要是多种多样的，企业应适时引导客人产生合理的需要，不仅要让客人在消费产品或服务时得到满足，而且还要考虑客人个人消费行为发生后，其他人和社会的需要是否得到满足，尤其是竞争对手的需要是否得到满足。在绿色营销理念的支配下，企业在营销活动中应注重人的价值，更多地把竞争对手看作是环境保护的合作伙伴。

4.6.3.2 绿色营销管理

绿色营销管理是一项系统工程，首先要求饭店树立正确的绿色消费理念，在这一基本方针的指导下，进行绿色营销管理活动。

(1) 培养绿色消费理念

即饭店应及时在员工、客人以及社会中树立绿色理念，尤其是要做好饭店各级员工的观念转变工作。同时，要以“社会整体利益至上”的观念代替原先“经济效益至上”的观念，加强员工的社会责任感和历史使命感。

(2) 成立相应的组织体系

饭店开展创建绿色饭店活动，要求有相应的组织体系加以保障。

为切实推进绿色营销活动，饭店应在管理机构上做相应的调整。饭店可视实际情况，增设环境管理部门及生态专职经理。

设立环境部 如桑加·萨比饭店虽面临市场疲软的压力，但早在1991年就设立了专门的环境部门，耗资数百万瑞典马克推出一系列生态保护计划和设施设备更新计划。

任命生态专职经理 1995年，中国香港日航酒店为推行生态优化和解决能源，并为通过ISO14000环境保护认证，就设立专职生态经理，协调相关事务。几年的实践证明，设专职经理既能改善能源供应系统，大幅度降低污染，又进一步提高了社会美誉度，顺利通过了ISO14000认证。

香格里拉的“绿色委员会”

香港的香格里拉大饭店专门成立“绿色委员会”，系统化推进可持续发展理念。绿色委员会的任务是制定饭店在创建绿色饭店方面的目标和计划，培训饭店内部专职的督察员，并监督各项制度的落实情况。香格里拉的“绿色委员会”每月召开一次会议，进行工作回顾和展望，如果达到了目标，则委员会将制定更新、更高的目标，在绿色之路上继续前进。饭店还专门设立3位“EMS经理”，担任饭店内部专职的环境监督员。

(3) 推行绿色教育

饭店应做好“绿色培训”工作。培训的对象分为内部公众和外部公众二大类。对于内部公众的培训，应本着自上而下的原则，从高层管理者到基层普通员工都进行培训，在员工中反复强调开展绿色饭店的意义。

对于外部公众的培训，主要侧重于让公众理解饭店开展绿色饭店的意义，以及怎样谋求公众的合作。许多饭店“培训”客人的做法是在客房内放置一张“绿卡”，提醒客人：为了减少对环境的污染，请客人将不需要更换的毛巾等放回原处，请客人自觉减少浪费行为等。

(4) 拟定相关制度

绿色营销活动的落实有赖于一套完整的规章制度。规章制度作为高压线首先规范了员工的行为。值得注意的是，饭店应将各种相关制度融入到饭店基本制度中，使之成为员工日常行为规范之一，突出绿色营销的重要性。有些饭店，虽然制定了详细的绿色管理制度，但这些制度却独立于饭店基本规章制度之外，影响了绿色管理制度的有效执行。在绿色制度的建立上，出发点应广，从战略的、整体的高度来研究制度的适用性、可行性和制度的影响面。许多饭店的绿色管理制度仅仅局限于节能环保，实际上，绿色管理的面很广。

（5）坚持6R绿色行动

Reducing（减量） 饭店应重视设备、设施的保养与维修，延长其使用寿命，减少更换频率；应制定科学的采购计划，分批适量购买各类物资，防止过度采购、储藏不当等原因而造成各种浪费；强化培训意识，预防因加工不当而导致各种浪费行为的产生；减少一次性消耗品的利用，减少废物和垃圾的产生；购买和使用体积小、重量轻、包装简朴的物资原料；安装各种节能装置，在走道、公共区域和商场等地装上节能灯、节水器等。

Reusing（再使用） 饭店应切实贯彻“物尽其用”的原则，做好可重复使用物品的二次循环利用。如有的饭店将用剩的肥皂头集中起来，用作洗涤、清洁拖把；客房部的大床单破损后可改制成小孩床单、枕套或吸尘器袋等。

Replacing（替代） 以多次可回收利用的物品来代替一次性物品。如有的饭店开始用布袋或藤篮代替原先塑料的洗衣袋；用消毒筷子代替一次性筷子等。

Recycling（循环使用） 饭店应加强不能重复使用物品和能源的循环再生利用，做好各项回收工作，使其重新变成可使用的资源。有的饭店发动员工收集废弃的易拉罐，将其制作成特殊的圣诞树装点饭店；有的饭店设立废旧电池回收箱。

Research（研究） 饭店应重视绿色营销理念的研究和落实，成立专业的研究小组，负责研究绿色营销的基本内容，编制各种活动计划，检测绿色营销理念的基本落实。

Reserve（保护） 饭店应树立积极的环境保护意识，推广绿色消费理念。

4.6.4 体验营销

经济发展的形态是从产品经济走向服务经济继而上升到体验经济。越来越多的价值不是来自产品本身而是来自所提供的经历和体验。消费者不仅重视产品和服务，更渴望获得产品依附的无形物质和文化效应所产生的体验。饭店应把握机遇，迎合消费者的需要，延伸拉长服务链条，提高服务附加值的比例，加强产品的主观性，制造和出售视觉、味觉、听觉、嗅觉、触觉等全方位的感觉。在令人愉悦的环境氛围中使饭店产品成为一种经历和体验，并为之制定相应的体验营销策略，切实付诸实践，为饭店在激烈的市场竞争中赢得主动。

4.6.4.1 体验营销的概念

体验是一个人达到心理或精神的某一特定水平时，意识中所产生的感觉和感受。体验是无形的，它的价值在于，它是消费者的一种即时感受。一个好的体验会作为美好记忆长存于消费者的心中，成为消费者宝贵的心灵财富的一部分。

所谓体验营销就是以体验作为营销内容的市场营销，是从消费者的感官、情感、思考、行动和联想5个方面来重新定义、设计营销行为的一种思考方式，是企业以商品为载体，以服务为舞台，以满足消费者的体验需求为目标而开展的一系列活动的总称。

饭店业在本质上就是提供体验的行业，饭店的产品与服务中如果没有体验，无疑是乏味和枯燥的，所以，体验营销就是以向客人提供有价值的体验为主旨，力图通过满足消费者的体验需要而达到吸引和保留客人，获取利润的目的。饭店体验营销从传统的卖产品和卖服务转变为卖体验。

4.6.4.2 体验营销的方式

（1）文化体验

一个好的饭店必定有其自己的企业文化。饭店文化对客人有潜移默化的感染力。饭店的产品和服务如果能凝聚丰富的文化内涵，就能使这些产品和服务在某一特定的消费区域和消费层次增值、走俏，它实质上构成了饭店产品流通的内在依据。所以，饭店要充分考虑客人深层文化消费心理，以文化观念为前提，从“德、智、美、情”4个方面来展示饭店的文明水平、文化特色、文化素养和审美情趣，使客人对饭店难以忘怀。

（2）氛围体验

饭店要有意识地营造一种和谐、温馨、浪漫和富有特色的氛围，使客人受到触动心灵的感染，流连忘返。通过氛围的营造吸引新客人、留住老客人是氛围体验的核心。氛围的营造需要长时间的努力，从硬件和软件2方面结合，投入较大的精力，充分发挥饭店全体员工的积极性和创造性，才能期望氛围营销成功。

（3）娱乐体验

娱乐体验就是饭店巧妙地为客人营造一种使客人身心得到愉悦的气氛。比如，微笑服务、饭店网上娱乐等。饭店要将饭店的经营管理融于娱乐之中，通过为客人创造无所不在的娱乐体验来吸引客人，达到促使客人购买和消费的目的。

（4）生活体验

生活体验就是以消费者所追求的生活方式为诉求，通过将饭店的产品或品牌演化成某一生活方式的象征，甚至是一种身份、地位识别的标志，从而达到吸引消费者，建立起稳固的消费群体的目的。进行生活体验营销要求营销人员有较高生活审美情趣和文化品位，能开社会风气之先，有敏锐的观察力，能成为新生活方式的创造者和推动者。

（5）情感体验

情感是人的主观体验，即人对自己心理状态的自我感觉，是消费者心理活动的一种特殊反映形式。消费者根据饭店的产品和服务能否满足他们的需要会产生不同的态度体验，会有高兴不高兴、满意不满意等情感体验。消费者对饭店积极的情感体验决定了其意志在购买活动中的坚决程度。开展情感体验营销，要求营销人员认真研究消费者的情感反映模式，努力为客人创造正面的情感体验，避免和去除负面的情感体验，从而在消费者心目中树立饭店的良好形象。情感体验是更人性化的营销方式，它真正从消费者的感受出发，细心体察与呵护消费者的情感。

（6）品牌体验

品牌是饭店产品和服务的个性体现，是品牌拥有者商誉的象征，是饭店文化、营销理念的反映，市场上响亮的品牌具有强大的促销功能。一个品牌最终只有被消费者所认识才有意义。所以，饭店营销人员一定要采取各种手段让消费者感知饭店的品牌。

开展品牌体验营销要求营销人员认真研究消费者对品牌的认知过程：品牌在消费者心目中形象的建立，包括品牌认知、品牌联想、品牌忠诚3个过程。品牌认知是消费者能认出或想起某类产品中某一品牌的能力。这是消费者心目中对某品牌有了一个确定的感觉，这种感觉经过提示或暗示可以出现。品牌联想是消费者心目中将某品牌与自己的希望或精神追求联系起来的一种品牌印象。品牌忠诚由于消费者对某品牌的信任而产生的偏好和信赖，从而形成长期的重复购买。建立品牌忠诚是饭店品牌体验营销的高级阶段，是饭店品牌所追求的最高境界。

【思考题】

1. 饭店营销管理的任务有哪些？
2. 解释STP分析。
3. 饭店制定营销计划一般包括哪几个环节？
4. 饭店市场营销管理包含哪些基本内容？
5. 饭店市场营销计划的实施步骤有哪些？
6. 饭店营销的特殊性表现在哪些方面？
7. 饭店产品设计具体内容有哪些？
8. 饭店常用的定价策略有哪些？
9. 饭店销售渠道策略有哪些？
10. 饭店促销策略的内容有哪些？

【经验性训练】

为当地一家三星级饭店“黄金周”做市场营销组合

【概述】

为当地一家三星级饭店“黄金周”做市场营销组合，学生们将分成4个小组。

【步骤】

1. 根据学生的自愿与兴趣，将学生分成4个小组。

2. 各小组选举产生小组长。小组长组织小组成员根据已经掌握的资料和兴趣，选择一个饭店企业为蓝本，为其制订有效的市场营销组合。

3. 每一小组确定营销组合策略的内容。4个小组分别制订产品决策、制订渠道决策、制订价决策和制订促销决策。

4. 教师指导每一个小组制订市场营销组合方案。教师也可以明确指定各小组要做的方案。如第一小组制订产品决策。指导学生在产品决策中要考虑：产品组合、新产品、品牌战略、产品生命周期等组合因素。第二小组制订渠道决策。指导学生在渠道决策中要考虑：市场展露度、分销渠道类型、选择分销渠道等营销组合因素。第三小组制订价决策。指导学生在定价决策中要考虑：定价决策的任务、制订价格时考虑的主要因素、制订价格的步骤、影响价格敏感性的因素、关注竞争者、制订定价目标、根据定价目标选择定价方法与策略。第四小组制订促销决策。指导学生在促销决策中要考虑：促销对象、促销目标、促销沟通渠道、促销预算、促销组合、促销方案的设计等因素。

5. 各小组完成策划方案后，上交一份书面报告。

【案例分析】

美洲会议饭店

美洲会议饭店位于美国芝加哥市商业区一个不太理想的地区。作为饭店来说，它发现自己难以在公司董事会议和大型会议市场上参加竞争，因为它被认为是位于正在衰败地区的一个巨大而又陈旧的饭店。

当饭店意识到芝加哥的会议计划者把它作为第二或第三选择时，饭店的管理班子稍微改变了饭店在市场的定位，以寻找其他可替代的市场。饭店打算抓住长期合同或“长住客人”的业务，它的目标是500间合同房。它要树立一个具有吸引力的价格而又非常受人欢迎的饭店形象。

美洲会议饭店在它的策略规划中使用了进攻性价格战术，以此来接触合同房的主要客源，比如，机组人员、列车乘务组、受培训人员等。饭店还研究了它的价格是否包括以下项目：餐饮、交通运输、服务费、货币兑换手续费、支票兑换手续费，甚至在饭店内的餐馆用餐的减免等。饭店还向中西部地区的航空公司和铁路运输公司的财务主管官员发出信函，阐明在美洲会议饭店签订长期合同房间的好处。价格和饭店可提供的包价项目是销售时大大强调的要点。饭店以后又对这些主管官员们做了追踪拜访，再次强调饭店所提供的优越条件。这些登门拜访使大量潜在客人来饭店进行了实地考察。只要是有决策人到饭店里来，饭店在多数情况下都能做成生意。

美洲会议饭店在保持合同房的业务中有一个新的理念：要关心长住客人，就能保住这类生意。饭店打算确保长住客人的需求得到满足。因此，饭店重新装修了80%的房间，增加了门卫服务以照顾前来团队。

美洲会议饭店发现，日夜餐厅服务和多变化的菜单对长期合同客人非常重要。于是，饭店的餐厅开始每日24h供应鸡蛋类食品并扩充其菜单。这些例子表明，饭店的餐饮是如何对饭店营销理念形成支持的。

美洲会议饭店所追求的另一个主要市场是旅游客人。汽车旅行商们特别受“最佳销售”和特殊包价项目的吸引，饭店把营销工作用在主要旅游商身上。为打入这个特别市场，饭店参加了全国性的和当地举办的旅游博览会。饭店的行动计划再次以进攻性价格战术和特别服务为特色。这些特别服务包括外汇兑换和夜间可选择食品供应等。这种市场的引导办法使汽车旅游商对饭店产生了强烈的需求。

现在饭店已成为具有吸引力价格的饭店而受到欢迎，它决定打入娱乐市场。这个市场的潜在客人是住在城外的居民，他们到饭店附近主要的剧场，观看戏剧和芭蕾舞演出。饭店把其特别包价项目和演出放在一起宣传，以便吸引这些潜在的临时客人。饭店成功地进入了这个新市场，而这新市场帮助饭店提高了淡季住房率。

美洲会议饭店还创造并向临时客人销售其他的促销包价项目。例如，在12月推销“客人之乐”，在春夏季推销“棒球之乐”，还有“家庭之乐”，即家庭付一个特别价，随行儿童免费。饭店的每一推销项目均含有自己的特色，而这个特色又与饭店的某一特别活动相关联。

美洲会议饭店恰当地实行了一个好的市场营销战略，在新的市场开发出长期需求，在3年转折期内将住房率从52%提高到80%。

【案例思考题】

1. 美洲会议饭店为摆脱困境采取了何种市场营销战略？

2. 从案例所述内容来看，美洲会议饭店采取了何种基本竞争战略？它又采取了哪些措施配合该竞争战略？

3. 该饭店如何逐步拓展和占领更多的细分市场？在拓展市场过程中，它如何培养自己的核心竞争能力？

【本章推荐阅读书目】

1. 市场营销学通论．郭国庆．中国人民大学出版社，1999.
2. 现代旅游饭店管理．吕建中．中国旅游出版社，2004.
3. 现代饭店管理．余炳炎．上海人民出版社，1996.
4. 现代酒店营销实务．何建民．辽宁科学技术出版社，1999.
5. 现代饭店营销策划书与案例．王怡然，等．辽宁科学技术出版社，2001.

第 5 章

饭店人力资源管理

【本章概要】

本章探讨了饭店人力资源的配备与储备的准则与方法，并对饭店员工招聘、培训 2 项重要的工作程序进行了系统的阐述，对饭店工作绩效管理以及饭店员工工资制度设计进行全面的诠释，最后就饭店企业面临的员工流失率过高问题进行了研究，并提出了切实可行的操作方法。

【学习目标】

- 掌握饭店员工配备与储备的方法；
- 掌握饭店员工招聘的工作流程；
- 掌握饭店员工培训的工作流程；
- 了解饭店工作绩效管理方法；
- 了解饭店员工工资制度设计的原理与方法；
- 了解饭店员工流失的原因及解决员工流失问题的策略。

【关键性术语】

人力资源、饭店人力资源、饭店人力资源管理、生产率、生产率标准、业绩标准、劳动预测、劳动定额、员工招聘、员工培训、评分法、个人品质考核法。

【章首案例】

马里奥特的家族经营哲学——人是第一位的

马里奥特公司创建于 1927 年，以经营餐饮业为主，1957 年建成第一家马里奥特饭店。目前主要经营 2 类业务：饭店和合同服务（包括食品、服务管理、机场服务和老年生活服务）。数十年的风风雨雨并没有改变马里奥特的初始经营哲学：以合理的价格提供优质产品，树立员工的自豪感，激发员工的热情，他们将会为客人提供一流的服务。

马里奥特对人的管理最有特点，它拥有最大的集权式的人力管理部门。从 1938 年起开始举办年度员工晚会，为员工集体上保险，赠给圣诞礼物、服务年限礼物，建立员工建议系统以改善员工关系。作为第一个倡导利润共享计划的人，马里奥特鼓励员工购买公司股票，在 20 世纪 90 年代每年拨出约 2000 多万美元的利润来发给员工，1993 年董事会拨款 2200 万美元来支持员工利润共享计划。为了吸引最好的员工，马里奥特采用新的工作设计和交叉培训，引导员工以最小的成本实现客人最大的满足，因而马里奥特的劳动生产率明显比其他饭店要高。

马里奥特成功的基石是饭店对员工的承诺，饭店管理者把员工看成是饭店最重要的资源。马里奥特坚信：只要善待员工，员工一定能照顾好客人。这种信念在公司创建时就成为了公司文化的一部分。马里奥特强调激发员工的自豪感，充分授权给员工，让员工创造性地解决客人的问题，通过晋升与提高的机会来激励他们、留住他们。

马里奥特本人工作态度非常严格，追求完美，把客人放在首位。他强调以产业为导向，不照搬传统经营理念。他总要亲自查看每一个客人投诉，对投诉的处理投入了大量心血。关注客人的偏好是马里奥特成功的重要原因，倾听员工的建议并积极对员工的意见做出反应。

在市场经济条件下，人力资源是最宝贵的资源，是饭店在竞争中生存与发展的最重要的物质基础。重视人力资源管理，学会改善人力资源管理的理论与方法，并把人力资源的管理提高到战略管理的高度，就能提高员工素质，为饭店创造持续的竞争力。饭店业是劳动密集型行业，饭店提供的产品是无形服务与有形证据在一定时空下的有机结合，饭店员工的服务对象是情感丰富、需求颇多、要求很高的客人，因此，饭店员工的心理素质、职业道德、业务素质和工作积极性等就直接决定着饭店的服务质量，进而影响到饭店经营的成败。如何调动饭店员工的工作积极性，对人力资源进行有效科学的管理，对饭店业的发展具有特别重要的意义。

5.1 饭店人力资源的配备与储备

饭店人力资源管理的第一步是要配备饭店所需的员工数量。饭店的员工配备是饭店人力资源的组织过程，饭店的经营管理就是依据饭店资源在空间和时间上合理的组织和配备才能顺利有序地进行。合理的配备与储备员工对实现饭店的经营目标十分重要。

5.1.1 饭店人力资源的含义

任何饭店要想稳定地拓展业务和提高经济效益和社会效益，都离不开“人”这个十分重要的因素。人的因素决定饭店经营管理的成败。但是人是一个复杂、可塑性、随机性最大的因素，人也是一个最难管理的对象。怎样才能人尽其才，是每一位饭店管理者必须时刻面对的问题。

所谓人力资源是指一切能为社会创造财富，能为社会提供劳务的人及其所具有的能力。人力资源从内容上包含4个方面：① 人的体质；② 人的智力；③ 具有特定范畴的才干；④ 人的意识观念状态和道德准则。只有这4个方面的组合才形成人力资源。人的体质与智力既是先天的，又可以在后天培养而获得。而特殊范畴的才干与人的意识观念状态和道德准则是人自身对各种知识的接受、融合及受外界社会条件影响，由感觉转化为意识而形成的。由于每个人在上述4个方面都存在着差异，因而人才又分为不同的层次。

饭店人力资源是指具有好的体质和正常智力，经过教育培养而具有饭店服务技能与管理才华，遵守职业道德的所有员工与资源。

饭店人力资源管理是指恰当的运用现代管理学中的计划、组织、领导、控制等职能，对饭店的人力资源进行合理配置、有效利用和激励，使其得到最优化的组合和积极性最大限度发挥的一种全面管理。

5.1.2 饭店员工的配备与储备原则

经济原则 饭店员工的配备首先应遵循经济原则，即科学有效地把员工组织协调起来，保证最大限度地利用饭店现有的人力资源，尽量减少劳动消耗，降低劳动成本。

自动原则 要使饭店企业的组织形式和人员配备有利于员工之间彼此协调、相互关怀、便于互助，使员工在其中感到心情舒畅。另外，饭店企业组织形式的设置要有利于员工积极、主动地分担劳动任务，自觉地承担责任，从而推动饭店组织自行地运转。

健康原则 应从生理方面使饭店企业与员工的主观条件相适应，积极为员工创造良好的工作环境和条件，使工作强度、工作环境和工作条件既有利于员工积极性的发挥，又能充分保障员工的健康。

安全原则 “安全第一”是饭店企业管理者时刻应遵循的原则，在配备员工时要考虑员工是否能够承担分配的责任和义务，能否安全地完成任务。

5.1.3 员工配备准则

员工配备准则主要用于帮助管理层计划和控制，要保证运行所需要的工时数和员工人数，同时也便于管理者掌握员工的生产率和业绩。还应估算人工开支和预算。员工配备需要如下几个术语。

生产率 指一个员工在指定时间内的工作产出。

生产率标准 指什么样的产量是可以接受的。

业绩标准 评价工作质量的标准。

劳动预测 用于估计指定时间内的劳动量的任何方法。

在进行员工配备预测的时候，上述术语被不断地重复使用。

（1）设定生产标准

建立员工配备准则的第一步是设定生产标准。有效的员工配备要求生产能按时按期完成。如果没有各个岗位的生产率标准，管理者可以根据以往的劳动生产记录确定标准。

表 5-1 某饭店餐饮部生产需求评价表

班次：晚餐

日期：开始 1/1 结束 1/7

	周一	周二	周三	周四	周五	周六	周日	平均
客人数	250	250	250	350	400	350	250	300
岗位	工作时数							
服务员	18	18	18	24	28	24	18	21.1
迎宾员	4	4	4	6	6	6	4	
酒吧服务员	6	6	6	6	6	6	6	6.0
餐厅服务助理	3	3	3	3	4	5	4	3
预厨	6	6	6	6	6	6	6	6.0
煮厨	6	6	6	6	6	6	6	6.0
煎厨	5	5	5	5	6	5	5	5.1
洗碗工	5	5	5	5	6	5	5	5.1

表 5-1 给出的是生产需求评价表中的一部分内容，由于每个班次的劳动生产率受很多因素的影响，因此每隔一段时间就要填写一份相同的表格，以准确估计

营运的员工需求量。生产率标准评估完成后，管理者要为每一个岗位制定生产率标准，一般标准以工时计算，这样会更准确一些。将员工生产率用于员工配备可以得出客人与员工的比率，换言之，建立生产率标准使饭店管理者在制定雇用计划时至少有一半的把握，另一半就看每个班次的客流量了。

（2）确定预计销售总量及客流量

要准确地预计人工就必须先预测每天的业务量。这种预测最好的依据就是以往的销售情况。如餐饮部经理每天都应记录餐饮的销售量，这个记录积累起来就可以作为历史数据进行预测。根据销售量，用这个数除以平均每人的用餐消费量，就可得出用餐人数。

如一家可容纳 100 人的特色餐厅，周五的平均销售额是 5000 元，平均每个客人的用餐消费是 20 元，于是可以推知周五的平均用餐人数是 250 人（5000/20）。

这种推算方法在很多情况下都可以使用。

（3）确定所要求的雇员数量

预测了销售量以后，就要确定需要多少员工为这些预计的客人服务。如上所述，假设生产率标准是每个服务员 1h 服务 10 位客人，如果餐厅周五晚上营业 5h，这天就需要 5 名服务员（250 名客人/5h 营业时间/每小时服务的 10 位客人）。但是照此推算，看不出周五哪一个时段最忙。表 5－2 给出的是以往周五每小时的客流情况。

表 5－2　某餐厅每小时员工需求量

营业时间	预计客流量	劳动或员工需求
16:30～17:30	40	4
17:30～18:30	50	5
18:30～19:30	70	7
19:30～20:30	50	5
20:30～21:30	40	4

如表 5－2 所示，由于客流量的变化，周五晚上餐厅一段时间需要 7 名服务员，其他时间只需要 4～5 名，如此可以调整班次，不必整个晚上都有 7 名服务员。调整班次时要注意安排一部分员工提前来做营业准备，另一部分员工做餐后的收尾工作。如果让所有的员工都同一时间上班、同一时间下班，则是最不经济的用工办法。比较经济的排班法见表 5－3。

表 5－3　排班样表

日期：周五　　　　预计客流量：上午＿＿＿＿　　　　部门：餐饮部

　　　　　　　　　　　　　　　下午 250　　　　岗位：服务员

时间 姓名	12 p	1 p	2 p	3 p	4 p	5 p	6 p	7 p	8 p	9 p	10 p	11 p	12 a	1 a	2 a	预计 用时
张晓惠					■	■	■	■								4
王力云					■	■	■	■								4
李　丽						■	■	■	■	■						5
赵　灵						■	■	■	■	■						5
周向阳						■	■	■	■	■						5
郑　童							■	■	■	■	■					4
汪　胜							■	■	■	■	■					4
合　计																

(4) 确定总工时

要确定总工时，就要把每个员工的平均工时数（上例中是5h）乘以预计员工数（7人），计算出总工时数。

(5) 预计劳动力支出

某特色餐厅周五晚上的劳动力支出可以用平均小时工资乘以预计总工时数计算出来，计算中必须考虑到营业前做准备和打烊后做清扫工作的人员和时间。假设服务员的小时工资是5元，则预计劳动力总支出是120元（5元×24h＝120元）。当然不是所有的员工都会严格按照排班表工作，因此这还仅是预计。最后，特色餐厅的经理要以同样的方法算出所有职位的劳动力支出，完成员工配备准则。

5.1.4 劳动定额与编制定员

饭店的劳动定额和编制定员，是合理组织饭店经营活动的中心内容之一，是编制劳动工资计划、调配人力资源的重要依据，是提高劳动效率的重要措施。也就是说，劳动定额和编制定员属于量化管理。

5.1.4.1 劳动定额的含义

劳动定额是饭店经营活动中活劳动消耗量的标准。即饭店员工在单位时间内完成的工作量，用货币量或实物量来表示。

5.1.4.2 制定劳动定额的意义

第一，劳动定额是饭店计划管理的基础。饭店以合理的劳动定额为依据编制劳动工资计划，可以根据饭店各岗位的任务和能力，有计划、按比例地分配劳动力，才能保证饭店经营任务的顺利实施。

第二，劳动定额是调动员工积极性和创造性，节约劳动时间，提高劳动效率的有力手段。制定劳动定额有利于饭店在现有条件下，通过劳动定额的贯彻执行，使各部门、班组及员工个人，明确其责任和应完成达到合理标准的劳动数量，挖掘潜力，节省人力，从而提高劳动效率。

第三，劳动定额是合理组织接待服务工作与合理定员的重要依据。任何集体性劳动，都必须有组织地进行，以便把各个活动在空间上和时间上协调起来。劳动定额规定了完成各项工作的劳动消耗量，是实行定员编制的基础，是组织各种相互联系的工作时间上和空间上配合与衔接的工具。只有依据先进合理的劳动定额，饭店才能制定科学的编制定员标准，合理地配备人员，才能编制出正确的计划，保证接待服务有计划地进行。

第四，劳动定额是合理组织工资、奖励工作，正确实行按劳分配原则的重要条件；是计算员工劳动量的标准，反映员工在一定时间内的劳动成果；是衡量劳动量和贡献大小的尺度。饭店可以依据这一尺度，来评定晋升员工工资等级和实行奖惩。

劳动定额是饭店人力资源管理中一项重要的基础性工作，在实际工作中，饭店的各个部门究竟采取哪种形式，应根据本饭店接待服务的特点来决定。客房、餐饮部门，一般都是以房间数、桌位数作为劳动定额进行劳动定额管理的。

5.1.4.3 劳动定额的制定方法

饭店制定劳动定额的基本要求是：既要先进，又要合理。先进合理的定额应是既能反映不断提高劳动效率和工作质量的管理要求，具有先进性，又是大多数员工经过努力可以达到的水平，具有可行性。制定劳动定额主要有以下方法。

（1）经验统计法

经验统计法是指以历史上实际达到的指标为基础，结合现有设备条件，经营管理水平和员工的技术、职业道德水平，预计劳动效率可能提高的因素，经过综合分析研究后制定出定额的方法。用这种方法制定的定额特点是：方法简便，工作量小，易于掌握，反映了员工的实际劳动效率，因而具有广泛的群众性，并且简便易行，比较适应饭店工作的特点。这种定额方法的主要缺点是工作方法粗放，制定的定额有平均化倾向，不够严谨。

（2）技术测定法

技术测定法是指通过分析员工的操作技术，在挖掘潜力的基础上，对定额各部分的时间进行计算和实际观察，制定和修订定额的方法。这种方法包括分析计算、工作日写实和测时2部分内容。分析劳动过程，操作技术和劳动日利用情况，确定每一劳动过程平均完成的工作量，最后测定出定额指标。用技术测定法制定出的定额，有较充分的科学依据，确定的定额水平比较准确，比较先进合理。因此，这种测定方法是一种比较科学的方法。饭店不仅生产有形产品，而且还要为客人提供服务，因此在采用技术测定法测定时要有自己的特点，最好采用经验统计法与技术测定法相结合的办法，以经验统计作为定额的基础，以技术测定法作为典型调查，来校正定额指标。

（3）类推比较法

类推比较法是指通过分析对比同类型或同类部、组类似工种的定额标准来确定劳动定额的方法。这种方法的优点是能保证有一个比较统一的定额水平，但在运用中，要注意同行饭店间、部门间、工种间定额指标的可比性，以减少类推比较中的误差。

5.1.4.4 编制定员的方法

由于饭店各类人员的工作性质和特点不同，确定人员数量的具体方法也就不一样。饭店的编制定员工作主要有以下4种。

（1）按劳动效率定员

这种方法就是根据工作量、劳动效率、出勤率计算定员。凡是实现劳动定额管理并以手工操作为主的工种，都可采用这种方法计算定员。饭店的客房和餐厅需要的服务员，主要取决于工作量大小和服务员的劳动效率。实行按劳动效率定员的方法，应切实把定员和定额直接联系起来，用经济手段实行定员管理。

（2）按岗位定员

这种方法就是按饭店内部组织机构、各种服务设施，确定需要服务人员服务的岗位数量，再考虑各个岗位的工作量、劳动效率、开动班次和出勤率等因素来确定人员。这种方法一般适用于饭店的前厅工作人员、综合服务设施服务人员、迎宾员、行李员、值班电工、设备维修工等。

(3) 按比例定员

按照与职工总数或某一类员工总数的比例，计算另一类员工的数量。如厨师按就餐人数的一定比例来计算；按照客房房间的总数以一定比例来确定整个饭店的定员人数；按一定比例确定服务人员和职能管理部门员工数量。这种方法简便易行又比较切合实际。

(4) 按组织机构、职责范围和业务分工定员

这种方法主要用于确定饭店管理者和工程技术人员的数量。采用这种方法，除了贯彻精简原则以外，还应考虑饭店规模、服务内容、管理特点、工作量大小、管理工作的基础、管理者的业务能力等因素，并参考同类型同规模饭店的定员资料，酌情决定。

员工规划工作比较复杂，涉及面广，以上几种定员方法要根据不同情况灵活运用，或几种方法结合起来运用。无论采用哪种方法确定定员，都必须从实际出发，对本饭店的经营特点、接待能力、服务内容、管理水平、发展规划，以及职工的职业道德、业务技术水平等因素进行分析研究。

5.1.5 饭店员工的储备方法

5.1.5.1 影响按正常方法配备员工的干扰因素

影响按正常方法配备员工的干扰因素是多方面的。常见的干扰因素有以下3个方面。

(1) 员工的病假与事假

每年员工因病、因事而请假，属于正常合理的行为，因此是必须考虑的因素。

(2) 员工的即时流动

饭店业是一个人员流动率较高的行业，饭店人员流动每年约在45%以上。员工在流动未落实前，为了避免原饭店对他采取的不利之举（如取消晋升机会等），往往在要走时才提出辞职，使得饭店在人力安排上措手不及。

(3) 客流量与工作量的波动

饭店的客流量和相应的工作量的波动一般有以下3种类型。

全年的季节性波动 据统计我国海外旅游者入境的旺季在5月、9月和10月，淡季在12月、1月、2月和3月，平季在4月、6月、7月、8月和11月。

每周的波动 实行每周5天工作制后，对大部分城市的商务饭店来说，商务客一般都在周一到周五之间到达，在周末即星期六和星期天常常出现门庭冷落的现象。

每天的波动 这突出地表现在餐厅与娱乐设施的经营上。早餐、午餐、晚餐与夜宵等不同餐次的客流量是不一样的。

以上因素说明，饭店除了按正常方法配备员工外，还需要有一定的员工储备来应付各种干扰因素。

5.1.5.2 饭店员工的储备方法

(1) 适当安排员工的工作时间

适当安排员工的工作时间包括2个方面：① 适当安排休假时间，如全年带薪假期可选择安排在淡季或实习生进店顶岗的时候；② 适当安排上班时间，可根据工作需要采取不规则的上班时间制和分段工作时间制。

（2）对专业相近岗位的员工进行交叉培训

对专业相近岗位员工进行交叉培训，以便使员工在忙闲不均时能互相照应。这种互相照应，既可以表现在正常工作时间内，又可以表现在业务时间里做超额工作。如有的饭店在零点餐厅忙时，安排宴会厅员工去帮忙；在宴会厅忙时，安排零点餐厅的员工去帮忙。

（3）建立一支临时工与后备员工队伍

如果有一支招之即来、挥之即去的临时工与后备员工队伍，既可解决即时流动产生的临时缺员问题，又可适应不断补充正式员工的需要。不少饭店除了有一支季节性的临时工队伍外，还与旅游学校建立良好的关系，每年安排一定数量的学生实习，为饭店建立了一支后备的员工队伍。

事实上，在工作量变化较大的部门，在保证服务质量的前提下，建立一支较稳定的临时工队伍是一个好方法。这样一方面可以节约由聘用固定工所增加的全年性工资支出和其他福利支出；另一方面对打零工的人来说，由于单位工资较高，可激励其完成工作高峰时刻紧张和劳累的工作。这种情况特别适用于旺季的宴会部与客房部。

5.2 饭店员工的招聘过程管理

5.2.1 员工招聘

员工招聘是指饭店根据其经营战略和发展要求，把优秀、合格的人招聘进饭店，并把适合相应岗位需求的人安排到合适岗位的全过程。为建设一支优秀的员工队伍，达到饭店既定的经营目标和经济效益，员工招聘是关键。

5.2.2 员工招聘的原则

（1）计划性原则

饭店人力资源管理中不能采取无计划的紧急征聘来满足饭店经营对人力资源的需求。随用随招的短期行为将会使饭店的人力资源管理工作陷入始终应付的被动局面，不利于饭店的长期发展。因此，饭店人员招聘应遵循计划性原则。

（2）择优录用原则

在饭店招聘员工过程中，有可能出现应聘者滥竽充数的情况。招聘必须根据饭店实际情况，因地、因店、因工种条件制宜，即依照饭店规模、等级、客源、工作岗位和质量要求的不同情况，以及饭店工作内容、劳动方式和业务能力等要求，对应聘者进行认真的筛选，甄选出真正符合饭店工作需要的员工。员工招聘来源渠道很广泛，饭店可以从各类、各级旅游学校毕业生中招聘所需的员工，还可以从人才市场、中介机构或猎头公司聘用员工。这样饭店选择员工的余地很大，招聘到合适员工的可能性就越大，就越有可能择优录用。

（3）服务意识强化原则

饭店服务是一种无形产品，饭店服务质量的好坏在一定程度上取决于客人的主观评判。它不像有形产品那样，做得不好可以重新返工。饭店的任何一个环节和服务人员出现问题，给饭店造成的损失常常是难以弥补的。优质服务是饭店获得竞争优势的前提，因此，在招聘时，应对应聘者的服务意识、服务态度和服务技能有足够的了解，留心那些善于倾听别人讲话、态度认真、微笑、知道致谢、为人热诚的应聘者，尽可能地选择具有较强服务意识的人，因为求职时表现出的这些行为的应聘者很可能会以同样的行为对待饭店客人。

（4）“先内招，后外招”原则

饭店的在职员工应该是招聘员工的理想来源。“内部选拔”不仅为饭店的招聘提供了现成的、训练有素的劳动力来源，而且对饭店的员工非常有益，给饭店员工提供了晋升的机会。如果员工认识到所在饭店一旦有机会首先考虑内部员工，则员工离开饭店的可能性就会小很多。有些饭店甚至首先让内部员工申请空缺的职位。空缺的职位被张贴在公告栏中或通过电脑公布于众，内部员工可以优先得到申请的机会。

（5）“就地、就近”原则

饭店工作辛苦、琐碎、复杂、工作时间长。员工加班的情况经常发生，尤其对一线服务部门而言。为了避免因交通问题、工作班次时间问题所造成的不必要麻烦，饭店员工的招聘工作应尽可能地坚持“就地、就近”的原则。

5.2.3 员工招聘的程序

员工招聘的程序包括招聘决策、发布招聘信息、招聘测试和录用决策 4 个步骤。

5.2.3.1 招聘决策

招聘决策包括需招聘员工的岗位数量、需招聘的员工数量、每个岗位的具体要求、招聘日期、委托进行招聘测试的部门、新聘员工到位的时间表等方面的决定。

招聘员工是涉及饭店未来发展的大事，在饭店内外部将产生很大影响，因此，必须慎重行事，尽量做到招聘指导思想明确、清晰，坚持少而精、宁缺毋滥、公平竞争，做到可聘可不聘的坚决不聘，可少聘也可多聘的尽量少聘，招聘来的人一定要充分发挥作用。一个岗位宁可暂时空缺，也不聘用不合适人选。招聘工作要合理化、科学化，对所有应聘的人都给予公平竞争的机会。

5.2.3.2 发布招聘信息

饭店在做出招聘决策后，要发布招聘信息，及时向可能应聘的人传送饭店招聘信息。发布招聘信息要做到覆盖面广，使接受信息的人尽量地多，这样招聘到合适人选的机会才能多。要尽可能早发布信息，以利于更多的人接受信息，增加应聘人数。要根据招聘员工岗位特点，向特定的人群发布信息。要选择合适的发布信息的渠道，如报纸、杂志、电视、新闻发布会等。

5.2.3.3 招聘测试

招聘测试的方法很多，常见的工作流程如下。

（1）审阅申请材料和简历

筛选求职者涉及对应聘者个人背景的快速评估，其作用是决定求职者是否应该参加面试。在此过程中，可以快速淘汰那些工作技能明显不符合要求的人。在筛选中，从求职材料和简历中可以了解到求职者的详细情况、资格和工作经历是否连续。开始审阅求职材料和简历时，要注意下列问题：

● 求职材料和简历整洁、美观吗？
● 工作经历中有间断吗？
● 该学生的平均积分点令人满意吗？
● 该学生的主修和副修科目与此项工作对口吗？
● 哪些技能求职者在以前曾实践过？
● 职业目标与申请的职位相符吗？

在此阶段，许多求职者由于技能和经验与职务不符、学校成绩不佳或其他原因而被淘汰。

（2）笔试

让应聘者书面回答或书面提出问题，可以是选择题或者是问答题。有条件的情况下可以聘请心理学家根据饭店的实际及工作环境设计问题，或检验问题的有效性。目前最常用的问卷是关于测试应聘者认识能力的问卷，包括一般智能、综合分析能力、数字能力、语言表达能力、办事能力和机械动手能力等。

（3）行为模拟

行为模拟对于评估那些过去没有工作经验的求职者尤其有用。如饭店正在寻找能够有效运用提示销售技巧的服务员，就可以让求职者模拟推销菜单上的产品。饭店可以向求职者提供一份角色说明、促销项目的资料和一个合作伙伴。如果饭店想通过面试寻找熟悉本市情况的饭店行李员，则应该询问求职者几个有关当地餐厅和景点的问题，以测试应聘者是否能圆满地回答客人的问题。如果饭店需要招聘一位厨师，也可以让求职者讲述一下一些普通菜肴的做法，甚至可以让应聘者当场制作菜单上的指定菜肴。行为模拟可以用来测试许多工作技能。事实上，测试一位办公室职员的打字水平就是一种模拟，因为这是在测试与工作有关的技能。饭店进行行为模拟的常见类型如下。

案例分析　求职者详细了解了客人或员工所处的情况后，口头阐述他们将如何处理每一种情况，或书面回答一些问题。

角色扮演　求职者扮演经理或接待客人的员工，表演如何解决难题。

“文案”处理练习　此活动特别适用于申请管理职位的求职者。要求应聘者纵览一系列与工作相关的任务后，按照它们的重要性及需要关注的程度，按先后顺序排列。

工作模仿测试　这种测试很普通，包括秘书职位的打字测试，厨师职位的烹调测试等。

问题分析　要求每一位应聘者分析与工作有关的一个难题的几种可能的解决方案。应聘者自己选择一种方案，口头或笔试为自己的决策做详细说明。

任务指导练习　应聘者扮演一位刚接受了一项任务的经理。应聘者必须拟订一份工作方案，详细说明应聘者应该做的事情。

（4）心理测试

一般采用问卷的形式进行，心理测试问卷是由专门机构制作完成的，饭店在招聘员工的时候直接应用就可以了，在测试员工心理时主要侧重于员工的性格特征，因为员工的性格在一定程度上影响员工的工作态度和工作热情，这是饭店行业不可或缺的行为准则之一。

(5) 面试

员工面试的主要目的是吸引、选拔和留住有竞争力的员工。吸引员工主要靠饭店企业的形象魅力，选拔是在企业和经过筛选将很有可能成为雇员的人之间进行的，留住员工是靠企业和职位给应聘者正确的第一印象和明确的工作目标职责描述。

面试成败往往与面试进行的不同条件有关。不同的面试者会使用不同的面试方法，即便训练有素的面试者因为受到饭店企业和环境的种种限制，其面试方式也会有变化。如果面试标准化、结构化，其可靠程度可能会大大提高，但是否能标准化则取决于面试环境而不是内容，包括面试者。饭店企业对面试环境的有意无意的改变，如改变面试时间、对吸引或选择应聘者的重视程度、决策的可信度等。因此，面试时要注意纠正下面常见的问题。

同化错误问题 面试者很容易犯同化错误，即他们会对与自己有某方面相像的应聘者更感兴趣，相像点包括个人兴趣、经历，甚至外貌；同样，他们也会对与自己完全不同的人有潜意识的排斥感。虽然与面试者是否相像与工作毫无关系，但确实影响着面试者的选择决策。

对比错误问题 在面试应聘同一职位的几个应聘者时，对几个应聘者有意无意地进行对比。其实不应在应聘者之间做对比，而应将应聘者的条件与企业的聘用标准进行对比。如 2 个很差的应聘者和一个中等的应聘者一起参加面试，因为与另外 2 个应聘者相比，中等的应聘者可能会被面试者认为是优秀的。这种评价错误就是对比错误。

夸大负面信息问题 人们很容易夸大负面信息而不是正面信息，也就是说当人们看简历时总是注意负面信息而不是正面信息。面试时也同样，面试者可能会更多地注意到并记住对应聘者不利的信息。

第一印象错误问题 很多面试者对应聘人的第一印象强烈，而且这种印象会一直影响整个面试过程。这种第一印象可能是见应聘者第一眼的感觉，也可能在面试前就形成的印象。

晕轮效应问题 有时面试者对应聘者某一方面的正面印象（如外貌、某一件事的处理表现、背景）会成为应聘者的整体印象。所谓晕轮效应，即某一方面的印象使面试者对应聘者的其他方面的评价也受这个印象的影响。

妖魔角问题 与真实的情形相反，某一个负面迹象或印象可能使面试者对应聘者的每一句话、每一个行动都持否定态度。出现这种情况就是妖魔角问题。

偏听偏信和错误记忆问题 面试者不会总是听到他们想听到的事，或记住别人所说的每一句话。实际上，面试一结束，面试者对刚听到的话忘记的比例会高达 75%，这主要是由于较差的听话习惯、面试时不做记录或走神。

近期错误问题 近期错误与应聘者最近的一个行为有关。面试者会记录刚过去的应聘者的行为或对问题的回答。这个错误在聘用内部员工时最常出现，由于面试者了解员工以前的资料，会对雇员最近阶段的表现记忆犹新，从而影响面试者的判断。

面试者主导问题 面试时信息流应该是双向的，但有时面试过程完全由面试者主导，而应聘者无法了解这份工作的有关信息。

非语言交流问题 约有 70% 的交流是不通过语言的，研究发现非语言交流方法包括衣着、微笑、说话方式和习惯、适当的目光交流，这些都会影响面试者对应聘者的印象。一项对饭店行业招聘的研究显示，面试者的决定几乎是完全根据应聘者的衣着打扮和行为举止而定的。面试者必须对形象和其他非语言交流持正确的态度，以免对应聘者的回答有不公正的反应。

面试前还要注意做好准备工作，可以遵循以下几个简单的法则来有效地丰富面试收集到的资料信息。

第一，面试前做好准备。认真研究面试者的简历及相关的信息，以备面试时集中精力。

第二，布置好面试环境。要尽可能避免面试注意力的分散，要保证面试是精力集中在应聘者和面试程序上。应尽量避免在面试过程中被电话或来访者打断这样的情况发生。

第三，建立与应聘者的融洽关系。建立融洽的气氛可以使应聘者放松并且畅所欲言，这可以帮助面试者更多地了解应聘者。

第四，了解这项工作。面试者事先必须认真研究工作，了解用人岗位的工作性质。

5.2.3.4 录用决策

录用决策是员工招聘工作的最后一环，也是十分重要的一个环节。保证录用决策的正确应注意以下2点。

第一，当经过测试，最终合格人选少于所需要人员数量时，应避免将就心理，坚持选优原则。

第二，当经过测试，最终合格人选多于所需要人员数量时，要考虑以下几个问题：

- 重工作能力，在其他条件相同时，工作能力强的优先录用；
- 重工作动机，在工作能力基本相同情况下，希望获得这一岗位动机强的优先，因为获得岗位动机强烈的，往往比动机不强的人工作积极性和工作绩效要高；
- 不录用超过任职资格条件过高的人，以避免跳槽情况的频繁发生，使饭店工作遭受损失。

如果考虑上述几点后，仍无法确定人选时，可以再进行一次测试，并加大测试的差别，以增强决策的信心。

一般面试问题

相关工作背景

你以前的工资总收入和净收入是多少？
你希望什么样的工资水平？你可以接受的最低线是多少？
你都有过哪些福利待遇？你为此要付多少钱？
你是否一般每周工作40h？你可以加班多长时间？
你希望一周工作多长时间？
一周中哪几天对你最合适？
你以前周末工作过吗？在什么地方？多频繁？
你最喜欢当什么班？什么班你不能做？
你是一个早上工作效率高的人，还是晚上工作效率高的人？
工作之前你最喜欢去哪里？
你如何保证按时上班？
你的交通方式可靠吗？

你认为一年中迟到或缺勤几天算正常？
你刚参加工作时做的什么职位？你前一个工作职位是什么？
你在前一个企业的起薪是多少？你离开时的薪水是多少？你是如何获得加薪的？
你在前一个企业有多少人是你领导的？
你最主要的工作职责是什么？
你在下一次工作中要避免的3件事是什么？
你希望有什么样的主管？
你为什么选择这样的工作？

教育及智能

你最喜欢和最不喜欢的学科是什么？
你觉得你的成绩能反映你的整体能力吗？
你取得好成绩的主要原因是什么？
你有没有想过继续学习深造？
你为什么选择这所学校？这个专业？
这是一所好学校吗？为什么？
如果你重新来过，你还会做同样的选择吗？为什么？
你过去的6个月中，你学到的最重要的东西是什么？
你喜欢看书吗？喜欢看什么书？

身体条件

你业余时间做什么？

你在前一个企业工作时迟到或缺勤过几次？你觉得那是正常情况吗？迟到或缺勤的原因是什么？

在你工作的企业中，他们对迟到或缺勤管理得是不是很严格？你觉得他们的制度公平吗？他们曾经找你谈过吗？

你认为什么样的睡眠才算是好睡眠？

个性特点

(以下是一些通用问题，适用于年轻人。)
你家里对你当厨师怎么想？
你做第一份工作时多大年龄？
你的第一份工作是什么？
你的第一个老板怎么样？
你是怎么找到第一份工作的？你最近的一份工作是什么？
(以下是通用问题，可以根据你的需要更换工作。)
前台接待员和预定员，你认为哪一个责任更大一些？
你认为正餐服务员之间的竞争是不是太厉害了？
你如何对待一个从来不给小费的客人？
你是否遇到过对什么都非常不满意或经常抱怨的客人？你如何平息客人的怒气？
你是否受到过不公正的责骂？
你认为厨师辞职的主要原因是什么？
你觉得一个称职的前台接待员最重要的职责是什么？为什么？
为什么客房服务员的工作非常重要？
如果主管坚持让你用一种方法干一件事，而你明知有更好的办法时你怎么办？
你有没有碰到过偏心的主管？对此你会如何处理？
你最想去哪个企业工作？最不想去哪个企业？为什么？
如果你管理这个部门你会做哪些改变？你曾经试过这种改变吗？
你在工作中的最大成就或贡献是什么？
你愿意再回到原单位工作吗？为什么？
谁是你曾经接触过的最好的主管？谁是最差的？
是什么原因使你做一份工作做了这么久？
你认为哪些是你能为企业带来的，而其他应聘者不能的？

你认为你以前工作企业的产品很好吗？

你离开前一个工作时提前多久通知他们的？为什么？

你曾经独立出面做出过什么决定吗？你做这个决定花了多长时间？你在做决定前都考虑过什么？

你前一个老板和同事是怎么形容你的？

前一个工作业绩评估中认为你需要改进的地方是什么？

你从工作中学到的最主要的东西是什么？

你对收入和现状满意吗？

你最大的3种财富是什么？

你觉得自己最需要改进的3个方面是什么？

你做过的最值得骄傲的事情是什么？

你希望5年后你在做什么？10年以后呢？你如何向这个目标努力？

在你身上发生过什么最可笑的事？

对管理者的问题

你离开前一个岗位时是谁接替了你？

你对你的员工做过什么样的培训？

你过去的12个月中为改进你所管理的部门和客户做过什么工作？

你认为作为经理来说最重要的是什么？

你最大的竞争对手是谁？他们有什么优势和劣势？

你是否有过不受支持的观点？

作为主管，你的员工怎样形容你？

你为什么觉得现在的员工很难鼓动？

在你前一个岗位上你曾经解雇过多少员工？什么理由？

5.3 饭店培训过程管理

饭店业在员工培训方面一直处于进退两难的状况已是一个历史问题。一方面，每个人都认为培训是有意义的，是保持企业竞争力的工具。高层管理者对培训问题一直是只说不做，只强调培训的重要性，但却没有持之以恒、坚决彻底地实施员工培训计划。培训能提高员工的技术水平，继而提高服务质量和客人满意度是一个不争的事实。但是为什么得不到贯彻实施呢？由于员工流失率高，饭店业相关企业无法证明用于员工发展的巨大开支是值得的。饭店企业花费巨资培训新员工，结果他们都流失到了其他的饭店集团，甚至其他行业。这种情况只能加重培训投资的负面影响。

越来越多的事实证明，普通员工缺少客人所要求的基本工作技能。随着客人要求的提高，员工必须学会如何快速地处理客人的投诉，如何彻底地打扫房间，如何敏锐地觉察残疾客人的需求。卓越的饭店经营者霍斯特·舒尔茨认为“培训的任务是创造员工与客人之间的默契”，因此要传授给员工他们所需要的全部技能，以便使每一位客人都能有一次满意的经历。事实上，没有正确的方式，员工们将难于博得客人的称赞，不会提供赢得回头客的高水平的服务。饭店要求其管理者和员工参加各种培训，包括服务、多种经营、授权、交际、技术、环境卫生、安全等。

为了保持竞争优势，饭店企业必须缩小员工拥有的技能与他们为客人提供高水平服务所需技能之间的差距。培训是提高业务技能、缩小知识差距的最有效的方式。

5.3.1 员工培训的含义与特点

(1) 培训的含义

培训的概念至今并没有一个统一的定义，通常有下面的一些可供参考的定义。

培训概念一　指各组织为适应业务及培育人才需要，用补习、进修、考察等方式，进行有计划的培养和训练，使其适应新的要求，不断更新知识，拥有旺盛的工作能力，更能胜任现职工作及将来能担任更重要职务，适应新技术革命必将带来的知识结构、技术结构、管理结构和干部结构等方面的深刻变化。

培训概念二　指向员工传授工作所需知识和技能的任何活动，是与工作有关的任何形式的教育。

培训概念三　指创造一个环境，使员工能够在这一环境中获得或学习特定的与工作要求密切相关的知识、技能、能力和态度。

培训概念四　指给新员工或在职员工传授具备完成本职工作所需的基本技能的过程。

总之，培训指的是员工通过学习，使其在知识、技能、态度上不断提高，最大限度地使员工的职能与现任或预期的职务相匹配，进而提高员工现在和将来的工作绩效。

(2) 培训的特点

员工培训的全员性　培训的对象上至管理者下至普通员工，这样通过全员性的员工培训可以极大地提高饭店企业员工的整体素质水平，有效地推动饭店的可持续发展。同时，管理者不仅有责任说明学习应符合战略目标，要收获成果，而且也有责任来指导评估和加强被管理者的学习。另外，培训的内容包括生产培训、管理培训、经营培训等饭店内部的各个环节的培训。

员工培训的终身性　单凭学校正规教育所获得的一点知识不能迎接社会的挑战，必须实行终身教育，不断补充新知识、新技术、新经营理念，才能不断获得竞争优势，使饭店始终处于领先行列，立于不败之地。

员工培训的多样性　是指培训的范围已从饭店扩展到整个社会，形成学校、企业、社会的三位一体的庞大的完整的员工培训网。培训的方式有饭店企业组织的培训、有社会组织的业余培训、有大学为企业开办的各类培训班。

员工培训的计划性　饭店把员工培训纳入企业的发展计划之内，在饭店内设有员工培训部，负责有计划、有组织的员工培训教育工作。

员工培训的强制性　饭店企业的员工接受在职培训是必须的，也是强制的，这是饭店发展的需要。

5.3.2 员工培训程序

5.3.2.1 设置培训目标

培训目标的设置是饭店企业进行培训工作的第一项任务，培训目标决定了培训体系中其他因素的设置。而在设置培训目标中，员工的工作分析、个人分析和饭店企业的组织分析至关重要。通过分析，要明确员工未来需要从事的某个岗位，若要从事这个岗位的工作，现有员工的职能和预期职务之间存在着一定的差距，消除这个差距就是饭店的培训目标。因此，培训目标要进行细化、明确化、具体化，具有可操作性。如培训目标要解决员工通过培训后了解什么、能够干什么、有哪些改变等问题。通常的情况是要确实明了员工的现状，知晓员工具有哪些知识和技能，具有什么样职务的职能，而企业发展需要具有什么样的知识和技能的员工，预期中的职务大于现有的职能，则要求培训。通过提高能力，达到员工的“职务”与“职能”相一致。“职务”和“职能”二者都是变量，当职能提高了，需要开发职务，使二者保持一致。当职务超过了能力，就需要进行培训，开发职能，使二者复归一致。由于培训的对象是在职员工，能否做好培训工作取决于诸多因素，培训并不是万能的，而且培训要讲求成本收益，因此，培训能否促进员工的个人行为发生所期望的转变成为关键。如果聘用了技能不符合要求的人或者是恶劣的态度问题等，则不是培训所能解决的问题，不需要培训；若存在的问题培训能够解决时，则进行员工培训。

5.3.2.2 选择培训内容

在明确了培训的目的和期望达到的学习目的后，就需要确定培训中所应包括的传授信息。尽管具体的培训内容千差万别，但一般来说，饭店培训内容包括3个层次：知识培训、技能培训和素质培训。究竟该选择哪个层次的培训内容，应根据各个培训内容层次的特点和培训需求分析来选择。

（1）知识培训

这是饭店培训中的第一层次。员工只要听一次讲座，或者看一本书，就可能获得相应的知识。在学校教育中，获得大部分的就是知识。知识培训有利于理解概念，增强对新环境的适应能力，减少饭店企业引进新技术、新设备、新工艺的障碍和阻挠。同时，要系统掌握一门专业知识，则必须进行系统的知识培训。饭店企业仅停留在知识培训层次上，效果不好是可以预见的。

（2）技能培训

这是饭店企业培训中的第二个层次。所谓技能即指员工的操作能力。技能一旦学会，一般不容易忘记。招进新员工，采用新设备，引进新技术都不可避免要进行技能培训，因为抽象的知识培训不可能立即适应具体的操作，无论员工如何优秀，能力如何强，一般来说都不可能不经过培训就能立即操作得很好。饭店的技能培训包括的内容很多，不同的岗位需要不同的技能，在培训时要因人而异，因岗位而异。

（3）素质培训

这是饭店企业培训的最高层次。素质是指个体能否正确地思维。素质高的员工应该有正确的价值观，有积极的态度，有良好的思维习惯，有较高的目标。素质高的员工可能暂时缺乏知识和技能，但他们会为实现目标而有效地、主动地学习知识和技能。素质低的员工，即使已经掌握了知识和技能，也可能不会用。

培训时选择哪个层次的培训内容，是由不同的受训者具体情况决定的。一般来说，管理者偏向于知识培训与素质培训，而一般员工则倾向于知识培训和技能培训。它最终是由受训者的“职能”与预期的“职务”之间的差异所决定的。

5.3.2.3 确认培训教师

培训教师可分为内部培训教师和外部培训教师。

（1）内部培训教师

内部培训教师包括饭店的管理者、具备特殊知识和技能的员工。

（2）外部培训教师

外部培训教师是指专业培训人员、专业学校的专业教师等。

（3）确认培训教师

选择何种培训教师，最终要由培训内容及可利用的资源来决定。饭店的管理者、具备特殊知识和技能的员工是饭店的重要内部资源，利用内部资源，可使受训者和培训者各方都得到提高。饭店内的管理者是比较合适的人选。首先，他们既具有专业知识又具有宝贵的工作经验。其次，他们希望员工获得成功，因为这可以表明他们自己的管理才能。最后，他们是在培训自己的员工，所以肯定能保证培训与工作有关。无论采取哪种培训方式，饭店的管理者都是重要的内部培训资源。具备特殊知识和技能的员工也可以指导培训，当员工培训员工时，由于频繁接触，一种团队精神便在饭店中自然形成；而且，这样做也锻炼了培训指导者本人的管理才能。当饭店业务繁忙，饭店内部分不出人手来设计和实施员工的培训方案时，那么就应求助于外部培训资源。工作出色的人员并不一定能培训出一个同样工作出色的员工，因为教学有其自身的一些规律，外部培训资源恰好大多数是熟悉成人学习理论的培训人员。外部培训教师可以根据饭店需求来量体裁衣，并且可以比内部培训教师提供更新的观点，更开阔的视野，但外部培训教师也有其不足之处。一方面，外部人员需要花时间和精力用于了解饭店的情况和具体的培训需求，这将提高培训成本。另一方面，利用外部人员培训，饭店的管理者对具体的培训过程不负责任，对员工的发展逃避责任，从而导致培训效果不佳。

外部培训教师和内部培训教师各有优缺点，但比较之下，还是首推内部培训教师，只有在饭店业务确实繁忙，分不开人手时，或确实内部培训教师缺乏适当人选时，才可选择外部培训教师，但尽管如此，也要把外部培训教师与内部培训教师结合使用才为最佳。

5.3.2.4 确定培训日期

什么时候需要就什么时候培训，这是显而易见的道理。但事实上，在饭店要做到这一点并不容易，且往往步入一些误区，如许多饭店往往是在时间比较方便或培训费用比较便宜的时候提供培训，或在旅游淡季培训员工以防止影响生产经营。但是这样做的结果却因为未及时培训而造成员工服务质量下降或其他事故的发生，代价更高。因此，员工培训方案的设计必须做到何时需要何时培训，通常情况下，有下列4种情况之一时就需要进行培训。

（1）新员工入职

所有的新员工都要通过培训熟悉饭店的工作程序和行为标准。即使新员工进入饭店前已拥有了优异的工作技能，也必须了解饭店经营管理中的一些差别，很少有员工刚进入饭店就掌握了饭店需要的一切技能。

（2）员工即将晋升或岗位轮换

虽然员工已经成为饭店的老员工，对于饭店的规章制度、饭店企业文化及现任的岗位职责都十分熟悉，但晋升到新岗位或轮换到新岗位，从事新的工作，则会产生新的要求，尽管员工在原有岗位上干得非常出色，对于新岗位的准备却不一定充分，为了适应新岗位，则要求对员工进行培训。

（3）由于环境的改变

要求不断地培训老员工。由于多种原因，需要对老员工进行不断培训。如引进新设备，要求对老员工培训新技术。购进新软件，要求员工学会安装与使用。为了适应市场需求的变化，饭店都在不断调整自己的经营策略，每次调整后，都需对员工进行培训。

(4) 满足补救的需要

由于员工不具备工作所需要的基本技能，从而需要培训进行补救。在下面2种情况下，必须进行补救培训：

- 由于劳动力市场紧缺或行政干预或其他各方面的原因，不得不招聘了不符合要求的职员；
- 招聘时看起来似乎具备条件，但实际使用上其表现却不尽人意。

在作培训需求分析时，确定需要培训哪些知识与技能，根据以往的经验，对这些知识与技能培训做出日程安排，看大致需要多少时间，以及培训真正见效所需的时间，从而推断培训提前期的长短，再根据何时需用这些知识与技能及提前期，最终确定培训日期。

5.3.2.5 营造培训环境

要使培训富有成效，饭店必须认真考虑员工培训所需的学习环境。这包括物质环境和感情环境。最理想的做法是饭店企业另辟专门的培训地点，这样做不仅方便培训的经常举行，还可以让饭店中的每一位员工知道培训在本饭店中的重要性。

促进学习的物质环境包括以下内容：

- 参加培训者可以很容易地到达培训地点；
- 温度和噪音得到控制；
- 座位舒服，并可以随意摆放；
- 有会议室，也要有小组活动的空间；
- 技术设备，如录像机、电脑；
- 色彩宜人的装饰。

饭店企业绝不能忽视感情环境的辅助作用。一个主管、经理甚至员工都会对培训工作的成败产生很大影响。他们的言谈举止都在暗示学习的价值和效果。如果培训前对培训是一种支持和鼓励的氛围，接受培训者将会对培训的效用持积极的态度，进而会积极地参与学习。如果参加培训者的主管们对培训持怀疑和否定态度，他们将没有学习新技能的积极性，接受培训后他们也很少有机会在工作中运用这些新技能。

培训后的情况，或者叫培训后的环境，也是极为重要的。培训效果将会受到员工返回工作岗位后所发生事情的影响。在技能的运用过程中，如果饭店继续给受训者以反馈，并鼓励他们运用所学的知识，实现培训转化，这样，受训者对职业培训中所学的知识、技术和能力的运用程度会大大提高。

5.3.2.6 落实培训经费

培训经费预算既可以按照完成计划培训任务实际所需要的经费来计算，如聘请培训教师、租用教室、购买书籍和教学设备用具等所需的费用，也可以按照一个固定的比例来提取，如香格里拉饭店集团按每年员工工资的5%来提取培训费。

5.3.2.7 确定受训员工

根据饭店的培训需求分析，不同的需求决定不同的培训内容，从而大体上确定不同的培训对象，即受训员工。

（1）新员工受训

岗前培训是向新员工介绍饭店的规章制度、企业文化以及饭店的业务和同事。新员工来到饭店，面对一个新环境，他们不太了解饭店的历史和饭店企业文化，不了解饭店的运行计划和远景规划，不了解饭店相关政策，不了解自己的岗位职责，不熟悉自己的上司、同事及下属，因此新员工进入饭店或多或少都会感到紧张不安。为了使新员工消除紧张情绪，使其迅速适应饭店环境，饭店企业必须针对以上各方面进行岗前培训。

（2）老员工受训

对于即将升迁的员工及转换工作岗位的员工，或者不能适应当前岗位的员工，他们的职能与既有的职务或预期的职务出现了差异，职务大于职能，对他们就需要进行培训。对他们可采用在岗培训或脱产培训，而无论采用哪种培训方式，都是以知识培训、技能培训和素质培训为内容，而不同内容的知识培训、技能培训和素质培训确定了不同的受训者。在具体的培训需求分析后，根据需求会确定具体的培训内容，根据需求分析也确定了哪些员工缺乏哪些知识或技能，培训内容与缺乏的知识及技能相吻合者即为本次受训者。

虽然培训内容决定了大体上的受训者，但并不等于说这些就是受训者，还应从确定的这些大体上的受训者的角度看其是否适合受训。首先，看这些员工对培训是否感兴趣，若不感兴趣则不易让其受训，因为没有积极性，效果肯定不会好。其次，要看其个性特点，有些员工个性是先天的，即使通过培训能掌握所需的知识、技能，但他们还是不适合该工作，则属于要换岗位，而不是需要培训。因此，饭店要从培训内容及受训者本身性质2方面考虑，最终确定受训者。

5.3.2.8 完善培训方法

饭店培训的方法有多种，如讲授法、演示法、案例法、讨论法、视听法、角色扮演法等。各种培训方法都有其自身的优缺点，为了提高培训质量，达到培训目的，往往需要各种方法配合起来，灵活使用。培训时可根据培训方式、培训内容、培训目的选择一种或多种方法配合使用。

（1）讲授法

讲授法就是指讲授者通过语言表达，系统地向受训者传授知识，期望这些受训者能记住其中的重要观念与特定知识。讲授法用于教学时有以下要求：

- 讲授内容要有科学性，它是保证讲授质量的首要条件；
- 讲授知识要有系统性，条理清楚，重点突出；
- 讲授时语言要清晰，生动准确；
- 必要时应用板书。

讲授法虽是培训中应用最普及的一种方法，但它既有优点也有缺陷。讲授法的优点是：① 有利于受训者系统地接受新知识；② 容易掌握和控制学习的进度；③ 有利于加深理解难度大的内容；④ 可以同时对许多人进行教育培训。其缺点为：① 讲授内容具有强制性，受训者无权自主选择学习内容；② 学习效果易受教师讲授的水平影响；③ 只是教师讲授，没有反馈；④ 受训者之间不能讨论，不利于理解讲授内容；⑤ 学过的知识不易被巩固。

（2）演示法

演示法是运用一定的实物和教具，通过实地示范，使受训者明白某种事务是如何完成的。演示法要求如下：

- 示范前准备好所有的用具，搁置整齐；
- 让每个受训者都能看清示范物；
- 示范完毕，让每个受训者试做；
- 对每个受训者的试做都给予立即的反馈意见。

演示法用于教学同样优缺点并存。其优点为：① 有助于激发受训者的学习兴趣；② 可利用多种感官，做到看、问、想、听相结合；③ 有利于获得感性知识，加深对所学内容的印象。演示法的缺点为：① 适用的范围有限，不是所有的内容都能演示；② 演示装置移动不方便，不利于教学场所的变更；③ 演示前需要一定的费用和精力做准备。

（3）案例法

案例是指用一定视听媒介，如文字、录音、录像等所描述的客观存在的真实情景。它作为一种研究工具早就广泛用于社会科学的调研工作中，从20世纪20年代起，哈佛商学院首先把案例用于管理教学，称为案例教学法。案例用于教学有3个基本要求：① 内容应是真实的，不允许虚构。为了保密，有关的人名、单位名、地名可以改用假名，称为掩饰，但其基本情节不得虚假，有关数字可以乘以某掩饰系数加以放大或缩小，但相互间比例不能改变。② 教学中应包含一定的管理问题，否则便无学习与研究的价值。③ 教学案例必须有明确的教学目的，它的编写与使用都是为某些既定的教学目的服务的。

案例教学越来越受到人们的喜爱，但作为一个教学方式它也不可避免优缺点并存。案例法的优点是：① 它提供了一个系统的思考模式；② 在个案研究的学习过程中，受训者可得到另一些有关管理方面的知识与原则；③ 作为一个简便方法，有利于受训者参与企业实际问题的解决。案例法的不足之处在于：① 每一个案例都是为既定教学目的服务的，缺乏普遍适用性，不一定能与培训目的很好吻合；② 案例数量有限，并不能满足每个问题都有相应案例的需求；③ 案例无论多么真实，但它毕竟是使受训者从当事人的角度去考虑，因而不必承担任何责任，不能像当事人那样承受种种压力，不可避免地存在失真性。

（4）角色表演法

角色表演和案例分析很相似，都是建立在一些受训者将有可能遇到的真实的、与工作有关经历的基础上的。案例分析通常只是阅读、讨论或分析，而角色表演是要表演出来。参加者会得到一些他们将要扮演角色的有限资料，然后被要求“演出”具体的情景。如培训酒水服务责任的时候，可以让一位受训者扮演酒吧服务员，另一个扮演喝醉了酒的客人。2个人开始表演酒吧服务中拒绝给客人更多酒水时发生的对话。一些外向的、好交际的人喜欢参加角色表演，但一些内向的人可能不喜欢表演。设计角色表演时，很重要的一点是要考虑到受训者。如果受训者不喜欢角色表演，最好选择案例分析等其他方法。

5.3.2.9 评价培训效果

培训评价是指系统地收集做出有效的培训决策所必须的说明性和评价性的信息。评价的目的不是区分培训项目的好坏，而是收集可以不断改善培训效果的信息。对饭店培训的评价，是收集、分析及比较受训员工在培训前后，他们在专业知识、业务技能或工作态度上的改变是否与培训目标相符合。评价中常问的问题有：① 培训的花费物有所值吗？② 培训是围绕提高工作绩效的关键知识，以提高技能和能力为目标的吗？③ 通过培训能学到知识吗？④ 所学知识能转化成工作绩效吗？⑤ 培训能给投资带来实际收益吗？

人力资源培训大师科克帕瑞克建议，评估培训效果应该从4个层面去衡量，即反应、学习、行为和结果。

（1）反应

要衡量这个标准，饭店应该评价受训者对培训项目的看法。这种方法只能提供少量的评价信息，也是在培训评价中最常用的方法。培训者发给受训者问卷或满意度调查表，了解他们对培训课程的喜欢程度。此时要注意积极地反映并不意味着培训的成功。人们喜欢的东西和能导致长期学习和练习的东西并不一定是一致的。真正有效的反应评价是超越"微笑试卷"去评价所提供的信息是否适用于受训者的目标。衡量对培训的反应时，要记住以下几条原则：

- 反应并不表明学到了或知识转化了；
- 积极的反应确实能保证将来企业对培训的支持；
- 好的反应可以提高受训者的积极性；
- 培训人员希望比较不同受训者的反应；
- 培训结束后马上收集反应，而培训效果反应应该在培训结束3个月后再收集。

（2）学习

对学习进行评价的目的是明确受训者是否学会了培训目标所要求规定的原则、技巧、事实和态度。这种评价可能包括笔试或对模拟练习和案例分析的反应。

（3）行为

衡量行为必须衡量培训结束后学习转化的实际工作绩效。回到工作岗位后的行为表现通常是依据与培训目标有关的工作表现和绩效评价来衡量的。评价信息是通过向受训者、主管、同事和客人发放采访问卷或管理问卷来收集的。问卷调查分2次进行，一次是在培训刚刚结束后，一次是在培训结束3个月后。

（4）结果

这一层面的评价要将培训的结果与企业的目标联系起来。评价的内容包括培训成本，员工流失率、缺勤、抱怨的改变、士气的提高等。结果评价可能会费时费力，但它可以让饭店企业了解从培训中获得收益的价值。

一般培训窍门

1. 受到鼓励的行为一般为重复出现的。
2. 一旦行为达到了要求标准要马上巩固。
3. 没有巩固效果的简单重复效果会更差。
4. 威胁和惩罚对学习的影响不稳定，有时会影响学习进程。

5. 因学习成绩的提高而获得的成就感和满足感是最好的鼓励，而且会带动其他方面的改进。

6. 外部奖励的价值取决于授奖人，如果授奖人的地位很高，则外部奖励会很有价值；否则，就没有什么价值。

7. 一个领域的学习进度会止于受训者心目中所确立的目标点，即他们认为需要掌握的程度。

8. 受训者会对他们参与其中的工作项目的学习内容更有学习积极性。

9. 专制的管理者会让受训者产生对管理者的依赖和对团体的怨恨。

10. 过于严格的纪律使受训者服从、焦虑、腼腆和沉默；较大的宽松度使受训者发挥更大的原动力和创造力。

11. 很多人由于经理过多的批评或泄气的话，自信心、创造力和评价力都受到挫伤。

12. 经历过多打击的人的行为会缺乏参与性、目的性和理性。

13. 很少获得成功而总是经历失败的人无法投入学习。

14. 人们总是在遇到感兴趣而富有挑战性的问题或障碍时思维活动能力最强。

15. 帮助人们形成一种通用概念最好的办法是在不同的情景下反复强调同一理念。

16. 花时间回忆以往读过的东西，然后再重读一遍能有效地提高阅读学习效果。

17. 人们会记住与他们以往态度一致的新信息，反之，他们的记忆程度就差。

18. 在学完之后的短期内遇到与所学情景类似的情况时，受训者更可能将所学的东西记忆运用。

19. 认为某种知识有用时是学习这种知识的最佳时机，是学习动力高涨时期。

5.4 饭店工作绩效管理

5.4.1 员工的考核评估

饭店对员工主要进行3个方面的考核评估：工作岗位等级评估、员工工作实绩评估和工资等级评估。虽然它们是3种各自独立的评估，但它们之间还是存在着一定关系。

决定每一个工作岗位等级的考核就是工作岗位等级评估。决定每一位员工相对于其他员工或工作标准的工作实绩优劣的考核，就称为员工工作实绩评估。而一项公平的工资制度应该能反映出工作岗位等级和员工工作表现的不同。因此，工作岗位等级评估和员工工作实绩评估有利于保证工资的公平分配。

3种评估的展开程序是：先进行工作岗位等级评估。工作岗位等级评估按照工作岗位责任说明书和工作岗位要求说明书来进行，依据分析的结果对工作岗位分级和分组。在这个基础上，建立起各岗位工资的等级和晋级阶梯，然后通过对每一岗位员工工作实绩的评估，进一步确定每一位员工处于哪一等级的哪一层次，这样，员工实际所得的工资额也被确定下来。在每一岗位等级工资额确定时，要注意相同地区、相同星级饭店的相同岗位工资水平的竞争影响。如果要使自己饭店的工资水平具有吸引力的话，应以同类饭店同类岗位的平均工资水平为本饭店岗位工资的起点。

对工作岗位等级评估一般有以下3种方法。

（1）按岗位本身等级评估

饭店的岗位等级一般可以分为总经理、副总经理、总经理助理、部门经理、部门经理助理、主管、领班、高级服务员、服务员、实习生。还有其他岗位等级分类。

（2）按岗位工作性质分析定级

按岗位工作性质分析定级是简要地、综合地分析每一岗位工作对体力、知识、能力和负责人数等的要求，以此来确定不同的工作岗位的等级。例如，将工作岗位等级由高到低分为以下几种：

- 要具有一个饭店的完整知识与才能并能负责一个饭店的非程序化工作，如总经理；
- 要具有一个部门的完整知识与才能并能负责一个部门的非程序化工作，如客房总监；
- 要求具有较高专门知识并能独立负责几个班组的非程序化工作，如主管；
- 要具有管理一个班组员工的工作能力，如领班；
- 要求能自己主动安排和全面掌握某项工作程序的工作，如总台接待员、餐厅服务员；
- 要求具有一定程度的知识和机敏的工作能力，如总经理办公室秘书；
- 需要2~3周才能学会的服务，如客房服务员；
- 简单而强体力的劳动，如搬运工、清洁工。

（3）评分法

通过提取不同岗位所需要的共同素质因素，按不同岗位对这些共同因素的不同要求来评分。要求高的，这一因素在该岗位里就得高分；反之，就得低分。然后把每一岗位实际得分加起来，得到每一岗位的总分。最后用总分高低来评定不同岗位的等级和等级组。评分法具有以下优点：

- 它适合于大型饭店，因为大型饭店里的许多岗位很难直观地评估它们的等级高低；
- 它也为评价各工作岗位的等级高低提供了科学公平的依据；
- 通过评分，还可以准确地认识不同工作岗位对一些素质因素的具体要求，为今后招聘合适员工做好基础工作。

共同的素质因素包括教育、智力、经验、技能、体质、外貌、可靠性、个性、组织能力、创造性、责任性和工作条件等。对每一工作岗位使用列有上述共同素质因素的岗位评价表来进行评估时，还要注意2个问题：一是得分高低不是依据目前正在做这项工作的人实际具有的素质，而是依据这一工作岗位本身对这些因素的不同要求；二是由于评估具有一定主观性，因此为了避免不同评估可能产生评分上的较大差别，所有评估每次都应该由同一组人来完成。

5.4.2 工资等级评估方法

工作岗位等级评估虽然保证了工作岗位等级划分的内在一致性，但工作岗位等级转换成工资等级时还要考虑每一岗位员工的市场工资水平和劳动力市场的供求情况。只有确保每一岗位的等级工资等于或超过该岗位在劳动力市场的平均工资水平，才能具有吸引力和竞争力。此外，工资等级还需要具有成长性、级差性、重叠性与灵活性。

工资的成长性就是指工资在每年或一定时期后要有一定的增长率。工资的级差性就是指高级岗位与低级岗位间的工资水平要有差距。工资的重叠性是指低一级的最高工资可高于高一级的最低（起点）工资。这是因为将员工从低级岗位晋升到高级岗位不是总有机会，也不是始终合适的，有些员工专长于某一岗位，而这一岗位也需要留住这些富有经验的员工，这样为了鼓励这些富有经验的人继续留在这些岗位，可给予他们较高的工资。此外，也可授予他们一些显示荣誉的特别称号，比如，高级服务员、高级主管、高级大堂副理等。工资的灵活性就是指对于特殊人才，可不受现有工资等级表的制约，“按质论价”，确定特殊的工资额。

5.4.3 员工工作实绩考核方法

对员工工作实绩的考核，至少要在每年年底前举行一次。这种考核有2个方面的作用：一是可以给每一位员工一次机会，来了解、改进和提高自己；二是可以根据员工工作表现晋升员工工资，即把员工工资较准确地确定在每一岗位工资等级内的详细档次上。对员工工作实绩的考核方法一般有以下3种。

（1）个人品质考核法

个人品质考核法也就是考核员工的可靠性、主动性、合作性、能力、个性、工作数量与质量等。一般来说，品质考核法是不太理想的一种考核方法，因为很难判断一个人的品质是好还是坏，并且饭店需要的是员工的工作成果即工作实绩，虽然品质影响实绩，但它们是在作业行为背后的间接影响因素。只有通过考察员工的实绩，才能回过来评价员工的品质。

（2）比较考核法

比较考核法就是对每一位员工，特别是相同岗位上的员工的工作实绩进行比较，据此对他们的工作表现评定等级。这种方法也有其缺点。首先是考核标准不明确，而且只有相同岗位上的员工工作才具有严格意义上的可比性，但饭店在相同岗位上工作的员工数量并不多。其次是，饭店也很难期望员工通过这种考核结果来改进自己的工作实绩。

（3）与工作标准对照考核法

与工作标准对照考核法是把员工的工作结果与事先宣布的工作标准相对照。这样，既消除了个人品质考核法含糊不清的缺点，同时也使考核工作简单化，具有全面的沟通基础和积极明确的指导意义。

一般认为最好的考核方法是以与工作标准对照考核法作为基础，同时兼用比较考核法和个人品质考核法。这种考核方法既可以起到强调遵循工作标准的导向性作用，又可以考虑或反映员工工作表现与素质的相对差别。

5.5 饭店员工工资制度设计

每个饭店企业都必须决定如何定位其支付政策，使其具有市场竞争力。收集竞争对手和其他饭店企业的工资福利信息对饭店成功招聘和留住人才是至关重要的。

5.5.1 工资制度的设计原理

饭店工资制度的设计原理是在由同一地区、同类饭店、同类岗位工资水平和饭店合理工资成本预算4种因素共同决定的富有吸引力的工资水平（数额）里，把工资看作是一种具有能刺激员工产生饭店所需的工作行为功能的一种工具。即在确定每一岗位的工资总额后，把工资总额分成几个可调节控制的部分，员工完成什么样的工作实绩，就给予相应部分的工资。反过来说，需要员工产生什么样的工作行为或实绩，就可设立与之相应的工资部分。

5.5.2 工资制度的设计方法与内容

5.5.2.1 确定每一岗位的工资总额

饭店岗位的工资总额是由各项细目相加而成的，一般由基本工资、奖金、岗位津贴、物价补贴等项组成。例如，一位客房服务员的每月工资总额是 800 元。800 元的工资总额包括基本工资 450 元，奖金 100 元，岗位津贴 150 元，物价补贴 100 元。

5.5.2.2 细分并控制每一岗位工资总额

(1) 生存工资部分

其功能是维持员工和其合理赡养人口数所需的生存费用。这也是对员工违纪罚款的底限。它可按每位员工维持其基本生活及平均赡养人口数来计算，每人的生存费用应略高于当地的失业救济金。

(2) 职务或岗位、职称、技术等级差工资

其功能是刺激员工勇于承担需要高知识、高技术、高责任心、高熟练程度、强体力或社会地位低下或班次不利的职务或岗位。

职务或岗位的级差工资的一般规律是：一般低级职务岗位之间的差距较小，高级职务、岗位之间的差距较大。这是因为越高级的职务其责任越大，越需要全力以赴地去工作。

此外，对于非名誉工作的补贴也是需要考虑的。如卫生间的清洁工，要给予适当的名誉补贴或工作环境补贴。不正常班次的工作也要给予适当补贴，如夜班补贴。

(3) 绩效工资

其功能在于激励每一位员工将潜在的劳动能力和工作计划变为真正的工作实绩。也就是按照每一位员工在一定时期（一般是 1 个月）的工作实绩情况，对他们除基本工资以外的工资部分进行罚款或再增加奖励工资。

对员工绩效工资考核内容主要包括服务的数量、质量和成本。对达不到工作标准的，往往采用罚款形式。例如，迟到一次扣半天工资，缺勤一天扣 10% 工资，轻微过失罚款 50 元，较重过失罚款 100 元等。对工作实绩超标准完成的，可以推荐为月度优秀员工进行奖励。

对管理者绩效工资考核的内容主要包括所管辖部门的总的服务数量与质量、营业收入、成本费用、营业利润等。如果管理者不能胜任，应辞退或调到低级工作岗位工作，因而管理者的绩效工资一般表现为制定出与管理者可控的经营管理指标相联系的各种奖励方案。

(4) 特殊奖励工资

其功能在于引导员工培养并表现出某一类饭店所期望的特殊作业行为或实绩，以便更好地为实现饭店的经营管理目标服务。如上海花园饭店设立了外语专项奖，如果一位员工通过日语或英语的初级考试，每月可获奖金 40 元，如果通过日语或英语的高级考试，每月可获奖金 80 元，如同时通过 2 门以上外语，可累计计算奖金。

5.5.3 对不同收入形式的政策

在饭店收入分配方面，还有 2 种收入形式需要正确处理。一是客人给的小费，二是饭店发行的股票。

（1）对待小费的政策

按照国际惯例，对饭店来说，小费现象是始终存在的。饭店对员工收到小费一般采取2种政策：一是把小费作为员工收入的一部分。如美国国会曾通过一项法案，对有小费收入的员工，最低工资可按最低工资标准额的60%计算。二是把小费作为员工额外劳动的奖金收入。一般规定，小费要交给管理者或放进小费箱子里，并按小费量的大小，每月或每周分配一次。每位员工所能领取小费的多少，按照其分数进行分配。如实习生为0分，低级服务员为1分，高级服务员为2分，领班为3分，主管为4分，将每月或每周的小费总数除以总的分数，再乘上每位员工的分数，每位员工就可以得到自己的小费收入。

小费通常由提供服务的人员直接收取，一般难以控制，有时数量又很大，针对这种情况，为了保护管理者的积极性，管理者的薪水因此要比员工工资高出一部分，以使他们不为小费所诱惑，这是很重要的。不少饭店的行李员不愿意担任领班，而宁愿担任行李员，就说明小费收入没有分配好或领班的待遇不够高，需要采取纠正措施以调动领班的工作积极性。

（2）对待股票的政策

饭店发行股票，提倡员工来购买股票和对员工奖励股票，已成为不少饭店的流行做法。实践证明，饭店发行股票，对员工实行奖励股票和赋予员工优先认购饭店股票的权利，能有效地树立员工的成就感与荣誉感，降低员工流动率，提高工作效率和降低成本，是提高员工积极性的有效方法之一。

百元小费的故事

在深圳香格里拉大饭店送餐部。一天实习生服务员小李去为1017房的客人送餐。小李进房间为客人服务完毕后，将账单递交给客人，请客人签账单。客人签单后，实习生小李礼貌地向客人道别，转身离房。谁知小李刚走到门口，客人又叫住了他，给了服务员小李100元现金，当时小李没有多想，就误把客人给的现金当作小费收下了，道了谢，装入口袋，离开了客人房间。

几天后，1017房的客人离店，来到总台结账。他很细心地查阅了自己在店消费的账单明细，发现客房送餐费多加了94元。客人立即提出质疑："那次送餐当时我付了100元现金给送餐服务员，为什么还有签账单？一次送餐怎么算2份钱？"总台服务员感到其中必有问题，立即打电话到送餐部查询此事，送餐部主管找到当天送餐服务的实习生小李询问当时情况，实习生小李回忆起当天送餐的情况，他恍然大悟，原来自己误将客人付的餐费当小费收了。急忙赶到总台，向客人道歉说："对不起先生，我忘了找给您钱。"并立即将100元现金交给1017房的客人，客人这才很不满意地将账结了。

【说明】1. 在深圳香格里拉大饭店里，前台服务员是允许收小费的。饭店对小费有严格的管理制度，饭店规定，服务员根据当值班次的不同，每人每班按不同规定定额上交一部分小费，而不论服务员是否收到小费。但由于香格里拉的客源层次很高，且绝大部分客源是外宾，所以服务员只要服务得好都会收到不同数量的小费。

2. 饭店送餐部给住店客人提供送餐服务时，客人付款有2种方式：一种是由客人签单，付房账，即住店客人除交房费外还存有备用金，可以签单；另一种方式是付现金，即住店客人只交有房费而没有备用金的，客人要当场付现金。

3. 在给可签房账的客人送餐时，若客人签了单，再给现金时，一般可以视为小费。这是一般情况，但也有例外，即客人可能是第一次入住深圳香格里拉大饭店，对饭店关于送餐的规定还不清楚，所以既签了账单，又付了现金，也就是等于付了双份餐费。正如此案例中这位实习生服务员小李经历的这种情况。

【评析】实习生小李没有考虑到客人的真实想法。小李在接到客人给付的100元现金时，应用心分析。因为客人花费餐费是94元，与所给的100元现金金额相近，服务员就应该考虑到客人要改为现金付账。如果自认为客人很清楚饭店规定，误将餐费当小费收了，就会出现上述客人投诉的情况了。

实习生小李误将餐费当小费的教训告诉我们，每位服务员遇到此种情况时要用心思考，应本着对客人负责的态度，要详细给客人讲明在店消费的不同的付账方式，以提醒客人，才能使客人准确选择付账方式，避免出现账目差错。实习生服务员小李在服务中粗心大意酿成错误，这教训应认真吸取。总之，立足于客人，学会换位思考，事故是可以避免的。

5.6 员工流动的因素与控制

据不完全统计，饭店企业员工流动率高达45%，远远高于其他行业或企业正常运转而应该保持5% ~10%员工流动率的要求，这一问题一直困扰着我国饭店企业，使饭店企业经营管理者不得不面对员工流失问题而寻找对策。尽管保持适度的员工流动率有助于企业的更新和活力再现，有利于淘汰不合格员工，引进高素质人才，推动企业实现效益目标和组织远景。但如果员工的流动率过高，超过适当的比例，企业缺乏一个较为稳定而忠诚的员工队伍的支撑，企业必然会面临较为严峻的市场竞争的风险。

5.6.1 饭店员工流动原因与控制

(1) 饭店企业自身磁性不足导致员工的流失

尽管很多饭店已经把“人事部”更名为“人力资源部”，但是其工作的内容仍然停留在传统的人事管理阶段，如员工工资薪酬待遇较低，饭店用人机制不合理，激励制度不先进，没有建立科学的评估、考核、晋升机制；甚至有些饭店企业为了降低成本，多出效益，一味地将员工的工资压低，把应缴纳的各项社会保险的基数压到最低限度；招聘来的员工没有得到系统的培训，得不到充分的尊重、信任和认可；缺乏融洽的人际关系和良好的沟通渠道，使员工不能正确认识企业的长远目标和战略意图，没有与饭店一同成长的意愿。这种由于饭店企业自身磁性不足而导致的饭店员工流失是最主要的因素。

(2) 社会环境因素影响饭店员工的流动

21世纪的竞争是人才的竞争，这已成为企业管理者的共识。目前的人才市场发达，企业所有需要的人才都可以到人才市场上或任何别的同类企业找到，企业可以用品牌、高待遇或良好的发展机会吸引人才前来加盟。这种宽松的用人环境，导致饭店员工的流动率增加。此外，饭店企业进入屏障较低，不需要特别的技能，只要是青春貌美就行，而饭店企业并不重视员工内在素质的提高和职业发展的需求，在饭店供职，只是一种阶段性的工作而决不是终身职业，从而使饭店员工心理落差增大，对饭店企业的忠诚度降低，一旦有机会，员工就会毫不犹豫地选择跳槽。

(3) 来自于员工自身的影响因素

饭店服务工作单调而枯燥，每天都重复着相同的工作程序，虽然在对客服务中具有一定的挑战性，但却缺乏创新性。长时间在饭店工作很容易使员工产生一种厌烦情绪，萌生跳槽的念头，尤其是思想活跃、拥有自身引以为骄傲的服务技巧和良好的客户关系的优秀员工；大比例的一线员工发挥着对饭店企业发展举足轻重的作用，为饭店企业赢取利润和客人忠诚，因此他们更希望得到饭店企业在薪金、福利待遇、物质和精神奖励以及员工个人兴趣爱好的发挥和受到尊重等方面的认可。如果饭店管理者无视员工的个性需求，员工不能在工作中享受快乐，自然会产生跳槽的念头；一线员工从事着与客人的面对面的服务，且服务较多自主，这会使员工的心理压力增大，员工不但要忍受心理压力的增大，同时还要追求自我价值的实现，如果饭店企业一直忽视员工的学习意愿，渴望获得教育培训机会来更新知识、获得较高职位的理想，就会造成员工的流失。

5.6.2 员工过度流失导致饭店经营管理面临风险

(1) 员工的过度流失降低饭店企业的市场竞争力

员工在饭店企业的经营中起着决定性的作用，如果拥有稳定的员工队伍，则会在市场竞争中占据主动。这是因为流失的员工一般会在饭店企业中得到重视，流失的员工会将本饭店的经营特色、经营方略以及长期探索出来的经验无偿带到另一个饭店，使饭店因为同质市场而失去竞争力。与此同时还会因为员工的流失而导致与之相关的客源市场、客户关系、知识及技术资源的流失，增大饭店企业的经营风险。

(2) 员工的流失影响饭店工作流程的正常运行

员工的流失可能导致饭店企业关键岗位的空缺，各经营管理部门不得不对原来比较合理的人事安排做出适当的调整，以应付短期内出现的人员空缺，无形中增大了其他在职员工的工作强度，从而引起在职员工的不满，导致服务质量下降或不稳定，影响生产效率。另外，新员工由于其服务技术和工作经验都无法与流失的员工相比，很容易在对客服务过程中引发客人投诉，影响饭店的企业形象，饭店工作流程的正常运转受到影响。

(3) 员工流失使饭店企业增加经营成本

由于员工的流失，使饭店不得不重新制定招聘计划，从而增加了招聘、体检、培训等方面的费用支出，增加了替换与培训成本。此外，为了赢得新客户，饭店不得不付出更多的经营成本。而新招聘的员工在短期内不能胜任成熟员工的工作，还具有是否能融入饭店企业的不可确定性，这都使饭店企业面临很大的经营风险。

(4) 员工的过度流失降低了饭店企业员工的忠诚度

饭店企业员工的过度流失会给在职员工形成一种强烈的不安全感和不稳定感，起到了动摇军心的作用，使员工不自觉地产生跳槽认同感，从而引发在职员工的思想波动；一旦有不顺心或不满足，就会使员工的企业归属感丧失殆尽，如果有更好的企业，员工就会滋生跳槽心理，最终选择离开供职的饭店企业，加剧员工的流动倾向，降低了饭店企业员工的忠诚度。

5.6.3 员工流失问题管理策略

(1) 以科学方法招聘饭店员工，把好进人关

留住员工的第一步是雇用合适的人才。饭店在招聘员工时应该设计出合理而科学的招聘问卷，通过一系列的提问、交流、沟通，对应聘者的心理素质、职业取向、性格特征、兴趣爱好等方面有一定程度的了解，从而选择最适宜的人才。同时在招聘过程中还应该为应聘者提供饭店有关工作的各种信息（包括积极和消极的信息），使应聘者对未来所要从事的职业有较为准确的了解，降低应聘者的预期，避免应聘者进入饭店后由于理想与现实的差距而产生不满，导致辞职的现象发生。因此，要严把进人关。

（2）以企业文化凝聚人，把好使用关

研究表明，良好的企业文化更有可能产生较高的员工忠诚度。因此，营造一个充分沟通、知识信息共享的工作环境对凝聚饭店员工十分重要。饭店企业在长期的发展过程中逐步生成和发展起来的日趋稳定的独特的价值观，以及以此为核心而形成的行为规范、道德标准、群体意识、风俗习惯等为饭店员工的努力工作提供良好的氛围。这样不仅可以规范员工的行为，更可增加员工与企业之间的相互信任，使其产生强烈的归属感，并愿意为饭店的发展贡献自己的力量。为此，饭店企业应该在员工倾尽全力工作的时候为员工提供良好的工作环境，做好员工职业生涯的计划与开发，协助员工开发其各种知识与技能，并为员工提供实现个人专长的机会。同时要建立年功序列和终身雇用制度，根据员工在饭店企业连续工作的年限来增加工资和提升职务，留住经验丰富而又乐于工作的员工。

（3）以制度、合同约束员工，把好出口关

制定员工工作制度，采取合同或协议约束员工，不失为一种有效控制员工流失的管理手段。如建立员工内部流动制度，及时发布饭店空缺职位以及获得此职位必须具备的条件，使员工能更精确地设计自己的未来蓝图，及时地指导或纠正员工的预期目标，避免造成员工的失落感。同时在员工手册中，应当详细规定企业的用人机制，重点描述饭店企业日常人事管理的具体措施，明确员工的责任与义务。此外，与员工签订劳动用工合同也是一种有效的管理工具。合同约束应在员工进入企业之前制定，采取契约的形式规定员工对企业的义务，约束员工的行为，目的是为了防范由于员工流失而给饭店企业带来的损失。制定合同时应对员工量体裁衣，细化合同具体内容，加大制约力度，将损失降低到最小，把好出口关。不过合同可以留住人，但不能留住心。因此，饭店企业留住员工，确保雇用关系的稳定性就一定要着眼并贯穿于员工职业发展的始终，应主动促进，而不是被动防范。

【思考题】

1. 如何理解饭店人力资源的含义？
2. 简述饭店员工配备与储备的原则。
3. 简述饭店员工配备与储备的准则。
4. 举例说明如何确定预计销售总量及客流量。
5. 制定劳动定额有什么意义？
6. 简述饭店员工定员的方法。
7. 简述饭店员工的储备方法。
8. 简述饭店员工招聘的原则。
9. 试述饭店员工招聘的工作流程。
10. 饭店员工培训有哪些特点？
11. 试述饭店员工培训的工作流程。
12. 饭店员工工作实绩的考核方法有哪些？
13. 试述饭店员工流失问题的管理策略。

【经验性训练】

到当地一家餐馆应聘服务生

目前各大学所在的城市饭店、餐馆林立，由于服务员流失率过高，很多饭店或餐馆常常需要招聘员工，学生可以深入饭店或餐馆，实际体验应聘与招聘过程。对学生未来就业做好心理准备，同时也达到理论联系实际的目的。

【训练步骤】

1. 要求每一位学生做一份应聘简历，教师做具体指导。学生的简历应该是学生目前的真实情况，不可杜撰或伪造。

2. 教师为学生提供招聘员工饭店或餐馆的名称及电话号码。如果招聘员工的饭店或餐馆数量较小，则教师可以组织学生分批进行。

3. 学生参加招聘并写出招聘过程及心得。

4. 对照所学理论，对饭店或餐馆的招聘工作做客观评价，并写出评价报告。

5. 选拔优秀者为全体学生演讲。

【案例分析】

优秀员工提拔后的困惑

某大学毕业生小张是滨海饭店的一名餐饮服务员，这家饭店有180间客房、一家咖啡厅和一家名为“风雅”的餐厅。3年前，小张在这家饭店做实习生，当时是咖啡厅的跑单员，由于表现突出，毕业后被留在饭店的风雅餐厅当服务员。小张在新的岗位上表现依然很优秀，上班准时，对客人态度良好，很好合作。如果跑单员没跟上，他会主动帮忙；如果其他服务员需要帮助，他也会主动多服务一台客人；他与厨师的关系都很好。而且在休息室里也经常是中心人物。随着时间的推移，他已经多次成为当月优秀员工，多得他都有点不好意思了。

李俊是风雅餐厅主管，小张的顶头上司。由于小张与所有员工关系融洽，李俊让小张每周三当值班主管，因为李俊这天休息，而且这也是一周中最悠闲的一天。小张的值班主管干得不错，很少会有什么问题，即使有问题周四小张也会向李俊汇报，由李俊来进一步处理。

不久，李俊被调到集团的另一家饭店去当餐厅经理，他鼓励小张应聘这个餐厅主管的空缺，李俊觉得这不仅对小张有利，而且从自己的下属员工中提拔一个主管，自己也面上有光，况且他知道集团是鼓励内部员工填补空缺的。

起初小张对此很有积极性，“我很喜欢自己的工作”，他告诉李俊，加上李俊的极力鼓动，他终于决定应聘这个职位了。对他进行面试的是3个人，李俊、李俊的老板——餐厅经理高海东和饭店人力资源总监苏瑾。在面试过程中小张表现得很外向，开朗而且很有风度。面试结束后，李俊以小张有知识，有较高的工作热情、工作能力、领导技巧、工作量和服务质量突出为由，认为他应得到这份工作，尽管高海东和苏瑾对小张缺乏正规的主管培训有点担心，但他们最终认为，鉴于小张以往的良好表现应该给他这个机会。

第二天，小张和李俊一起到李俊新任职的餐厅接受为期一周的培训。起初，李俊给小张列了一份主管工作需要掌握的内容清单，并给了小张一套培训材料。在这一周中，李俊帮助小张完成了一个餐厅主管需要填写的各种文件。一周结束后，李俊预祝小张一切顺利，并和他做了一次上岗前的谈话，告诉他有问题随时和自己联系。

小张到风雅餐厅报到了，虽然新制服和领带还有点别扭，他还是对新工作岗位充满信心。不久，他就发现自己最需要调整的是与原来同事之间的关系。当他是服务员时所有人都是他的朋友，不论工作时还是休息。现在他被孤立出去了，在很多情况下，他以前的同事让他觉得自己已经不再是他们之间的一分子了。他甚至开始怀疑他以前的朋友现在的下属在占他的便宜，尤其是他们不把他当经理看。他从餐厅走到厨房，人们都不跟他聊天，或者只跟他打个招呼，或者根本对他视而不见，继续该忙什么就忙什么。因为他们对小张太熟悉了，他们总让他帮忙，“我能和王霞换晚班吗?”“我明天能休息吗?”“我能和刘佳对调负责的台面吗?”“你知道我是个足球迷，你别安排我星期四晚上上班，行吗？下周联赛就开始了。”这些要求一个接一个，小张很快就明白了，他不可能写一个满足所有人要求的固定不变的排班表。有几次他不能按照员工的要求让他们休息，他们到时就打电话来说病了。小张怀疑他们在说谎，但他不能证明什么，也不想证明他们会这样对待他。总之，他现在觉得受到了侮辱和利用，而这些人正是他以往非常亲近的朋友。

尽管有这种感受，小张还是想维持与下属的关系，并讨好新老板。他没告诉高海东他所面临的压力，尽量满足每个员工的要求。结果他发现自己不得不经常做自己的老本行，招呼客人、跑单，甚至刷盘子。他的下属不是找种种借口不来上班（有的根本连招呼也不打就不来了)，就是上班也消极怠工。小张经常是一边上菜，一边填写堆积成山的文件，一边监督其他服务员的工作，因为他们的工作效率不及以往的一半。

几周下来，小张发现孙惠娟的表现非常令人失望。孙惠娟是个老服务员，她接替小张的位置成了服务员领班，小张希望她能在团队中带个好头，在他休息时顶替他的工作。可惜孙惠娟干得一点也不比其他人多，对他几乎没有任何帮助。为什么她不能像自己当初那样多干一点呢？小张在思考。

一个星期一的早上，与往常的星期一一样，风雅餐厅异常忙碌，等候早餐的队伍比平时更长，因为几批销售管理者刚入住，准备参加为期5天的会议。小张正在自己的桌上填写报告，这些是他答应高海东昨天就交上去的，他知道没多久就会被叫到餐厅里去。他安排的3个6:00上班的服务员正在竭力应付越来越多的早餐客人。刘强，一个7:00上班的员工昨晚打电话来说要到11:00才能来上班，因为他家的地下室漏水，早上要等人来修理。所以今天他得在少一个人的情况下供应完早餐。

7:00，小张的电话又响了，他的心在下沉。是林彦，另一个应该7:00上班的员工，她病了来不了，她一直是一个很好的员工，从来没有称病缺勤过，因此小张克制住慌乱情绪告诉她安心养病，不要担心什么。刚挂上电话,赵宏，第3个7:00上班的服务员又打来电话声称自己病了，这已经是小张当领班以来2个月中的第5次了。他知道赵宏喜欢在周末喝酒，以前李俊当主管时他自己还替过赵宏的班。不过这次赵宏听起来身体好像的确不妙，于是小张打消怀疑，告诉赵宏如果觉得好点了就晚点过来。

小张不再写报告了，他拿起员工通讯录，只有2个人他可以打电话找了，董玲玲和古小娜。董玲玲家没人听电话；古小娜在家，但她要带着她10岁女儿参加学校组织的郊游，她是带队家长，她很抱歉但实在来不了。

“好吧”，小张筋疲力尽地说，然后很夸张地把话筒放回座机上，这是他用最后一点克制力控制着没把电话摔出去。本应6个人服务的早餐，现在只剩3个人了，而用餐的人流还在不断增加。他完全孤立无援了，甚至连高海东都找不到（高海东在和总经理开会)。小张严肃地正了正领带，向餐厅走去。

一走进厨房，他就听到了强大的工作压力下的喧闹声：厨师们在大声喊叫，盘子碰撞的声音，撞门的声音。他通过2扇摆门，刚好碰到王涛，一个跑单员，一边右手上缠毛巾一边向餐厅入口走去。

“他怎么了”小张问曲华。

“他太着急了，打碎了咖啡杯，割破了自己的手，我让他去看医生，看起来需要缝几针了。”

太乱了，小张环视了一下周围。所有的桌子都坐得满满的，上百人的谈话声轰响着，餐厅快跟厨房一样嘈杂了。小张从来没见过这么满的餐厅，而且餐厅门口还有等候就餐的长龙一直排到大厅。

做了一下深呼吸，小张马上投入到工作中去。他同时在几个工种上开工，下单、倒咖啡、让客人就座、结账，尽量不去注意客人因服务太慢而皱起的眉头，客人的抱怨声不绝于耳，“这地方像什么样子?”“服务太差了”，每一声抱怨都在抽打着小张。小张克制着无助和愤怒，不断地鼓励每个员工。他正在向一群抱怨的客人道歉时，眼角注意到曲华正在结账台惦起脚尖生气地向他挥手，她周围站着一条等着结账的长龙。

他微笑着脱开身，迅速向曲华走去，“怎么了?”

“我不知道”。曲华没好气地说，“系统停机了。”

小张面对着安静的机器，他根本不知道该怎么办，“你做了什么?”他向曲华吼起来。

"我什么都没做，这不是我的错。"曲华无奈地说。

"也不是我的错。"小张厉声说，"见鬼。想想停机前你做了什么？"

"嘿！"队伍中的一个客人向小张叫起来，"上菜要等，结账要等，现在连给你们钱都要等，干点正事吧。"

"我正在努力，先生。"小张忍住火气说。

"是啊，快点吧，我实在是等烦了。"队伍里的其他客人低声附和道。

小张用力抓住曲华的胳膊把她推向厨房方向，"去我办公室拿计算器来。"

"我不知道在哪儿。"曲华甩开小张。

小张一拳打到柜台上，叫到"见鬼，什么都得我自己来！"

一个嘘声传遍餐厅，每个人都呆住了，所有的眼睛都盯向小张。曲华努力止住眼泪，想说什么又没说，她盯着小张，又看到小张的身后，马上她的眼睛睁大了。小张转过身看到了他的老板高海东。高海东以难以置信的眼神环视了周围问道："这到底是怎么回事？"

在高海东办公室里，他看着桌子对面的小张叹了口气，怎么会变成这样？早上的事是小张上任后一系列问题中的最近一起，自从他当上主管后，高海东发现他不懂预算，跟不上管理工作程序，如总是迟交报告,笨拙的采购计划，发票不签字等，失误清单还可以列得更长。而且小张好像并不擅长对人的管理，已经有好几个员工投诉说他利用排班职权照顾关系。而今天早上抓曲华的胳膊一事，高海东只好希望曲华不会给饭店找什么麻烦。

过了好一阵，在咖啡厅经理钱小英的帮助下，风雅餐厅终于恢复了秩序。危机过后，高海东让钱小英暂时负责餐厅，把小张带到了自己的办公室准备进行一次长谈。但现在他不知如何开始这次谈话。

"小张"，他终于说话了，"怎么回事？当我看到你当着那么多客人的面发火，我简直不相信自己的眼睛。"

"你知道。"小张为自己辩护道，"我忙得要命，你不在的时候我们一直在缺少人手的情况下应付着，收款机又坏了，我不知道该怎么办，我已经尽力了，这种情况的处理我从来没有受培训过。"

"可是小张，你已经接受了培训，你花了一周时间和李俊在一起，他说你已经准备好了。你已经在餐厅工作3年了，我不知道你还需要什么样的培训。"

"我对这种紧急情况根本没有准备。"

"但没人能预见到今天早上的情况！"高海东生气地说，"而且经理应能应付各种突发事件。这就是为什么我们把你放到这个位置上，我们认为你能处理得好。"

"好吧，可能你们错了。"小张脱口说出，"可能你们根本就不该把我提拔到这个位置上来。"

【案例思考题】

1. 李俊和高海东在提拔小张的问题上错了吗？为什么？
2. 高海东应对小张做什么？
3. 如果高海东想让小张继续当主管，他应该马上采取什么措施？
4. 如果小张继续当主管，高海东和小张应对小张发火时影响的人采取什么措施？
5. 你如果是小张，当时会采取哪些措施解决困难？
6. 这一事件的发生，小张错在哪里？根源是什么？

【本章推荐阅读书目】

1. 饭店业人力资源管理．KATHLEEN M IVERSON．张文译．旅游教育出版社，2002.
2. 饭店管理概论．黄震方．高等教育出版社，2002.
3. 饭店职业经理人职业资格培训课程．吴旭云．辽宁科学技术出版社，2003.
4. 战略人力资源管理．（美）查尔斯 R. 格里尔著．孙非，等译．机械工业出版社，2004.

第6章

饭店服务质量管理

【本章概要】

本章从研究饭店服务性质入手，探讨了饭店服务质量管理规划问题，研究了饭店服务质量属性与客人满意之间的关系，提出了饭店服务质量管理与控制的方法，以及饭店服务优势建立的途径。

【学习目标】

- 了解饭店服务的含义；
- 了解饭店服务的特点及饭店服务质量的特点；
- 掌握饭店服务质量的内容；
- 掌握饭店服务设计与服务质量管理规划的方法；
- 正确理解饭店服务质量属性与客人满意度之间的关系；
- 掌握饭店服务质量管理控制的方法；
- 掌握并融会贯通饭店服务优势建立的途径。

【关键性术语】

饭店服务、饭店服务质量、饭店服务体系、饭店服务体系网、饭店服务流程、饭店服务流程图、例行检查、抽查、夜访、暗访、专项检查、排列图、因果分析图、PDCA 工作循环。

【章首案例】

星巴克咖啡店公司的成功之道

星巴克咖啡店公司有将近30年的经营历史，20年以前，它的所有者开始认识到，咖啡不是一种放在商店里零售的东西，而是一种需要在咖啡屋里体验的东西。基于这种观点，他开办了我们今天所知道的星巴克。星巴克“从西雅图到圣保罗，成功地复制了一个完美的、乳香浓郁的咖啡店模式”。星巴克在美国国内的咖啡店超过了4000家，并且正向国际市场扩张。它能做到这一点的2个最重要原因是产品和服务的一致性。年度利润报告显示，它每年的增长超过了50%。由于星巴克拥有每一家国内商店，它保持了对商店里一切事物的控制。以下是它所做的一些努力，以保证客人在星巴克的体验总是一致的。

员工培训：学习做一位 Barista

所有的员工都被称为伙伴，那些准备咖啡的员工被称为“barista”，一个意大利名字，称呼那些准备和提供咖啡服务的人。在国内，每个月有400~500名员工接受精心的培训，来“诱惑”客人（用最好的脱脂优质咖啡），制作饮料，清洁咖啡蒸馏器，提供优质客人服务。公司教给 barista “咖啡知识”，以便使他们知道如何品尝每一种东西，如何进行“客人服务”，如何向客人解释意大利饮料的名字。

保证产品质量

“零售技巧”是培训的另一个部分，教授一些具体技巧。诸如如何擦去咖啡箱上的油污，怎样打开一个巨大的咖啡豆包，怎样清洁咖啡蒸馏器上的奶棒。所有这一切都能保证咖啡品尝起来味道非常好。零售技巧的另一个部分是“在家里调制一杯精致的咖啡”。帮助 barista 教给客人如何利用在星巴克购买的蒸馏器和咖啡复制他们在咖啡屋里得到的产品。

服务的标准

星巴克的咖啡壶坐在火炉上的时间不会超过 20min，蒸馏机内未卖掉的咖啡定时清空。晚上，每一件事情、每一样东西都按照手册上的服务标准完成、清洁和擦亮，否则没有人回家。使用这样的标准，服务和质量都能得到保证。

留住优秀员工

为了雇用、保留且激励最好的员工，星巴克有 3 条在岗员工人际关系指导原则：①保持和增强自我尊重；② 倾听和感谢；③ 请求帮助。这些和其他快餐业的人力资源做法，如超过平均水平的工资、健康保险和股票期权，以及快餐业小时工总体 140% 的流失率相比，星巴克员工的流失率降低到 60%。

星巴克与互联网

星巴克对互联网寄予厚望，因为其商店所吸引的客人年轻、富裕而且了解技术，这些客人中有 70% 是互联网用户。该公司建立了一家成功的互联网商店，销售咖啡豆、杯子和酝酿机器，以支持其离线的核心业务。公司目前在其 70% 的商店中提供高速无线互联网连接。

6.1 饭店服务的性质

服务在世界经济中的比重很大，而且在不断增加。星巴克咖啡公司的成功之道为从事饭店业工作的人士展示了优质服务的内涵。简单地说，服务就是行动、过程和表现。服务的广义定义说明无形性是确定一个提供品是否为服务的关键所在。那么，饭店服务如何理解？

6.1.1 饭店服务的含义

饭店服务是指饭店人员借助于饭店的有形设施，为满足客人的各种需要而为他们做有益的事，这种与客人接触的活动及饭店内部活动的结果，称为饭店服务。

(1) 饭店服务必须依托于饭店的有形设施

没有这些有形的设施，饭店服务就失去了物质基础。因而，设施设备与实物产品质量对饭店服务质量有着直接的影响。

(2) 了解客人的需要是搞好饭店服务的前提

饭店必须在了解客人需求的前提下，尽量通过为客人做有益的事而满足客人的需求，这样才能赢得客人的满意。否则，尽管饭店经营管理者非常努力，但由于偏离了客人的需求，充其量只能是一厢情愿，自作多情，客人并不买账，更不可能对饭店服务有较高的评价。

(3) 饭店内部活动的重要性

饭店服务不仅包括饭店与客人接触的活动，而且包括饭店内部活动的结果。饭店通常以劳务活动的形式，在与客人接触的过程中为客人提供服务。同时，饭店的内部活动及其产生的结果也是饭店服务质量的影响因素。例如，饭店员工的服务质量意识、饭店服务培训、饭店服务质量标准的建立、服务质量的检查与控制、部门与员工相互之间的协作等，均对饭店服务质量产生深刻的影响。

(4) 服务是饭店产品的核心

客人来到饭店，购买和使用饭店产品，不是买走有形的饭店产品本身，而是购买其临时使用权。事实上，客人所能购买到的主要是饭店服务，通过使用饭店产品和享受饭店服务，得到一种在其他场所得不到的利益。因此，客人在饭店所购买和消费的饭店产品的核心是饭店服务。饭店服务质量的高低，对饭店产品的整体质量起着关键性的作用。

(5) 饭店优质服务是一种特殊商品

服务具有使用价值和价值。其使用价值是通过提供劳务活动满足客人的某种需求；其价值是指优质服务，它是由人的劳动创造的，它需要得到报酬。饭店提供优质服务，必须以创造优良的使用价值为出发点，以获得价值，即经济效益。

服务这一概念可以用构成 service（服务）这一词的每个字母所代表的含义来理解：

第一个字母 S，Smile（微笑），其含义是要对每一位客人提供微笑服务；

第二个字母 E，Efficiency（效率），其含义是提供高效服务；

第三个字母 R，Receptiveness（诚恳），其含义是态度诚恳，全心全意为客人服务；

第四个字母 V，Vitality（活力），其含义是充满活力，创造温馨、和谐的服务气氛和环境；

第五个字母 I，Interesting（兴趣），其含义是留意客人的兴趣所在，积极为客人提供优质服务；

第六个字母 C，Courtesy（礼貌），其含义是为客人提供礼貌、周到的服务；

第七个字母 E，Equality（平等），其含义是公平、平等地对待每一位前来消费的客人。

6.1.2 优质服务的含义

美国饭店和汽车旅馆协会主席 W. P. 费希尔认为：优质服务指服务人员正确地预见客人的需要和愿望，及时地做好服务工作，充分满足客人的需要和愿望，尽量提高客人的消费价值，使客人愿意与饭店保持长期关系。

他用 service 的 7 个字母来解释优质服务的含义。

态度（sprit） 从事服务工作的员工都必须具有良好的服务态度。管理者应选聘、培训、留住优秀的员工，做好服务文化建设工作，在整个饭店形成良好的服务态度。

移情（empathy） 指服务人员设身处地为客人着想，预见客人的需要和愿望，并按照他们的需要和愿望，提供针对性强的服务。

敏感（responsiveness） 指服务人员采取及时、适当的行动，满足客人的需要和愿望。“及时”并不等于“快速”。有时，适当的节奏更重要。“适当的服务”

指服务人员为客人提供的服务既不能少，也不过多；既不粗俗无理，也不过分讨好。

可见（visibility） 促使客人感觉、体验到服务人员正在为自己服务，服务环境中的每一个人都应知道服务工作情况。

创造性（inventiveness） 有时，员工需具有创造力，才能为客人提供优质服务。服务人员可能需要为客人提供额外的服务，需打破常规，解决客人所面临的特殊问题，为客人提供后续服务。服务人员不可能在饭店的服务程序和规章制度中找到服务工作中一切问题的答案。要为客人提供优质服务，服务人员就必须有创造力。

能力（competency） 服务人员掌握必要的服务能力，才能为客人提供优质服务。服务人员缺乏服务技能，必然会引起客人不满。服务人员表现出殷勤服务的能力，才能在相互尊重的基础上与客人建立良好的关系。

热情（enthusiasm） 服务人员为客人提供热情的面对面服务，才能最大限度地提高服务的消费价值。“热情”与“态度”紧密相联。热情的服务可给客人留下难忘的回忆，使客人成为饭店的常客。

6.1.3 饭店服务的特点

（1）复杂性

饭店服务是一项涉及面宽广、职业技能和专业技能高度结合的业务活动。饭店员工必须了解服务学、心理学、化学、物理学、食品营养学、食品卫生学等理论知识，还要掌握中外礼仪习俗、美容知识，能用外语与主要客源国的客人交流。

（2）直接性

一般商品在生产之后，都要经过流通环节才能到达消费者手中，在产品达到消费者手中之前，商品生产者还能主动调整生产量、生产时间和节奏，并检验产品的质量。而饭店服务则不同，饭店员工向客人提供各种形式的服务，既是生产过程，也是客人接受服务的消费过程。饭店服务质量被客人当面检验，并由此而对饭店产生直接影响。因此，具有直接性特点。

（3）差异性

饭店服务包含着大量的手工操作，并主要表现为服务人员与客人之间的直接人际交流。因此，服务的实际效果常常因人而异。具体表现在以下4个方面：

- 每一位饭店员工的工作态度、技能技巧都存在差异，从而使服务也不可避免地产生质量水平上的差异；
- 同一员工在不同时间、地点或对于不同的对象所提供的同一饭店产品和服务的水平在质量上有所不同；
- 饭店员工由于体力、精力、情绪变化的影响而很难自始至终提供同一质量的服务；
- 即使能提供一种稳定不变的服务，但对于不同的客人，其评价结果也会有所不同。

（4）不可贮藏性

饭店服务是饭店出售实物产品，出租其他综合服务设施，并同时为使用者提供服务的过程。客人购买到的是特定时间、特定环境的暂时使用权，而不是所有权。只有当客人购买产品进行消费时服务才能进行，当客人离店后，直接服务随即终止。例如，在餐饮部，虽然仓库可以贮藏数月内所需的食品原料，但厨房却不能在一天内生产一周营业所需的餐饮产品。同时餐厅员工由于无服务对象而浪费的时光，不可能推迟到第二天再使用。因此，服务具有不可贮藏性的特点。

（5）公共性

饭店的设施设备，特别是公共空间，是向所有客人开放的。饭店必须应对公众，向他们提供便利，请客人使用。同时，还要公平地对待每一位使用者。

（6）安全性

保护客人的生命与财产安全是饭店的重要使命之一。因此，应随时注意防火、防盗、保健卫生等工作，细心细致，严加防范。

6.1.4 饭店服务质量的内容

饭店服务质量是指饭店服务在使用价值上适合和满足客人需要的程度。服务质量是饭店企业的生命。提高饭店服务质量，既是饭店经营管理的主要任务，也是饭店形成市场竞争优势，促进饭店发展的重要途径。饭店服务质量的内容主要包括以下6个方面。

（1）服务设施设备的质量

饭店的设施设备是饭店提供饭店服务的基础，是饭店服务的有形依托和表现形式。饭店服务质量对饭店设施设备的基本要求是：

- 服务设施设备的总体水平应达到与饭店星级标准一致的水准；
- 服务设施设备应尽可能完善，让客人感到实用、方便；
- 各种设施设备应处于良好的状态；
- 对各种设施设备应有严格的维修保养制度，确保饭店的接待服务正常运转。

（2）实物产品质量

实物产品质量是满足客人需求的重要体现，其内容主要为饮食产品质量和购物商品质量。

饮食产品质量 包括产品风味、原料选择、原料配备、炉灶制作、食品卫生等，最终体现在饮食产品的色、香、味、形、器、质、名等要素上，饮食产品要精致可口、营养卫生、独具特色、迎合消费者需求。

购物商品质量 包括商品数量、商品结构、花色品种、民族特色、纪念意义、外观包装等，最终以商品本身的内在质量为主。饭店商品应货真价实、品种丰富、结构合理、外观精美，所供商品符合客人的购物偏好。

（3）服务用品质量

服务用品包括服务人员使用的各种用品和直接供客人消费的各种生活用品。前者是提供优质服务，保证客人需要的重要条件，后者是满足客人物质消费需要的直接体现。例如，客房的棉织品、生活用品、餐厅的服务用品等。这些服务用品的质量必须符合饭店的等级规格，做到用品齐全、清洁规范、数量充足、供应及时。

（4）劳务活动质量

即以劳动为直接形式创造的使用价值的质量。劳务活动质量是饭店服务质量的主要表现形式，其内容包括服务态度、服务知识、服务技能、服务方式、礼貌礼节、服务规范、服务效率、劳动纪律、职业道德、职业习惯等方面。劳务活动的质量高低主要取决于服务人员的素质高低、劳动过程的组织和管理水平的高低，是饭店服务质量的本质表现。

(5) 服务环境质量

服务环境的良好程度是满足客人精神享受需要的重要体现。良好的服务环境能够给客人提供舒适、方便、安全、卫生的服务，是饭店服务质量的重要组成部分。服务环境的质量主要表现在服务设施、服务场所的装饰布置、环境布局、空间构图、灯光气氛、色调情趣、清洁卫生、空间形象等方面，同时也包括饭店与客人的人际环境、文化吸引性与相融性、饭店内部人际关系等因素。

(6) 客人满意程度

客人满意程度是饭店服务的最后体现。饭店服务是为客人提供的，也是在客人的支配下进行的，其质量高低最终都要靠客人检验和评价。客人满意程度主要表现为他们在消费过程中享受到服务劳动的使用价值，得到物质和心理满足的感受、印象和评价。上述5个方面的质量高低最终都通过客人的满意程度表现出来。因此，提高饭店服务质量必须从客人的消费需求、消费心理出发，有针对性地提供各项服务，重视客人的满意程度，并随时掌握客人心理变化，不断改进服务工作，才能提高客人的满意程度，取得高水平的服务效果。

6.1.5 饭店服务质量的特点

同一般商品质量比较，饭店服务质量有其自己的特点，正确认识这些特点是提高服务质量的前提。

(1) 服务质量构成的综合性

从饭店服务质量的内容可以看出，饭店服务质量是由很多具体内容和劳务活动构成的，并具有综合性。这些内容相互联系，互相依存，互为条件，形成一个整体。

饭店服务质量的综合性特点对饭店服务提出以下三方面的要求。

必须具有整体观念 既要重视设施设备方面的质量，又要重视实物产品质量，更要重视劳务活动本身的质量。

必须进行多维评价 由于优质服务是由很多具体内容和劳务活动构成的，这些活动作用于不同的服务对象，每一次活动的质量好坏都会影响整个服务质量。因此，只有进行多维评价，充分调动员工的积极性，加强质量监督，才能切实提高服务质量。

必须重视学习和运用心理学知识 服务质量的高低是以客人的心理感受作为评价标准的。客人的兴趣、爱好、需求及各地风俗习惯不同，评价标准也不完全一样。因此，只有针对客人的心理特点，充分运用心理学知识做好每一次服务工作，才能提供优质服务。

(2) 服务质量显现的短暂性

饭店的优质服务是由一次次的具体劳务活动完成的。客人住店期间需要很多具体服务，每一次具体服务的显现时间都是短暂的，但它会在客人心目中产生一种感受和印象。客人的一系列感受和印象就形成对饭店服务质量好坏的评价。由于这些具体服务不是作为物质提供的，而是以劳务活动本身提供的，因而服务一旦结束，则难以事后补偿；即使是事后补偿，实际上却是另一次具体服务。所以，在服务过程中，应该把与客人的接触机会看成是服务的“关键时刻”，重视和把握每一个关键时刻，竭尽全力为客人提供最适当的服务。

服务质量显现的短暂性特点对提供优质服务提出了2点要求：① 服务人员必须具有强烈的服务意识和多方面的服务知识及应变能力，才能根据客人的需要做好服务工作。② 服务人员必须十分重视每一次具体服务活动。要根据服务程序的要求，针对客人要求提供优质服务，使客人产生良好的深刻的印象。

(3) 服务质量体现的关联性

饭店的每一次服务活动都不是独立存在的。饭店规模越大，服务活动之间的联系就越广泛。从整个饭店看，服务质量在保证设备设施和实物产品的前提下，又包括前厅服务质量、客房服务质量、餐厅服务质量等具体内容。这些内容以客人的活动规律为线索，互为联系、互为条件、互为依存，形成一条服务链。任何一个环节出现问题都会影响整个饭店的服务质量。因此，饭店服务质量的各项服务活动是互相关联的，共同形成一个整体。

饭店质量内容的关联性对提供优质服务提出了2点要求：① 必须具有系统观念。要从住店和用餐客人的活动规律出发，加强各个服务环节之间的衔接和协调，树立整体形象，才能提高服务质量，提高饭店声誉，招徕更多的客人。② 必须重视各个服务链内部的衔接和协调。要严格遵守服务程序和操作规程，如前台的预订、接待、问询、行李服务程序，客房的迎客、送客程序、卫生操作规程，等等。

(4) 服务质量对员工素质的依赖性

饭店服务是由饭店服务人员来完成的。饭店服务是面对面的复杂劳动，较之其他劳动有更高的要求。而且饭店服务人员分散在前厅、客房、餐厅、商场等场所，劳动过程中大多由服务员独立操作，管理者不可能时时监督。因此，饭店服务质量的高低对所有服务人员素质的依赖性很强。

饭店服务质量对员工素质依赖性特点对提供优质服务提出了以下3点要求：

● 必须十分重视服务人员素质的培养，包括人员选择和职业道德、语言艺术、形体语言、礼节礼貌、职业知识、职业技能、职业习惯等方面的培训。

● 必须充分调动广大服务人员的主动性、积极性和创造性。只有将服务意识和业务素质结合起来，才能提供优质高效的服务。

● 必须培养服务人员的工作责任心和自我管理能力。由于服务内容庞杂，人员分散，服务人员只有加强责任心，提高自我管理、自我约束和自我监督能力，才能保证服务质量的提高。

6.2 饭店服务设计与服务质量管理规划

要做好服务质量管理工作，饭店企业必须确定服务概念，做好服务体系设计工作，制订服务质量管理规划。

6.2.1 服务体系设计

6.2.1.1 服务体系

美国著名的服务营销学家肖丝丹克使用“视野分界线”，将服务体系划分为客人可以看见的前台操作体系和客人无法看到的后台辅助体系。饭店内部会有若干个职能部门，但是从客人的角度来看，服务体系是一个完整的整体。

(1) 前台操作体系

管理者应根据本饭店的服务概念，确定服务过程。服务过程设计工作的重点是：① 方便客人购买和消费本饭店的基本服务；② 确定本饭店与客人相互交往方式；③ 帮助客人参与服务工作。

前台操作体系不仅应为客人提供优质基本服务，保证服务结果的质量，而且应为客人提供优质交往服务，保证服务过程的质量。管理者应根据服务过程设计工作的任务，确定前台操作体系需要多少人力资源和物质资源，以及本饭店应如何综合使用这些资源，为客人提供优质的服务。这就要求管理者明确服务概念、经营管理系统、员工和客人之间的关系。

服务概念与客人 服务概念指饭店企业管理者根据目标客人的需要，为服务工作确定一系列具体的指导原则。饭店管理者必须通过市场调研，深入了解客人的需要，才能确定服务概念。

服务概念与员工 员工配备是饭店企业的一项重要管理工作。管理者应根据优质服务的要求，配备足够的前台服务人员和后台辅助人员。前台服务人员直接为客人服务，他们最了解客人的需要和愿望，直接控制服务质量，及时发现服务过程中存在的问题，尽快采取补救性措施，纠正服务差错。服务人员与客人的每次接触，都是服务关键时刻。客人感觉中的服务质量，是由服务人员和客人之间相互交往的结果决定的。管理者应根据本饭店的服务概念，加强企业文化建设工作，使优质服务成为全体员工的共同价值观念、信念和行为准则，激励全体员工自觉地为客人提供优质服务。

服务概念与经营管理系统 经营管理系统包括经营管理制度、服务操作程序、服务工作中需使用的技术和物质资源。管理者应根据服务概念，确定经营管理制度，设计服务操作程序，采用适当的技术，使用必要的物质资源，以便前台服务人员做好服务工作。此外，饭店的内部管理制度应能调动员工的工作积极性，激励员工努力实现企业预定的目标。

员工与经营管理系统 饭店的经营管理制度、服务操作程序、技术系统和服务设备应有助于员工为客人提供优质服务。如果饭店企业的经营管理制度、服务操作程序、技术系统和服务设备有助于员工为客人提供优质服务，员工就更可能保持服务导向的工作态度。反之，服务人员的积极性将受到挫伤。

客人与员工 员工的服务态度对客人感觉中的服务质量有极大的影响。而客人的消费行为同样会影响员工的服务态度。管理者不仅应高度重视员工服务行为管理工作，而且应高度重视客人消费行为管理工作。同时，不同的服务人员的专业技能和服务态度会有所不同，员工的服务风格必须适应客人的消费风格。

客人与经营管理系统 饭店的经营管理系统必须方便客人消费。如果管理者只根据内部效率的要求，确定经营管理制度和服务操作程序，而不考虑外部效率，迫使客人适应本饭店的规章制度和操作程序，就必然会引起客人的不满。饭店的各种物质资源（例如，服务设施、服务设备、服务工具、书面资料等）也必须适应客人的消费风格。

总之，管理者应根据目标细分市场的需要，合理地处理上述的各种关系，确定各种人力资源和物质资源的适当组合，才能做好前台操作体系的设计工作。

（2）后台辅助体系

后台辅助体系的工作对前台操作体系的服务质量会有很大的影响。做好后台辅助性服务工作，往往是前台操作体系为客人提供优质服务的必要条件。一般来说，后台辅助体系应为前台操作体系提供以下3类支持。

管理者的支持 这是最重要的一类支持。管理者应加强饭店企业文化建设，使优质服务成为全体员工的共同价值观念、信念和行为准则，鼓励全体员工为客人提供优质服务。管理者不应该只是业务工作的负责人，更应该是服务人员拥护的领导者。不少饭店企业监督管理过多，领导太少；规章制度式监督管理过多，领导式管理过少，不仅会影响服务质量，而且会影响服务人员的工作态度。

后台职能部门的支持　前台服务人员经常需要后台职能部门员工的支持，才能为客人提供优质服务。例如，如果饭店维修部工作人员不能及时做好客房设备维修工作，客房部服务人员就无法为客人提供优质服务。因此，后台职能部门的员工必须把前台服务人员和其他职能部门的员工当作“内部客人”，并为内部客人提供优质服务。

经营管理系统的支持　一是现代技术的支持，即采用新技术、新设备提高服务质量、工作效率和企业的获利能力，改善员工的工作条件，调动员工提供优质服务的积极性。二是管理制度的制定，饭店企业的经营管理制度必须以服务为导向。有些饭店使用一厚本规章制度和操作程序，这些复杂、繁琐的规章制度迫使服务人员消极地执行服务操作程序，而客人却往往要求服务人员按照自己的特殊要求灵活地提供优质服务。因此，应尽可能删除不必要的繁琐的规章制度和操作程序，授予一线员工必要的服务工作决策权，以便员工创造性地、主动地、灵活地为客人提供优质服务。

6.2.1.2　服务体系网

服务体系网是由若干独立的服务体系组成的。但是，从客人的角度来看，服务体系网却是一个整体。例如，饭店预订服务体系往往远离饭店集团的各个饭店，客人先预订客房，然后才到饭店住宿。他们不仅会单独评估预订服务体系和饭店服务体系的服务质量，而且会评估整体服务体系网的服务质量。如果预订服务体系出现故障，无法为客人预订客房，从客人的角度来看，整个服务体系网出现了故障。

有些服务体系网是由不同性质企业的几个服务体系组成的。例如，有些饭店通过旅行社接受客人的预订，在这种情况下，双方都必须依赖对方的优质服务。如果客人对饭店服务不满，就不仅会责怪饭店，而且会责怪旅行社。

饭店企业管理者必须意识到整个服务体系网的服务质量是由各个服务体系的服务质量决定的，这就要求管理者加强整个服务体系网的质量管理工作。如果本饭店与其他企业合作，管理者就必须选择有优质服务声誉的合作者。

6.2.2　饭店服务设计与开发

要提高服务质量和竞争实力，饭店企业必须做好服务设计和开发工作。

6.2.2.1　新服务开发

新服务开发体系应具有 4 个基本特点：① 客观；② 精确；③ 实事求是；④ 便于操作。

饭店管理者要根据客人的看法、市场的需要、经济可行性来设计新服务、判断新服务成功的可能性。饭店管理者应发动客人和服务人员参与新服务开发工作。服务人员直接为客人服务，往往比管理者更了解客人的心理，更了解哪些新服务能满足客人的需要，本饭店应如何提供新服务，才能提高客人的满意程度。

6.2.2.2 新服务开发步骤

(1) 制定或检查饭店的商业策略

要做好新服务开发工作，管理者必须首先确定饭店企业前景和使命，明确发展方向，以便根据饭店企业的战略发展前景，确定应开发哪些新服务。

(2) 确定新服务开发策略

管理者应根据企业的目标、战略发展前景、能力、发展计划，确定饭店企业应开发哪些新服务。管理者可集中精力，开发某一类新服务，也可根据目标细分市场的需要或企业的利润目标，确定更具体的新服务开发策略。

(3) 收集新构思

根据饭店企业的新竞争策略，筛选新构思。饭店管理者确定本饭店的新服务开发策略之后，应向员工和客人正式收集新构思。管理者应根据企业的新服务开发策略，筛选新服务开发建议。管理者可采取许多方法，通过各种途径，收集新构思。例如，举行正式的献策会、向员工和客人收集意见、了解竞争对手企业的服务情况，是饭店企业管理者经常采取的几种收集新构思的方法。

(4) 对构思方案的筛选

各种新服务开发方案并非都是可行的，饭店管理者还要做进一步的筛选，以便从中选出最有潜力的方案。筛选时要充分考虑新服务开发的有利与不利因素，尤其是饭店企业形象和利益、销售能力研究和开发力量、员工素质、财务能力、生产能力、地理区位等因素，通过综合评价，最后剔除不适当的构思，选出最佳构思。

(5) 商业分析

饭店企业应在这个阶段分析新服务的可行性与盈利可能性。需分析新服务的市场需求量，预测新服务的销售额，估计员工招聘、培训、服务操作体系、服务设施变化等方面的成本费用，评估经营可行性。管理者应根据商业分析的结果，判断新服务是否能实现企业的利润目标。

(6) 新服务设计与开发

服务是无形的，企业的服务过程与客人的消费过程是不可分离的。因此，这个阶段的工作往往相当困难。要做好新服务设计与测试工作，管理者应发动客人、服务人员、营销、经营、人力资源管理等职能部门的代表参与这个阶段的工作。在这个阶段，企业应根据上述各类人员的看法，绘制详细的服务流程图。提供新服务的各个部门都应根据服务流程图，制定具体的服务工作计划。在这个阶段，参与新服务设计工作的各个部门应共同制订细致入微的实施计划。如果忽视某些细节，在实际服务工作中，就可能发生不少差错。

6.2.2.3 服务流程图

在新服务设计与开发工作中，饭店企业应绘制服务流程图，客观地描述服务流程的主要特点，以便管理者、服务人员和客人了解整个服务过程，以及他们在服务工作中的作用。服务流程图应精确地描述整个服务流程、客人和服务人员的作用、服务过程中的有形成分，按照客人的消费经历列明服务工作步骤、方法和有形证据。

（1）服务流程图成分

如图6－1所示，服务流程图的主要成分包括客人的消费活动、服务人员的前台服务活动和后台服务活动、企业的辅助性服务活动等。服务流程图绘制方法、符号的含义、直线数量、各个组成部分的名称并没有统一的规定。管理者可根据本饭店的需要，决定服务流程图的绘制方法。

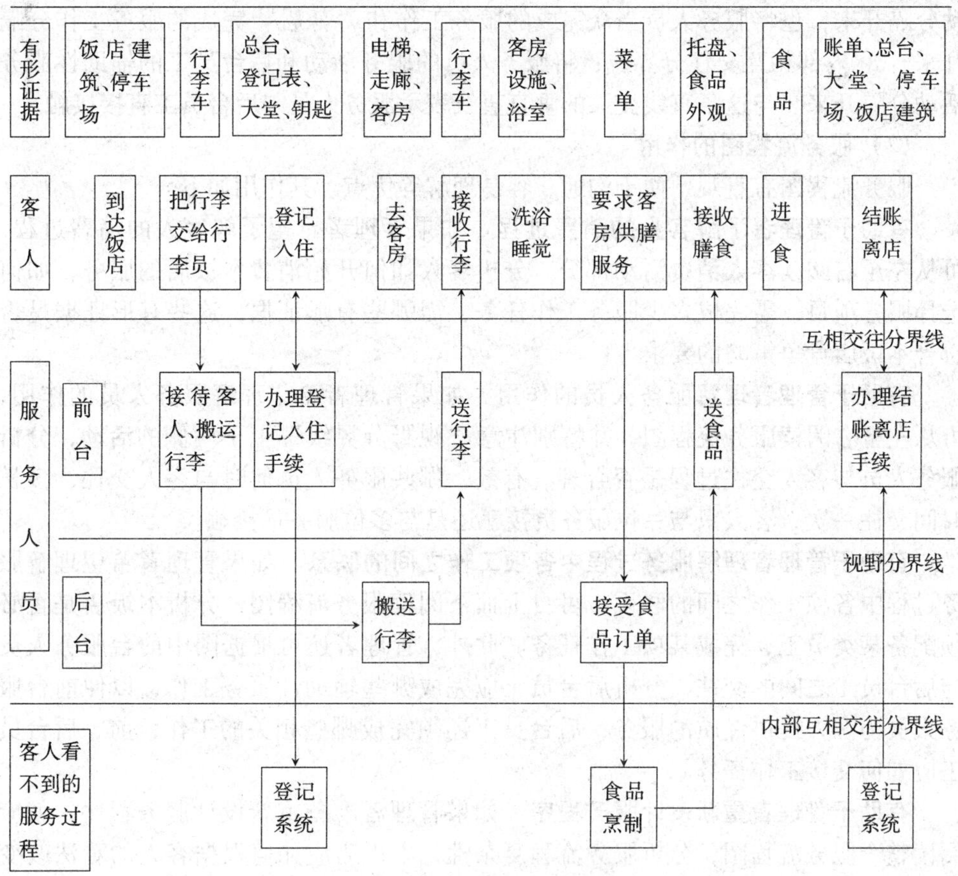

图6–1　饭店服务流程图

客人消费活动部分包括客人购买、消费、评估过程中的各个步骤和各种活动。在图6－1中，从登记入住至结账离开，客人会进行一系列消费活动（接收行李、洗澡、睡觉、吃早餐等）。图6－1描述只在饭店住一宿的客人的消费活动。如果管理者需描述休假旅游者一次消费活动，服务流程图会复杂得多。与客人的消费活动相对应，服务流程图描述服务人员前台和后台的两类服务活动。客人可以看到的服务活动是前台服务活动。图6－1表明客人与行李员、总服务台服务员、食品登记员、送餐员等饭店服务人员接触，以及客人在各个消费活动阶段会接触哪些有形证据。

客人无法看到的服务活动是后台服务活动。服务人员需在后台完成一系列服务工作。例如，在图6－1中，饭店食品登记员需要接听客人电话，记录客人要求供应的食品；行李员需要将客人的行李送到客房。辅助性服务活动部分包括内部服务步骤、后台员工与前台服务人员之间的交往。这个部分应显示后台员工的各种辅助性服务工作，例如，饭店财务部员工编制客人账单；厨师烹饪食品等。服务流程图显示客人的消费活动。这是服务流程图与产品生产流程图的一个重要区别。要设计有效的服务流程图，饭店企业应根据客人的看法，首先描绘客人消费过程，然后再描绘服务过程。图6－1中各个部分的方框表示各类人员的各类活动步骤。图6－1中横向3条直线将上述的4个部分分隔开来。① 相互交往分界线：显示客人与饭店企业之间的交往。与这条直线交叉的垂直直线表示客人与饭店直接接触。② 视野分界线：既将客人可以看到的服务活动和客人无法看到的服务活动分隔开来，也将服务人员当众完成的服务工作和“幕后”完成的服务工作分隔开来。③ 内部相互交往分界线：将服务人员的服务活动和后台员工的辅助性服务活动分隔开来。与这条直线交叉的垂直直线表示服务人员与后台员工直接接触。

（2）服务流程图的作用

服务流程图有直观、便于沟通、容易理解等优点。其作用如下。

有助于管理者了解客人的消费过程 如果管理者希望了解客人的消费过程，可从左至右阅读客人消费活动部分，分析客人如何开始消费本饭店的服务，如何选择服务项目，需完成多少服务工作任务，需哪些有形证据，这些有形证据是否符合本饭店竞争策略的要求。

有助于管理者理解服务人员的作用 如果管理者希望理解服务人员的作用，可从左至右阅读服务流程图，并特别注意“视野分界线”上下两侧的活动，分析服务人员与客人交往过程是否合理、有效，哪些服务人员何时与客人交往，多长时间交往一次，客人只与一位服务员接触还是与多位服务员接触。

有助于管理者理解服务过程中各项工作之间的联系 如果管理者希望理解服务过程中各项工作之间的联系，可自上而下阅读服务流程图，分析本饭店是否必须配备某类员工，完成某项工作任务。此外，管理者还可根据图中前台服务人员与后台员工之间的交往，分析后台员工应完成哪些辅助性服务工作，以便前台服务人员为客人提供优质的服务；后台员工还须完成哪些相关的工作，前、后台员工应如何交接工作任务。

有助于管理者重新设计服务程序 如果管理者准备重新设计服务程序，就应阅读整个服务流程图，分析服务流程复杂性，本饭店应如何根据客人的看法改变服务程序，这类变化对服务人员和内部工作程序的影响，以及本饭店的有形证据是否与服务的目的一致。此外，管理者还可使用服务流程图，分析本饭店服务流程中容易发生差错的环节，以便重新设计更具体的服务流程。

（3）服务流程图绘制步骤

确定正式的服务流程图，并不是服务流程图绘制工作的唯一目的。在服务流程图绘制过程中，饭店企业可实现一系列目的。例如，饭店可通过这项工作，明确服务概念、饭店前景、员工的角色和职责。要做好这项工作，饭店既应向客人收集有关信息，也应发动各个职能部门的员工参与，而不能只委托某一位员工或某个职能部门单独完成这项工作。

饭店企业绘制服务流程图的步骤如下。

第一，确定本饭店需描绘的服务程序。服务流程图可描述企业的基本服务概念、某一类服务、某一个服务成分。管理者需明确本饭店应描绘哪一类服务程序。图6－1只描绘饭店的基本服务概念，并没有显示各个服务项目的详细流程，也没有显示饭店为各个细分市场提供的服务有哪些差别。饭店管理者也可绘制详细的会议服务、宴会服务、娱乐服务流程图。这类服务流程图既与描述基本服务概念的流程图有某些共同之处，也有各自的特点。如果管理者发现总服务台结账服务速度太慢，也可绘制结账服务流程图。总之，管理者需根据本饭店绘制服务流程图的目的，确定本饭店需描绘哪一类服务程序。

第二，根据客人的看法，描绘服务流程。饭店企业应根据客人购买、消费、评估服务过程中各类活动的时间顺序，绘制服务流程图。如果饭店需绘制内部服务流程图，就应根据内部客人（员工）接受内部服务的实际经历，确定内部服务程序。有时，饭店企业需进行大量的调研工作，了解客人的实际消费经历。如果各个目标细分市场的消费经历不完全相同，饭店也许应为每一个目标细分市场绘制一个服务流程图。

第三，画出相互交往分界线、“视野分界线”之后，根据服务人员的看法，描绘前台和后台服务活动。

第四，画出内部相互交往分界线之后，根据辅助性服务与客人消费经历之间的联系，描绘内部辅助性服务活动。管理者应分析内部辅助性服务活动对客人消费经历的影响，确定本饭店应完成哪些辅助性服务工作。

第五，加上各类有形证据。管理者应根据本饭店的市场定位策略与各类有形证据对客人消费经历的影响，确定本饭店应在客人消费活动的各个阶段提供哪些有形证据。

6.2.3 服务质量管理规划

要提高服务质量和客人满意程度，饭店管理者应根据客人对服务工作的看法，制定服务质量管理规划。

6.2.3.1 确定服务质量管理规划的重点

要制定服务质量管理规划，管理者必须首先确定本饭店的服务概念。一般饭店的服务概念是以微笑、殷勤、谦恭、有礼的服务，在客人心目中树立起良好形象。服务概念规定了广大员工必须遵循的基本原则，可指导广大员工的服务行为。确定服务概念之后，管理者应通过市场调研，征求客人的意见，发现本饭店服务体系中的薄弱环节，以便确定服务质量管理规划的重点。

在市场调研之前，管理者应分析客人整个消费经历，按时间顺序，列出客人消费过程中的每一个步骤，以及客人在各个步骤消费的各种产品和服务。管理者应通过调查，了解哪些产品服务属性对客人满意程度的影响最大。饭店管理者应使用简短的问卷，要求客人评定各个消费步骤的重要性，以及客人对各个消费步骤的满意程度。问卷中应有几个开放式问题，了解客人是否会再次购买本饭店的产品和服务，并要求客人说明他们不愿再来本饭店消费的原因。管理者应根据客人的意见，发现服务工作中存在的各类问题，并根据客人的表扬，奖励优秀的员工，激励员工进一步做好服务工作。

管理者应根据各个产品和服务属性的重要性，以及各个属性是否符合客人的期望，使用统计分析方法，确定客人对各个属性的满意程度。客人最不满意的属性，往往是既重要又不符合客人期望的属性。提高这类产品和服务属性的质量，可以极大地提高客人的满意程度。服务质量管理规划的重点，当然应该是提高这类属性的质量。管理者应组织有关部门经理研究改进措施。

6.2.3.2 绘制客人消费过程和服务操作程序图

确定本饭店应改进的服务工作之后，管理者应绘制客人消费过程和服务操作程序图。例如，从客人的角度来看，饭店客房供膳服务通常包括以下几个步骤：① 打电话，要求客房供膳服务；② 订餐；③ 等待一段时间之后，闻声开门，与服务员交谈，在结账单上签名；④ 吃饭；⑤ 将托盘放到门外；⑥ 在结账离店时，检查客房供膳服务收费数额。从饭店的角度来看，与上述消费步骤有关的服务工作，都是客房供膳服务工作。图 6－2 显示客房供膳服务的各个步骤，以及各个步骤的操作程序。

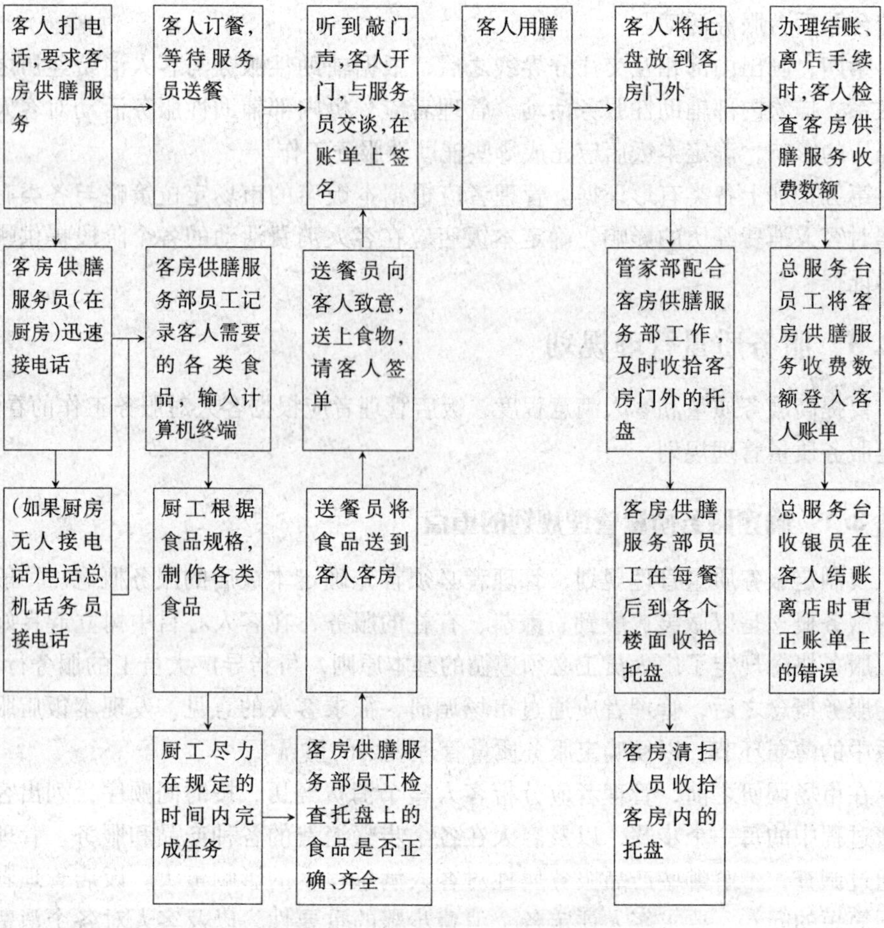

图 6–2 客房供膳服务消费过程

根据服务质量标准，检查服务操作程序，管理者可发现服务工作中存在的问题，采取必要的措施，改进服务操作程序，提高客人满意程度。图 6－3 说明管理者应如何分析客房供膳服务工作中存在的问题。

6.2.3.3 检查服务质量

服务质量标准可指导并激励服务人员为客人提供优质服务。如果服务质量标准符合客人的期望，管理者就应根据质量标准，评估服务人员的工作实绩，从而促使服务人员为客人提供优质服务。根据质量标准，检查各项服务工作，管理者

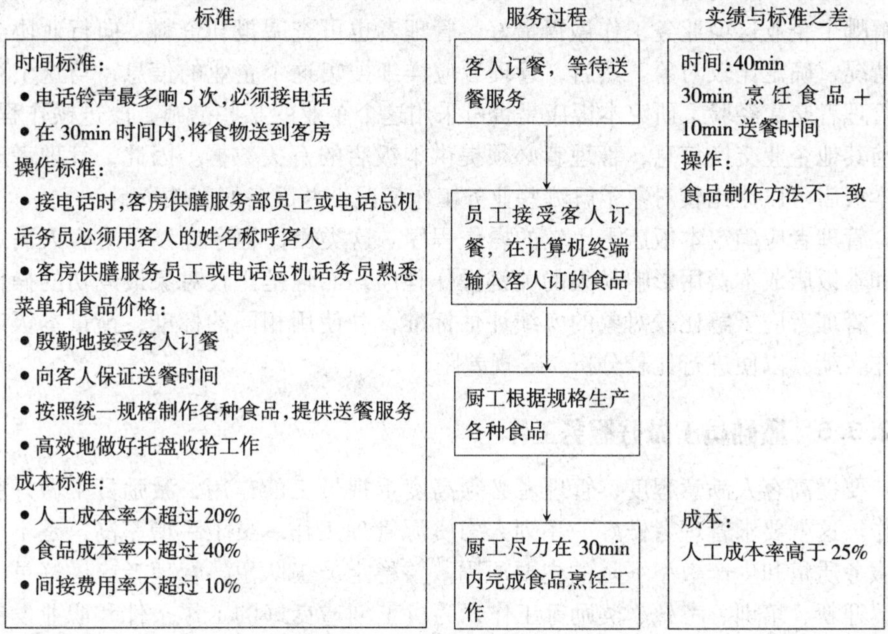

图 6–3 客房供膳服务实绩分析

可发现服务工作中存在的问题。如果某项服务工作或某个服务操作步骤没有书面质量标准，管理者就必须增补这些质量标准。

管理者应为客人每个消费步骤确定质量标准。每项服务工作都应有成本标准、操作标准和时间标准。例如，管理者可规定：送餐服务员必须在客人订餐之后15min之内将比萨饼送到客人客房（时间标准）；比萨饼的各种成分符合客人的要求，送到客房的比萨饼仍然是热的（操作标准）；送餐服务费用率不超过20%（成本标准）。

在上述3个标准中，管理者最难根据操作标准衡量服务实绩。管理者往往会根据客人投诉次数、服务工作差错率、服务工作效率、赔偿客人损失金额等数据，衡量服务质量。管理者应根据服务实绩评估结果，制定新的质量标准。管理者可通过现场观察、数据分析等方法，检查目前各个操作步骤，以便发现服务实绩与质量标准之间的差异。

6.2.3.4 征求客人和员工的意见

管理者应深刻理解客人最理想的服务需求，以便详细了解客人偏爱的服务细节。管理者可采用各种方法，收集这类信息。管理者应通过内部沟通活动，使员工了解客人的偏爱，授予员工必要的服务工作决策权，以便员工根据客人的需要，灵活地决定服务方法，并通过各种内部沟通渠道，征求员工的意见，改进服务工作。

6.2.3.5 学习其他饭店企业的经验

要提高服务质量和生产效率，管理者应对本饭店和其他饭店企业的产品、服务、操作程序进行比较分析。学习本行业和其他行业先进企业的经验，是提高本饭店竞争实力和经济收益的重要措施。要做好比较工作，管理者应深入分析本饭店某项业务工作情况，向本饭店、竞争对手饭店、其他行业同类业务工作负责人了解哪个企业这项业务工作做得最好。管理者也可查阅报刊资料，向行业协会了解情况，确定比较对象。然后，管理者应详细搜集这个企业的信息，与这个企业的管理者交流经验，研究本饭店是否可采用这个企业的某些措施，改进操作程序。要与其他企业交换信息，管理者必须提供本饭店的有关数据。因此，管理者应确定本饭店可以让比较对象了解哪些业务工作情况，并准备好有关资料。

管理者应确定本饭店需比较的操作程序。这类操作程序应该是对客人满意程度和本饭店成本费用影响最大的关键操作程序，而且是比较对象最成功的操作程序。管理者应了解比较对象的实绩评估标准，并使用相同的标准，衡量本饭店的工作实绩，以便进行比较分析，发现差距。

6.2.3.6 激励员工做好服务工作

要提高客人满意程度，管理者必须高度重视员工的作用，激励员工做好服务工作。这就要求管理者做好一系列人力资源管理工作。员工跳槽率高，是不少饭店服务质量和生产效率下降的主要原因。要稳定员工队伍，管理者应做好员工招聘、迎新、培训、考核、奖励等工作，为员工创造良好的工作条件和职业发展机会，尽可能留住优秀的员工。

要提高服务质量和生产效率，管理者必须做好培训工作，使员工掌握新技术，学会新设备操作方法，理解新的服务操作程序。

管理者应加强班组建设，要求各个班组确定明确的目标，对自己的经营实绩负责。管理者可组织跨部门班组，解决服务工作中存在的问题。管理者应相信员工的创造力，授予各个班组自我管理权力，调动各个班组和广大员工工作积极性。

管理者应根据服务质量和生产效率，考核各个班组和员工的工作实绩，奖励优秀的班组和优秀的员工。管理者可根据客人调查结果，计算服务质量指数和客人满意程度指数，并将服务质量和客人满意程度作为实绩考核的重点。此外，管理者还可采用利润分享制度，激励员工为企业做出更大贡献。

总之，管理者应充分调动广大员工工作积极性和学习自觉性，才能不断地提高服务质量和生产效率，增强饭店竞争实力，提高饭店的经济收益。

6.2.3.7 高度重视服务质量

要提高客户的满意程度，饭店企业不仅应高度重视技术质量（服务结果质量），而且应高度重视服务过程质量（客户在面对面服务过程中经历的服务质量）。

不少饭店管理者非常重视技术质量，却往往忽视服务过程质量。如果管理者认真地分析一下以下服务行为，就不难发现本饭店的服务质量问题。

- 服务人员是否尽力理解客户或客户企业的特殊要求？
- 服务人员是根据自己的主观判断，决定自己应为客户提供什么服务，如何为客户服务，还是认真听取客户的意见，了解客户的需要？
- 服务人员是否向客户解释自己正在进行的工作？
- 服务人员是否让客户预先了解自己即将进行的服务工作？
- 服务人员是否帮助客户理解他们面临的问题，与客户共同研究解决这些问题的方法，还是贸然做出结论，断言客户必须怎么办？

- 服务人员是否随时让客户充分了解服务工作进展情况？
- 服务人员是否为客户提供各类证据，证明自己完成的工作任务？
- 服务人员是否避免使用客户无法理解的行话？
- 客户是否可以随时找到服务人员？
- 服务人员是否在客户同意之后才改变服务范围？
- 服务人员是否按商定的时限完成服务工作任务？
- 在服务工作的关键时刻，服务人员是否与客户商量服务方法？
- 服务人员是否使客户觉得他们是本饭店的重要客户？
- 除服务项目之外，服务人员是否关心客户？
- 除服务项目之外，服务人员是否愿意尽力帮助客户？

许多企业的专业技术能力相仿。企业很难通过技术质量与竞争对手区别开来。不断地提高服务质量，企业才能取得明显的竞争优势。客户服务并不是可有可无的小事。服务人员的行为方式是影响客户满意程度的一个重要因素。

6.3 饭店服务质量管理与控制

6.3.1 饭店服务质量的检查

6.3.1.1 饭店服务质量的调查方法

交易调查 在员工每次服务工作结束后调查客人的满意程度，收集客人的反馈信息。

暗查 调研人员以客人身份接受服务，评估服务质量。饭店往往会定期采用这类调查方法，检查员工的服务行为；这类调查方法的局限性是暗查人员难免主观判断，暗查人员和客人的看法可能不同，暗查费用较高，还可能会伤害员工的自尊心。

新客人与流失的客人调查 调查新客人选购本饭店服务的原因、老客人在本饭店消费额减少的原因、流失的客人不再购买本饭店服务的原因。旅游饭店必须识别每位客人，长期记录每位客人消费情况，才能持久地采用这类调查方法。

专题座谈会 调查对象可以是本饭店的客人、竞争对手企业的客人，也可以是本饭店员工。调查对象可在这类座谈会中为饭店提供正式的信息，提出各种改进服务工作的建议。

客人咨询委员会 通过会议、电话调查、问卷调查等方式，定期征求这个委员会成员的意见和建议。

服务实绩评论 定期走访一批客人，了解客人对本饭店服务的期望和评价。需与客人保持持久关系的饭店企业最适宜采用这类调查方法。

客人投诉、评论和问询记录 旅游饭店记录客人投诉、评论和问询情况，通过分类整理，可发现最常见的服务差错。

整个市场调查 调查本饭店竞争对手的客人对本饭店服务的全面评价。

员工现场报告 采用正式的程序收集、分类整理从员工在服务现场获得的信息，以便管理者了解客人对本饭店服务的期望和评价。

员工调查 员工直接为客人服务，了解本饭店服务质量问题产生的根本原因，能为改进服务工作提出许多宝贵的意见。

经营数据记录系统 企业记录、分类、整理、分发服务差错率、员工回应客人要求的时间、服务费用等经营实际数据，监控服务实绩，以便采用必要的措施，提高经营实绩。

管理者直接听取客人的意见 管理者有必要直接听取客人的意见，而不能只听取调研人员汇报量化的调研结果。应该更直接地向客人征求意见，获得大量、生动、可信的信息，更深入地理解客人的需要。

6.3.1.2 饭店服务质量的检查方式

(1) 例行检查

按照既定的时间、内容和标准对本饭店进行全方位质量检查，例行检查也称明查。例行检查必须以饭店质量标准为依据，检查内容既包括硬件又包括软件，并坚持经常化、制度化，要严格按标准检查。检查要认真细致，发现问题要及时记录并责令有关部门解决。

(2) 夜查

夜间是饭店容易麻痹松懈的时候，也会暴露出一些白天难以发现的问题，因此应加强夜间检查。夜查时间一般在凌晨3:00较为合适。

夜查主要包括以下内容：

- 检查应以饭店要害部门为主（比如，电话总机房、锅炉房、配电室、紧急发电机房、消防中心等）；
- 检查涉及客人与饭店安全的设施设备（比如，消防通道是否畅通，应急照明是否正常，指示灯箱是否完好，消防隐患是否排除等）；
- 检查饭店内的库房门、橱柜门、冰箱门、通道门，该上锁的是否已锁上；
- 检查客房安全情况和停车场情况；
- 着重检查夜班当值人员的值岗情况，是否有睡觉和脱岗现象。

(3) 抽查

抽查就是事前不作任何通知的检查。抽查一般不像例行检查那么正规，它以检查人员少、内容重点突出、手法灵活多变为特点。检查着重于客人接触多、容易引起投诉的部位。例如，饭店前厅的行李部、接待部、商务中心；餐饮部的餐厅、厨房和吧台；客房部的房务卫生、低值易耗消费品的品种与质量等。检查时一般只通知有关部门领导到场，当时发现问题当时解决，并可将抽查情况及时向有关部门通报。

(4) 暗访

暗访是质量检查中最为有效的手段，它不仅能发现对客人服务的各种问题，还能对饭店管理水平做出客观的评价。暗访一般都是选择一位颇有经验的业内人士，以普通客人的身份进住饭店，按事前约定，店方不向任何人透露暗访信息，员工也不认识检查员，一切检查都在秘密中进行。暗访员可按一般客人住店程序进行操作：预订、接站、车务、行李服务、总台登记、送入客房。然后是餐厅、娱乐、美容、桑拿等多项活动程序、标准的操作技能技巧的考核，其中还要设置服务难题来考查员工的应变能力，最后要根据每一项服务环节的操作实况做出文字评估，并提出改进意见。

肯德基的“神秘客人”

“神秘客人”是世界著名的快餐公司“肯德基”首创的。它成为高效的监督检查系统的一个环节。山姆先生们每月1次或2次不定期地到餐厅用餐，以一般客人的身份不动声色地进行检查，因此被称为“神秘客人”。“肯德基”来到中国后，也将“神秘客人”带到了中国。总公司聘请了国外一家著名的调查公司，由他们派员担任神秘客人，使得各分公司经理也不识庐山真面目。

“神秘客人”的检查在到达餐厅门口时就已开始，从店面的招贴画到灯光的亮度，从食品的品质、品味到服务是否快捷周到，他们按对各地连锁店的统一要求打分，内容涉及诸如收银员是否用目光注视，面带微笑，并向你问候等各种细节。为保证神秘与适时，“神秘客人”评分时须远离餐厅，但离店时间又不能超过5min。“神秘客人”们都不是专业人员，他们完全从普通客人的角度给餐厅全方位评分。答卷24h内便来到总公司的办公桌上，然后反馈给被评的分公司，由他们根据评分情况调整内部管理。肯德基公司西区企划部经理李志宏说，“神秘客人”是公司内部管理的一种工具，给员工带来压力，员工必须将每位客人当作“神秘客人”服务。

“神秘客人”是在激烈竞争中诞生的。随着快餐业竞争的加剧，硬件上已做足了工夫的餐厅开始开发服务质量的“软件”。当“买××，送×××”“吃一百，还二十”等招牌失去了诱人的光彩时，精明的商人发现还得在完善自身上下工夫。于是，“神秘客人”这类以提高自身全面素质为宗旨而采取的措施应运而生。

“神秘客人”的首创者肯德基公司尝到了甜头。它不仅确保了产品的质量、服务、卫生及合理的价格能始终如一，也使KFC的红色标记在各地被拷贝。

当您光顾“肯德基”时，也许在你对面就餐的那位先生就是一位“神秘客人”。

神秘客人的做法已被我国旅游界所接受，国家旅游局、省市旅游局在星级评定和复核时的“暗访”就是采用了“神秘客人”的方式。饭店在服务质量管理上，可以借助“神秘客人”来促进服务质量的提高。

（5）专项检查

专项检查是指针对某个具体的服务内容进行的检查活动。它主要包括3个部分。

按部门检查　比如，前厅部、客房部、餐饮部、工程部等，专门了解该部门在对客服务过程中标准化、规范化、程序化的落实情况，是否真正达到质量标准，还存在哪些问题。

按专题检查　诸如服务态度、仪表仪容、饮食卫生、食品质量、设施设备、消防安全等。这种检查应该严、细、深，以了解服务中深层次问题。

根据特殊需要检查　如雨季到来的“防汛”检查、节假日前后的安全检查、重大活动的准备工作检查，等等。

通过上述检查，可以发现问题，积累资料；通过科学分析，可以提出解决问题的最佳方案，从而有利于服务质量的提高。

6.3.2　饭店服务质量的分析与控制

加强饭店服务质量管理是提高服务质量的基本保证。饭店服务质量管理活动一般按照计划（plan）、实施（do）、检查（check）、处理（action）4个阶段来开展，称为PDCA循环法。运用PDCA循环法管理服务质量的基础工作是服务质量分析。通过服务质量分析，可以找出饭店存在的主要服务质量问题以及引起这些问题的原因，从而采取有效方法加以控制和解决。

6.3.2.1 饭店服务质量分析

饭店服务质量的构成因素是服务质量分析的主要对象。例如，服务态度、礼节礼貌、语言动作、安全卫生、设备设施、工作效率、操作规程、食品质量等。在实际工作中，要把本饭店的服务质量与其他饭店做横向比较，并分析本饭店的服务质量水平、服务质量的稳定程度和产生的服务质量问题。这就构成了服务质量分析的内容。

饭店在对服务质量进行分析与控制时，常采用排列图、因果分析图和对策表，简称“二图一表法”。“二图一表法”简单易行，配套使用，是饭店中应用较广的质量管理手段之一。

(1) 排列图

排列图又称主次因素图、帕累托图，即利用帕累托曲线来发现和解决质量问题。帕累托曲线是意大利经济学家在研究社会财富分配时采用的图表，后经美国质量管理学家米兰将其运用于质量管理，是找出影响服务质量主要因素的一种有效方法。用排列图分析饭店服务质量问题的程序共分4个步骤。

收集信息 确定关于饭店服务质量问题的信息收集方式。具体方式有质量调查表、客人投诉表、客人意见表、各部门的检查记录等。

制作统计表 对收集到的有关质量问题的信息进行统计、排列，制作统计表。在表6-1上计算出比率和累计比率。对饭店服务质量的分类一般有服务态度、服务技巧、语言水平、菜肴质量、饭店设备等。对一些出现次数较少的质量问题可以归为一类。

表6-1 服务质量问题统计表

质量问题	问题数量（个）	比率（%）	累计比率（%）
菜肴质量	470	67.1	67.1
服务态度	124	17.7	84.8
外语水平	58	8.3	93.1
娱乐设施	34	4.9	98.0
其　他	14	2.0	100.0
合　计	700	100.0	100.0

根据统计表绘制排列图 帕累托图是一个直角坐标图。左侧纵坐标表示问题数量；右侧纵坐标表示累计比率；横坐标表示影响质量的各种因素。按频数的高低，从左到右依次画出长柱排列图，然后将因素频率逐项相加并用曲线表示（图6-4）。

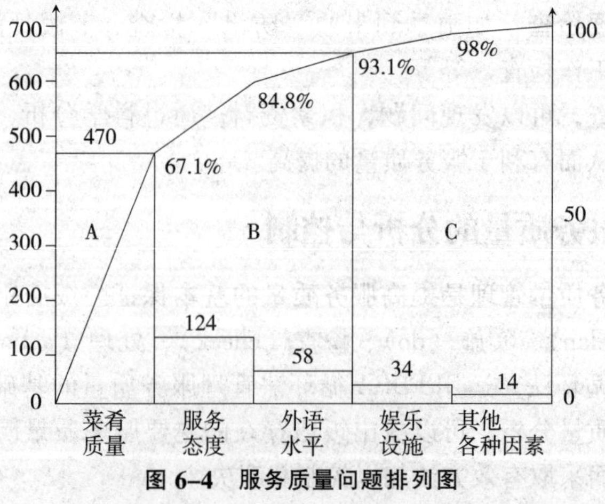

图6-4 服务质量问题排列图

分析并找出主要质量问题 ①排列图上累计比率在0~70%的因素为A类因素，即主要因素；②在70%~90%的因素为B类因素，即次要因素；③在90%~100%的因素为C类因素，即一般因素。找出主要因素就可以抓住主要矛盾。从图6-4中可知A类因素是菜肴质量问题，这个主要矛盾一经解决，即可解决问题的67.1%。

在运用排列图进行质量分析时应注意：主要因素一般为1~2项，至多不超过3项，否则失去突出重点的意义。对不重要的问题可设立"其他因素栏"。其他栏通常排在最后。

（2）因果分析图

因果分析图又称鱼刺图、树枝图，是分析质量问题产生原因的一种有效工具。在饭店经营过程中，影响饭店服务质量的因素是错综复杂的，并且是多方面的。因果分析图对影响质量的各种因素之间关系进行整理分析，并把原因与结果之间的关系用带箭线表示出来，如图6-5所示。

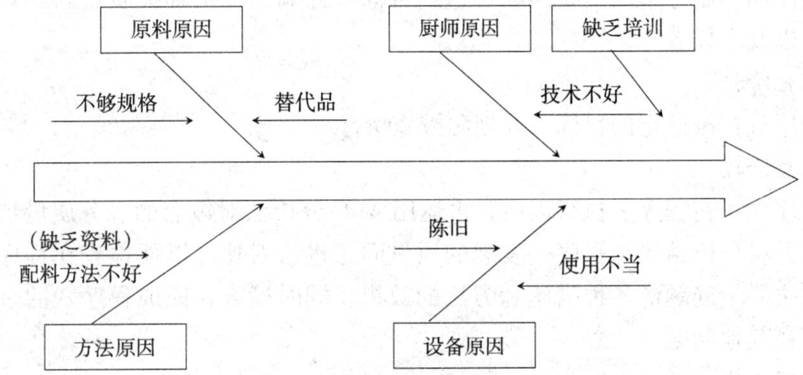

图6-5 菜肴质量因果分析图

做出因果分析图寻找质量问题产生原因的程序共分以下3个步骤。

第一，确定要分析的质量问题，即通过排列图找出A类问题。

第二，发动饭店管理者和员工共同分析，寻找A类问题产生的原因。要注意集思广益，充分听取各方面人员的意见。探讨一个质量产生问题的原因时，要从大到小，从粗到细，寻根究源，直到能采取具体措施为止。

第三，将找出的原因进行整理，按结果与原因之间的关系反映到图上。影响服务质量问题的大小原因通常可以从人、方法、设备、原料、环境等角度加以考虑。

6.3.2.2 服务质量的PDCA工作循环

在推行服务质量管理方法时，普遍运用PDCA工作循环方法。

（1）PDCA工作循环的步骤

第一步，计划阶段。具体内容包括明确质量管理的任务；建立质量管理的机构；设立质量管理的标准；制定质量问题检查、分析和处理的程序。

第二步，实施阶段。具体内容包括完成上述计划制定的各项质量管理任务，主要是实施质量标准，按照质量标准进行作业。

第三步，检查阶段。对实施后产生的效果进行检查，并和实施前进行对比，以确定所做的是否有效果。

第四步，处理阶段。对现存的质量问题立即进行纠正，同时对未来质量的改进方案不断提出建议。

计划、实施、检查、处理是一个不断循环往复的动态过程，每一次循环都应该是进入一个新的质量阶段。

(2) 具体运用

运用 PDCA 循环来解决饭店服务问题，可分成 8 个程序进行。它们分属于上述 4 个阶段。

计划阶段

程序一：对饭店服务质量的现状进行分析，运用 ABC 分析法找出主要的质量问题。

程序二：运用因果分析法分析产生质量问题的原因。

程序三：从分析出的原因中找到关键的原因。

程序四：制定解决质量问题要达到目标和计划，提出解决质量问题具体措施和方法以及责任者。

实施阶段

程序五：按已定的目标、计划和措施执行。

检查阶段

程序六：在程序五执行以后，再运用 ABC 分析法对饭店的服务质量情况进行分析，并将分析结果与程序一发现的质量问题进行对比，以便检查在程序四中提出的解决质量问题的各种措施和方法的效果，同时检查在完成程序六的过程中是否还存在其他问题。

处理阶段

程序七：对已解决的质量问题提出巩固措施，以防止同一问题在下次循环中再度出现。对已解决的质量问题应给予肯定，并使之标准化。即制定或修改服务操作标准，制定或修改检查和考核标准以及各种相关的规程与规范。对已完成程序五，但未取得成效的质量问题，也要总结经验教训，提出防止这类问题再次发生的意见。

程序八：提出程序一发现而尚未解决的其他质量问题，并将这些问题转入下一个循环中去解决，从而与下一循环的步骤衔接起来。

6.4 提高饭店服务质量的途径

在激烈的服务竞争时代，大多数饭店都已认识到服务优势的重要性。如何确立自身的服务优势，已成为饭店能否在竞争中取胜并创造更高的客人满意度，获得更大的受益与发展的关键因素。饭店必须建立自身的服务优势。

6.4.1 树立正确的服务观念

(1) 优质服务是饭店获得经济效益的源泉

获得可观的经济效益是饭店企业经营的目标之一，而客人是饭店获得经济效益的源泉，饭店必须通过提供优质服务来赢得客人，并建立起客人对饭店企业持久的忠诚。

盐水虾的启示

外贸某公司在青岛白浪花餐厅宴请一位初来大陆的台湾客商。当“盐水虾”这道菜上来时，这位台湾客人突然提出要让值台服务员小王替他剥去虾皮。在服务程序中是没有这一项服务的。主人忙向客人解释到：“这道菜是自己动手的。”客人却很固执地说：“我只问王小姐可以不可以为我剥虾？”当时在座的客人都将眼光投向服务员小王，一时气氛有些紧张。只见小王微笑着端过客人面前的餐碟，小心细致地用公用刀叉替客人剥虾。剥好后，又切成大小均匀的方块，送到客人面前，并说了一句：“希望您满意。”这位客人笑了：“大陆小姐的服务水准是一流的，绝不亚于港台！”在座的客人眼中也露出了赞许的微笑。

这件事以后，服务员小王给自己提出了更高的要求。她认为，客人提出要求后再为客人服务是被动的，要想真正使客人满意，就要能猜透客人的心思，服务于客人开口之前。后来，有位澳大利亚客人在白浪花请客。当又上盐水虾时，小王注意到，别人都在自己动手剥虾吃，而这位客人却略有迟疑，她便主动上前询问：“先生，需要我为您剥虾吗?”“啊，可以吗？太好了！”宴会结束后，这位澳大利亚客人握着小王的手说：“小姐，你的眼睛真厉害，可以看到我心里想的是什么。我回国后要告诉朋友们，我在中国享受到了皇帝般的待遇！”

(2)“客人永远是对的”是饭店服务的指导思想

饭店业鼻祖斯塔特勒早就提出：“客人永远是对的。”他认为，不管什么原因，服务员都不应该和客人争吵，否则会永远失去客人。在饭店业竞争日益激烈的今天，我们更应该在服务过程中理解并贯彻执行“客人永远是对的”这一思想。要站在客人的立场上思考问题，给客人以充分的尊重，并最大限度地满足客人的需求。因此，“客人永远是对的”也成为现代饭店业普遍奉行的信条，是搞好饭店服务工作的基本指导思想。

我们可以从以下3个方面来理解“客人永远是对的”这句话的深刻含义。

客人是饭店生存的根本 以有限的饭店设施接待较多的客人，为饭店赢得较大的经济效益，是饭店服务的要职。客人下榻饭店，为饭店带来效益，不仅可使饭店得以生存，而且是推动饭店发展的原动力，因此，应怀有感激的心态，热情地欢迎每一位下榻饭店的客人，并且愉快地接受客人对饭店服务的监督和检查，把客人对饭店的挑剔当成帮助饭店完善服务，提高服务质量和管理水平的有效方式。

自以为是的后果

在北京德宝饭店食街。一位老先生来买甲鱼，是要带走的。实习生服务员小刘接待了这位老先生，小刘给老先生开单。老先生说：“我要的那只甲鱼要原汁原味的，我是给家里的病人买的。”当时服务员小刘想，给病人吃加药材蒸的更好些。于是小刘就对老先生说：“先生，我们这里卖的甲鱼有加药材蒸的，我认为那个滋补医药功效更好，是不是开一个加药材蒸的甲鱼?”老先生说：“是吗？那就要加药材的吧。”小刘又重点介绍了加药材清蒸甲鱼的特点，老先生表示同意。服务员小刘就开了单子。等到甲鱼蒸好端出，老先生一看就说：“这不对，我要的是有汤的，怎么没汤?”他一再说：“我要的是有汤的，要原汁炖甲鱼，我是为了让病人喝汤增加营养的，这个做得不对，没汤。我找你们经理!”无奈，小刘请来主管，主管对先生解释说：“这个加药材蒸的更好，比原汁炖的又多了药材医疗功效，营养价值比原汁炖甲鱼更高。”老先生坚持说：“是做得不对，我要的就是原汁带汤炖的，你们给我重新换!”在老先生的坚持下，服务员没办法，只好将甲鱼退回厨房，重做一只炖甲鱼。

最后，老先生拿着原汁炖甲鱼满意地走了。

维护客人自尊，提高客人满意度 一般来说，身居异地他乡的客人对自己的自尊心是否受到保护是比较敏感的。如果保护了客人的自尊心，则会使宾主之间的交往更加完美；相反，如果触犯了客人的自尊心，其结果可能是宾主冲突的升级，导致客人的流失和服务的失败。因此，饭店要以客为尊，主动谦让，提高客人的满意度，这样做可以树立良好的服务形象，建立更好的服务声誉，获得更多的客源市场，使饭店最终受益。

“跑账”风波的圆满解决

一次某使馆一位参赞为庆贺夫人生日，约几位亲朋好友在北京长城饭店茶园聚会。人逢喜事精神爽，参赞夫妇和朋友们觥筹交错，谈笑风生，喝得十分痛快。席间参赞的3位朋友要先走一步，在离开茶园前，他们到收款台向服务员换了50元零钱，以便出门坐出租车。欢乐的聚会结束了，喝得满面红光的参赞看了服务员呈上的账单却面露不悦，他声称，亲眼所见事先离开的3位朋友已付了各自的账。显然，这是个误会。茶园经理耐心向他解释，参赞的朋友也掏出钱来帮助付款。参赞却固执己见，一口咬定是服务员把钱藏起来。参赞火气越来越大，最后竟然拒付账款，还把双手伸到服务人员面前，高喊：“你们可以叫警察把我抓走！”看来客人采取如此无理的态度，一是为夫人过生日，酒喝得过了些，所以不理智；二是外国人聚会有各自付账的习惯，导致参赞产生了某种错觉。

此刻，茶园生意非常好，宾朋满座，气氛温馨。双方这样僵持下去，不仅参赞不好下台，还会影响其他客人的情绪。但也不能因此跑账！餐饮服务员或收款员知道，账不平，如果是工作失误造成的，就要自己掏腰包平账，何况数目不小。茶园经理想，不理智客人的自尊要保护，受委屈员工的情绪也不能伤害，饭店的利益更不能受到损失。于是茶园经理礼貌地请参赞先生先去与朋友核实一下，如果他的朋友未付账，他可以在他认为适当的时候将钱付给饭店。如果是收款台的错，茶园经理负责向他做出郑重其事的道歉。客人接受了经理的建议，并按要求留下地址、姓名与电话。我们知道，这样做，也许要冒一定的风险，但此刻，也只能灵活处置，才可能真正解决问题。

果然，第二天一早，参赞先生就委托司机将钱送到了饭店，并对昨晚饭店给予的理解表示感谢。真是不打不成交，现在这位参赞成了茶园的常客。茶园处理跑账风波这一事例给我们的启示是：客人错了，要把“对”让给客人，要策略地让，给客人下台阶，使客人体会到饭店对他的理解，并采取妥当的处理方式，才能既维护客人尊严又保障饭店利益，更重要的是通过服务艺术吸引客源。

口碑效应 坚持“客人永远是对的”可以在客人满意的基础上带来好的口碑效益。否则客人会因对饭店服务的不满而传向更多的人，从而给饭店带来更大的负面影响。客人通常认为花钱得到优质服务是理所当然的，而一旦得到不能令其满意的服务，他们格外敏感，并让更多的人理解自己不幸的消费行为，而获得一种心理上的平衡。所以，努力使客人满意是饭店唯一正确选择，也是饭店员工应尽的工作职责。

汤面碰洒之后

在深圳香格里拉大酒店的中餐厅，一对夫妇来到餐厅就餐。因为中午餐厅供应快餐，所以那对夫妇点了2份汤面及几种小吃。服务员给他们上汤面时，客人猛一转身，不小心碰了这位服务员一下，结果把汤面洒在了餐桌上，汤水又顺着桌面流下来，幸好客人膝上铺盖餐巾，才没有弄湿衣服。这位服务员一见此情景非常着急，连声向客人道歉，并立即用布巾将桌面清理干净，给客人换上新的餐巾。领班看到这情况之后，立即赶过来，向客人道歉，客人忙说：“没关系！”领班当即决定给客人重新做一份汤面。重新做好的汤面很快给客人端上来，且在客人用餐完毕，餐厅免费赠送了甜品。客人非常满意，表示下次还要光临此餐厅。

要在服务过程中贯彻“客人永远是对的”这一基本指导思想，应做到以下3点。

第一，如果客人没有错，那么客人当然是对的；如果客人错了，只要客人的言行是合法的且不妨碍其他客人的利益，饭店应该把“对”让给客人。

第二，员工应具有角色意识，使自己的行为与角色相称，甘当配角，将“客人永远是对的”这一准则贯彻于服务的全过程，努力为客人提供优质服务。

第三，要充分理解客人的需求，理解客人的想法和心态，理解客人的误会与过错。饭店要始终把客人摆在“有理”的位置，即使在某些方面店方有理，也要“得理让人”。同时，要掌握把“对”让给客人的艺术，要给有过错的客人一级体面的台阶，给吵闹的客人一点面子，给并无恶意的客人一些体谅，给道歉的客人一份安慰，用一片真情，换得客人对饭店的理解与真心。

（3）饭店服务质量与员工素质密切相关

饭店员工是饭店服务的提供者，员工素质直接影响到饭店的服务质量。任何个人的服务质量在客人面前往往表现为饭店的整体质量，饭店的整体质量必须通过每一位服务员良好的服务行为提供保证。因此，在明确分工的同时，必须让每一位员工明确“人人为饭店质量承担责任”的道理。必须充分重视员工在饭店服务中的作用，加强员工培训，培养员工的工作责任心、团体协作精神和业务技能，不断提高员工的整体素质，采取有效的激励手段，激发员工的服务热情、潜力和才能，为客人提供优质服务。

（4）加强服务质量管理能产生效益

服务质量的提高，可使饭店形成良好的声誉并提升饭店形象，从而可以吸引更多的客人光临饭店，自然可以增加销售额和饭店利润。饭店利用这些利润更深入地了解客人，改善产品效能，提高服务质量，又可获得更多的利润，从而形成良性循环。相反，如果疏于服务质量管理，给客人留下不好的印象，就会造成客人流失，从而导致饭店营业额下降，利润减少，运营困难，由此而降低服务水准，减少服务项目，以削减支出，导致服务更加低落，客人更不愿上门，最后饭店将难以生存。

6.4.2 了解客人的需求

客人对饭店服务的需求可粗略地分为物质需求和精神需求二大类。物质需求是指客人期望饭店为他们提供能使他们感到安全、方便、温馨与生理满足的各种实物。饭店的建筑、装饰与陈设、客房设施、餐饮、商场、康乐等部门的设施与实物产品都是为满足客人物质需求而提供的服务产品。精神需求是指客人希望饭店为他们提供温馨、舒适的环境和亲切友好的服务，使他们的精神得到愉悦所表现出的各种非物质性需求。例如，饭店提供微笑服务、对客人的礼貌与尊重、为客人安排的文化娱乐活动等，均是为满足客人精神需求而提供的服务产品。

从饭店的服务特性分析，客人的需求主要表现为以下7个方面。

（1）安全与卫生的需求

安全是客人最基本也是最重要的需求。不管饭店各方面的工作做得有多好，安全出了问题将会前功尽弃。饭店应认真做好安全保卫工作，要提高全体员工的安全意识，加强消防与安全培训，完善安全设施，健全安全管理制度，加强饭店安全管理，切实有效地做好防火、防盗、防意外事故工作，确保客人生命财产和饭店的安全。此外，由于客人外出旅行往往对安全格外敏感，饭店应在环境上营造一种安全的氛围，给客人以心理上的安全感。

卫生状况不仅直接关系到客人的身体健康，而且也关系到饭店的声誉和经济效益。饭店必须一丝不苟地做好清洁卫生工作，既要在外观上做到窗明几净，一尘不染，又要做好内在的卫生工作，按照卫生防疫部门的检测标准，严格消毒，规范操作，有效地防止饭店内的病菌孳生和病毒的传播，确保客人的身体健康。

（2）方便舒适、功能齐全的需求

客人普遍希望得到方便舒适、功能齐全的服务产品，这就需要饭店能够做到建筑结构布局合理、服务设施完善、服务项目齐全、服务水准高超，使客人足不出户就能得到食、住、行、游、购、娱、信息服务等方面的优质服务。饭店应设身处地地为客人着想，为客人提供便利的设施、舒适的环境和到位的服务。既要能够满足大多数客人的普遍需求，又要能够满足少数人的特殊需求。服务人员应善于察言观色，发现客人的需求，不失时机地为客人提供恰到好处的服务，使客人时时处处感受到方便和舒适，从而不断提高客人感觉中的服务质量。

（3）时效的需求

服务必须及时到位，不拖拉。一般来说，下榻饭店的客人本身时间较紧张并容易产生焦躁情绪，在延时、误点等情况下会使客人增加烦恼，因而饭店服务一定要讲究时效。饭店服务效率有3类：一是用工时定额表示的固定的服务效率，如打扫一间客房的工时、做夜床工时、宴会摆台工时等；二是用时限表示的服务效率，如总台登记入住每人不超过3min，电话铃响不超过3声接听电话等；三是有时间概念，但没有明确的时限规定，是靠客人的感觉来衡量的效率，如在餐厅点菜后多长时间上菜，通知加床或提供某种服务后多少时间完成，等等。服务效率不仅是服务质量的组成部分，还直接影响饭店的效益。饭店应加强时间管理观念，提高内部工作和对客服务效率。

（4）文明的需求

客人要求入住的饭店提供一个文明的环境，它既包括员工的文明行为，也包括活动环境的整洁、明朗、舒畅。文明往往是给人一种总体印象的感觉，而这种印象又是由许多细小环节组成的，这就需要饭店的员工重视细节服务，讲究礼貌，文明待客。满足文明需求主要从两方面着手。一方面是通过管理制度和服务规范的严格制约；另一方面是努力提高服务人员自身的文化素养。

（5）理解与尊重的需求

客人不仅希望员工充分理解他们，包括理解客人的语言、心理、脾气、性格和习惯，客人还希望得到尊重，饭店员工礼貌规范的服务、对客谦让的态度、文明端庄的仪表、整洁得体的着装等，均是尊重客人的表现。因此，要求员工必须尊重每一位客人，包括住店客人、潜在的客人、客人的亲戚朋友，不管国籍、种族、肤色、年龄、性别、职业、社会地位、经济状况如何，每位客人均应受到饭店的尊重。

（6）物有所值的需求

客人希望得到物有所值的产品和服务，甚至希望物超所值。满足客人“物有所值”需求须在两个方面着手。一是制定合适的价格；二是提供与价值相当或超过价值的产品质量。由于客人的价值观念各不相同，饭店应在理解客人价值观念的基础上，提供令其满意的产品和服务。

(7) 个性需求

上述需求是饭店客人对优质服务的普遍需求。然而，不同的客人还经常会有一些个别的需求，尤其是在高档饭店，有个性需求的客人比例较大。这些客人理所当然地认为付了钱，饭店就应该满足他们的所有需求。饭店应针对这些客人的个性需求，提供个性化服务，尽量使客人需求达到最大程度的满足。

客人的需求是复杂多样的。饭店经营管理者应重视客人需求的调查。美国饭店管理协会曾经通过大量的客人调查，列出客人最关心下列 10 个方面的问题：

- 迅速准确的预订；
- 热情友好的迎接；
- 整洁舒适的客房；
- 始终如一的重视；
- 亲切友好的服务；
- 认真有效的沟通；
- 方便客人的设施；
- 独具特色的餐饮；
- 令人难忘的活动；
- 训练有素的员工。

这 10 个方面，既然是客人最关心的，也就反映了客人的需求，自然是饭店必须竭尽全力去提供并做好的服务产品。

6.4.3 强化培训，提高员工素质

在激烈的市场竞争中，培训成为提高服务产品质量，增强饭店竞争实力的重要手段。饭店应高度重视培训工作。

(1) 经理亲自挂帅，全员参与

培训是提高饭店员工素质和服务质量的关键，也是一项重要的投资，有利于增加饭店的人力资本和知识资本，提高饭店的收益。饭店总经理是当然的总培训师，需亲自参与饭店的培训、指导和监督工作，饭店其他管理者也是培训师，需共同关心和参与饭店的培训工作。

(2) 狠抓培训重点，注重实效

饭店培训应突出针对性和实用性，要将标准化与个性化训练相结合，系统培训与零散培训相结合，将店内培训与店外培训相结合，本店培训与外请培训相结合。把与客人交往作为培训的重点，将培训与员工个人的发展与饭店组织的发展有机地结合起来。

(3) 丰富培训内容，方法多样

不仅要重视职业技能培训，还要重视职业道德、职业知识、职业态度、职业习惯的培训。培训内容要由“补缺型”向“挖潜型”转变；员工培训要由“技能型”向“素质型”转变；管理培训要由“管理型”向“经营管理型”转变；培训方法要灵活多样。

(4) 健全培训制度，形成规范

培训要有计划，克服随意性，健全培训制度，使饭店培训成为经常性、长期性、制度化、规范化的工作。

(5) 运用激励手段，突显效果

要采取有效的激励手段，激发全体员工参与培训的积极性，并通过有效的评估手段和评估体系评估培训效果，以不断促进培训工作取得成效。最终使员工做到：① 热爱本职工作，具有良好的职业道德；② 具备一定的文化知识和较强的语言表达能力；③ 善于交际并讲礼节；④ 具有良好的服务意识，态度热情主动；⑤ 具有娴熟的服务技能技巧；⑥ 具有较强应变能力。

6.4.4 推行标准化服务

所谓标准化是指在经济、技术、科学、管理等社会实践中，对重复性事物和概念，通过制定、发布和实施标准达到统一，以获得最佳秩序和社会效益。在饭店服务过程中，由于存在大量重复性的劳动，所以很有必要推行标准化服务。饭店实施标准化服务有利于克服服务工作中的重复、交叉、错乱，建立最佳秩序，可以稳定和提高服务质量，实现科学管理，提高管理效率，有利于保护消费者利益，控制饭店成本，提高经济效益和竞争能力。饭店在推行标准化服务的过程中要注意以下6个方面的问题。

第一，科学性。饭店的各项标准必须以科学、技术和实践经验的综合成果为基础，把标准定在一个合理的水平上。既要有科学的定性标准，又要尽可能有科学的定量标准。

第二，严密型。在饭店运转的每一个环节，哪怕是极小的环节，都要规定明确、详细的标准，否则会出现管理或服务的“真空地带”及相互扯皮的现象。

第三，协调性。服务标准应与各方面的标准与利益相协调。

第四，可操作性。标准要切合饭店的实际，简便可行，便于操作。

第五，经济性。不可因标准的实施而大幅度增加成本，减少收益。

第六，权威性。要建立健全饭店服务标准体系，加强饭店服务标准化管理，确保饭店服务的规范、有序和质量水平。

6.4.5 坚持多样化与个性化服务

标准化服务能够满足大多数客人重复性的一般要求，但却无法满足部分客人特殊的个别要求。现在旅游者越来越重视个人意志，对饭店服务的需求越来越趋向于个性化、多样化，这就需要饭店在大力推行标准化服务的同时，积极提供多样化、个性化服务，这对档次较高的饭店尤其重要。

(1) 超常服务

所谓超常服务，就是以超出常规的方式满足客人偶然的、个别的、特殊的需求而提供的例外服务，这种服务一般可超出客人的期望，给客人一份意想不到的惊喜，最容易给客人留下美好的印象，也最容易赢得客人对饭店的青睐。

客人的意外之喜

五星级的北京王府饭店规定：凡住店20次以上的客人，他（她）的名字就被列入“王府常客”名录。下榻客房，有专为他（她）个人准备的信纸、信封、火柴和浴衣，上面均印有他（她）的烫金名字。浴衣归他（她）专用，他离开“王府”，浴衣收藏保管起来，再住“王府”，取出来仍由他（她）穿。客人的自尊得到了最大限度的满足，使客人有一种意外之喜。

（2）整体服务与补位服务

饭店服务是一个整体，任何部门、环节或服务人员不良的服务行为，都会影响饭店服务的整体质量。客人往往习惯于用最低质量评价原理（可简单地用公式表示为 $100-1\leqslant 0$）来评价饭店服务产品。因此，饭店员工必须认识到，自己的服务绝不是个人行为，而是作为饭店的代表，不管在何种岗位，碰到何种问题，都必须站在饭店的整体立场满足客人的需求，加强部门之间、员工之间的密切合作，通过共同的努力，确保服务质量在整体上达到最佳。但是，在服务过程中，往往不可避免地会出现服务疏漏，出现服务不及、不当或不周之处。服务人员应有很强的补位意识，及时弥补服务的不足。

（3）微笑服务

在饭店，微笑是一种特殊的“情绪语言”，对客人笑脸迎送，并将微笑体现在接待服务的全过程，无疑有利于大大改善服务态度，提高服务质量。

（4）细节服务

客人到饭店消费，寻求的不仅仅是各种物质产品，更重要的是希望享受到轻松的氛围、惬意的回忆、体贴的照顾。这就要求饭店员工能从客人的角度出发考虑问题，根据他们的不同需求提供有针对性的细节服务。细节服务往往体现了饭店的文化和服务水准。

站立式总台改坐式总台

入住饭店，在总台站着问询、办理入住手续，然后进入自己的房间，这似乎是现代饭店一条没有成文的规矩，无论饭店星级高低，几乎没有分别。而宁波香溢大酒店，在内部逐步装修的基础上，提出“热情接待、温馨服务”的饭店理念，以全新的形象和新颖的服务，赢得客源、赢得市场，在接待服务中，把传统的站立式接待服务改变为人性化的坐式接待服务，同时推出“三个一”服务。

酒店接待无小事，于小事见温馨。宁波香溢大酒店把对客人的接待服务，作为继承和光大中华传统美德文化的高度来看待，“宾至如归”“温馨舒适”并非酒店的“装饰”，而要有实际的体现。这家酒店认为，客人风尘仆仆地来到酒店，让客人坐下来咨询、入住登记，既可解除旅途的部分疲劳，又可以拉近与客人的距离、贴近对客人的服务。客人登记入住时的一声问候，送上一块消毒的湿纸巾；客人离店时给一声美好的祝福，让酒店对客人的人性化、体贴化服务，体现在时时、事事、处处。

（5）超前服务

超前服务是指服务人员善于急客人所急，想客人所想，往往在客人提出要求之前，就满足了客人的需求。正因为其具有超前性，能给客人带来更强烈的欢悦，甚至终身难忘。

前厅快速服务处

香港怡东酒店是以接待商务散客为主的商务型酒店，由于客人入住时间相对集中，所以经常在傍晚时候出现客人排队办理入住手续的现象。该店经过调研，在大厅里开设了一个专门为已预订的商务散客和VIP客人办理入住手续的前厅快速服务处。凡是已经办理了预订手续或是持有VIP优惠卡的客人就无需在总台前去排长队了。这里的服务员都是经过专门训练的高级职工，外语娴熟、谈吐优雅，而且反应敏捷，能在最短的时间里办好所有事项。这一做法很快改变过去前厅接待时客人“排队等候”的现象，受到客人的好评。

（6）灵活性服务

饭店的星级标准、规章制度和服务规范，只是解决了服务的技术标准和大致的行为规范问题，而服务对象却是千差万别的活生生的人，服务人员所面对是瞬息万变的事物。一流的服务不应仅仅把客人当成流水线上的半成品，一成不变地照搬规范，而应该是在规范的基础上创造性地、灵活地处置各种意外情况，从而在客人心目中留下永久的印象。

总台搬到餐厅里

每天早上6:30到10:00，杭州国际假日酒店二楼自助餐厅就会出现这样一幕：服务员会准时打开电脑，如果住店客人想一边就餐，一边退房，可以同时在餐厅完成。把原在总服务台办的事情搬到餐厅里办，这是该饭店为方便住店客人，节约客人时间而新近推出的一项服务举措。这在饭店业还不多见。

（7）家庭式服务

饭店是客人的“家外之家”。应创造一种家庭式的服务氛围，使客人感到身在饭店就如同在家里一样亲切自然、温馨、舒适和方便。

营造“家”的感觉

北京国际俱乐部，为营造“家”的感觉，饭店楼层不用服务车，服务员用清洁篮盛放卫生用品，打扫客房，床上用品和文具等由服务员托在手中送去。劳动量虽然增加了，但“家”的气氛浓了许多。床上用雪白羽绒被取代传统的毛毯和床罩，没有刻板的包角折叠，更有居家的感觉。

【思考题】

1. 解释饭店服务的含义。
2. 如何理解优质服务的含义？
3. 简述饭店服务的特点。
4. 举例说明饭店服务质量的内容。
5. 什么是劳务活动质量？
6. 饭店服务质量的特点有哪些？
7. 阐述服务流程图的绘制步骤。
8. 简述饭店服务质量的调查方法。
9. 饭店服务质量的检查方式有哪些？

10. 何谓暗访?
11. 简述因果分析图的制作步骤。
12. PDCA 工作循环的步骤有哪些?
13. 试述饭店服务优势建立的途径。
14. 为什么说“客人永远是对的”?

【经验性训练】

对当地一家三星级饭店服务质量的评价

【概述】

为评价当地一家三星级饭店的服务质量,学生们将分成若干个团队。

【步骤】

1. 分成 5 人一组(人数为单数)。每一组都将成为一个饭店服务质量评价委员会,独立于其他组而工作。团队的任务是运用服务质量评价的得分因素法,结合排列法或因果分析图法来评价饭店的服务质量。
2. 团队成员共同商议服务质量评价得分要素,并制作成表格。
3. 依据评价表的内容,到饭店暗访,记录暗访结果。
4. 汇总暗访结果,团队成员共同商议,形成一份书面报告。
5. 在课堂上集中汇报各组的评价结果及结论(有严格的时间限制)。
6. 全班一起讨论各组在打分中的相同之处和不同之处,产生分歧时,找出可能的原因。
7. 讨论如何真正地提高饭店服务质量。
8. 查找资料,结合此次调查暗访的结果,撰写一篇学期论文(每人一份,字数不少于 2000 字)。

【案例分析】

东京帝国饭店的员工培训

东京帝国饭店提供了既培训知识和技能又具有互动服务品质的优秀样板。饭店的“能力开发项目”包括“职业化能力与知识培训”(技术能力)和“服务礼仪培训”(互动能力)。第 1 种类型的培训包括在岗学徒培训,在饭店所有主要部门进行工作轮换,到外国的类似饭店访问和检查以及集中研究旅行(如帝国饭店的高级侍者和斟酒服务员每 3 年到美国和法国的著名葡萄酒酿造厂拜访一次)。除此之外,员工还从独立的教育机构获得特殊的技能培训,涉及范围从战略决策管理到食品卫生,再到表达能力。

第 2 种类型的培训,即“服务礼仪培训”,主要针对接待客人的礼节与心理以及服务态度。通过角色表演和录像(改正不良表现、习惯动作和个人特征)教授员工适当的礼节。强调和演示服务人员应如何出现在客人面前。并着重强调整洁、潜移默化的优雅风范和优良品味。讨论客人的心理,并强调下面 6 个要点:

1. 鉴于东京帝国饭店的等级和声誉,客人希望你将他们放在首位,成为关注的中心。
2. 客人在饭店不希望遭受任何损失。
3. 客人希望受到热情的欢迎。
4. 客人希望得到的待遇水平不低于饭店的其他客人。
5. 仅凭他们使用被认为豪华的饭店,客人希望体验到优越感。
6. 客人喜好占有饭店设施和服务的感觉,并希望得到特殊关照。

最后要讨论非语言交流和身体语言的基本原则。向员工演示和详细讲解恰到好处的行为有这样一些要点：面部表情、外表、站立的姿势；令人愉快的、吸引人的谈话方式和姿势；恰当的举止；陪同客人的礼仪。因为无论客人的国籍如何，鞠躬都是必不可少的礼仪，所以在复杂的鞠躬礼仪上就要花相当一段时间。鞠躬欢迎要弯腰15°，表示感激要30°，请求原谅要45°。服务礼仪培训的其余部分主要涉及复杂的日语使用以及恰如其分地应用饭店服务。受训人员要学习大约25种日常用语、最常用礼貌的表达方式及对应的英语。

对饭店各级人员进行培训和实施服务提高项目是帝国饭店的总体运营战略的一部分。

【案例思考题】

1. 为什么东京帝国饭店特别强调对服务礼仪的培训？
2. 与上述受训后服务员相比，找出自己与他们之间的差距，并写出改进计划。

【本章推荐阅读书目】

1. 饭店管理概论．黄震方．高等教育出版社，2002.
2. 服务型企业整体服务质量管理．汪纯孝．中山大学出版社，1999.
3. 饭店服务教学案例．张永宁．中国旅游出版社，2003.

第 7 章

饭店设备与物资管理

【本章概要】

本章就饭店设备的分类，设备生命周期各阶段的管理重点做逐一阐述，同时对数量众多，使用量大，品种繁杂的物资管理做进一步阐述，旨在诠释饭店设备管理的先进理念，并使之贯穿于饭店的日常业务工作中。

【学习目标】

- 了解饭店的建筑与结构布局；
- 了解饭店设备系统及各系统的特点；
- 了解饭店设备管理制度；
- 掌握饭店设备前期管理工作要点；
- 掌握饭店设备运行期管理工作方法；
- 掌握饭店物资管理的程序。

【关键性术语】

饭店设备系统、饭店设备管理、设备管理制度、设备运行期管理、“三好”、“四会”、“五项纪律”、设备维修保养、日常维护保养、定期维护保养、设备磨损、无形磨损、设备维修、报修、巡检、计划维修、预知性维修、小修、项修、中修、大修、设备改造、设备更新、饭店物资、饭店物资管理、饭店物资储备定额、饭店物资保险储备定额、经济储备定额、季节储备定额、经常储备定额、订货点库存定额、设备管理信息、设备故障率、物资采购管理、物资验收管理、物资储存管理、物资发放管理。

【章首案例】

客房维修保养很重要

某饭店205号房是间长包房，住着2位美国客人，他们是一家合资企业的美方工程技术专家。一天晚上，2位美国客人从餐厅搬来一箱易拉罐啤酒及几个冷盘，分别坐在自己的床沿上，靠着电控柜兴致十足地对饮起来。2人酒量极好，一个劲地猛喝，不多时，喝空的易拉罐就堆了一大摊。突然，整个房间的电灯熄灭了，一团漆黑。原来是他们喝酒时不小心，打翻了一罐啤酒，酒水倒在电控柜台面上，顺着缝隙渗进柜内，造成了短路。客人马上呼叫服务员。当班服务员小严闻讯赶来。得知205号房发生断电事故，当即安慰美国客人，请他们放心，服务员一定设法尽快修复。小严马上跑到办公室，找到正在值班的客房部孟经理和主管小郑，报告了刚才的意外事故。孟经理和小郑二话没说，打开旁边一只工具箱。这只“百宝箱”里装满各种工具、用品及零配件。有钳子、扳手、锉刀、钢锯、锤子、绝缘胶布、钉子、螺丝，等等，几乎应有尽有。他们熟练地取出螺丝刀、手电筒、试电笔、电源接线板、电吹风等工具，赶到205房现场。只见他们打着手电筒，熟练而迅速地拆下电控柜侧面的盖板，用干布、卫生纸把柜内的水分吸干，再从外面楼层引进电源接通电吹风，对准受潮处使劲猛吹，只用了5min就吹干了。刹那间房间里一片光明。“哦！”2位美国客人禁不住欢呼起来，连声道谢，并竖起大拇指一个劲地称赞。

饭店为了适应客人的消费需求，已越来越多地应用现代化的设施设备，饭店的经营对设施设备的依赖程度越来越大，饭店设施设备的管理越来越受到管理者的重视。饭店的设施设备包括饭店建筑在内的各种硬件。

7.1 饭店的建筑与结构布局

饭店的建筑属于硬件范畴，是饭店最大的有形资产，是饭店投资的主体和重要的经营资源。由于饭店的建筑本身往往就是城市景观中一道亮丽的风景，许多大饭店甚至代表了所在城市的形象。因此，饭店建筑对饭店的经营管理的影响至关重要。饭店的兴建取决于外部的市场条件和建筑的地点以及内部功能结构与合理布局，其首要环节就是位置的确定。

7.1.1 饭店建筑的选址

美国的现代商业饭店之父斯塔特勒有一句经营格言：“对任何饭店来说，取得成功的最重要的因素是地理位置。”由此可见，饭店的选址往往是关系到经营是否成功的一个重要因素。如何选择正确合适的位置，就成为饭店投资者和经营者首先考虑的问题。而影响饭店选址的主要因素是饭店的类型、规模和舒适程度。

(1) 饭店类型主要取决于城市的性质

饭店的空间、环境和服务设施，必须满足客人的生活与活动要求，不同性质的城市，设置不同的饭店，配备相应的空间和设施，才可满足不同客人的需要。旅游胜地、世界名城，要有同等级的旅游饭店，为客人提供最佳的住宿、餐饮和各种康乐健身设施；商业重镇、沿海港口城市，要有商务型饭店，有良好的通讯条件、商务活动场所；政治、文化中心，要有接待来访贵宾的高级饭店，有满足各级官员进行社交等活动的场所和相应服务，以及一些特殊服务等；交通枢纽地区，有满足客人路过、中转、候机、候车、候船的饭店，可以只提供食宿服务，最好能提供有关航班、车次和船次的信息；大城市入城干道路口、长距离公路的中转站，有汽车饭店，提供住宿、餐饮，设有停车场，并提供修车、洗车、加油等服务，还可设置一定的康乐设施，满足客人的不同需要；风景名胜区，要有交通便利、风景优美的度假村，有集中的服务中心；会议较多的城市，要有功能完善、设施先进的各类会议中心；使馆、领事馆和有众多外商办事机构的城市，要建长住型饭店，以方便暂住时间较长的客人。

（2）饭店规模取决于客源市场的情况

从城市各地段的性质来看，需要对那些要求提供住宿、餐饮服务的各类设施和场所进行评价，因为这些设施的规模、数量、等级、大小等因素直接关系到饭店的类型和规模。

（3）饭店的舒适程度取决于城市地段的地理位置

一座城市的中心区，往往是这个城市的政治、文化、商业中心，交通发达，活动便利，客房出租率高。但同时由于这里交通拥挤，噪声和大气污染，使人们生活条件日益恶化，而且地价高，寻找一块基地建造饭店往往投资额高，再加上通道和停车场用地必须在建筑物本身用地范围内解决，又增加了基建费用。在市中心的相邻地区，有较多的空地，地价相对较低廉，空气清洁，环境安静，布置车道和停车场都较容易，从生活条件和舒适程度考虑也是不错的选择。如果在城市边缘或城外建设饭店，需考虑与城市的联系和饭店中某些部门的营业问题，如餐厅和美容美发室等，因为它们本身也直接为城市居民服务。

（4）饭店建筑选址适宜的地段

饭店建筑选址包括以下几种地段：

- 经济发达、通讯条件好的地段；
- 接近市中心或闹市区的地段；
- 交通便利、通达度高的地段；
- 风景优美的旅游胜地；
- 环境安静、具有一定私密性的地段。

（5）饭店建筑选址的评价

饭店建筑的选址，从小范围来看，还要对基地进行评价，评价的主要内容有：

- 基地面积、土地价格、地形、地貌、市政设施条件；
- 与道路的连接、限制与规定，街面的长度、深度与进出方向；
- 有关规划、法规、规定对基地的限制；
- 基地的日照、通风、阴影面积、周围建筑与环境、背景噪声等；
- 建成后饭店形象是否突出，景观效果如何；
- 汽车出入是否方便。

7.1.2 饭店建筑的造型特点

建筑被人们称为“空间的、凝固的艺术”。饭店属于商业性居住的建筑，其造型设计既有建筑的共同规律，又有本身的特点。饭店建筑造型不是孤立的内容的艺术诠释，它与饭店所处环境、规模、等级、功能、布局、空间组合等密切相关，受建筑材料、设备、施工等因素的制约，反映了业主的审美意识和建筑师的风格。

形象性 饭店作为商业建筑，其造型力求形象鲜明突出，从某种程度上讲，新颖别致的造型本身就是吸引客人的广告标志，有利于提高公共活动部分的利用率和客房出租率。因此，那些造型或某些重点部位突出的饭店往往能使客人印象深刻。

文化性 饭店建筑造型突破了过去的结构功能的简单模式，越来越多地赋予其文化内涵，从规划、城市设计和景观设计各种角度对饭店造型提出要求。其高大挺拔的造型与周围的广场、街道、绿化带等形成独特的审美空间，反映了城市文明和当地的文化传统。在风景名胜区的饭店更是要求与自然融合，表达出地域文化与环境的信息。

时代性 饭店作为新时代的产物和反映技术水平与艺术思潮的窗口，应力求创新，表现出强烈的时代感，饭店建筑采用的新空间体型、材料、技术等，无不体现时代特征。

环保性 环境意识就是饭店建筑造型应取得外部空间的整体平衡，注重环境的和谐统一。盲目的搬用、抄袭只是对环境的破坏。

统一性 饭店内部功能的规律性、统一的技术经济水平表达了饭店建筑造型的共性。如整齐的窗户显示客房规格的统一，宽大的雨篷表明主入口处所在，高大的裙房则是饭店的公共活动场所。这些几乎成为饭店标志性设施，具有统一性的特点。

独特性 如果过多地强调饭店的统一性则会削弱饭店的差异性。现代饭店的造型则更强调其个性表达，强调时代、环境、经营、文化特征。成功的饭店造型是与城市规划与设计结合紧密，在环境中自然而突出，形成其独特的"商标"形象。

7.1.3 饭店建筑的结构布局

一个饭店能否正常运转，并能获取双重效益，不仅取决于高质量服务，而且也取决于饭店内部的结构布局。结构布局合理，空间流线布置妥当、功能完善的饭店无疑是成功了一半。

（1）饭店的功能分析

饭店无论大小，其主要功能可以分为大堂接待、客房、餐饮、公共活动和后勤服务管理5个主要部分。现代饭店功能丰富多样，流线错综复杂，每部分的功能紧密而复杂的联系构成饭店整体。饭店功能区分的原则是：饭店的前、后台分开，各功能分区明确而联系密切。

（2）饭店建筑结构布局的设计原则

满足客人需求原则 注意动静结合，要了解客人的心理状况，动态满足客人入店到离店的一系列活动顺序为设计主线，静态以客人在店内活动和逗留的空间需求为设计参考。

符合规范原则 按照国家有关建筑、设备、装修和施工的标准规定，符合有关饭店经营业务和操作规范的要求，评星定级的饭店还需参照有关星级标准设计。

客用与员工用设施分离原则 前后台明确区分功能空间，为保证服务质量和规格，应严格区分员工使用的设施和客人使用的设施，互不交叉干扰。

注重美感与文化氛围原则 饭店设计应突出人文关怀的特色，营造出一个优雅的活动空间，营造浪漫与潇洒的氛围，在设计时体现文化，满足人们审美的需求和对文化的渴求。

体现经济效益原则 应考虑哪些空间产生效益，哪些空间不产生效益，如何合理布局，扩大效益空间，压缩不产生效益的空间。要保证对客人服务的效率和质量水准，减少不必要的时间耗费和等候。

（3）饭店主要功能区的结构布局设计

饭店外环境 饭店外环境的塑造，主要涉及景观、出入口、消防、交通、朝向、风向、防噪声、绿化和相关的公共工程，在设计中应尽量美化、绿化，突出形象、内外环境的和谐，并考虑到节能设计。

● 符合城市规划、市政工程的要求；

● 饭店出入口应标志明显，饭店出入口与职工、货物出入口严格区分，职工和货物出入口应设在饭店背面或侧面，要留有残疾人通道；

● 交通组织合理，车流、人流路线清楚，互不干扰；

● 门厅外应有停车场、回车道、人行道、雨篷等设施；

● 庭园绿化可设置广场绿化、庭园、花园等多种形式，良好的视觉环境也是饭店提供的优质服务内容之一。

前厅大堂 大堂是饭店客人出入最多、饭店最重要的公共活动场所。大堂的设计水准代表了饭店形象的好坏，设计时应注意功能区分和空间分隔，突出氛围和文化品位。

● 门可用双道门和旋转门，隔音、防尘和节能。

● 总服务台位置要明显、醒目，形状可采用长条形、U 形等形状，应附设总台办公用房、贵重物品存放室、预订处、行李房、大堂副理办公桌和相关设施。装饰上不可以用镜子铺设墙面。

● 大堂空间可分为运动空间和停滞空间，可运用地毯、隔断、雕塑、台阶、沙发和不同颜色的石料装修进行分隔，线路组织避免交叉干扰。

● 大堂应多设营业面积，以利于经营，可设置酒吧、咖啡厅、自助餐厅、商场、花店、美容室、书店等经营设施。空间分隔上注意隐藏与显露的区分。

● 大堂可设休息区、洗手间、公用电话、书报栏、饭店服务示意图、商务中心等设施。

● 可以设计风格独特的中庭作为大堂的共享空间，比例尺度上符合人的心理感受。

● 电梯大厅位置适中，较显眼之处，尽量缩短门厅总台到电梯间的距离，宽度在 1.5~2 个电梯宽度左右，数目基本符合“2+客房数/100”的规律。

客房 是饭店主体和存在的基础，是客人休息、工作、会客的主要场所，它的设计要体现出安全、舒适、经济的特点。

第一，客房楼层应主要位于塔楼里，布局呈立体垂直规则排列，保证相同功能空间位于同一立面上。

第二，客房单元应具有安全舒适性，内部空间主要有睡眠空间、休息空间、书写阅读空间、起居空间、贮藏空间和盥洗空间。标准客房空间尺度开间应在 3.8~4.1m，进深在 7.4~8.6m。环境氛围营造上通过灯光、家具、色彩、设备、艺术品来表现。

第三，客房类型结构应根据客源需求有一个合理比例，豪华套间、行政楼层和总统套间应设在高楼层，设计时注意水压指标大小。

第四，客房层由客房区、服务区、交通枢纽等构成，客房区以走廊两侧布局，门可以错开排列增加私密性。服务区主要有楼层服务台、开水间、清洁工具间、储藏室、机房及员工卫生间等相应设施，客人流线和服务流线要分开。交通枢纽居中，明确、简捷，并和客房有噪声分区。

餐饮设施 是为客人提供菜肴食品和酒水饮料的场所，应根据饭店整体布局进行设计，以构成完整的系统而适应饭店经营的需要。

第一，餐饮设施应布置在饭店公共活动部分中客人和公众最易到达的部位，一般在裙房和中庭周围，有的饭店也在地下室和顶层设置特色餐厅。

第二，餐厅围绕厨房布局，尽可能区分客人进餐厅流线与传菜线路，避免客流与服务员工作状态的交叉与碰撞。

第三，厨房部分设计布局应符合餐饮业务的工艺流程，精加工场所可布局在货物出入区，应离客房远些。仓库应根据储存不同原料物品进行分区设计。粗加工区、烹饪区、备餐出菜区和洗涤区布局应注意生熟食品区分，符合工作流程和卫生要求，空调设计应使厨房形成负压区。

第四，餐厅应根据不同类型、要求进行设计，内部空间布局可进行二次分隔，形成多个空间组合，并通过菜肴、服务、灯光、音乐、艺术品等突出其主题特色。

康乐、娱乐设施 是现代饭店满足客人需求的重要场所，也代表了饭店的等级和形象。

康乐设施主要有健身房、保龄球室、桑拿浴室、游泳池、壁球室、沙壶球室、台球室、乒乓球室、网球场、垒球场和高尔夫球场等，不同类型、不同等级的饭店有不同的选择，在布局上往往根据饭店实际情况进行选型，因其场地选择、占地大小、设施繁简差别很大，需合理规划。

娱乐设施主要包括歌舞厅、影视厅、卡拉 OK 厅、电子游戏厅、棋牌室等，通常布局在饭店底层后部、侧面及裙房或公共设施区域，避免对其他区域的噪音污染。

行政办公及员工生活用房 行政办公及员工生活部分属饭店内部用房，要求与客人使用部分严格区分，互不干扰。

行政办公用房多集中安排在裙楼或饭店后部，也有饭店设在地下室。设计时要注意将人力资源部、采购部等部门安排在靠近内部出入口处。

员工用房，主要供员工使用的宿舍、更衣室、休息室、食堂等，一般设在地下室或饭店后部。更衣室靠近员工出入口附近，员工餐厅单独设立，与客人餐厅、厨房分开，员工休息室靠近更衣室布局，面积不宜过大。员工宿舍一般独立于饭店主体建筑，另辟空间，这样有利于员工下班后的角色转换，充分休息，保持体力和精力充沛；也可以避免员工与客流的混淆。

仓库 在布局上采取有合有分，按需设置的方法，其中客用消耗品仓库、低值易耗品仓库、行政总仓库、棉织品仓库可采用大空间集中设置，各部门专用仓库则靠近该部门设置。

洗衣房 主要功能是洗涤饭店所有客用棉织品、客衣、工作服，并保管棉织品。洗衣房一般可布置在地下室或高层饭店的设备层，平面布局应遵照工艺流程，分设员工出入口，污衣入口和清衣出口，并避免噪音干扰。

各类工程用房 如维修中心、电工房、木工房、消防中心、监控中心、电脑机房等面积紧凑，应根据自身特点布局在相应场所。

金陵饭店

南京是中国，也是世界最古老的城市之一，每年吸引全国各地及世界各国的旅游者涌向南京。金陵饭店在南京的饭店业独树一帜。其融合中西艺术精华为一体的建筑设计给我们耳目一新的感觉，也给后来的饭店建筑以启迪。

金陵饭店由高110.4m的37层塔楼和3层门厅大厦为中心组成一个建筑群。包括古典式苏州园林、沿街购物中心、康乐中心以及高层汽车库。金陵饭店的设计者们巧妙地把东方传统的殷勤好客同外国客人的生活习惯结合起来，把中西艺术融为一体，创造了中国式的、有独特风格的国际旅游饭店。在改革开放春风中诞生、于1983年10月建成开业的金陵饭店，是当时国内最高的高层建筑，有神州第一楼的美誉。

大雨篷：走进饭店大门，就是这座开阔、明亮的、有9m高、500㎡面积的大雨篷。正面立柱上端，篆刻着由4个“金”字组成的方形店徽。下面是艺术大师刘海粟书写的“金陵饭店”店名。一进门首先给人以端庄、敦厚之感。

门厅：也就是接待大厅。面积为580㎡，高8m，地面铺着北京的青石板，迎面是一座扬州漆器屏风，在15块屏面上的松鹤图，37只生气勃勃的丹顶鹤象征着37层大楼的英姿，陈大羽为画题词：“丹鹤庆万寿，汉柏颂千秋”，更烘托了大厅的古雅气氛。厅内设有总服务台、休息处、问讯处、邮电书报亭、外币兑换处和精品商店。厅内装饰色彩淡雅。客人一进店，就感受到一种古朴、宽阔、舒畅之美，而一扫旅途跋涉之劳累。

兰圃：在门厅东面，是咖啡厅，可容230人就餐。右侧墙上是漆刻，“郑和下西洋”图。

莫愁轩：在门厅西面，是个酒吧。厅内大玻璃屏风上刻有3m多高的莫愁女像，墙壁上悬挂着6幅大型绢画，向客人讲述着莫愁女的故事。

大楼第二层是公共活动场所。

雨花茶座：又叫游廊茶座，可供160人品茗、用点。墙壁上挂有4m长的大国画，画面上书写着“旧时燕子”4字。这是画家范曾借刘禹锡名句“朱雀桥边野草花，乌衣巷口夕阳斜。旧时王谢堂前燕，飞入寻常百姓家”之意而作。在电梯通道和电梯井旁有3幅国画，分别是《黄海之滨》《海上生明月》《飞石头城》。

梅苑：这是一间按中国民族风格布置的中餐厅，可供252位客人就餐。全部是明朝式样的家具，青砖窗洞，装饰着梅花图形，古色古香的木隔扇上雕着南京市市花。这里书画琳琅满目，有林散之书写的韦庄的《金陵图》：“江雨霏霏江草齐，六朝如梦鸟空啼，无情最是台城柳，依旧烟笼十里堤”；有武中奇书写的杜牧的《江南春》绝句：“千里莺啼绿映红，水村山郭酒旗风。南朝四百八十寺，多少楼台烟雨中”；有费新我书写的刘禹锡诗：“山围故国周遭在，潮打空城寂寞回。淮水东边旧时月，夜深还过女墙来”。这一首首诗句，似乎在为客人介绍古都南京的悠久历史。厅里有4幅扬州漆器挂屏，上有滕克金、陈积厚、曹志桂、丁吉甫书写的4首咏梅诗。还有4幅国画：喻继高的《迎来春色》、陈修范的《师志造化》、陈大羽的《碧海寒春》、刘菊清的《雪艳图》。客人们在这诗情画意中品尝中国的各式菜肴，是一种艺术享受。

金碧厅：与“梅苑”毗连，是西餐厅，可容纳160人就餐。布置了4幅油画，客人在这里又可领受一番西方艺术之美。

钟山厅：这是气势最大的无柱大厅。面积1000㎡，可举行900人的中餐宴会或2000人的招待会，也可以隔成2个或者4个中型餐厅。举行国际会议时，有同声翻译传输设备，能同时提供英、日、法、德、意等5国语言的同声翻译。厅内音响、灯光、舞台装置等设施俱全。这个厅里不断地谱写着中外友谊的动人篇章。

客房：塔楼的第3层至第35层是客房。在818套客房中，有国宾套间2套，双卧套间6套，高级套间42套，山景套间30套，商用套间15套，普通套间15套，大床间134间，双床间484间。所有房间都配备卫生间、电话、彩色闭路电视、中央空调机自控装置、烟雾检测器、无线电呼入装置、电冰箱、小酒吧。客房的房门上，装有一个类似猫眼的镜头，外面看不见里面，里面通过凹凸镜却可以看清走廊里的情况。标准客房的面积是30㎡，除壁橱、卫生间以外，住房面积为19㎡。墙面是米黄色塑料贴纸，地面是浅棕色满铺地毯。写字台、梳妆镜、沙发、窗帘等都是淡棕色，采光色调和谐，客人在此起居，定会感到恬静安适。客房和大楼内部的所有公共场所一样，窗户都是双层铝合金窗，中间充氮气，既隔音又保温。整个大楼配备整体空调，房内都保持22~24℃恒温，四季如春。

停机坪：在37层顶层，面积为258 m²，可供直升机起落。晚上，当楼顶红灯闪亮的时候，会给人们带来一种神秘的色彩。

璇宫：这里值得着重介绍的是金陵饭店的“璇宫”，自“璇宫”诞生的那天起就成为中华大地、古城南京的一道亮丽的人文景观，为世人瞩目，在20世纪80年代初“璇宫”不仅是金陵饭店的“形象代言人”，也是南京新“金陵40景”之一。“璇宫远眺”，吸引了众多中外政要名流和无数旅游者登高饱览古城秀色。这是最迷人的地方。它设在第36层上，是我国第一个高层旋转餐厅，面积有332 m²。从底层到“璇宫”乘电梯，只要29s。这个环形转台自重27t，可负重150t，有180只圆锥滚动支承、54只定心轮保证其向心旋转。设在对角的2台550kW可控硅控制的直流电机驱动旋转，既平稳又无噪音。璇宫四周是48樘落地密封玻璃窗，内设160个座位的茶座，还有吧台和舞池。每分钟以1.5m的速度缓缓旋转，63min旋转一圈。由于是圆的，每旋转一圈，8个不同朝向的建筑，因接受太阳辐射的热不同，室内温度也会有变化，保持恒温的方法是利用VAV变风量装置，使各方向的温度保持在22℃、湿度55%。在璇宫的中心圆墙上，是巨型的牛郎织女和嫦娥奔月的彩色壁画，由南京艺术学院师生创作。在外围的四角，有用苏州花岗石雕塑的4对敦煌飞天。游客至此品茶小憩，鸟瞰古都新貌，谈古论今，怎能不心旷神怡！

新璇宫，在继续保持其作为南京现代人文名胜景观的旅游特色同时，进一步发挥“金陵”国际一流的品牌优势，倾心推出融情于景、超凡脱俗、全新概念的文化美食。全新的功能布局，将璇宫分割成4个华贵包间，使之更显“天上宫阙”般的气派。从东风格砂岩的电梯间，到金色丝幔低垂的包间；从晶莹雅致的高档餐具器皿，到高品位的艺术珍品…… 新璇宫处处都诠释着高雅文化与精品美食的相得益彰。而且，新璇宫不仅在视觉感官上给人以耳目一新之感，其独特新颖的经营服务理念亦将成为南京高规格商务社交活动的最佳场所。

7.2 饭店设备系统

饭店设备种类繁多，根据设备系统的不同功能，饭店一般有以下设备系统：供配电系统、给排水系统、供热系统、中央空调系统、通讯系统及音像系统、计算机管理与控制系统、安全防护系统、电梯运送系统。此外，饭店厨房系列设备、洗衣房系列设备、清洁系列设备、娱乐系列设备、健身系列设备、美容系列设备、维修系列设备、办公系列设备也属于饭店设备管理内容。

上述设备系统多为工程部员工管理并操作，为饭店提供动能、动力及相关信息。设备系列多为设备使用部门的员工操作，或直接为客人提供服务。

7.2.1 供、配电系统

饭店的用电系统主要来自所在城市的电力供应部门，绝大部分的饭店都建有自己的配电房。为保证供电的连续性和可靠性，饭店一般需采用2个以上的独立电源供电，即由2个变电所引进2路10kV高压电源，以双回路供电互为备用，并自备发电机组，以备应急供电时使用。饭店供电系统的设备主要有三大部分，即变、配电设备，输电设备和用电设备。

变、配电设备 包括高压配电柜、变压器、低压配电屏。它们的主要功能是对输入的高压电进行监测、控制、计量、降压，并合理地将电能配到各用电部门。配电设备全部集中在配电间，是整个饭店的动力核心，所有的动力线、照明用线全由配电间接出。

输电设备 主要是输电线路和接线箱。输电设备主要有母线、电缆和电线以及输电线路的中间接线箱。

用电设备 凡是利用电能做动力的设备，都是用电设备。饭店的用电设备主要有4类：机电设备、电热设备、电子设备、照明设备。其中动力设备和照明设备是饭店主要的耗电设备。

除上述供、配电系统外，饭店还必须配备避雷设施以预防雷击的危害。饭店供、配电系统约占饭店硬件投资总额的10%左右，总用电量约等于90W/m²与客房总面积的乘积。饭店供、配电系统的管理要点是：安全运行、定期维修、场所固定、技术性强、专人管理。

7.2.2 给水、排水系统

（1）饭店给水系统

饭店一般设置2路供水系统，并在饭店建筑内部设置蓄水池，一般设置在地下室。饭店给水系统是由输水管网、增压设备、配水附件、计量仪器及储水设备等组成。水泵是给水系统中提升和输送水的重要设备。

饭店给水系统的给水方式是根据饭店建筑的特点、用水要求以及城市给水管网提供的水压来制定的。饭店常用的给水方式主要有以下几种。

直接给水方式 当城市给水管网的水量、水压在任何时候均能满足饭店用水的要求时，可采用直接给水方式。这种给水方式一般适用于4层以下的低层建筑用水。

分区供水的给水方式 当饭店为高层建筑时，一般采用分区供水的方式。高层饭店的垂直分区高度一般为30~40m。

设有储水池、水泵和水箱的给水方式 当城市给水管网的水量、水压达不到要求时，可以采用设有储水池、水泵和水箱的给水方式。

（2）饭店排水系统

排水系统主要由污（废）水收集器、排水管道、通气管及污水处理构筑物组成。饭店厨房排水管道必须设置隔油池，将厨房废水中的油脂分离出来。生活污水则由化粪池进行处理，以减少对城市水体的污染。

7.2.3 供热系统

饭店的供热系统主要由锅炉、管道和给水设备构成。目前大多数饭店采用集中供热系统。集中供热是一种简单、高效供热系统，越来越受到饭店管理者的推崇。

用锅炉供热的饭店一般使用燃油蒸汽锅炉。以蒸汽锅炉作为热源的锅炉供热系统可以分成3个部分：锅炉给水系统、锅炉蒸汽系统和用气设备。锅炉给水系统主要是对水进行处理，包括软化、除氧等，使水质符合锅炉用水要求。进入锅炉的水，经过加热蒸发后产生的蒸汽，通过分汽缸分配到各用户。饭店的主要用热部门有厨房、洗衣房，以及饭店冬天的采暖。其中，厨房和洗衣房属于直接用汽，而冬天采暖用热则要通过热交换器来实现。

7.2.4 中央空调系统

中央空调系统是一个将空气进行处理的通风系统，它将室外的空气吸入，通过过滤、加热、加湿（或降温、除湿）处理后送入室内，并保持室内适宜的温度和空气的洁净，排除室内浑浊的空气。因此，中央空调系统实质是一个包含供热、制冷和通风设备的综合系统。

7.2.5 通讯系统及音像系统

(1) 通讯系统

饭店通讯系统包括电话系统、传呼系统和对讲机系统，其中电话系统是主要的通讯系统。电话系统主要由交换机、电话和线路组成。饭店内部的通话由交换机完成，饭店与外界的通话则通过交换机经中继线与市电话局交换机连接。饭店的程控电话交换系统能提供许多专项服务功能，如自动计费、留言显示、叫醒服务、分机锁定等。

(2) 音响系统

饭店音响按功能的不同，可分为公共音响系统即扩声音响系统和专用音响系统，即舞台音响系统。公共音响系统由背景音乐、客房音响和紧急广播组成。专用音响系统则包括歌舞厅音响、卡拉OK音响和会议厅扩音系统。

(3) 公用天线电视系统

为了提高电视收看质量，饭店设置公用天线电视系统，该系统除了能使电视机图像清晰外，还能扩大系统的节目来源。公用天线电视系统主要由接收天线、信号放大器、混合器、分配器、分支器和高频同轴电缆等组成。

7.2.6 计算机管理系统

计算机管理系统可以管理饭店所有业务往来所产生的人、财、物信息和各种其他信息，能对饭店经营管理活动及其属性的发展变化进行客观、及时、可靠的描述和真实的反映。饭店计算机管理系统包括前台管理系统和后台管理系统。前台管理系统主要由预订、接待、查询、客房管理、电话自动计费、餐饮、出纳、夜间审计等组成；后台管理系统主要对财务、工资、物资等进行管理。

7.2.7 安全防护系统

(1) 消防系统

消防系统是饭店的一个非常重要的安全防护系统，它能及时发现火灾，并在火灾发生时自助灭火，保障人员的安全。消防系统包括消防监控系统、灭火系统及防排烟系统三大部分。消防系统的运行是由消防中心控制的。

火灾报警系统 由火灾探测器和火灾报警控制器构成。火灾探测器主要用来发现火灾隐患。饭店常用火灾探测器有烟感探测器、温感探测器和光感探测器。火灾报警控制器是报警系统的控制显示器，其主要功能是接收火警信息后发出声、光报警信号，并显示火灾区域。

消防控制系统 根据火灾报警情况，通过消防中心的联动装置，对饭店从发现火灾到灭火结束的一系列消防救援措施进行处理和控制。

消防灭火系统 主要有消防栓灭火设备和自动喷淋系统。消防栓灭火设备是通过消防栓、水龙带和水枪，利用高压水灭火。自动喷水灭火系统则是利用温度的自动感应，自动打开喷头进行灭火。

防排烟系统 包括排烟系统和正压通风系统。在火灾发生后，防排烟系统将烟雾排到室外，减少因烟雾造成窒息而死的情况。

(2) 闭路电视监视系统

为了能全面掌握各重要公共场所的动态，高星级饭店都配置了电视监视系统。电视监视系统是由摄像机、控制器、监视器和录像机组成的闭路电视系统。它通过安装在各处的摄像机，将各现场动态汇总到监控中心的电视屏幕上，大大提高饭店处理问题的效率。同时，通过摄像机还可以发现不法分子和可疑分子，及早做好防范措施，以确保饭店及客人的安全。

(3) 楼宇自动管理系统

楼宇自动管理系统是一个对环境状态、设备运行进行管理的计算机系统，楼宇自动管理系统包括以下管理内容：

- 消防系统的监督与控制；
- 消防报警系统报警信号的接收与监督；
- 节能系统的监督与控制；
- 电梯、自动扶梯运行的监督与控制；
- 制冷机运行及空调系统的监督与控制；
- 锅炉运行及热水供应系统的监督与控制；
- 电力和照明系统的监督与控制；
- 变配电及备用发电机组的监督与控制；
- 给水系统的监督与控制。

楼宇自动管理系统的设备主要由计算机、资料收集站、测试元件和控制元件组成。与计算机配套的有打印机、记录仪和彩色显示器。

7.2.8　电梯运送系统

饭店电梯运送系统包括垂直运送设备和水平运送设备。垂直运送设备主要有电梯和自动扶梯，水平运送设备是指自动人行道。电梯是饭店最重要的垂直交通工具，电梯的性能在一定程度上代表了饭店的规格和档次。电梯的基本性能要求是安全、快捷、舒适。

电梯是机械、电气和电子技术高度结合的复杂机器，由曳引机、钢丝绳、轿厢、堆重和一系列的安全装置构成。由于电梯大多安装在饭店建筑内部，运行距离较长，所以电梯组成部分还包括机房、井道、底机、厅站等建筑结构。电梯需要始终处于良好的服务状态，避免发生事故。因此，必须根据有关规定制订详细的维修保养计划。

7.3　饭店设备管理

饭店设备种类繁多，技术先进，是饭店产品的重要组成部分。同时，由于设备的购置费、维持费很高，一旦设备管理出现问题，则会造成饭店不可估量的损失，因此饭店设备管理是饭店管理的重要内容。通过科学管理，可以有效降低饭店的成本，提高饭店产品质量。

饭店设备管理应实施设备综合管理。所谓饭店设备综合管理是以饭店的经营目标为依据，运用组织的、经济的、技术的措施对饭店设备的一生进行管理，包括设备投资决策、采购、安装调试、验收、维护与保养、改造和更新等重要环节的管理，以实现最经济的设备寿命周期费用和最高的设备综合效益，同时尽量减少设备在运行过程中对环境的影响。在实施设备综合管理的过程中，要注重全员参与和全过程管理，把设备管理的理念贯穿于饭店的日常业务中。

7.3.1 饭店设备管理概述

(1) 饭店设备概述

饭店设备的含义 在饭店设备管理中，设备是指饭店各部门使用的机器、机具、仪器、仪表等各种物质技术装备的总称。设备具有长期、多次使用的特性，不是一次性消耗品，并在会计核算中被列为固定资产。

饭店设备的特点 其特点包括以下几个方面。

种类繁多，分布广泛 为了满足客人日益变化的各种需要，饭店一般都提供多种服务。由于每个服务项目都需要有专门的设备来提供辅助，从而导致饭店设备的种类繁多，内容庞杂，且分布于饭店各个角落。

投资额大，维持费高 由于饭店设备技术先进、并按国际标准设置，因此，饭店设备的投资占饭店固定资产投资的比例往往较高，约占总投资额的10%。而且设备在运行中需要定期维护与保养，维持费用也很高。

技术先进，安装隐蔽 为了满足客人对舒适性的追求和提高管理与服务水平，饭店通常选择最先进的设备设施。同时，公共场所、客人停留的场所的设备都要隐蔽安装，以不造成客人的视觉污染为主，并满足客人的心理需求。

直接产品，素质要高 饭店提供的是一种特殊的服务产品。这种服务产品既包括员工的劳务，也包括员工提供服务而借助的各种设备、设施。因此，设备的完好情况和运行状况直接构成饭店产品质量。这对设备管理提出了更高要求。因此要求设备技术人员的素质要高，既要有一定的技术理论水平，又要求有维修工作的实际经验，特别需要具备一专多能的素质。

(2) 设备综合管理的内容

- 设备投资的决策以饭店的经营目标为依据；
- 对设备寿命周期的各个环节进行管理，以求设备的最佳效益；
- 对设备进行管理时，不仅要采取技术方面的措施，还要运用经济的和组织的措施进行管理，追求最经济的设备寿命周期费用和最高的设备综合效率；
- 在设备运行时尽量减少设备对环境的污染；
- 实行设备的全员管理，明确饭店员工在设备管理中的职责和义务。

(3) 设备管理制度

设备管理制度是依据设备综合管理的思想，对设备在技术上、经济上和组织上进行系统管理时所做的规定，以保持设备的完好，不断提高饭店技术装备的素质，达到设备寿命周期费用最小化的目的。设备管理制度主要有以下内容：

- 设备安装、调试、验收制度；
- 设备运行管理制度；
- 设备使用和维护保养制度；
- 设备的维修管理制度；
- 设备的润滑管理制度；
- 设备的事故管理制度；
- 设备改造与更新制度；
- 备品、备件管理制度；

- 饭店能源管理制度；
- 设备运行中污染预防制度；
- 教育与培训制度；
- 检查与评比制度。

7.3.2 饭店设备前期管理

（1）项目的提出

饭店设备项目是饭店根据经营方针和实际需要，或者是某营业部门根据营业需要提出的。项目的提出必须预先作初步调查和预测，对设备主要技术指标、运行效果和经济效益等要做粗略的预计和估算，并作为项目提出的依据。

（2）调查研究

在对项目进行技术经济综合分析和各种方案比较时，为了提供技术经济方面的依据，必须掌握详细而准确的调查材料和资料。为此应该就以下内容进行调查研究。

饭店方面 提出项目的背景和理由、现有设备的利用率和潜力状况、安装设备的环境条件、能源和材料供应情况、资金来源、操作和维护的技术水平和人员配备、实施时间和进度等。

设备制造厂方面 提供制造厂家的历史和技术水平、质量水平、信誉情况、设备的规格和技术性能、备件供应、维修专用工具、仪器等资料。

费用数据 售价、运输费、安装费、保险费、培训费等。

（3）可行性研究

可行性研究是进行重大决策前必须做好的一项重要工作。随着具体设备的不同，可行性研究的广度和深度也不同，虽然没有一成不变的模式，但可行性研究报告书一般应包括以下 11 个方面的内容。

总论 饭店投资项目的背景和历史条件，对研究结果的概要说明以及项目存在问题和解决这些问题的建议。

与项目有关的市场状况和前景 提高接待能力或改善服务条件是饭店设备投资的目的，因此，客源市场或服务产品市场的状况和前景是设备投资评价的重要依据。

设备与所需能源、原料的关系 对保证设备正常运转的电、水、汽、煤、油等原材料、辅助材料和配件等物资条件应有充分的分析研究。

设备的环境条件 在饭店范围内是否具备放置设备的地点，其地质条件、运输条件、可使用面积和施工续装条件是否具备，设备实施方案是否有困难。

项目的技术方案 阐述设备的主要技术原理、结构、规模和土建工程的方案，一般是提出几个技术方案，并分析各种方案的优缺点，以便优选决定方案时作为依据。

环境保护 设备运行是否存在废气、废液、废料和噪声污染等问题，并说明治理的方法和措施。

对今后运行操作和管理者的要求 人员要精练、配套，说明所需人员的专业工种、文化程度、数量和培训计划等。

设备投资方案的经济评价 经济评价是可行性研究的主要内容。要说明投资总额、资金筹措、投资方案的经济效益和社会效益，要对多种方案进行客观的比

较，选择最佳方案。

不确定性分析　今后的旅游市场变化、国家汇率的变动、原材料价格的调整等因素都可能影响经济分析的真正可行性，因此要注意对各种不确定因素的分析。

项目的实施计划　要精心安排项目的规划、设计、采购、安装、试验和投产等工作的进度，注意保持设备、材料、资金、人力诸项工作的同步推进。

可行性研究的结论　综合各项分析，从技术、经济方面归纳出可行性意见，并明确存在问题和提出解决这些问题的建议。

(4) 设备投资项目的呈报审批

饭店设备规划管理者要明确本饭店的隶属关系和审批权限范围，认真做好项目呈报审批工作。设备投资项目呈报的主要内容有：

- 项目的名称和编号；
- 项目投资的使用部门或应用范围，以及投资效益的简要说明；
- 项目投资额和现金流量分配；
- 项目的设备购置费、流动资金和税金等支出情况；
- 项目投资所需资金的来源和数额（最低数额和理想数额）；
- 设备可能得到的减免税和税额；
- 说明设备的种类是饭店基础设备还是服务性设备，或其他设施；
- 设备放置的位置和环境；
- 由于新设备投入而更替下来的旧设备残值和处理办法；
- 设备投资的收益率和资金回收期；
- 设备折旧方法、折旧率和折旧总额；
- 项目的利润率和目标利润；
- 预算说明和规定；
- 项目开工期、竣工日和预计使用日期；
- 各种专业项目评审人员的全签，呈报人、文件编制人和审批人的签字、日期；
- 附件：可行性报告书的副本、饭店与项目有关情况介绍，实施组织措施和不可预见事故的防范措施等。

(5) 投资决策

设备投资决策是规划阶段的主要环节，饭店管理者将汇集并研究在此以前的全部调查材料和可行性研究成果，同时根据本饭店的经营方针以及现有资金和能源供应等方面的实际条件进行综合平衡，对投资项目的取舍做出最后决策，或者从2个可行方案中选择最佳投资方案。饭店设备投资项目所牵涉的问题千头万绪，在各种复杂的因素中，规划决策人员必须着重考虑的因素有：

- 市场状况和投资效果；
- 饭店年度投资预算；
- 国家政策；
- 设备项目的有关费用，如固定资产支出项目、流动资金支出项目等。

(6) 编制计划

饭店决策层对设备投资项目进行综合平衡，评价决策，最后决定项目的优选和取舍。项目一经批准，就要由设备管理部门等有关部门组成项目专门小组，组织编制项目实施计划。计划内容包括设备购置和设备安装调试进度，施工所需原材料的供应，水、电和交通条件的配合以及施工队伍的协调组织等。同时要根据各阶段进度安排，定出资金使用计划。为了做好设备选型采购工作，饭店一般要组织一个由饭店分管设备工作的副总经理或工程总监领导的，由工程技术部门、财务部和物资供应部门参加的设备购置组织，负责设备选型和采购的全部工作。

（7）采购订货

信息收集　掌握设备市场的主要货源和价格信息。

设备选型　饭店设备选型重点要考虑设备的适用性、经济性、可靠性、适修性等要素。

订货　订货工作必须注意掌握供货单位的信誉和售后服务情况，因为饭店设备管理工作离不开社会的支持和合作。从某种意义上说购买一套设备就是联络一家合作对象，因此必须了解对方，谨慎从事。

检查和审核订货合同条款和条件　要抓住主要内容，又要防止在细节上的疏漏。

到货验收　设备到货后，供需双方与有关部门要及时开箱验收检查。如发现问题，要向有关方面查询或向责任单位索赔。

（8）安装调试与信息反馈

安装调试　饭店设备前期管理中的安装调试是影响设备日后运行效果的一个重要环节。安装调试的工作程序如图 7－1 所示。

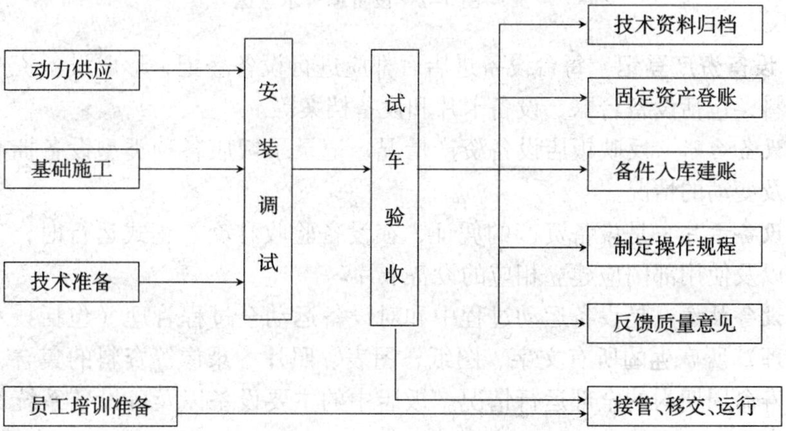

图 7–1　安装调试工作流程

信息反馈　信息反馈工作有利于及时发现设备初期使用的各种问题，及时联系厂家处理并改进今后设计。其主要内容有：

● 对安装试运行过程中发现的问题及时联系处理，以保证现场调试进度。

● 按规定做好调试和故障的详细记录，提出分析评价的意见，填写设备使用鉴定书、供厂家借鉴。

● 检查调试中发现的问题是否可能影响设备日后运行，如果存在影响今后运行的因素应及早采取维修对策。

● 从设备初期使用效果中总结设备规划、采购方面的经验和教训，以利于有关方面积累经验，吸取教训，把今后的工作做得更好。

（9）饭店资产管理

设备资产管理是指在饭店基本建设竣工后投入使用的，或者更新改造时添置的设备。设备资产需要同时具备的条件是：① 能提供某种效能。如直接为客人服务的空调设备、音响电视设备、卫生洁具等设备；间接为客人服务的变电设备、锅炉设备等。② 规定使用年限在1年以上。③ 设置费用在规定的限额以上。饭店资产管理的工作程序如下。

设备编号　饭店设备种类多、分布广，为了便于管理，应对所有设备进行分类编号。设备的编号由2部分构成：一是基本编号和附加编号。基本编号用于区分不同种类的设备；而附加编号则根据管理的需要进行增减。二是饭店固定资产基本编号一般采用2节7位数字编号法，第一节为类别、来源编号，第二节为建账顺序号，如图7－2所示。

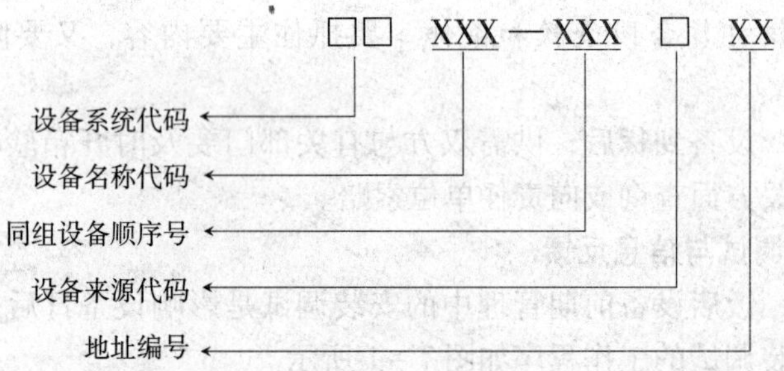

图7–2　设备编号示意图

设备资产登记　每台设备进店后都应进行设备登记，形成设备资产管理的基础资料，包括设备台账、设备卡片和设备档案等。

设备台账　反映饭店设备资产情况，记录了饭店各种类型设备拥有量、设备分布及变动的情况。

设备卡片　是设备资产的凭证，在设备验收移交、正式运行时，工程部、财务部以及使用部门应建立相应的设备卡片。

设备档案　是设备运动过程中和对设备运动全过程管理（包括技术管理和经济管理）所产生的所有文字、图纸、图表、照片、录像等资料的集合，它记录了设备寿命周期内的全部运行情况。饭店中的主要设备以及各设备系统都要建立技术档案。

7.3.3　设备运行期管理

设备运行期管理是饭店对设备在使用和日常维护过程中的管理，设备运行管理的目的是使设备处于完好的技术状态。设备的技术状态是指设备所具有的工作能力，包括性能、精度、效率、安全、环保、能源消耗等所处的状态及变化情况。饭店设备技术状态是否良好，直接关系到饭店的服务质量和经济效益。

7.3.3.1　设备完好的标准

性能良好　是指动力设备的功能达到原设计或规定的标准，运转时无超温、超压现象；机电设备的性能稳定，能满足饭店经营的需要。

运行正常 包括设备零、部件齐全，安全防护装置良好，磨损、腐蚀程度不超过规定的技术标准，控制系统、计量仪器、仪表和润滑系统工作正常，安全可靠。

耗能正常 是指设备在运行过程中，燃料、电能、润滑油等消耗正常，无跑电、冒气、漏油、滴水现象。

7.3.3.2 设备使用管理

（1）设备使用管理的原则

对设备使用的管理要遵循“谁使用谁负责”的原则。饭店每一台设备都要有明确的责任人，对公用设备，要指定专门责任人，而且要每一班都有相应的责任人。对独立操作或使用的设备，操作者或使用者就是该设备的责任人。

（2）设备使用前的准备工作

设备使用前的准备工作主要包括技术资料的准备、培训和检查。

（3）设备使用的基本要求

设备使用的基本要求是“三好、四会、五项纪律”。

“三好” 即各部门“管好、用好、维护好”设备。各部门负责人在业务运行中，对设备负有重要职责。每一个设备使用部门要做到“三好”。

“管好”设备 是指每个部门必须管好本部门所使用的设备。具体的工作包括：① 部门管理者要掌握本部门所有设备的使用、运行、维护等状况，对设备使用、维护过程实施监督、控制；② 建立完善的设备基础资料；③ 对员工进行设备使用的培训，并对使用设备的状况进行指导和检查；④ 与工程部配合实施设备的保养计划；⑤ 设备责任人要对所有使用的设备负责。

“用好”设备 是指所有的设备都能得到正确的使用。为了达到这一目标，部门需为每一台设备建立相应的设备操作使用规程、设备维护保养规程，各机房及重要设备都应建立设备使用交接班制度。在员工当中实施对操作规程和管理制度的培训，确保每一位员工都能够熟悉掌握设备操作的要求。

“维护好”设备 是指部门要建立设备维护的保养制度，定期开展设备维护保养工作，同时要加强对封存、租用、转借、报废设备的动态管理。

“四会” 即设备操作、使用人员做到会使用、会维护、会检查、会排除故障。

“会使用”设备 是指每一个设备操作、使用人员都应熟悉设备的用途，掌握设备的操作规程，正确使用设备。

“会维护”设备 是指每一个设备操作、使用人员要学习和执行设备维护规程，做到设备维护的4项要求（整齐、清洁、润滑、安全）。

“会检查”设备 要求员工了解自己所用设备的结构、性能，饭店主要设备的运行值班人员要了解设备易损零件的部位，熟悉日常点检，检查的项目、标准和方法，并能按规定要求进行点检。

“会排除故障” 工程部及其他部门重要设备的运行值班人员，要懂得所用设备的特点，能鉴别设备正常与异常现象，懂得拆装方法，会做一般的调整和简单故障的排除，自己解决不了的问题要及时报告，并协同维修人员进行检修。

“五项纪律” 即操作者要严格执行的纪律要求。具体内容如下：

- 实行定人定机、凭证操作制度，严格遵守安全技术操作规程；

● 经常保持设备清洁，按规定加油，做到没完成润滑工作不开车，没完成清洁工作不下班；

● 认真执行交接班制度，做好交接班记录及运转台时记录；

● 管理好工具、附件，不能遗失、损坏；

● 不准在设备运行时离开岗位，发现异常的声音和故障应立即停车检查，自己不能处理的应及时通知维修工人检修。

7.3.3.3 设备的维护保养

(1) 设备维护保养的作用

设备的维护保养是操作员工为了保持设备正常技术状态、延长设备使用寿命必须进行的日常工作，是设备管理的重要内容。做好设备维护工作，可以减少设备故障，节约维修费用，降低成本，保证服务质量，为饭店带来良好的经济效益。

(2) 设备维护保养的要求

整齐 整齐是设备保养的基本要求，包括：① 工具、工件、附件放置整齐；② 设备零、部件及安全防护装置齐全；③ 各种标牌应完善、清晰；④ 各种线路、管道完整等。

清洁 污染物、尘粒等是设备的磨损源。对设备进行清洁，去除设备表面的尘粒及其他的污染物是设备保养中的一项重要工作。设备清洁要求设备内外清洁、无锈斑，各滑动面无油污、无碰伤，各部位不漏油、不漏水、不漏气，设备周围场地无积油、无积水、无杂物。

润滑 设备的良好润滑可以保证设备的正常运转，杜绝因设备润滑不良而发生事故；能减少磨损，延长设备使用寿命；能减少摩擦阻力，降低能耗。

安全 设备安全要求遵守操作规程和安全技术规程，防止人身和设备事故；电气线路接地要可靠，绝缘性良好；限位开关、挡块均应灵敏可靠；信号仪表要指示正确，表面要干净、清晰。

(3) 设备维护保养的类别和内容

设备的维护保养分为设备的日常维护保养和定期维护保养2种。2种维护保养工作都需要制定维护保养要求、维护保养标准。

日常维护保养 设备的日常维护保养是设备最基本的保养，又称为例行保养。日常保养又分为每班保养和周末保养。每班保养的主要工作是对设备进行清洁、润滑和点检。周末保养则要求用1～2h的时间对设备进行彻底清洁、擦拭和上油。日常保养工作一般由设备的使用、操作人员完成。

定期维护保养 设备的定期维护保养是指由工程部编制设备维护计划，由专业设备维修人员实施的对设备的维护、修理工作。设备定期维护保养的间隔时间视设备的结构情况和运行状况而定。

设备维护保养的实施 定期维护保养工作的关键是合理制定并有效实施维护保养计划。设备维护保养计划是设备维护保养的指导性文件，编制设备维护保养计划是根据设备的实际技术状况，贯彻以“预防为主”方针的重要技术措施。通过维护保养计划确定设备维护保养的类别、时间、工作量、材料、费用预算、停机时间等内容。正确地编制维护保养计划，合理安排维护保养工作，可以为保养工作做好充分的准备，缩短停机时间，提高工作效率，降低维护费用。

小知识——正确使用自动门

高星级饭店现使用的是进口高级感应式自动门，由微电脑控制，性能安全可靠，使用简单易会。这里介绍一下正确使用自动门的知识。

自动门的内部构造非常复杂，除外面的框架以及各种形态的钢化环境幕墙外，其核心是主控箱，由主控板、副控板、控制开关、保险、安全运行指示灯、蓄电池以及侧面的电机等几十个部分构成。平常使用应注意的是：打开自动门时，应先检查机械是否打开，紧急安全开关是否复位，然后才能用钥匙去打开控制锁。控制锁上有1~6的编号：1. 停止运行，门处于关闭状态；2. 打开状态，客人可直接进入门内，适用于客流量小的时间；3. 关闭状态，客人靠近门通过传感器门才打开，适用于雨季、潮湿、风较大等恶劣天气，避免对门损害；4. 保持低速运行，客人进入后加速，适用于客流量大的时间；5和6是手动状态，便于维护、保养清扫卫生等。如何能使自动门最大程度发挥其应有的作用，使其能更好地为客人服务，又不会对自动门损害，需要合理调控。客流小的晚上可以调到2号位，反之调到4号位，减少自动门频繁启动所带来的强电流的冲击，可降低对电机及主控制系统的损害，寿命自然也就延长。

门锁右侧的数码器显示除［ON］之外的任何数码都是微电脑出的一种代码，一定要弄清含义后才可正常运行，反之也会对门有损害。清理卫生时，要用干布擦净门两侧黑色传感器上面的灰尘，否则会因灵敏度减低而发生故障。只有弄清自动门的正确使用方法，才能更好地保护它，使它更好地为客人服务。

7.3.3.4 设备的磨损管理

（1）设备磨损的含义

设备在使用或闲置过程中，总会受到各种外力和环境的影响而发生磨损。这里所指的磨损是广义的，含有磨损、老化、贬值、陈旧等意思。设备的磨损分有形磨损和无形磨损2种形式。

有形磨损　设备的有形磨损是指设备实体上的磨损，也叫物质磨损。有形磨损又可以分为2种类型，包括机械磨损和自然磨损。由于受到外力作用（如摩擦、冲击、振动、高温、高压等）而产生的实体形态上的磨损叫作机械磨损。这类有形磨损使设备零部件的原始尺寸、形状发生变化，以至机器的精度下降、功能衰退。当机械磨损发展到严重程度时，设备就不能继续正常地工作，甚至会发生事故。设备在闲置及运行过程中，由于受到种种自然力的作用，出现生锈、腐蚀、老化、变质，引起设备精度和工作能力的降低乃至丧失，这种由于自然力造成的磨损叫作自然磨损。

无形磨损　无形磨损是指设备实体形态上看不见的磨损，也叫精神磨损。设备的无形磨损又分为2种类型，即经济磨损和技术磨损。由于设备制造部门的生产技术与管理水平不断提高，消耗降低，设备的生产费用降低，使得生产同样机器设备的价格下降。这种设备原价与现价的差额造成的原有设备的贬值，就是设备的经济磨损。由于科学技术的发展，不断涌现出结构更先进、性能更完善、生产效率更高、原材料和能源消耗更少的新型设备，使得原有设备在技术上变得陈旧落后，这种价值损失就是设备的技术磨损。

实际上，设备在其全部使用期内同时存在有形磨损和无形磨损，形成设备的综合磨损。设备的磨损状况一般由设备综合磨损程度来衡量。

（2）设备磨损的补偿

由于设备存在磨损，为了使其处于良好的技术状态，保证饭店的正常经营，饭店必须及时对设备的种种磨损进行相应的补偿。

设备磨损形式不同，补偿方法也不同。设备磨损的补偿分为局部补偿和完全补偿。设备有形磨损的局部补偿是维修，通过修理或更换磨损零、部件，恢复设备原有的精度与技术性能。设备无形磨损的补偿分为 2 种情况：设备的经济磨损并不引起原有本身技术性能的降低和使用费用的升高，因而不需要进行补偿。设备的技术磨损虽然并未使原有设备变得不能使用，但会影响到饭店的经营效果，必须进行补偿。设备技术磨损的局部补偿是技术改造。对有形磨损和无形磨损的完全补偿，即综合磨损的完全补偿，是设备更新。

7.3.3.5　设备的维修管理

设备维修是指当设备的技术状态劣化或发生故障后，为了恢复其功能和精度而采取修复或更换失效的零部件，并对整机或局部进行拆装、调整的技术活动。所以，设备维修是使设备在一定时间内保持其规定功能和精度的重要手段。设备维修分成2个阶段：一是获得需要维修的设备信息；二是对需要维修的设备实施维修工作。

(1) 设备维修信息的获得

根据发现设备故障的不同途径，设备维修信息的获得主要有 4 种方式。

报修　是指设备使用部门的员工发现设备故障后，通过填写“设备报修单”或以电话、计算机信息传递的方式将设备的故障状况通知工程部，由工程部安排人员进行维修。报修记录是设备定期保养计划制定的依据，是设备成本控制的基础。

巡检　是指对设备进行巡视检查，工程部人员根据既定的路线和检查内容对设备逐个进行检查，发现故障及时处理。饭店的许多设备是设置在公共区域，发生故障时，不一定及时被发现。这些设备的故障需要通过巡检来发现。巡检是饭店设备维修管理中必不可少的环节，它能够发现设备运行中存在的潜在故障，消除设备隐患。

计划维修　是一种以时间为基础的预防性维修方法，一般是根据设备的磨损规律事先确定维修内容。在对设备实施计划维修时，一般会参考该设备的使用说明书、其他单位同类型设备的定期维修经验以及本饭店设备使用特点来进行。

预知性维修　是一种以设备技术状态为基础的预防维修方式；是根据设备的日常点检、定期检查、状态监测和诊断提供的信息，经统计分析、处理，来判断设备的劣化程度，进行有针对性的维修。由于这种维修方法对设备适时地、有针对性地进行维修，不但能保证设备经常处于完好状态，而且能充分利用零件的寿命，提高维修效率。

(2) 设备维修的实施

设备维修的实施有 2 种情况：一种是当设备存在故障时，由饭店的维修人员自行修理；另一种是委托外修，由专业公司的维修人员在饭店内实施维修。根据维修工作量的大小，维修工作可以分为项修、小修、中修、大修和计划外修理。

项修　是根据设备的实际情况，对状态劣化已达不到生产要求的项目，按实际需要进行有针对性的修理。项修时，一般要进行部分拆卸、检查、更换或修复失效的零、部件，从而恢复所修部分的性能和精度。

小修　是工作量最小的一种修理。对于实行定期维修的设备，小修的工作内容主要是根据零件的磨损量，更换或修复失效或即将失效的零、部件，并进行调整，以保证设备的正常工作能力。对于实行预知维修的设备，小修的工作内容主要是针对日常点检和定期检查发现的问题，拆卸有关的零、部件，进行检查、调整、更换或修复，以恢复设备的正常功能。

中修 其工作量介于大修和小修之间，需要对设备进行部分解体。

大修 是工作量最大的一种修理。大修时要对设备进行全部解体，修整所有基准件，修复或更换磨损、腐蚀、老化及丧失精度的零、部件，使之达到规定的技术要求。大修要消耗较多的费用，一般是该设备原值的1/3，甚至更多。大修后设备的性能往往难以达到出厂技术标准，因此，对设备的大修应事先进行可行性分析。

计划外修理 任何维修系统都难以完全避免突发性故障的发生，因此要考虑到不可预见的事故和故障出现，并以计划外修理解决，维修计划要留有机动的余地。

7.3.3.6 设备的改造和更新

设备改造是通过采用国内外先进的科学技术成果改变现有设备相对落后的技术性能，提高节能效果，改善安全和环保特性，提高经济效益的技术措施。

（1）设备改造的原则

针对性 从饭店实际出发，按照经营的需要，针对设备在运行服务过程中的薄弱环节，结合设备在饭店经营过程中所处的地位及技术状况，确定需要进行改造的设备和设施并确定改造的方案。

适应性 设备改造所采用的技术既要先进又要适用。由于科学技术的迅速发展，设备的技术性能相差很大，技术改造所采用的技术要适应饭店的实际需要，不能盲目追求高指标。

可行性 制订设备或设备系统的改造方案时，采用的新技术、新工艺必须是经技术论证或实践证明是可行的。

经济性 在确定设备设施改造时，要进行经济性分析，综合考虑投入的人力、物力、财力和改造后的效益，力求以最少的投入获得最大的产出。

（2）设备更新的原则

设备更新是指以经济效益上优化的、技术上先进可行的新设备替换后来在经济上和技术上没有使用价值的老设备。饭店设备凡符合下列情况之一的一般都应更新：

- 经多次大修，技术性能达不到要求，无法保证饭店服务质量；
- 技术性落后，经济效益很差；
- 通过修理、改造虽能恢复性能但不经济；
- 耗能大或污染环境严重，进行改造又不经济。

（3）设备改造、更新的工作程序

编制改造、更新计划 根据饭店的实际情况和设备的具体技术状态，首先确定需改造、更新的重点。确定了设备改造、更新的重点之后，按照饭店经营目标的要求，编制设备的改造、更新计划。

进行技术、经济分析 对每一个列入改造、更新计划的设备，都应进行技术、经济的可行性分析。

编制设备技术改造任务书 确定了设备技术改造的项目后，要编制设备技术改造任务书。

设备改造、更新的实施 设备改造、更新项目被批准后，由工程部组织实施。如技术改造任务重、使用的技术复杂，可委托专业单位承担。

7.3.4 饭店设备的信息管理

7.3.4.1 饭店设备管理信息系统的构成

饭店管理过程是信息的收集、传输、加工和应用控制的过程。在饭店管理过程中，信息流是伴随着物质流、能量流的流动而流动的。在饭店管理过程中，信息是决策和控制必不可少的材料和依据。

饭店设备管理信息包括饭店设备系统内部和外部2个方面的信息。内部信息是指饭店设备系统各种固有的状态和数据，例如，设备固定资产、设备资金、人员结构以及设备运动全过程各环节，如规划制定、设计制造、安装调试、使用维护、修理改造和报废更新等的基本数据。外部信息表明环境对设备系统的作用和影响，包括饭店服务体系对设备系统的要求，饭店管理体系对设备系统的考核标准，政府管理部门对饭店设备系统的管理，等等。饭店设备信息的载体形式包括管理文件、技术文件、经营和维修计划、原始凭证、表格和卡片等。

7.3.4.2 饭店设备管理信息的内容

设备规划管理信息 饭店设备规划管理信息主要是在设备前期管理活动信息。包括设备规划的编制、实施的过程中产生的信息，它是饭店设备的技术、经济分析和决策的主要依据。

设备资产管理信息 包括设备固定资产的统计、变动、折旧和报废等方面的信息。

设备技术状态管理信息 包括在设备运行中技术状态的变化、设备完好率统计、设备维修保养状况和设备技术状态分析评价等方面的信息。

设备维修或投资计划管理信息 包括设备开机时数、设备维修计划、实施维修计划时各项物资消耗，以及维修作业工时、费用核算等方面的信息。

设备人员管理信息 包括为饭店设备服务的员工基本情况，如员工姓名、年龄、文化程度、工作专长、职称级别、工资等级等，以及新旧员工变动记录、维修人员培训计划等方面的信息。

7.3.4.3 饭店设备信息的分类

饭店设备信息可根据设备全过程管理的各个环节来分类。图7-3为这个信息系统的分类图。

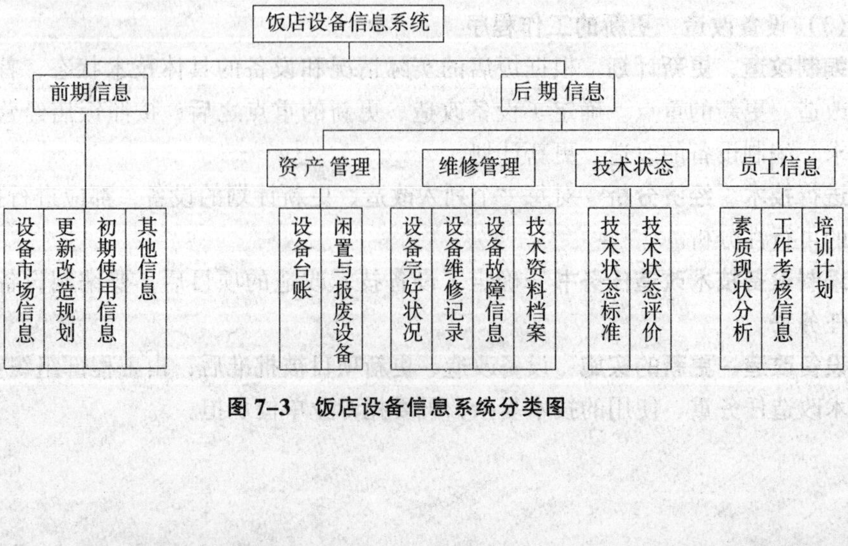

图7-3 饭店设备信息系统分类图

饭店设备信息大量地由各种图表来表达，因此表格内容格式的设计直接关系到信息收集和加工整理的质量。表格设计要避免冗长繁琐，提倡高效明了，以减少信息整理和加工的难度，防止信息的混乱，提高信息可利用性。

7.3.4.4 设备信息管理的一般方法

（1）设备技术资料的管理

饭店设备技术资料是静态的信息，它包括：选择设备型号和制造厂的依据；设备到货有关技术文件和图纸；设备安装试车、工程竣工验收和移交的全部技术资料；设备投入运行直到报废全过程的使用、维护、修理的所有技术资料等。在设备服务期，特别要注意收集运行技术状态记录、各类故障状况、原因、排除故障所采取的技术措施的原始记录和分析报告，以及设备全部修理和维护保养的技术资料。

建立设备技术资料的检索系统 饭店对每一部设备在安装试车验收后，都要整理出全部技术资料，建立技术档案。必须入档的技术资料有：① 设备原文及中文说明书；② 设备基础安装工程施工图纸；③ 设备管线施工图纸；④ 设备工程给排水、蒸汽、煤气等系统管路分布图；⑤ 饭店修理图册和备件图册；⑥ 设备改进、改装或改造设计任务书和图纸；⑦ 设备使用和维修的技术标准和操作规程；⑧ 设备各种类型修理的记录和零件加工图；⑨ 设备维护保养工作内容和技术要求；⑩ 设备维修工具、设备图纸资料；⑪ 设备故障原始记录、分析处理的技术资料；⑫ 设备维修改造技术成果报告和总结。对上述各种技术资料要经过整理、清点、分类、编号、装订、登账、建立完善的检索系统。

明确设备技术资料的管理要求 饭店设备管理部门要配备具有一定专业知识的人员，兼职或专职担任资料管理员，负责全部资料的管理工作，对资料管理提出的要求是：① 从设备规划阶段开始，到设备报废，都要注意集中管理技术资料，防止技术资料在设备到货开箱时，或者在设备使用时流入个人手中未能收集回来；② 对资料图纸的收集、测绘、审核、编号、描绘、保管、复制、供应到销毁全过程进行管理；③ 严格执行技术资料的借阅、归档、发放、晒图、复印、销毁等制度；④ 重视对引进设备原文资料的收集并做好翻译和复制工作。

（2）设备故障信息的管理

设备故障及故障率曲线 饭店设备在规定时间内，规定条件下丧失某些规定功能的状况称为故障。故障是发生在“规定时间”内的。发生故障的可能性随着时间延长而增大。时间除了直接用年、月、日、时做单位外，还可以用运行的次数、里程、周期做单位。故障又是发生在“规定条件”下的，不同的条件将导致不同类型或不同程度的故障，规定的条件是指设备使用、维护环境和人员等不同的外部条件。

故障率是指设备在规定条件下和规定时间内丧失其功能的概率。

从图7－4中可见浴盆故障率曲线，将使用维修期间的设备故障状态分为以下3个时期。

早期故障期 这一阶段的故障是由设计制造、装配等时期的缺陷以及操作不熟练等原因所造成的，其故障率由高到低，逐渐进入正常工作阶段。设备经过大修或改造之后，早期故障期将再度出现。

偶发故障期 这一时期的故障是随机产生的，大多是因设备零部件某些不可预测的缺陷而引起的，其故障率较平稳。这些故障由维修保养工作随时给予排除，

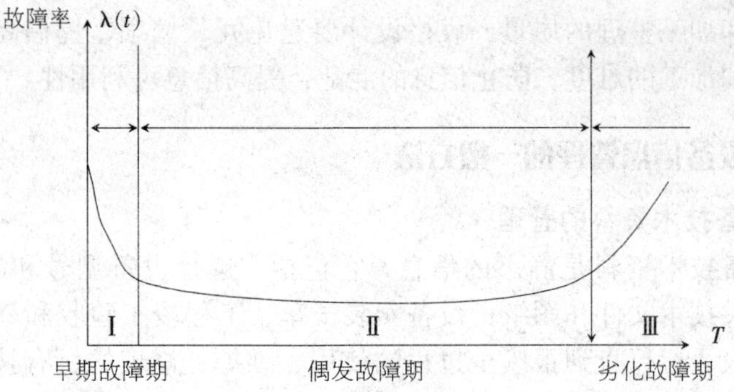

图 7–4 故障率浴盆曲线

因此这一时期是设备最佳工作期。

劣化故障期 由于大多数零部件经过长期的运转，磨损严重，因此故障发生的概率急剧上升。维修工作必须安排在此时期到来之前进行小修、项修，以防止故障大量涌现而严重影响饭店服务质量。

设备故障信息的积累 对故障信息进行收集、分析并用以指导设备管理工作是设备故障信息管理的主要任务。故障信息的主要来源如下。

原始记录 设备发生故障，维修人员在排除故障的同时应将故障现象、原因及处理方法等详细记录在故障报告单上。记录要及时、具体、准确。

故障零部件的鉴定数据 故障往往表现为某一零部件的失效，所以对故障部位的零部件进行鉴定是了解故障机制的重要方法，也是故障信息的重要来源。

故障统计资料 根据以往的记录按设备类别、型号、故障原因、周期、损坏的部位等不同项目对故障进行分类统计。这些统计资料是在原始记录的基础上加工出来的，它反映了设备运行历史中的故障状况。这些统计资料要特别注意能反映以下问题：① 多次重复发生的问题；② 引起重点设备长时间停机的问题；③ 维修难度大、工时多、费用大的问题。

服务艺术＋电扇＝空调

炎夏的杭州，一天某饭店1210房的空调坏了，一时无法修好，而且饭店眼下又无一间空房，无法调换房间，怎样圆满地为房间的主人——香港来的王女士解决空调问题呢？

2006年7月，香港来的王女士下榻杭州某四星级饭店，入住在1210房间。晚上，王女士回到房间，发现空调坏了，于是打电话要求房务中心派人维修。房务中心派服务员小刘负责处理此事。小刘知道1210房的空调暂时修不好，而且现在饭店已无一间空房，怎么办？她一边走一边想。来到1210号房间，小刘先认真查看空调后，告知客人，空调已坏，诚恳地向王女士道歉。然后当着客人的面跟总台通话，强烈要求给客人调换房间。总台服务员回答说没有空房可供调换，小刘一再恳求，未果。接着又打电话到工程部坚决要求立即修理空调。工程维修人员解释说这个空调中的某个部件坏了，一时难以修好。小刘把情况一边说给王女士听，一边强烈抗议，言辞异常激烈，强调“要为客人的健康负责”。小刘的这一番努力，让王女士非常感动，对小刘说：“谢谢你为我操心，你别为难了，给我加个电扇就行了。”小刘抱歉地说：“那好，先给您加个电扇，一有空房我们马上给您调房。谢谢您对我们的谅解！”于是，马上给客人安了一台电扇，平息了这一棘手的事情。

故障信息的分析　包括频数分析和原因分析。

频数分析　是从设备系统故障的宏观统计的角度对设备故障进行分析，主要以3个指标来表示，即故障频率、故障强度、故障损失率。这3个指标分别从次数、时间和费用3个方面来反映某一个规定时间内的故障总体情况。

原因分析　是从设备系统故障的微观角度，对设备故障的根源进行分析。微观分析可以掌握各种故障的原因、所占的比例，从而指导维修工作有重点地进行；可以把引起故障的各种原因，包括设备物质结构的因素、管理软件的因素、人的素质因素以及环境因素都展示出来。

7.4　饭店物资管理

饭店物资是饭店在生产经营活动过程中所必需的各种劳动工具和生产消耗品的总和，包括各种小型设备、家具用品、食品原料、材料工具、餐饮器皿、办公用品、物料用品等。它是饭店业务运转中必不可少的一个关键因素。

饭店的物资管理是对饭店物资资料进行计划、采购、保管、使用和回收，以使饭店物资有效地发挥应有的使用价值和经济效用的一系列组织和管理活动的总称。饭店物资管理的基本目标是物尽其用、降低损耗、减少浪费、降低成本。

7.4.1　饭店物资管理的特点

饭店物资种类繁多，内容庞杂，使用频度高，涵盖面广泛，从而使饭店物资管理具有复杂性的特点。

客人需求的多样性影响饭店物资管理范式　饭店各种管理工作的最终目的是以优质的服务满足客人的需要，从而增加饭店的经济效益。而饭店的客人来自五湖四海、各个阶层，因而其生活习惯、兴趣爱好、对饭店服务质量的期望不同，使得他们对饭店各类物资的需求差异很大，导致饭店的物资种类繁多，管理难度增大，从而使饭店很难有固定的管理范式。

饭店营销的不稳定影响饭店物资管理计划　饭店营销能力和营销效果对饭店物资的消耗起决定性影响作用，由于饭店在经营管理过程中可能会受到各种因素的影响而使其产品销售量不稳定，进而影响饭店物资的采购计划和管理计划。

饭店物资的丰富性影响物资管理方法　饭店物资种类丰富多样，用途功能各不相同，因此，对各类物资的管理方法也不相同，应灵活变通。

饭店部分物资不可储存性影响物资管理时效　饭店部分物资（如食品、饮品、鲜活原料等）具有易变质腐败的特点，为了确保食品品质，需要及时投入使用。另一种类型的物资（如棉织品、低值易耗品等）则可适当地储存。因此，在饭店物资管理工作中，应了解不同物资管理时效问题并科学地加以解决。

7.4.2　饭店物资分类

饭店物资用品数量大、品种多、花色多，因而必须对这些物资进行科学的分类，并在物资标准化工作的基础上，对物资进行分析，以便确定管理重点。

按物资的价值分类　可分为低值易耗品、物料用品和大件物资。

按物资的自然属性分类　可分为棉织品、装饰用品、清洁用品、服务用品、玻璃用品、食品原料、餐具茶具、办公用品、燃料、印刷品及文具、维修材料及用具、消防用品等。

按物资的使用方向分类　可分为客用物资、食品原料、办公用品、清洁和服务用品、基建用料、维修用料、安全保卫用品、后勤用品等。

按物资所处不同阶段分类　可分为在用物资、在库物资、在途物资。

7.4.3　饭店物资定额管理的原则

饭店物资管理属于定量分析的范畴，要求饭店管理者通过量化分析，确定一定时期、一定接待能力条件下，饭店所需物资的数量和额度。饭店物资定额管理须遵循如下 5 个原则。

立足实际原则　不同的饭店，在规模、档次、经营重心、客源、服务水准等多方面各不相同。因此，要求饭店在进行物资定额管理时，认真分析本饭店的实际状况，借鉴其他饭店在物资管理方面的长处，实事求是地确定物资定额。

统筹兼顾原则　这一原则要求饭店在对物资进行定额管理时，根据物资对饭店经营所起的不同作用，合理安排管理的重点，做到兼顾一般，保证重点。

动态管理原则　客观环境的改变、经营活动的变化，使得物资定额管理也要遵循动态管理原则。饭店要适时适量地调整饭店物资定额的额度，使其适应变化。

全面管理原则　物资定额管理的对象虽品种繁多、庞杂，但应保证凡是物资都应进行定额管理。某些低值易耗品单价虽低，但在饭店经营过程中用量很大，而且十分重要，不能忽略对其进行定额管理，如客房六小件的定额管理。

依法管理原则　饭店物资定额管理是需要饭店全体工作人员参加的长期性、日常性的管理，对这种内容庞杂、时日持久的管理工作，必须用制度来保证，如制定定额领料与发料制度、仓储管理制度、超额惩罚制度等。

7.4.4　确定饭店物资消耗定额工作程序

确定饭店物资消耗定额工作流程见图 7－5。

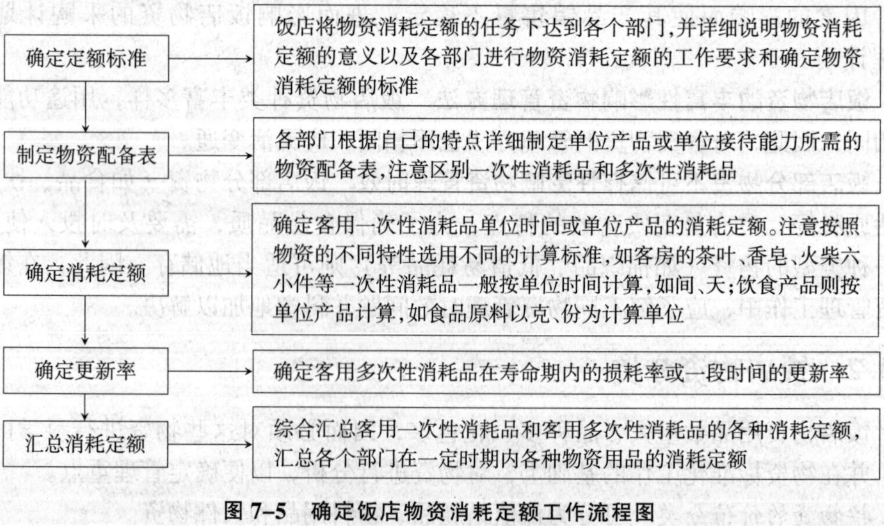

图 7–5　确定饭店物资消耗定额工作流程图

7.4.5 饭店物资储备定额

饭店物资储备定额，是指饭店在一定的经营条件下，为保证接待服务质量，保证服务活动不间断地顺利进行所必需的、合理的物资用品储备数量。饭店物资储备定额可分成不同的种类。其储备定额的确定方法如下。

经常储备定额 是指为满足饭店日常业务需要而建立的物资储备量。影响经常储备定额的因素是该类物资平均每天的需要量和2次进货时间的间隔期。

经常储备定额 = 物资日消耗定额 ×2 次进货间隔天数

保险储备定额 是指饭店为了防止某些物资因运送受阻、交货误期、规格品种不符合要求等原因造成的供需脱节而建立的物资储备定额。

保险储备定额 = 物资的日消耗定额 × 保险储备天数

季节储备定额 是指饭店为了克服某些物资因季节变动导致物资供需脱节而建立的物资储备定额。

季节储备定额 = 平均每天需要量 × 中断天数

订货点库存定额 是指饭店为了保证业务不间断地顺利进行，在经常储备中确定一个物资储备点，当某物资的库存量降至这个点时，就必须订货。这个点就是订货点库存定额。

订货点库存定额 = 备运时间 × 物资日消耗定额 + 保险储备量

经济储备定额 确定经济储备定额的目的是通过计算经济合理的订货批量，确定储备管理总成本最低时的储备数量。经济订货批量是在储备管理上所花费的总成本最低时的储备数量，其成本只包括那些与储存量或订货次数有关的费用。但是，储备费用和订货费用是相矛盾的，因为每次订货的批量越大，存储的费用就越高，同时，每次订货的批量越大，就意味着全年订货的次数就越少，相应地，订货费用就会越小。因此，经济储备定额就是要均衡调节它们之间的矛盾，确定经济订货批量。

德克萨斯饭店的棉织品管理

下表所列的有关6年内对棉织品的盘存数字是拥有800间客房的德克萨斯饭店（Texas）的真实记录。

德克萨斯饭店的棉织品盘存目录清单

项　目	1986 年	1987 年	1988 年	1989 年	1990 年	1991 年
现有床单	10 500	12 159	15 176	16 006	17 302	18 998
新采购	3600	3600	3600	3600	4000	4 000
总计	14 100	15 759	18 776	19 606	21 302	22 998
损失	-1941	-583	-2770	-2304	-2304	-1890
余额	12 159	15 176	16 006	17 302	18 998	21 108

1986 年该饭店开业之初共有10 500条床单，在800间客房里，共有床位1200张，外加存放在楼层棉织品储存室的75张折叠单人床。一般的双人床和2号大床均使用彩色的2号大床单，除此之外，饭店没有任何其他尺寸的床铺，因此床单的库存也不需要多种尺寸的备品。该饭店每个床位的床单定量标准是5套，共6375条床单（1275床×5）已从储存室里拿出来投入了使用，剩下的4125条储存在仓库里。

饭店开业第一年棉织品的丢失数字高达1941条，这主要是因为饭店还没有制定好管理措施。同时，棉织品的损坏现象也很普遍，而且常常难以预料。如天气反常地潮湿、新的（棉织品）推车边沿锋利，极易钩破床单、洗衣房棉织品滑槽底下堆放脏棉织品的混凝土地面使上百条床单遭到腐蚀污染、洗衣房员工的罢工也使得成箱的脏棉织品因为积压过久而发霉。

第二年该饭店采取并加强了许多管理控制措施，情形大为改观，原先存在的大部分问题得到了解决。缝纫室也赶上来进行缝补。因此这一年的损失减少了一大半，不过也采购了与上年同样数量的新床单。

直到1988年，常规的折旧因素开始显露出来，大部分每天使用的床单预计仅可坚持2~3年。饭店客房出租率上升了近23%，达到90%以上，使棉织品得到了最大限度的使用。但由于新来的员工不能正确使用棉织品，使损失又上升到2770条。

1989年，第一批使用的6375条床单全部报废，而饭店客房出租率仍然很高。到了1990年，高出租率持久不降，由此造成了饭店对1991年形势的乐观估计，又订购了4000条床单。

1991年，缝纫室负责人去世，饭店一直找不到一位像她那么能干的人来接替这一职位，破损床单不能及时得到缝补。加上对接待会议业务的乐观估计以及预测棉布和合成纤维织物将出现短缺，会极大地影响床单的供应，客房管理者在1991年又订购了4000条床单。

【案例思考题】

1. 分析该饭店床单的供、求状况，床单的储量是多还是少？
2. 从该案例中可以得出饭店对棉织品的管理应注意哪些因素？
3. 如何控制棉织品的浪费？

7.4.6 物资采购管理

物资采购管理就是参照既定的物资定额，在不同的时间段内采购不同品种，不同数量的物资，以维护饭店的正常经营。

7.4.6.1 采购管理的内容

第一，认真分析饭店所有业务活动的物资需要，依据市场情况，科学合理地确定采购物资的种类与数量。

第二，根据饭店各业务部门对物资质量与价格的要求，选择最为合适的供货商，并及时订货或直接采购。

第三，控制采购活动全过程，预防每个环节中可能存在的管理缺陷，使物资采购按质、按价、按时到位。

第四，制定采购各种物资的严密程序、手续和制度，使控制工作各环节相互衔接，合理有效。同时，建立科学的采购表单体系，为每一环节的工作流程留下可资查询的原始凭证，并以制度保证所有原始凭证得到妥善的收集、整理和保存，为饭店结付货款及物资管理的其他环节提供可靠的依据。

第五，制作并妥善保管与供货商之间的交易合同,保证合同合法有效并对饭店有利。

第六，协助财务部门做好饭店对供货商的货款清算工作。

7.4.6.2 物资采购的基本程序

（1）确定物资采购程序

- 各物资使用部门或仓库管理者根据经营需要填写请购单；

● 仓库定期核算各类物资的库存量，若库存降至订货点，仓库向采购部递送请购单，申请订购；

● 由采购经理全面考虑，对采购申请给予批准或部分批准；

● 采购部根据已审核的采购申请向供货商订货，并给验收部、财务部各送一份订货单，以便收货和付款；

● 供货商为饭店仓库发送所需物资，并附上物资发货单；

● 仓库经检验，将合格的物资送到仓库，并将相关的票单（如检收单、发货单）转到采购部；

● 采购部将原始票据送到财务部，由财务部向供货商付款。

(2) 选择采购方法

市场直接采购 是指采购人员根据批准的采购计划或请购单的具体要求，直接与供货商接洽，采购所需物资。

预先订货 饭店采购部根据采购计划及请购单的要求，选定供货商，与之签订订货合同，使之在规定的时间内将所订购品种、规格和数量的物资送到饭店的指定地点。

一次订货，分期到货采购 选择一家实力雄厚、供应物资品种齐全的饭店物资供应公司，以批发价订购饭店业务所需的全年量物资，一次订货，分期到货。

集中采购 是指饭店集团常用的一种采购方法，被世界上许多非集团饭店所效仿。它是指2家以上饭店联合成立物资采购中心，统一为各饭店采购经营中所需的物资。即各饭店将需采购物资报送采购中心，采购中心将各饭店的同类需求物资的数量汇总向供货商订货，统一验收后分送到各饭店。

(3) 合理选择供货商

为确保物资品质，饭店应重视供货商的选择工作，特别是在采购大宗物品时，宜采取公开招标的方式，增加采购的透明度。饭店一般应选择资信程度高的供货商或专业生产厂家，并审核供货商所供“货物”的标准化程度，做到尽量选用标准化产品。

(4) 采购谈判

采购谈判是采购的关键环节，若饭店采购涉及金额大，为保证其自身权益，最好聘请专职律师介入采购谈判。一方面借助律师的专业知识对供货商的资质进行审核，包括供货商的营业执照、税务登记证、资信等级等；另一方面，需请律师对供货合同进行审核，着重审核违约责任，以确保饭店利益。

(5) 加强采购凭证管理

● 设专人专门保管各类凭证，包括供货者的交货通知单、发票、运单、各种费用单据、订购合同、请购单、订货单等。

● 定期将采购凭证按日期装订成册并加具封面，按时归档。

● 凡属因质差、量差、价差等问题所提出的全部或部分拒付理由书，应该附在有关凭证之后。

● 凡向供货商提出索赔的书面异议书，应由采购部门的经办人员妥善保管，以便进一步与供货商协商解决。

● 未经使用的空白购进凭证，如收货单，应由进货部门经办人员妥善保管，防止丢失，并不得私自撕毁和处理。

7.4.7 饭店物资验收管理

验收是物资采购任务完成以后，由饭店验收人员根据订货单以及批准的请购单，检查所购物资交货是否按时，有关质量、数量、价格的记录是否准确，并详细记录检验结果，对合格物资准予入库或直拨到使用部门；不合格物资则予以拒收。

(1) 物资验收的内容

物资验收主要核查有关物资采购的凭证、质量、数量、价格、时间等项目。验收合格的物资，验收员要做详细记录，填写验收清单及进货日报表，并将这些物资分类后及时入库或发放给相关的使用部门。

(2) 验收的程序

前期准备工作 采购员采购任务完成后，应及时将订货单转给验收部门，并将采购物资的基本情况通知验收负责人。验收人员应将订货单与财务部门转送的经批准的请购单相对照，若订购内容与上级批准的采购内容有出入，应及时向财务部门报告。

验收管理者应在物资到达验收点前督促下属安排好相应的物资验收位置和具体的验收人员；检查验收人员是否已准备好订货单，以便与到店物资核对，同时准备好各类验收设备工具、验收场地，确定验收范围。

验收操作，物资入库 当物资到店后，验收人员要根据订货单或订货合同的内容点数货物的件数，逐个检查密封容器是否有启封的痕迹，逐个称量货物的重量，特别是检查袋装物品的内容、重量是否和袋上印刷的相一致，以防名实不符。在清点数量时，验收人员必须使用专用戳，在点数过的物资包装上加盖印记，以防重复点数或漏点。验收人员要按照饭店采购规格书上所规定的质量标准检查和测试货物的外观及内在质量是否完全合乎要求，此外还要逐个检查物品的规格是否符合要求。

在对全部货物进行测试、检验、清点之后，若发现问题，要当场向送货者提出交涉，并做出相应的处理，包括拒收并由双方签字认可。对完全符合要求的货物要尽快选择仓储位置或发放给使用部门使用，不要让货物在验收地点长时间存放，这会由于不具备必需的储存条件而影响物资质量，而且也不安全。

记录验收结果 验收人员最终以书面的形式说明验收情况，包括签填验收单据和形成验收报告及进货日报表。

拒收物资的管理 拒收是指物资验收人员在验收过程中，对照有关标准，发现有严重出入时，拒绝物资入库或进入生产领域。拒收是杜绝假冒伪劣物资流入饭店的有效手段，是维护采购方正常权益的有力保证。拒收应填写拒收通知单，写明拒收理由，经送货方和验收方签字，将拒收通知单和物资以及有关凭证一同退回。

7.4.8 饭店物资储存与发放管理

(1) 饭店物资储存管理

饭店物资储存管理的概念 饭店物资储存管理是指物资从入库到出库之间的完整的管理和控制过程，它从验收物资开始，将各类物资合理储存，保障库存物资的数量安全与质量安全，并进行物资出库控制。

饭店物资储存管理工作程序 其主要工作程序如下：

- 验收物资并做好验收记录；
- 将物资送入合适的仓库，做好入库记录；
- 编制货位编码，设置库存卡，做好物资数量与位置记录；
- 分类管理，科学保养货物；
- 定期盘点，做好库存账目；
- 按规定发放物资，做好出库记录。

（2）入库存放原则

物资入库后必须进行合理的堆放。为充分使用仓库现有的一切仓储条件，物资的堆放必须遵循一定的原则进行，以使现有物资得到妥善保管，并且加大仓库利用率，减少仓储成本。

经济合理原则 这一原则的出发点是仓储的经济性，即从节省仓储成本出发。贯彻这一原则，可最大限度地利用仓库、节约人力成本。

技术合理原则 这一原则从物资的质量要求出发，在堆放物资时必须根据物资的性质、形状、包装、轻重等因素，将货物堆码成一定形式的货垛，以保护物资。如玻璃器皿要竖放，橡胶物品要挂起来，新鲜物资要密封等。

方便点数盘存原则 这一原则的出发点是方便物资的数量控制。物资在堆放时要讲究合理、牢固、定量、整齐、节约、方便。常见的堆放方法是“五五制堆放”，即以五或五的倍数在固定区域内堆放，使物资“五五成行，五五成方，五五成包，五五成堆，五五成层”，做到堆放横竖对齐，上下垂直，过目知数。

（3）物资保管

物资保管的目的是使物资在储存期间尽量不发生或少发生各种减量，使所有入库物资都能真正为饭店经营活动服务。

保证数量 在储存周期内保证物资在数量上完整无缺，品种不混淆，将储存期内物资的自然减量控制在最低水平。这就要注意物资的安全保管，要求仓储人员实施各种安全措施。

保证质量 经验收入库的物资，基本上不存在质量问题。在保管期间，要注意防止产生新的质量问题，做好库存物资的检查工作。饭店仓储管理者应根据物资特性、仓储条件、气候变化等因素进行定期与不定期的物资质量检查，特别是在季节替换时节和突发性天气变化的时候，一定要进行这种检查。要把检查结果详细填写在库存物资质量检查记录中，并在查过的物资包装上做好标记（如检查日期、物资状况等），为下次检查时提供信息，防止每次检查都抽到同样物资，扩大每次抽查的范围。检查结果记录要报上级主管处理。要保持良好的仓储环境，如温度、湿度、通风条件、照明、清洁卫生等。同时加强仓储物资的养护管理。研究各种物资质量变化的规律及影响物资质量变化的内外因素，制定科学的物资养护制度和养护方法，防止库存物资质量下降。

7.4.9 物资的发放管理

饭店物资的发放管理是指物资购入饭店后，或直接拨付使用部门，或经储存后在部门领用时发放，使物资真正应用于饭店的生产经营，实现价值转移或最终体现其使用价值。

(1) 物资发放程序

饭店物资发放必须按照一定的程序进行严格的控制，达到准确、及时、安全、经济的基本要求。物资发放程序如下。

点交 部门在领取物资时必须每次填写请领单。仓库接到请领单后要认真检查单上所列物品的名称、规格、等级是否与库存物品相符，凭证字迹是否清楚，有无涂改现象，印章是否齐全，领料日期是否正确。审查无误，即可将待发物资发放给请领部门，同时根据实际发出的物资品种、规格、数量等填写必要的物资发放单据。

清理 ① 账面上的清理，做相关的文字记录、数据统计，以便为永续性盘存提供信息，同时也时刻掌握在库物资的情况；② 地面的清理，进行清洁、整理工作，保证库内环境卫生；③ 物资管理，对于一些开箱或开包物资，做好保洁、保质工作，谨防由此引起的物资消耗。

复核 物资发放过程中的每一个环节进行仔细地自查、复查，层层复核。在物品备齐准备发放时，一方面复核发货单与实发物资是否相符；另一方面要复核货位结存量来验证出库物资的品种、数量是否正确。发货人员自查后，还应由专职或兼职的复核员在搬运过程中进行复核。凡未经复核、单货不符或手续不齐全的物资都不能准予出库。物资复核的主要内容一般有品种、规格、数量。

原料计价 是饭店每日成本核算的重要环节。仓库在发放各类物资时，应在物资请领单上填写各类物资的购入单价，并计算出所领物资的总价，以便成本核算。

(2) 物资发放的原则与制度

先进先出原则 要求物资发放人在发货时仔细验查进货账目和货架标签，先发早入仓库的物资，目的是防止物资放置时间过长而导致老化，从而影响物资质量。

保证经营原则 饭店仓库中储存的物资种类繁多，适应不同部门、不同岗位的需求。因此，物资发放工作人员在每日规定的发放物资的时间内常常十分繁忙，面临多个部门同时领料的情况。在这种情况下，急用、急需物资应先备料、先分配，以保证生产经营的连续性。

补料审批制度 有2种情况发生时会出现补料审批。一种情况是饭店接待部门常常会因为经营业务的变化而临时出现某类物资的特急需求。在这种情况下，由于情形紧迫，往往不能按照常规填写正规的领料单据，并逐项办理领料审批手续。这时需要特事特办，以保障饭店经营业务顺利进行。但即使是特急领料也必须有交接双方的签字和在场的部门管理者批准的领料单据，并且规定补办手续的时限。另一种情况是部门工作人员凭手续齐全的请领单到仓库领料时，仓库经审核准予发放，但却发现存货不足，只能发放其中一部分物料。这时，需填写反映实际领料情况的发货单，当仓库进货后，再通知部门补领。补领时虽不用再次履行请领手续，但必须补做补领手续。

退库核错制度 有时由于计划变更或其他原因，物资使用部门发生物资剩余，这时，应将这些剩料退回仓库，并办理退料登记手续。

以旧换新制度 为防止物资未用完就领取新物资的浪费行为，在物资发放管理中应对一些用量较大或价值较高的多次性消耗物资采用以旧换新的领用制度，如客房棉织品应报废后再发新品，并统一处理报废物资。同时，许多物资的盛装器皿具有回收价值，饭店物资管理部门应通过制定以旧换新制度全面回收和处理，减少浪费。

【思考题】

1. 简述影响饭店选址的主要因素。
2. 饭店建筑造型的特点有哪些？
3. 简述饭店建筑结构布局的设计原则。
4. 试述饭店设备系统构成。
5. 简述饭店楼宇自动管理系统的管理内容。
6. 简述饭店设备的特点。
7. 简述饭店设备前期管理的工作程序。
8. 如何进行饭店资产管理？
9. 简述饭店设备运行期管理要点。
10. 设备使用的基本要求是什么？
11. 简述饭店设备维修信息的获得途径。
12. 简述设备改造的原则。
13. 解释设备故障曲线的含义。
14. 简述饭店物资管理的原则。
15. 试述饭店物资储备定额的确定方法。
16. 简述饭店物资采购程序。
17. 简述饭店物资验收程序。
18. 简述饭店物资发放程序。

【经验性训练】

调查当地一家三星级饭店设备管理状况

【概述】

调查当地三星级饭店设备管理状况，学生们将分成若干个小组。

【步骤】

1. 分成10人左右为一组的若干小组。分别确定要调查的饭店名称、规格档次、饭店所在地理位置。要求不同的组别调查不同的饭店，尽量避免重复调查。

2. 各小组选举产生小组长。小组长负责制定调查计划，并经过小组全体成员的表决，再执行调查计划。如果小组成员争议很大，可以寻求任课教师的帮助。

3. 按照调查计划，团队成员共同商议调查的项目，并制作成表格。

4. 小组成员到所确定的饭店进行实地调查，调查方式自行确定。

5. 在课堂上集中汇报各组的调查结果。

6. 找出饭店共同存在的设备管理问题，结合所学内容，提出解决问题的方法。

【案例分析】

维修人员也应注意语言表达方式

盛夏8月，骄阳似火。热流袭击着滨海城市青岛。某大饭店未装空调的办公楼内，每间办公室里都开足电扇，办公人员个个满头大汗，精神疲惫。

一家韩国公司的中方代理人入住该饭店。进客房后他觉得室温偏高，便打开空调，欲吹冷风降温，可是怎么拨弄都不管用。于是他拨通了饭店工程维修中心的电话报修。

不一会儿，维修工小王满身大汗地赶来了，在服务员的引导下进入客人房间。只见小王来回拨动了几下空调开关，空调通风口便吹出了冷气。也许是刚才空调机发生临时性的偶然故障，也许是客人刚才使用空调开关不当，造成空调坏了的假象。小王便随口老实告诉客人说："先生，这空调没有坏。你看，这不是好的吗?""什么？没有坏？那我为什么还要打电话报修？难道我没事找事?"客人听了小王的话，很不高兴，带着不满的情绪责问小王。

小王发觉自己的话使客人误解了，马上冷静下来，改口说："哦，您说得对，这空调刚才是有点毛病，现在好了。""这就对了，谢谢您啦!"客人态度马上由阴转晴，高高兴兴地送小王离开房间。

【案例思考题】

1. 试解释小王的2种做法的优缺点。
2. 小王怎样处理此次事件，能使问题得到更圆满的解决?

【本章推荐阅读书目】

1. 饭店管理．蒋丁新．高等教育出版社，2004.
2. 现代饭店设备管理．沈桂林．广东旅游出版社，1997.

第8章

饭店收益管理与成本控制

【本章概要】

本章重点讲授2个方面的知识：一是饭店收益管理；二是饭店成本控制。饭店收益管理的重点是收益的概念、收益的衡量、收益管理工作流程以及收益管理方法。饭店成本控制的讲授重点是成本的概念与构成、饭店成本控制方法以及饭店各主要业务部门的成本控制。

【学习目标】

- 掌握饭店收益管理的概念；
- 掌握饭店收益管理的衡量标准；
- 掌握饭店收益管理工作流程；
- 了解饭店收银工作程序；
- 掌握饭店成本概念与构成；
- 掌握饭店成本控制方法；
- 了解饭店各主要经营部门的成本控制方法。

【关键性术语】

收益、收益率、同等利润出租率、同等收益出租率、非客房收入贡献率、客房利润、非客房利润、饭店收益管理、超额预定、折扣配置、滞留时间控制、升档管理、成本、固定成本、变动成本、阶梯成本、混合成本、总成本、直接成本、间接成本、可控成本、CVP分析、预测、预算、比率分析、偏差分析、主要指标控制法、标准成本。

【章首案例】

销售客房

2007年4月的一个周末晚上，北京某四星级饭店预计有50间空房没卖出去。前台经理乔小强正在值班，一对夫妇来到前台。乔小强微笑着对这对夫妇说：

"您好，我能帮您做点什么吗?"

"是的，我们想要间房间，价钱要合理。"

"我们有非常漂亮的客房，可观望首都景色，每晚880元。"

"对我们来说太贵了。"

"您在部队服役吗?"

"不是的。"

"您服役过吗?"

"是的，我曾经在河北省服役。"

"那么您有资格享受我们的军人优惠房价300元。"

随后这对夫妇登记入住。

这就是收益管理。收益管理的原理很简单，当没有别的客人预订这套客房时，想方设法留住这对夫妇。若有许多预订者时，就预测一下以何种价格销售这套客房，以期实现饭店销售收益最大化。或者简单地说，收益管理是一种控制房价与出租率以实现收入最大化的方法。

8.1 饭店收益管理

8.1.1 收益管理概述

收益管理理论最早起源于20世纪70年代中期的美国民航业。它适用于民航、饭店、餐馆、游艇、汽车租赁等旅游服务企业。这些服务型企业的共同点是：

- 市场需求量波动很大；
- 可通过预订来提前销售产品和服务；
- 接待能力比较固定；
- 不同的细分市场有不同的需求特点；
- 服务设施无法储存。

（1）收益管理的概念

关于收益管理的定义，国际上说法各异，常见的概念定义如下。

第一，Siebwgh 于 1988 年定义收益管理为对价格和出租率实行控制的一系列步骤。

第二，Relihan 于 1989 年指出收益管理是经济学原则在房价制定与客房供应量管理方面的应用。

第三，Salomon 在 1990 年指出收益管理是一种通过把现有客房以最合适的价格分配给已确定的细分市场来提高利润的销售额最大化技巧。

第四，WarrenHenH · Liebeman 于 1993 年强调收益管理是通过控制不可储存产品的售价和供应量来实现销售利润最大化的实践。

第五，Kevin Donaghy, Una McMahon and David McDowell 在 1995 年则界定收益管理为一种利润最大化策略，根据各细分市场的不同特点，将数量固定的客房有针对性地制定不同价格。

第六，中国中山大学汪纯孝教授在 1996 年提出收益管理是指旅游企业管理者根据市场需求量，为各个细分市场合理地安排服务设施，制定合理的价格，在适当的时间，按适当的价格向适当的市场销售适当数量的产品和服务，以便最大限度提高企业的营业收入数额。

各家定义虽不尽相同，但有一点却是一致的，即收益管理可以提高客房销售额。直观地说收益管理就是通过对出租率及房价的管理以实现收益最大化的饭店管理方法。

（2）饭店收益管理的机理与目标

饭店收益管理的作用机理可描述为：将过去的记录，现在的信息与政策支持、程序支持及统计模型相结合，提高饭店日常经营工作的能力，并增加销售额，提高服务水平。因此，收益管理是信息技术、预测技术、统计技术、管理理论和商业经验的大融合。它的目标在于：产品、购买者与价格的优化组合以实现饭店收益最大化。

(3) 饭店收益管理日常经营工作

饭店收益管理日常经营工作包括以下内容：

- 制定科学有效的定价体系；
- 向批发商和团体客人提供团体折扣；
- 向客人提供类型、价目最“合适”的客房；
- 增加或减少折扣房数量；
- 限制特定日期或特定房类可接受的预订数量；
- 对预订员进行培训。

8.1.2 饭店收益的衡量

提高客房营业收入的办法是提高单位房价和提高客房出租率。其缺点在于没有考虑房价与出租率的关系，因为单独提高房价与出租率中的任何一项指标，都无法判断饭店营业收入是否得到增长。

饭店管理者在评估经营状况时，往往采用2种方法：一是以服务设施利用率为标准。如客房出租率、餐厅座位周转率等。二是以单位服务设施的平均营业收入数额为标准，如每间客房的平均营业收入。但这2种方法都有缺点，服务设施利用率的提高可能是以降低房价为代价，促使销售人员向支付高价的客人出售更多的产品和服务，可能减少向支付低价的客人出售的产品和服务量。采用收益管理理论则可有效地避免上述问题的出现。收益管理关注的焦点是如何寻找到一个房价与出租率的最佳结合点，从而实现客房收入最大化的目标。收益衡量可通过计算收益率来实现。收益率是实际实现的销售收入与潜在的销售收入的比值。

$$\text{实际销售收入}=\text{实际售出客房数}\times\text{日平均实际房价}$$

$$\text{潜在销售收入}=\text{实有客房数量}\times\text{日平均潜在房价}$$

$$\text{房价实现率}=\text{日平均实际房价}/\text{日平均潜在房价}\times 100\%$$

其中：日平均实际房价=客房总销售额/实售客房数。

房价实现率也等于100%减折扣率，因此，通过对房价实现率的计算，饭店管理者可以知道实收房价偏离门市价的程度。因此，房价实现率可以较好地进行折扣管理。

$$\text{收益率}=\frac{\text{实际客房销售额}}{\text{潜在客房销售额}}=\frac{\text{实际客房数}}{\text{客房总数}}\times\frac{\text{日平均实际房价}}{\text{日平均潜在房价}}=\text{出租率}\times\text{房价实现率}$$

例如，某饭店共有300间客房，每间客房门市价为800元人民币，某天实际销售了250间客房，平均销售房价为600元人民币，则其收益率为：

$$(250\times 600)\ /\ (300\times 800)\ =62\%$$

收益率的计算是一种全面客观的评估分析手段，兼顾出租率与房价二大要素，重点放在二者的关系及最佳组合上，并考虑双方此消彼长的特征。当力图提高营业收入时，管理者可直接操纵的工具是价格。首先根据需求预测结果决定提价还是降价以及升降比例，然后计算价格变化后若要保持收入不变所必须达到的出租率（即寻找同等收益下的出租率与价格的新的结合点），最后将计算结果与价格变化后的实际出租率相比较，如后者小于前者，说明价格变化不可行，否则可行。

$$同等收益出租率=价格变化前出租率\times\frac{变化前价格}{变化后价格}$$

应注意，尽管客房收入相同，但不同的价格与出租率的结合点所代表的经营状况是不同的，如表8－1所示。

表8－1 收益率相同情况下的利润比较

例子	日平均房价	实售客房数	出租率	客房收入	收益率
1	120	250	62.5%	30 000	75%
2	115.4	260	65%	30 000	75%
3	111.1	270	67.5%	30 000	75%

表8－1显示的是一家拥有400间客房的饭店在出售客房时的3种组合，从表中不难看出，3种组合所得收益相同，例1中的实售客房数最少，经营成本最低，且单位房价最高，所以利润最高。例3中的实售客房数最多，导致经营成本最高，而单位房价最低，则利润最低。由此看出上式的局限性，没有考虑经营成本和非客房收入，因而无法计算净利润是否一致。

$$同等利润出租率=价格变化前出租率\times\frac{门市价-边际成本}{门市价\times（1-折扣率）-边际成本}$$

$$=价格变化前出租率\times\frac{价格变化前边际贡献}{价格变化后边际贡献}$$

这个公式表明，要达到同等的利润，并不需要同等的单位利润，而是可以通过出租率与单位利润的不同组合来实现。

关于如何提高客房收入分析是每一位饭店管理者必须面对的问题。当饭店进行损益平衡分析时，要将非客房收入包括在内，因此需要考虑的因素是：

- 房价变更引起的客房收入变化；
- 房价打折时，为了弥补客房收入的降低而必须增加的非客房收入；或房价上涨时，为了弥补非客房收入的降低而必须增加的客房收入；
- 每位客人的平均非客房消费；
- 房价变化可能导致的出租率变化。

非客房收入贡献率的计算方法如下：

$$非客房收入贡献率=\frac{非客房总收入-非客房总成本}{非客房总收入}$$

如果管理者想通过折扣来提高出租率及销售收入，则可以利用下面的公式：

$$非客房收入=\frac{必须增加的非客房净利润}{增加的客人数量}\div 贡献率$$

将计算结果与实际人均非客房消费相比较，如前者大于后者，则说明折扣降低了饭店总收入；反之，则增加了总收入。

如果管理者采取涨价措施，出租率必将降低，非客房收入必然下降。一种情况是客房收入也降低，这将损害饭店的利润；而另一种情况是客房收入增加，这样，总收入的增加与否就要看客房收入的增加能否弥补非客房收入的减少。其计算过程如下：

- 客房利润＝出租率×客房数×客房贡献率；
- 非客房利润＝出租率×客房数×每位客人每日平均非客房消费×非客房贡

献率；

● 将客房利润变量与非客房利润变量相比，看总利润是上升还是下降。

综上所述，收益管理并不能计算出价格究竟应升高或降低多少来实现总收入的提高，但可以决定价格的上涨或下调是否可行。

8.1.3 饭店收益管理工作流程

饭店收益管理是在供给大于需求时努力提高出租率，需求大于供给时努力提高房价的一种方法。饭店收益受客人滞留时间、预订提前时间、随机入住、推迟抵达、散户百分比、一夜停留、取消预定、确定而未抵达客人及未能抵达等一些关键因素的影响。因此，做好饭店收益管理必须遵循以下流程。

（1）确立组织机构

确立饭店收益管理组织机构时，需做好以下工作：

● 设立预测小组；
● 指定专人负责；
● 制定收益管理策略；
● 培训预订员；
● 开始运用现有数据。

（2）分析需求因素

在饭店收益管理组织机构的指导下，分析需求因素，因此，需要做如下几方面的工作：

● 确定客源市场；
● 预测需求量；
● 找出影响需求的外在因素；
● 分析本饭店的优势和劣势；
● 分析本区域市场及本饭店的竞争对手；
● 关注饭店业竞争态势；
● 对饭店员工提出新的要求并分配新的职责。

（3）确定饭店价位

确定饭店价位的标准有：地理位置、停车场设备、噪声、销售能力、团队的接待设施、其他设施等。根据上述标准，准确制定本饭店的价格表。

（4）目标市场细分

依据需求因素和饭店价位，对目标市场进行细分，需做的工作如下：

● 确定本饭店目标市场；
● 确定本饭店营销组合；
● 提供适合各细分市场客人需要的产品和服务。

市场细分的目标是掌握一年中不同时期各个细分市场的需求量，从中预测分配给各个细分市场的客房数量，同时还要了解各细分市场客人的行为，如提前预订时间、到达与离开方式等。

根据旅游目的不同，可划分为公务旅游者市场和休闲旅游者市场。公务旅游者的特点：一般旅途较短；经常改变旅行计划；希望在周末之前返程；经常顺路去几个地方出差；经常临时订购客房；价格灵敏度较低。休闲旅游者特点：一般旅程较长；较少改变旅行计划；经常在休闲目的地度过周末；一般只去一个旅行目的地；经常提前很长一段时间预订客房；价格灵敏度较高。

饭店若制定高价，价格灵敏度高的休假旅游者就不会购买。价格灵敏度低的公务旅游者虽然会抱怨，但他们仍然会预订。饭店若制定低价，可以吸引休闲旅游者。然而，公务旅游者也可以一样支付低价，这就造成了饭店营业收入的下降。因此，饭店应为折扣规定一系列限制条件，用“篱笆”把不同市场隔离开。这些限制性条件包括：提前付款、提前预订、不可改变消费日期、不可退款、在旅行目的地度过周末、在旅行目的地住宿天数必须超过规定的最短期限等。愿意按照标价付款的客人可随时购买饭店产品和服务，而要求享受折扣的客人则必须接受饭店的限制条件。这样，紧急出差的公务旅游者按标价付款，在需求高峰时也可临时购买饭店产品和服务。而休闲旅游者则可以在接受饭店的限制条件的前提下支付较低的价格。因此，收益管理并不是一种欺骗客人、迫使客人支付高价的方法。价格的不同代表着服务的不同，而不同类别的服务是考虑到不同客人的需要和支付能力的。因此，做好收益管理工作，对饭店和消费者是双赢的。

对于不同的客人类型，采用的策略应有所差异，对于团队客人应考虑以下几种因素。

团队预订信息：团队预订的客房一般比他们实际需要的客房量多5%～10%，饭店必须删除这些不必要的预订。

团队预订同比率：如2007年5月份时，饭店11月份的团队客房销售了300套；而2006年5月份时，11月份的团队客房只销售了250套，这说明2007年的团队销售同比率是上一年的20%。

团队预订提前时间：即客人提前多长时间预订客房。对于绝大多数饭店，团队预订客房的时间多在一年内做出，如果今年客人预订提前时间比往年短，客人预订时间表滞后，则要采用折扣方式激励客人预订，提高客房出租率；若预订时间表超前，则应采取取消折扣提高房价的策略，以增加饭店收入。

对于散客，其预订提前时间明显比团队要短。在商务型饭店，团队预订提前时间多在3～6个月，而散客多在1～3周；对于度假村饭店，团队预订一般提前1～2年，而散客多提前3个月左右。饭店一般根据饭店客房的区位、大小、外景与豪华程度对不同的客房定不同的价格。往往给公司和政府旅游者以折扣，也给航空公司职员、旅行商、军人、老人等提供优惠价。对散客的控制主要集中在房价上，有时对散客有最短滞留时间的要求。

若当地有大型节庆活动时，饭店一般严格限制折扣，并且要求最短滞留时间，如圣诞节时，饭店一般要求客人保证停留4～5夜。奥林匹克运动会期间饭店取消一切折扣。

（5）需求变化分析

依据目标市场的需求变化进行分析，需要做2方面的工作：一是找出需求变化规律；二是根据需求变化，调整客房供应。

预测需求变化时要考虑的因素有历史记录、预订后取消或不来住店的比例、天气变化、新闻、重大事件、交通时刻表的变化等。例如，导致需求上升的因素有：政府鼓励消费；人民收入水平提高；通货膨胀；银行利率下调；大型节庆活动；旅游旺季来临；国际会议在本地召开。造成需求下降的因素有：政府鼓励储蓄；经济衰退及萧条；银行利率上调；失业；旅游淡季来临。

当需求较大时 可采取以下几项措施：

● 依赖准确的销售组合预测，确定正确的细分市场组合，以最高的房价销售客房。

● 控制客房存量，控制新业务的预订，当出租率较高时，应减少或取消低价房供应；当需求下降时，重新开放低价客房。因此饭店管理者要时刻关注需求变化，要保持灵活性，随时调整房价。

● 要求最短停留时间，在“五一”劳动节、“十一”国庆节和春节等黄金周期间，饭店一般要求客人至少停留3夜。

● 一次性大批量客房销售只针对那些愿意支付高价的团队客人。

● 把客房销售给那些愿意使用饭店会议、餐饮、展览等设施的团队或要求团队使用这些设施，以增加饭店收入。

当需求量小时 采取下列对策：

● 开放低价客房，吸引价格敏感性团队，应用公司、政府及其他特殊折扣。开设包价产品，吸引地方业务。

● 对那些认为房价过高的客人实行降价。

● 向本地人推销少量的低成本产品服务组合。

（6）记录相关数据

相关数据是指销售量及被拒绝的预订情况记录，具体做法：一是全面并连续收集预订申请资料；二是分析客房需求及供给变化及其规律。

预订后不来住店的客人比例是一个很重要的数据，对决定是否实行超额预订及超额预订的比例意义重大。大多数客人以为每种客房都有一个固定的价格，并且有可能提供折扣，但收益管理理论认为，客人所购买的并不仅是一间客房，而是一种特定的居住经历，而这一经历受着房间以外其他众多因素的影响，包括季节、天气等。

（7）评估调整措施

依据上述工作以及数据记录的信息评估调整措施：

● 评价每日经营状况；

● 调整策略；

● 向预订员提供反馈信息；

● 有可能采取奖励与激励措施。

准确的预测是收益管理的基础，收益管理是基于市场供求状况所做出的对策组合。所依赖的信息是：

● 细分市场研究报告，报告各细分市场客人的需求特点；

● 预订日历/预订图，每日预订量与客房需求状况；

● 客人抵达日期状况报告；

● 每周摘要报告；

● 客房统计追踪报表；

● 追踪记录未抵店、临时入住、取消预定等客人的预订行为。

8.1.4 收益管理方法

饭店常用的收益管理方法有：超额预定、存量控制、折扣配置和时滞控制。

（1）超额预订

预定只是联系饭店的客人市场，提高客房出租率的一种方法。它只是推销客房，还不是最后出售客房。客人预订后而不入住的现象时有发生，根据国外饭店和国内已有订房制度的饭店的经验，订房而不入住者的比例为5%，临时取消预订者8%～10%。弥补订房而不入住或取消预订而使饭店受到损失的方法是实行有选择的超额预订。

超额预订就是在订房已满的条件下，再适当增加订房数量和人数。超额的数量和幅度是最难于掌握的。超额率过高，已订房的客人到店后无房可住，引起纠纷，降低饭店信誉；超额预定率过低，房间不能按时出售，饭店又蒙受损失。只有合理地掌握超额预订的幅度，才能取得好的经济效益。

在决定超额预订幅度时，应考虑下列因素：① 前一年的记录；② 本地将举行的重大活动；③ 竞争者状况；④ 未经预订临时到达的客人数量和频率。

掌握超额预订幅度的方法有以下3种。

确定团队订房和散客订房比例 团体订房大多由旅行社、专业会议、外交机构、贸易公司订房，事先有计划和安排，取消或预订不到的可能性很小。而散客订房随意性强，受外界因素影响也较大。如某一天团队订房多，散客少，回旋余地就小，超额预订的幅度就可以定得小一些；反之，则可以大一些。

根据预订资料分析订房动态 对订房不到的单位做好记录，然后根据临时取消和延期住宿百分比用公式计算超额预订间数。

与本地饭店同行加强协作 即便超额预订不准，客人到店无房时，必须向客人表示歉意，再派车将客人送到有业务协作关系的饭店，待第二天有房时接回。这样势必产生一定的成本，超额预订的成本包括：客人前往另一家饭店的车费；付给另一家饭店的房费；客人通知亲友下榻饭店变更的电话费等。

超额预订是订房艺术的最高表现，饭店的预定幅度各异，最重要的是认真分析情况，积累经验。但根据国际饭店管理经验，超额预订10%～15%，一般不会有太大的误差。

（2）折扣配置

尽量限制打折的房间数量，并缩短付折扣价客人的滞留时间。其目的是，将那些不打折就无法售出的客房销售出去，同时使其余客房维持较高价格。这一措施的关键在于需求预测是否正确，管理者不能考虑今后某一天的销售量，而应认真分析这一天销售量对今后某一段时间销售量的影响。例如，为接待大型会议团体，饭店必须在团体到达之前就预留大批客房。团队离店之后，好几天内，饭店不一定能够接待足够的新客人，一部分客房就会闲置。因此，在收益管理工作中，管理者应特别重视公务旅游者需求量的预测工作，并为那些较晚购买客房、愿意支付高价的客人预留适当数量的客房。如果饭店按较低折扣价提前接受过多团体预订，就会失去将来按标准价接受公务旅游者预订的机会。但如果管理者预计今后某一天或某一段时间公务旅游者的需求量较低，就应以折扣价刺激休闲旅游者的需求。判断价格灵敏度较低、较晚购买饭店服务的公务旅游者的需求量是否会逐渐形成，是收益管理工作的主要任务。

（3）滞留时间控制

停留多日的客人为饭店带来的收益显然远远高于只停留1天的客人。因此，为提高饭店收益，在接受一项预订时往往要求最短停留时间。这意味着在收益管理中，只停留1天的客人的预订要求可能被拒绝，尽管有现成的房间可以提供。例如，星期三客房的需求量较大，而星期二、四的需求量较小，饭店在考虑是否接受某项星期三的预订时会要求客人停留3天（即周二、三、四），甚至可以以降价为代价，而不能接受仅周三1天住店的要求。如果某家饭店周三、四、五的客房需求量都很大，就不能接受只单独预订3日内任何一天客房的要求，因为这会使那些本来计划住店3天的客人另觅他处。

滞留时间控制可与折扣分配策略较好地结合起来。例如，停留3天者可以享受折扣，而只停留1日者必须支付门市价。

（4）升档销售

升档销售也是一种实现收益最大化的策略。它是通过告知客人本饭店可提供的各档次客房，来使客人有可能接受最高档次的服务，从而提高对本饭店的印象分的一种方法。升档销售的技巧之一是：只对价位较低的房间实行超额预订，这样一旦客房数量不够时，可动员客人由住价位低的房间改住价位高的房间，这对饭店来说是有利可图的。技巧之二是：鼓励前台预订员尽量推销价位高的房间。但要注意，必须对价格弹性和升档销售的可能性有可靠预测，即主要应针对那些价格敏感度较低的公务旅游者。

升档销售的操作步骤是：① 向客人推销最高档次的房间；② 如客人接受，办理住店手续；③ 如客人不接受，推销下一档次的房间；④ 依此类推，直至客人接受为止。

8.2 饭店货币资金和结算业务控制

饭店收益管理工作的重要内容之一就是做好货币资金和结算业务控制。由于饭店资金流较大，且有一部分是以现金的形式出现，因此，必须制定科学、有效的饭店收银工作流程以及出纳员的工作程序。

8.2.1 饭店收银工作流程

饭店收银工作的重点在餐饮部、康乐部和前厅部。饭店收银工作管理是否成功，关系到饭店的经营成本以及经济效益。因此，饭店管理者和相关岗位的员工必须严格按照饭店规定的工作流程履行职责。

8.2.1.1 餐饮部收银工作程序

餐厅收银工作是记录餐饮营业收入的第一步，也是财务管理的重要环节之一。它要求每一名收银员熟练地掌握自己的工作内容及工作程序，并运用于工作中，真正起到监督、把关的职能作用，为下一步的财务核算奠定良好的基础。其工作内容主要包括以下9种。

（1）班前准备工作

第一，餐厅收银员依照排班表的班次于上岗前签到，由餐厅收银领班监督执行，并编排报表。

第二，收银员与领班或主管一起清点周转金，无误后在登记簿上签收，班次之间必须办理周转金交接手续，并在餐厅收银员周转金交接登记簿上签字。

第三，领取该班次所需使用的账单及收据，检查账单及收据是否顺号，如有缺号、短联应立即退回，下班时将未使用的账单及收据办理退回手续，并在账单领用登记簿上签字。餐厅账单由主管管理，并由主管监督执行。

第四，检查计算机系统的日期、时间是否正确，如有日期不对或时间不准时，应及时通知领班进行调整，并检查色带、纸带是否足够。

第五，查阅餐厅收银员交接记事本，了解上班遗留问题，以便及时处理。

（2）正常操作工作程序

第一，当服务员把点菜单交到收银台时，收银员应首先检查点菜单上人数、台号是否记录齐全，如记录不全则退回服务员。

第二，当点菜单人数、台号记录齐全后，开始正式输入菜单，首先将客人账单号码输入计算机内，收银机将自动编制该账单号，待客人结账时使用；然后将客人人数、台号以及客人所点的食品、饮料内容及数量依照电脑菜单键输入。输入完毕后即可等待客人结账。

（3）结账工作流程

第一，餐厅结账单一式二联：第一联为财务联；第二联为客人联。

第二，客人要求结账时，收银员根据餐厅服务员报结的台号打印出暂结单，餐厅服务员应将账单核对后签字，然后凭账单与客人结账。如果餐厅服务员没签名，收银员应提醒其签名。

第三，客人结账现付的，餐厅服务员应将二联账单拿回交收银员总结后，将第二联结账单交回客人，第一联结账单则留存收银员处。

第四，客人结账是挂账的，则由餐厅服务员将客人挂账凭据交收银员办理挂账手续后，两联账单都交收银员处理。

第五，结账时客人出示优惠卡（或者厅面管理者给予客人打折）要求打折时，餐厅服务员应将优惠卡（或者管理者签名）和二联账单交收银员按程序办理打折，如果餐厅服务员只将一联账单交收银员，收银员可以不予办理。

第六，作废或修改账单时应由相关人员说明作废或调整原因，并签上姓名，在由餐厅管理者证实后，将修改单和作废单（二联）交收银员送财务部审计审核。

第七，由于种种原因，客人需要滞后结账的，须先请餐厅管理者认可担保，然后将其转入财务部应收账款。

第八，宾馆总经理、副总经理招待客人或销售部人员，经领导批准招待客户时须使用内部账单，账单请领导签字后转入财务部审计审核。

第九，收银员在本班次营业结束后，应做单班结账；在本日营业工作结束后，应做总班结账。仔细核对当日的用餐情况及收入情况，并填写“餐厅核对表”。

（4）单、总班结账

在每班结束后，要做单班总结；在当日业务结束后，要做总班结账。直接点击“单、总班结账”按钮，计算机会自动总结营业收入并产生若干报表，根据所需，打印出报表。

（5）当日、历史账目查询

“当日账目查询”是指未平账和最近3天的账目，直接点击“当日账目查询”按钮，计算机会自动查找出所需账目。

“历史账目查询”是指以前产生的账目，操作时直接点击“历史账目查询”按钮，计算机自动找出所需账目。

（6）发票管理

第一，每位收银员领用的发票由本人保管及核销，不得由他人代领和代核销，核销时作废的页号折起，其作废号码要填入发票封面背后的发票检查记录栏内。

第二，填制发票金额要凭客人联的消费单金额填制（经办人在发票的有关项目中要签上姓名的全称），其客人消费单要贴附发票存根联的后面。

第三，核销发票时发现存根联没附上客人联的消费单或发票不连号的，经管人除要写上书面说明书附贴上，还要承担由此而产生的一切经济损失。

第四，丢失发票要及时以书面报告上报财务部，丢失发票声明作废的登报费要由经管人负责。

（7）作废账单的管理

收银员当班结束时对于经过计算机操作记录的调整单、作废单等都应送审计稽核。作废单必须由领班以上签名证实注明作废原因。如事后发现有错，但又查不到保存的账单，其经济责任应由收银当事人承担，同时还要追究销毁单的原因。

（8）现金、信用卡、支票的收受程序

现金 现金收受程序如下。

第一，收现金时，应注意辨别真假、币面是否完整无损；外币应确认币别，按当天汇率折算，缺角和被涂划明显的外币拒收（马币、新加坡币不能有裂痕，日元、美元不能有缺角）；除人民币外，其他币别硬币不接受。

第二，除兑换台币须致电到中行计划科查询汇率外，其他只接受汇率表范围内的外币。

信用卡 信用卡收受程序如下。

第一，收受信用卡时，应先检查卡的有效期和是否在接受使用范围内的信用卡，查核该卡是否已被列入止付名单内（刷错信用卡单、过期、止付期及非接受范围内的信用卡一律拒收）。

第二，客人结算时，将消费金额填入签购单消费栏，请持卡人签名，认真核对卡号、有效期，签名应与信用卡一致。正确无误后，撕下持卡人存根联，随同账单交客人。

第三，代他人付款，而持卡人没有入住本宾馆或先离店，须请持卡人在签购单上先签名，填写付款确认书。收银员应认真核对卡号和签名，按预住天数预计金额授权，取得授权后，在签购单边缘注明“已核”字样签上经办员姓名，写上授权金额和授权号码。

第四，信用卡超过限额的，一律要致电银行信用卡授权中心或通过 EDC 取得授权，如实际消费超过授权金额应再补授权，一笔消费只能用一个授权码，多个授权码应分单套购，方可接受使用。

第五，签购金额如超过授权金额 10% 以内，原授权码仍可使用，不须再授权。

信用卡结账客人拒付账单

某日，一位客人持运通卡在饭店餐厅消费。几日后客人通过信用卡公司给饭店发来传真，仅承付当日在饭店餐厅消费的一笔账单，而对另一笔当日消费的餐费账单拒付，理由是另一笔信用卡签购单上虽然卡号与该客人的运通卡一致，而持卡人的签名与有关证件均不相符。调阅该日的中餐厅账单后发现，账单结账时间基本一致，而账单上的结账方式一个为运通卡，另一个为长城卡，经收款员回忆，当日二位客人同时来结账，为持运通卡的客人结完账后，未及时将客人的卡从压卡机中取出，又拉了一次卡单给持长城卡的客人签字，长城卡并没有从压卡机上压印过造成运通卡重复记账。

支票 支票收受程序如下。

第一，收银员当班接收客人使用的支票时，应用大写在支票上填写使用的年、月、日（如果当日不解缴银行的可填为次日的日期），填上“××宾馆”的收银人名称，其他项目均按规定填入（避免遗失被盗用）。

第二，填写支票一律用黑色墨水钢笔（或签字笔）填写；不得用其他颜色水笔或圆珠笔。

第三，小写金额前一位必须写上币号“¥”，以防涂改。

第四，汉字大写金额数字一律用正楷字或行书字书写，不得任意自造简化字；大写金额数字到元或角为止，在“元”或“角”字之后应写“整；大写金额数字有分的，分字后面不写“整”字，大小写金额不得涂改，印鉴不可重复，一经涂改，该支票即刻作废；如因收银员填错支票的，一律由收银员负责催换支票，直至收到款为止。

第五，收取支票时，应检查是否有开户行账号和名称，印鉴完整清晰，一般印鉴应有1个公章、2个以上私章，如有欠缺，应先问交票人是否印鉴相符，并留下联系人姓名和联系电话；本宾馆不接受私人支票，如由宾馆经理以上人员担保接受的支票，该支票出现问题时，由担保人承担一切责任。

(9) 下班时现金及账单交接程序

现金交接程序 餐厅收银员编制报告完毕后，将所收的现金数额分别填写在现金袋上，然后将现金装入袋内。要求内装现金与现金袋上记录的金额一致，并在现金收入交收记录簿上签字，办理现金交接手续。在收银员的监督下将现金袋放入保险柜中，当收银员下班时，由接收人一一清点现金口袋及核对现金袋上的金额与现金交收记录簿金额是否一致，无误后在转交人姓名栏内签名，A，B，C，D班以此类推，手续不变，直到第二天总出纳清点为止。

客账单交接程序 客账单交接程序分为2类：一类是已使用的，将已使用过的客账单按顺序号排好，用客账单分配表包捆好，放到指定位置，供夜间核数员审核用；另一类是未使用过的，要检查一下与已使用过的客账单最后一张是否有连号，无误后，办理退还手续。在餐厅收银客账单领用登记簿的退回处签字。如下班次继续使用时在领用栏内签字办理交接手续，当天工作结束时，应将未使用的客账单退回主管处，并办理退回签字手续。

8.2.1.2 康乐部收银工作程序

(1) 台球厅收银工作程序

第一，当客人到台球厅打球消费时，收银员接到服务员的传递信息后，开出收费结算单，注明客人开始消费时间、所用台球桌号，并在打卡机上打上开单时间，在登记表中做好记录。

第二，客人结账时，收银员要在结算单上注明截止时间，客人打球应收银项，加上其他消费款项，最后根据应收金额与客人结账，并在打卡机上打出结账时间，并在登记表中做好登记记录。

第三，免费接待。根据宾馆制订的免费接待办法执行。总经理接待，由总经理在接待单上签名确认。如果不能及时签名，由部门经理代替接待的，由部门经理先在接待单上签名并注明接待内容，部门经理在第二天将手续补齐后交财务审计处审查，如果不补签，将视同本人消费，在其当月工资中扣除；如果总经理打电话到康乐部通知接待客人的，由康乐部领班以上人员填写接待单，并于2个工作日内将手续补齐交财务审计核查。

第四，在使用结算单和酒水单的过程中，注意单据要连码使用，修改及作废单据、单据传递都要严格按照单据使用管理规定方法执行。切记每次结账都要凭结算单才能与客人结账。

第五，当班营业结束后，填写营业缴款凭证，按规定办理好交款交单程序。

（2）游泳馆收银工作程序

第一，游泳票、记次卡及年卡由收银员按不同价格，向财务票证管理员领取。收银员在当班结束后，填写缴款凭证时，要将当班销售游泳票（记次卡、年卡）的号码、数量及金额在备注栏中注明清楚。当领取的票卡售完后，凭缴款凭证的第一联，向票证管理员核销原领取的票卡，再重新领取票卡销售。

第二，设置“游泳馆登记表”。

序号：是按照当天客人消费的次序进行排号；

类型：指客人消费的是门票、记次卡或年卡；

号码：指客人使用的票或卡的号码；

数量：指客人共消费了多少人次；

金额：指销售不同票或卡的不同价格；

卡使用次数：指记次卡消费是第几次消费及所剩次数；

衣柜号码：指由康乐服务员发给客人的衣柜钥匙的号码；

进馆时间：指客人进馆时间；

客人签名：指年卡客人消费时客人签名；

核对签名：指由康乐领班以上人员，证实年卡客人或免费接待客人的核实签名；

备注：指记录特殊情况的注解。

注意：本表一式二联，当天营业结束后，由收银员和康乐部进行核对，核对无误后，双方共同签名确认；一份交财务审计核对，另一份由康乐部留存核查。

第三，康乐收银员要按表中内容认真填写当班销售及受理票和卡，注意票和卡的号码以及卡的使用次数。

第四，客人衣柜钥匙由康乐服务员保管发放，康乐服务员接到收银员传递过来的票和卡时，将衣柜钥匙发给客人，并将钥匙号码对照收银员填写的票或卡填入表中。

第五，客人使用赠票时，收银员收到票后，在票面上写上“作废”字样并注上日期，当班结束后，将赠票交财务审计核对审查。

第六，受理年卡时，一般要求客人在登记表上签名确认，如果客人没签名，必须由康乐部当值领班以上人员签名证实。

第七，免费接待（参见本书P270“（1）台球厅收银工作程序”的第三条）。

第八，钥匙交接：客人游泳冲洗完后，由康乐部更衣室服务员将客人衣柜钥匙交到服务台服务员处，在双方交接钥匙时，必须办理填写“钥匙交接表”（一式二联），财务收银员要起到监督作用，并在表上签名证实；当天营业结束后，将此单一联连同登记表一起交财务审计核对，另一联由康乐部留存备查。

第九，当班营业结束后，填写营业缴款凭证，按规定办理好交款交单程序。

(3) 保龄球馆收银工作程序

第一，客人进馆消费打球时，预先交押金，由收银员开出“押金收条”（一式三份），将第二联交球馆服务员作为开道的凭据，第三联交客人留底。

第二，球馆服务员接到收银员传递的“押金收条”后，注上开道时间及球道号，并给客人开道打球。

第三，如果客人消费金额超过“押金收条”上的押金，由球馆服务员通知客人到收银处再次交纳押金后，才能给予继续消费。

第四，客人打完球后，球馆服务员在“押金收条”上注明结束时间，并写明客人所打局数及消费金额，将“押金收条”的第二联交给收银员结账。

第五，收银员接到球馆服务员传递的结账信息后，收回客人留底的第三联“押金收条”，根据客人的消费项目及消费额开出结算单，并与客人结账。结算单一式四联，填写时必须一起填写，不得分别填写。

第六，如果客人的押金多于实际消费，结账时须退款给客人，由厅面管理者签名证实后，交收银员办理退款手续。

第七，用于开“押金收条”的押金单和结算单必须联码使用，填写时必须按单据内容及客人消费项目规范填写，不得随意修改及作废单据。修改或作废结算单必须由收银员写明原因，并由保龄球馆管理者及收银领班以上人员证实。

第八，免费接待（参见本书P270“（1）台球厅收银工作程序”的第三条）。

第九，客人购买月卡、优惠卡时，需填写四联结算单据，注明卡号、起止时间，并让客人签名。

第十，客人持月卡消费时，需填写结算单，注明卡号、使用次数，并有客人签名。接待员凭结算单直接给客人开局。

第十一，客人使用赠票的，收银员收到票时在票面上写上“作废”字样并注上日期，当班营业结束后，将赠票交财务审计核对审查。

第十二，当班结束营业后，填写营业缴款凭证，按规定办理交款交单程序。

(4) 棋牌室收银工作程序

第一，当客人到棋牌室消费时，收银员接到服务员的传递信息后，开出收费结算单，注明客人开始消费时间、所用房间号及不同的桌类收费，并在登记表中做好记录。

第二，客人在打牌过程中，发生其他消费，由服务员开出酒水单，注明客人的消费项目、应收取金额及房间号，将酒水单传递给收银员与其相应的收费结算单一起与客人结算。

第三，客人结账时，收银员要在结算单上注明截止时间、客人消费应收款项，与客人结账后，在登记表中做好登记记录。

第四，免费接待（参见本书P270“（1）台球厅收银工作程序”的第三条）。

第五，在使用结算单和酒水单的过程中，单据要连码使用，修改及作废单据、单据传递要严格按照单据使用管理规定执行。切记每次结账时，都要凭结算单才能与客人结账。

第六，当班营业结束后，填写营业缴款凭证，按规定办理交款、交单。

8.2.1.3 前厅收银工作程序

前厅收银服务工作，直接体现饭店服务水平，因此，要求每一名收银员熟练地掌握自己的工作内容及工作程序，做到结账工作忙而不乱，资金收回准确无误，及时与营业部门沟通，掌握第一手资料，其主要工作包括以下内容。

(1) 班前准备工作

第一，前厅收银员准时到岗签到，由前厅收银员领班监督执行，并编报考勤表。

第二，清点上一班转来的周转金，各种资料齐全后，在登记簿上签字办理转交手续。

第三，领用前厅收据，检查顺序号，如有缺号、短页应立即退回；下班时，未使用的收据应办理退回或转交手续。

第四，阅读主管留言记事本，注意主管提出的问题，在该班工作中加以纠正。

(2) 原始单据的使用

预收房金收据 此单据连号三联。当客人入住付费后，开出此单据，第一联留存；第二联交给客人；第三联同原始订房单一起，放在客人账单里。(注：在收取散客客人房款时，需多收一天房费作为住房押金。如果需要钥匙押金、长话押金也用此单据，国内长途100元，国际长途1000元。)

杂项收费单 此单据共二联，用于客人在宾馆内无原始单据的消费凭证，如预收冰箱费等。开出此单据时，需要注明收费名称及收取日期，并请客人签字。第一联留存；第二联放在客人的账单里（注：此单据必须有客人签字)。如果客人入住时结清此项费用，则无须开出此份单据，而需开出发票并写明客人交费的项目、起始日期，将发票的“第三联”与客人账单放在一起。

发票 当客人结清有关费用时，需将发票的第三联撕下，与客人的原始账单放在一起（会议代表自付账目的发票之第三联，则需统一保存在会议账单内)。

备用金 分为2类情况。第一类，收银员收入比备用金多的押金时，下班时与当班次单班结账单放在一起，投入保险柜中；第二类，收银员本班次退款大于收银，即已动用备用金时，下班时应将本班次单班结账单与剩余备用金一起转入下一班次，直到可以补够备用金时为止。

结账单 客人结账时，打印出“汇总账单”，请客人签字后与客人账单放在一起保存。

当班次结束时，由各收银员打印出“收银员账目明细表”与本人本班次结清客人账单归放一起，单独放置在相应的账单夹里，以供当日、夜审审核。

信用卡、外币、支票的传递 由接班的收银员核查（金额、号码、有效期）后负责签收，同时传递人和接收人共同签名后认可。要特别注意支票和信用卡的有效期（对于预收长包房客人的信用卡必须一月一结账，不得出现信用卡过期；支票如有签发日期则签发日起10天内有效)。

计算机班次更换 本班次结束前，打印出“今日收银员账目明细表”“单班账目明细表”和“单班结账单”，及时退出个人操作号。

(3) 配合计算机操作时的规定

接待员每日早班在中午12:00，中班在18:00，夜班在23:30之前核准计算机房态，由当班领班抽查。如经当日夜审查明，确属房态不准造成计算机多加房费，责任归当班接待员。

第一，接待员每日夜班须核查当日入住客人登记信息（姓名、进离店日期、房价、签证有效期、账务是否超限），特别是对于长包房客人的签证加以核查，填写客人信息表，为次日早班催促客人，补登新的信息。

第二，早班接待员每日12:30左右打印出当日“应离未离客人表”，及时催客人办续住手续。

第三，收银员每日打印2份单班账单，由每日夜班整理当日4班次单班结账单及总班结账单，并分别放入账夹内。

第四，结账时以计算机为准。如客人或收银员出现任何疑问时，应请机房人员或当日领班签字后调整计算机。

第五，必须加强对拖欠账款的催收。当日应离店而未离店的客人由接待员通知客人办理续住手续；首次出现欠款的客人，由早班收银员根据夜班提供的“挂账超限表”填写催款单，通知到客人本人，此事由早班领班负责落实；对于连续3次出现超限的客人，早班领班出具名单，交大堂副理报保卫部进行封门处理。

(4) 发票、兑换水单作废账单的管理

发票管理 发票管理工作的要点包括以下内容。

第一，每位收银员领用的发票由本人保管及核销，不得他人代领和代核销。领用发票第一本使用完后，要及时送财务部核销，再领用第二本备用；核销时作废的页号折开，其作废号码要填入发票封面背后的发票检查记录栏内，以此类推。

第二，填制发票金额要凭客人联的消费单金额填制（经办人在发票的有关项目中，要签上姓名的全称），客人消费单要附在发票副联的后面。

第三，核销发票时，如发现发票副联没附上客人联的消费单或发票不连号时，经管人除要附上书面说明，还要承担由此而产生的一切经济损失。

第四，丢失发票要及时以书面形式上报财务部，丢失发票声明作废的登报费用由经管人负责。

兑换水单管理 兑换水单管理工作的要点包括以下内容。

第一，兑换水单由本人领用和保管，用完45套后，要及时到出纳处再领取，由出纳员根据收银员上交报表和水单负责核销。

第二，根据客人要求兑换的外币要辨别真假，按金额填写水单。填写时，一式三联，写明外币金额、币别，按当天汇率折算人民币的金额，日期及经办人，并请客人签名，注明外币编号，写明房号和证件号码；水单不得涂改，兑换时必须开水单，私自套换外币者做严厉处理；遗失兑换水单的视同套换外币处理。

第三，作废的水单必须一式三联注明作废，并由领班以上证实签名，上交出纳处核销。

作废账单管理 作废账单管理工作的要点包括以下内容。

第一，收银员当班结束时，对于经过计算机操作记录的调整单、作废单等都应送审计稽核，作废单必须由领班以上人员签名证实，注明作废原因。

第二，如事后发现有差错，但又查不到保存的账单，其经济责任应由收银当事人承担，同时还要追究原因。

(5) 现金、信用卡、支票的收受程序

有关内容参见本书P269“（8）现金、信用卡、支票的收受程序”。

(6) 下班前现金及未使用收据交接程序

前厅收银员结账工作完毕后，将所收的现金，在现金袋上分别填写，然后将现金装入袋内。要求内装现金与现金袋上记录金额一致，并在现金收入交接记录簿上签字，办理现金交接手续，并在接班人的监督下将现金袋放入保险柜中；当交班人下班时，由接班人一一清点现金口袋，核对现金袋上的金额与现金交收记录簿金额是否一致，无误后在转交人姓名栏内签字。A，B，C，D 班依次类推，手续不变，直到第二天总出纳清点前为止。

(7) 客房订金处理程序

宾馆对于已签合同的长住户，根据合同的具体内容，预收半年至 1 年的房租订金，作为抵消长住户房租费用。根据权责发生制的会计核算原则，将已收客房订金分期体现在客房账上；当宾馆财务部收到一笔订金时，前厅收银也相应地做一笔增加。当客人入住时，以月为核算期，按照房租金额将预付订金转入在客房账上，由此房租费用与订金相互抵消，使房租客账单为零。

(8) 外币兑换工作程序

兑换周转金出入库程序 根据宾馆与银行签订代兑换外币业务协议内容规定。银行地区分行向宾馆提供一定数量的兑换周转金，由兑换领班专人管理，单设保险柜，并建立严格出入库手续，确保外币兑换工作的顺利进行。外币兑换周转金通常每天入库 1 次，出库 2 次。每笔金额出入库都要做到签字手续齐全，准确无误。

兑换前准备工作程序 兑换前准备工作主要包括以下内容。

- 收银员每天早上要按时收听并录音中国银行公布的外汇牌价，及时更改当天的外汇牌价表；
- 领用当天所使用的兑换水单，检查是否连号，是否有短号现象，并办理领用手续；
- 领用并配备大小面值的兑换周转金，办理出库手续。

外币兑换及承付现金程序 其程序如下。

- 问候：先生/小姐/女士，您好！请问您换钱吗？
- 当客人兑换时，首先请客人出示护照或其他证件，方可填写水单。
- 经办人接到客人填好的水单时，应注意检查客人的国籍、姓名、护照号码、房间号码、兑换外币金额等内容是否填写齐全，判断识别真假外币，凡是旅行支票，都要检查支票及水单签字与支票背书是否一致。检查后，由经办人根据中国银行卖价或现钞价，核算成外汇人民币转交复核员，经复核员再次审核无误后，即可承付现金交经办人。经办人接现金后，复核承付现金是否正确，无误后连同水单一起呈交客人。
- 问候：先生/小姐/女士，请您查收，欢迎您下次再来。

外币兑换营业日报表的编制程序 当一笔兑换业务完毕时，由复核员将水单号码，兑换外币种类及金额分别填写在兑换营业日报上，编表要求是：

- 按照水单顺序号码一一填写；
- 外币现金、支票分别填写；
- 每笔现金、支票金额分别以现钞价或卖价等于兑换外汇人民币金额。

兑换员下班前，外币及周转金交接程序 兑换营业日报表编制完毕后，兑换员应将外币日报表包捆好装入现金袋内封好，并在口袋封口处签上自己的名字，放在指定保险箱内，待第二天领班查处、清点、汇总。

兑换周转金的交接程序 当A班下班后将兑换周转金余额清点好转交给B班兑换员，并办理交接签字手续。当B班工作结束时，将兑换周转金余额清点好装入现金袋内，袋内现金应与现金袋上记录及兑换营业日报表周转金余额一致，与外币现金袋一同放到指定保险箱内。

(9) 超定额客房挂账催款程序

按照宾馆规定，对凡超客房挂账5000元以上的住店客房，每星期要进行2次催款。催款程序如下：

- 打印一份超定额客房挂账清单。
- 在明细清单上注明客人离店日期。
- 取消长住户超定额挂账，待月结账一次发单催款。
- 对持信用卡的客人，如费用发生额超出该信用卡最高限额，应与信用卡公司联系要授权号码，此客人不列为发单催款之内。
- 编制客人欠款明细表，转交前厅部经理查阅客人欠款表，前厅经理根据客人的情况，决定实际发单催款名单。由收银主管签发催款通知书，如果客人仍不付款，则由财务经理签发催款通知书。

(10) 客人保险箱使用程序

首先由客人填写保险箱记录卡，将房间号码及姓名填写在该卡上，经前厅收银员检查无误后，将保险箱钥匙号码填写在该卡内，待客人把钱、物放入保险箱之后，立即锁好箱门，将钥匙交给客人。当客人要求打开保险箱时，要在登记卡背后栏内逐项登记，登记内容：开箱时间、房间号码、客人签字等。客人签字要与登记卡正面签字一致，方可取出钱物。当客人退还保险箱钥匙时，立即注销登记卡。

8.2.2 出纳员的工作及程序

(1) 现金收入清点、整理程序

收入出纳与收银领班一起，将前一天放入保险柜中的现金袋一一打开，核对现金数额与现金袋上记录金额是否一致；现金与现金收入交收记录簿上记录金额是否一致。

(2) 出纳员现款记录表编制程序

出纳员现款记录表分为2部分：第一部分是实收现款部分，反映宾馆每个营业部门、每个班次、每个收银员实收现金；第二部分是应收现款部分，反映饭店每个营业部门、每个班次、每个收银员应收过机实数。收入出纳根据现金收入交收记录簿上每个班次、每个收银员实交现金数额一一填写，并将财务部正式收据同时汇入此表中，该记录表合计数为当天应存入银行现金收入总数。

(3) 每日现金收入记录表编制程序

每日现金收入记录表是在完成出纳员现款记录表的基础之上编制而成的。它既是出纳员记录表的补充说明，又是概括总结。收入出纳将财务部收入的正式收据顺序排列起来，根据该记录格式要求，对于付款单位、付款金额、支票号码等内容一一填写，再分别将前厅、餐饮部、康乐部等每个营业部门现金总汇入此表中，合计数应与出纳员现款记录表金额一致。该表将作为财务部编制现金输入凭证的原始凭证。

(4) 差额核对

第一，目的是为了防止收银员的缴款凭证（报表）漏交出纳或审计。

第二，出纳员将当天开箱收到的缴款凭证（缴款报表）汇总后，送审计员进行差额核对。审计员要将当天缴款员上缴缴款凭证的审计联，同出纳员传递过来的出纳联逐一进行相符核对，并加盖私章。如果缴款凭证只有出纳联，而没有审计联，要在“差额登记表”中登记为正数；如果审计联有而出纳联没有的，要在“差额登记表”中登记为负数。登记日期以缴款凭证（缴款报表）的日期为准。

第三，在登记表中将缴款凭证（缴款报表）分为前台收银组、餐厅收银组、其他部门及合作部门4部分登记。在填写登记表过程中，缴款员姓名、数字金额一定要正确及清晰，正负数要分明，每一笔正负数都应该是相符合的。

第四，如果核对表中缴款凭证（缴款报表）第二天还没登记差额的，要立即查明原因。如果是登记错误，要立刻更正并在更改处加盖私章后，在备注栏说明原因；如凭证没送到，要立即查明原因并按较大违纪报经理处理。

差额核对完毕后，将凭证的出纳联送还出纳；差额核对表月末登记完后，交会计存档。

(5) 银行日报表编制程序

银行日报表是根据宾馆在银行开设不同的户头而设立的，根据实际存款情况，将账户报表分为2个部分。

收入部分：根据每日现金收入记录内容填写，括号内的数字反映人民币金额，并根据该金额，转入人民币银行日报表。

支出部分：根据财务部应付款组提供的当天各银行支出数，逐笔填写。

(6) 现金支出报销程序

宾馆现金支出是由各业务部门填写报销凭单，根据性质不同，部门经理同意，由财务部经理审核，经总经理或总经理书面授权人审批后，方可在支出出纳处领取现金。支出出纳接到报销凭单后，首先检查签字手续是否齐全，验收手续是否完备，经核实无误后，方可承付现金。支出出纳将当天现金支出凭单汇总后，送财务部经理审批，支出核算员审核无误，开现金支票，补足备用金。

(7) 登记现金日记账程序

登记日记账要根据业务内容，逐笔登记。登记业务内容摘要应简练，数字不得涂改。如发生登记错误时，应采用正确更正方法进行补救，登记账目时，要以有借必有贷，借贷必须相等为原则，做到日清月结。现金账余额为周转金的固定金额。

(8) 抽查备用金工作程序

收入出纳应与审计主管一起，不定期地对宾馆内部周转金进行抽查，监督、检查各岗位周转金是否有挪用现象或以白条抵账行为。在抽查前，要做好保密工作，以体现真实性。工作程序是：首先清点各岗位保险箱及存款处的所有现金，按照票面额大小顺序，在备用金检查表上一一填写，并计算出定额，要与领取备用金金额与该班现金报告之和相符。如出现不一致，便属于长短款。出现长款时，应立即开出财务正式收据，将多余部分上缴；出现短款时，由收银员本人及部门主管负责写出书面报告，阐明短款原因，报送财务部，并提出处理意见。

(9) 处理收银员长短款工作程序

经财务部日审查明，收银员实交现金额与计算机记录一旦出现差异，则为长短款。出现长款时，要通过账务处理，转入宾馆营业外收入；出现短款时，由日审填写短款报告，报送审计主管，审计主管督促本人写出短款报告，并提出处理意见交财务部经理。原则上短款一律由个人赔偿，开出财务部正式收据，冲销其短款金额。

8.3 饭店的成本控制

8.3.1 饭店成本的概念与构成

成本一词被用于很多不同的上下文里并可以表达截然不同的意思。例如，以下的每项表述都使用了成本这一术语，但所指的却是不同含义：一台洗碗机的成本是20 000元；这个时期的人工成本是8000元；饭店受台风影响损失的成本将近20 000元。在第一个表述里，成本指的是一项资产的购买价格；一项资产（现金）被用来交换另一项资产（洗碗机）。第二个表述是用成本来指这个时期的一项费用；现金（一项资产）被支付给员工以偿付他们所提供的服务。在这种情况下，资产没有直接被交换，而是将现金支付给员工，因为他们所提供的劳动服务形成了收入和应收账款。应收账款在收取时就形成现金。在第三个表述里，由台风产生的成本指的是损失——资产消失了，但没有直接或间接的其他资产收入。显然，成本这一术语可以有各种含义。

成本的一般性质 成本，用作费用的含义时，一般是指为了增加收入这一最终目标而导致的资产的减少。成本包括售出食品成本、人工费用、供应品费用、公用事业费用、营销费用、租金费用、折旧费用、保险费用以及许多其他费用。因为大多数饭店的利润率不足10%，所以其收入（最终现金）的90%以上要用于支付这些费用或成本。从管理部门的角度来看，有好几种不同种类的成本。因此，管理者有必要了解成本的种类以及它们的应用。

与销售相关联的成本 观察成本的一种方法就是了解它们如何随着饭店业务（销售量）的变化而变化。就饭店而言，成本可以被看作是固定的、变动的、阶梯的或混合的（部分固定和部分变动）。

8.3.1.1 固定成本

固定成本就是在短期内即使销售量发生变化，仍然保持不变的成本。例如，客房销售量可能增加5%，或食品销售量可能下降10%，在这2种情况下，固定成本都保持不变。图8－1里的曲线用纵轴表示成本，横轴表示销售量。该图表明

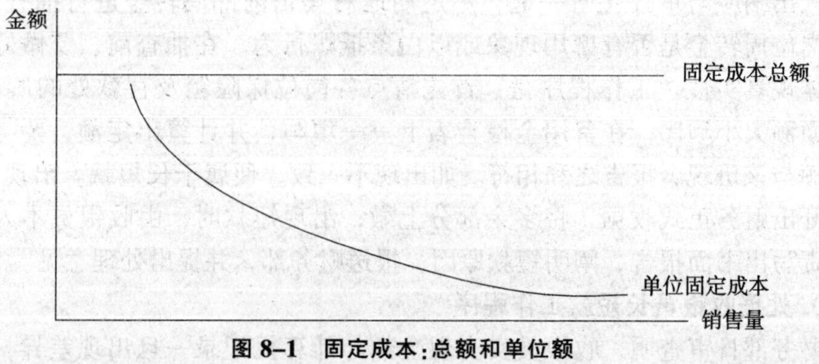

图8–1 固定成本：总额和单位额

即使销售量增加，固定成本总额仍保持不变。

固定成本一般包括工资、租金、保险费、财产税、折旧费和利息费用。如果一个住宿设施在一年的部分时间里停止营业，则可以减少某些固定成本。例如，在停业时可以避免支付保险费和人工费用。当一个饭店停业时可以避免的固定成本称作可避免成本。

固定成本通常被归类为足量成本或酌量成本。足量固定成本与提供商品和服务的能力有关。对于一个饭店而言，足量固定成本与提供大量可出售客房的能力有关。固定成本包括但不仅限于折旧费、财产税、利息和一定的工资。还有一个质量水准与足量固定成本相关联。例如，如果一个饭店打算撤销它的游泳池或空调系统，它仍能提供相同数目的客房，但是服务水平降低了。

酌量固定成本不影响饭店的当前能力。它们是短期内管理者为了迎合预算的需要而可能选择避免的成本。但是持续逃避通常会引发饭店经营的问题。酌量固定成本包括经理人员的教育研讨会费用、慈善性捐款、员工培训计划和广告。一般来说，减少这些成本不会立即影响经营。但是，如果这些项目一直被削减，销售和各种费用可能会受到严重影响。在财务危机中，酌量固定成本将比足量固定成本更可能遭到削弱，因为它们更容易恢复而且当期影响较小。

固定成本也可以通过决定每销售单位的平均固定成本与销售量联系起来。例如，在一个时期里销售了2000间客房，固定成本总额是10 000元，则每销售一间房的固定成本是5元（10 000元÷2000间房）。然而，如果这个时期销售了3000间客房，则每销售一间房的平均固定成本是3.33元（10 000元÷3000间房）。随着销售量的增加，每单位固定成本在下降。图8－1中的曲线图也表明了这个关系。虽然在短期内固定成本是固定的，但是所有固定成本从长期来看都是可变的。从长期的眼光来看，所有固定成本都可以被看作是变动成本。

8.3.1.2 变动成本

变动成本就是和营业量成比例变动的成本。例如，如果食品销售量增加10%，则已经销售的食品的成本也可以预期增加10%。图8－2描绘了变动成本总额和每单位变动成本各自与销售量的关系。变动成本总额（TVC）由每单位变动成本与销售的单位数相乘来决定。例如，餐饮企业的每餐变动成本是3元，计划销售1000客，则变动成本总额是3000元。

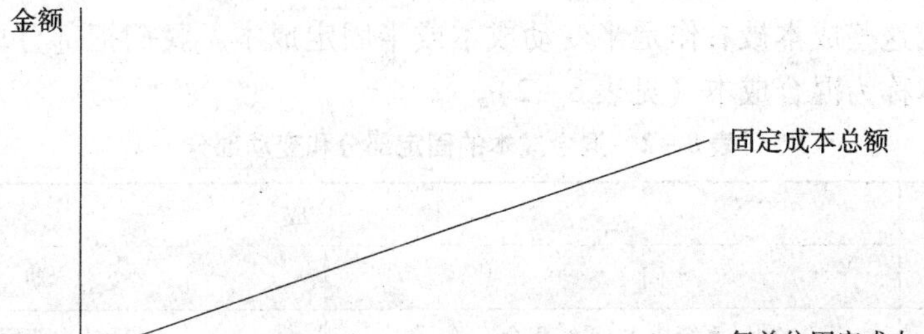

图8–2 变动成本:总额和单位额

从理论上讲，变动成本总额随着总销售量而变动，而每单位变动成本保持不变。例如，如果已售食品成本是35%，那么每销售1元的单位成本是0.35元，与销售量无关。图8－1中的曲线图表明每单位变动成本确实是固定的，也就是说，每销售1元的成本保持不变。当然，实际上一个饭店企业应该能够在它的销售量增加到超过某个标准时利用数量折扣。如果这样的话，销售成本的增加比率将低于销售量增加的比率。

然而，事实是几乎没有任何成本能精确地做到随销售量成比例地变化。但是，有几种成本很接近于这种标准，并可以看作是变动成本。它们包括已售食品成本、已售饮料成本、一些人工成本以及产品和服务经营中耗用的物品。

8.3.1.3 阶梯成本

阶梯成本在一个业务量范围内是固定的，但在各个业务量范围之间是不同的。图8－3表明了这个关系。主管的工资是典型的阶梯成本。例如，一个客房主管能监督的客房服务员人数最多不超过15个人，则企业必须增加另一个主管来监督增加的第16个客房服务员。这个新的客房主管应该能够再监督14个客房服务员。

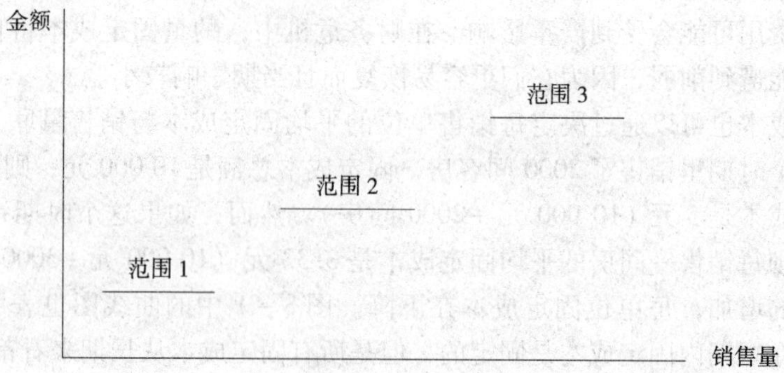

图8–3 阶梯成本

当一个阶梯包括经营的可能业务量范围时，阶梯成本类似于固定成本。例如，在图8－3中，范围2可能是一个饭店的预期业务量范围。在这种情况下，从分析的目的来看，阶梯成本被看作是固定成本。如果有很多阶梯且各阶梯之间的成本差异很小，则从分析的目的来看，阶梯成本就被看作是混合成本。

8.3.1.4 混合成本

很多成本是部分固定和部分变动的，它们是固定成本和变动成本2部分的混合。有时候这些成本被看作是半变动成本或半固定成本。我们把部分固定和部分变动的成本称为混合成本（见表8－2）。

表8－2 混合成本的固定部分和变动部分

混合成本	构成	
	固定	变动
电话费用	系统成本/系统租金	电话计次费用
建筑物租金	每平方米租用地的固定成本	定额以外的收入百分数
汽车租金	固定成本/每天	汽车每行驶1km的附加费用
行政报酬	基本工资	按销售额计的奖金
维修保养费	保持饭店低出租率所需的最低金额	较高出租率所需的附加维修费用

混合成本固定部分的确定与销售量无关，而变动部分则假定与销售量成比例变化。和变动成本一样，混合成本的变动部分可能不与销售量成精确比例的变动。但是变动成本部分和销售量之间线性关系的假设却被普遍接受，因为其间的任何差异通常被认为是微不足道的。然而，这个假设只有在一个相关业务量范围内才是合理的。例如，一个饭店的相关范围可能是出租率水平在40%～95%。在这个范围之外，变动成本与销售量的关系可能就不同了。

图8－4的曲线图描绘了混合成本的这2个部分（固定的和变动的）。纵轴上A点以下的部分代表了固定成本，而混合成本总额斜线与固定成本线之间的差异反映了混合成本总额的变动部分。图8－5中的曲线图显示了随着销售量的增加，单位混合成本在减少。这种减少不像每销售单位固定成本的减少那样剧烈，因为每销售一单位，混合成本中的变动部分都会增加，因而混合成本总额也增加。

有关混合成本的几个例子，包括它们的固定部分和变动部分的简要讨论。

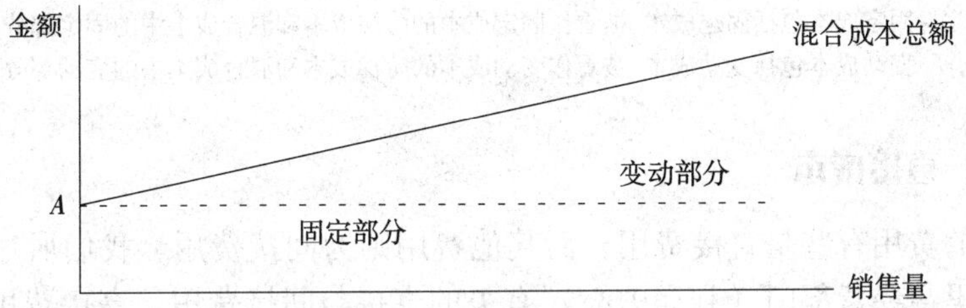

图8–4 混合成本总额

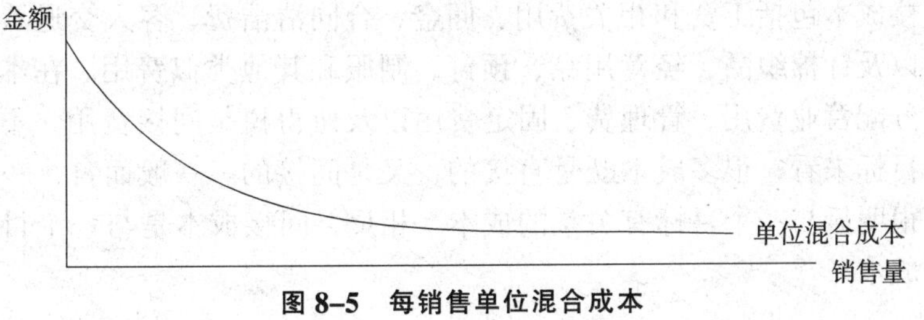

图8–5 每销售单位混合成本

对任何成本来说混合成本总额（TMC）都可以用以下方程式来估算：

混合成本总额＝固定成本＋（每单位变动成本×销售单位数）

因此，对一个每月交纳10 000元特许经营费和每销售一个客房花3元特许费的饭店来说，可以计算它一个月预期售出3500间房时的特许经营费用为：

特许经营费用＝10 000＋（3500×3）＝11 500（元）

8.3.1.5 总成本

一个饭店的总成本由它的固定、变动、阶梯和混合成本的总和构成。如果阶梯成本被包括在固定或混合成本中，则总成本可由以下方程式来确定：

总成本＝固定成本＋（每单位变动成本×销售单位数）

一个只经营客房销售的饭店，若出售了1000间客房，固定成本总额为20 000元，每单位变动成本为20元，则其总成本估算为40 000元。

总成本＝20 000＋（20×1000）＝40 000（元）

对总成本的描绘如图8－6所示。

总成本方程式与一个线性的一般方程式一致，其公式表示如下：

$$y = a + bx$$

式中：y——因变量值（总成本）；

a——主常数项（固定成本总额）；

b——直线斜率（每单位变动成本）；

x——自变量值（销售的单位数）。

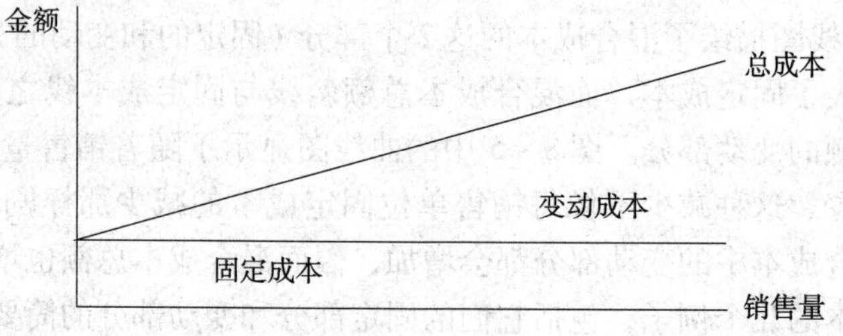

图 8–6 总成本

注：固定成本包括固定成本、被看作固定成本的阶梯成本和混合成本中的固定部分。
变动成本包括变动成本、被看作变动成本的阶梯成本和混合成本中的变动部分。

8.3.1.6 直接成本

饭店的费用有些是直接费用，而其他费用则为间接费用。我们所讨论的是在一个饭店里与经营部门（利润中心）有关的直接与间接费用。直接费用与间接费用的“目标”被认为是产生收入和造成费用的经营部门，如客房部和餐饮部。客房部的直接成本包括工资和相关费用、佣金、合同清洁费、客人交通费、洗衣和干洗费，以及针棉织品、经营用品、预订、制服和其他类似费用。在本文中，我们认为未分配营业费用、管理费、固定费用以及所得税是间接费用。不过，从产生费用的目标来看，很多成本既是直接的，又是间接的。一般而言，一项直接成本是一种很明显与一个目标有关系的成本。相反，间接成本是与一个目标没有明显关系的成本。

8.3.1.7 间接成本

间接成本包括经营部门产生的除直接成本以外的所有成本。间接成本包括未分配营业费用（行政管理费、信息系统费、人力资源费、运输费、保安费、营销费、特许经营费、资产运营与维护费以及公用事业费）、管理费、固定费用（保险费、租金、折旧、利息等）以及所得税。

8.3.1.8 可控成本

管理者一般应当使下属对他们能控制的成本负责；如果让他们去负责他们不能控制的成本，就会产生相反结果。控制成本意味着行使判断和权力去调整成本，使成本保持在一定限度内而不是消除它们。可控成本就是指个人能够对之施加影响的成本。例如，餐饮部经理可以对食品的用途、工作人员配置和供应的食品以及用于食品生产和服务的用品施加影响。因此，已售食品的成本、工资费用以及食品与服务供应品的费用等对于餐饮部经理来说都是可控成本。

某些成本在短期内不易受到影响或改变，这些成本往往被认为是不可控制的。然而，这些成本在长期内是可以被调整的，从这个角度来看，它们又可以被看作是可控制的。一般来说，只要给予足够的时间和投入，从一个足够高的管理层角度来看，所有成本都是可控的（见表8-3）。

表8-3 某饭店总经理对选择成本的控制

可控成本	不可控成本
变动的	
已售食品的成本	租金费用（销售额的%）
已售饮料的成本	
客房用品	
食品与饮料用品	
工资成本——工资	
固定的	
工资成本——薪水	折旧
专业人员费用	财产保险
	利息费
	租金费用（固定比例）

总经理和部门经理应该对他们控制的成本负有责任。第一，产生的可控固定成本应该与这段时期的预算数额进行比较。第二，可控变动成本应该与单位变动成本乘以销售单位的结果进行比较。例如，假定餐饮部的成本预算是每月固定成本2000元和每客供应成本3元。再进一步假定该月供应3000客餐，实际产生了2200元的固定成本和9300元的变动成本（见表8-4）。

表8-4 固定成本与变动成本差异表 元

	预　算	实　际	差　异
固定成本	2000	2200	200
变动成本	9000	9300	300
合　计	11 000	11 500	500

上例中，经理的业绩反映了实际成本超出预算500元（实际上，成本和费用是由账目显示的，而不是被简单地分类为固定的和变动的）。

8.3.2 饭店成本控制方法

8.3.2.1 本-量-利（CVP）分析

成本-数量-利润（CVP）分析是一套分析工具，用于确定达到任何期望利润水平所需要的收入。许多经营人员把CVP分析称作保本点分析。然而，保本点只是能够确定的无数可能点之中的一点。若使用得当，CVP分析可以提供有关经营结构的非常有用的信息，并能回答各种问题，例如，① 什么是保本点？② 在超过保本点的任意给定出租率上的利润是多少？③ 下一年度税金增加50 000元将如何影响保本点销售额？④ 下一年度客房销售额必须增加多少才能弥补税金的增加和其他费用的增加，且仍能达到预期利润？⑤ 必须售出多少间客房才能实现100 000元的利润？⑥ 如果价格、变动成本或固定成本增加的话，将会对利润产生什么影响？

（1）CVP分析的定义

CVP分析是以图解或方程式形式来表达成本、销售量和利润之间各种关系的一种管理工具。这些图解或方程式有助于管理部门做出决策。举一个简单的例子来说明这个过程。

假设拥有100间客房的凌海饭店经理想知道为了在30天内盈利200 000元必须定价多少。可利用的信息如下：

- 每间售出客房的变动成本是5元；
- 如果平均房价在80元到100元之间，能售出2500间客房；
- 每天的固定成本为5000元。

给出了这3条信息，用CVP分析法，该饭店经理就能计算出，为了在30天内达到盈利200 000元的目标，平均售价必须为87元。根据CVP模式所确定的这一售价是通过以下的公式计算出来的：

售价＝每间客房变动成本＋（预期利润＋固定成本）/售出的客房数

＝5＋（200 000＋5000）/2500

＝87（元）

由于CVP分析建议的87元的售价是在销售指定客房数所要求的80元到100元的范围内，所以经理能够以87元的定价在30天内达到盈利200 000元的预期目标。

（2）CVP的假设、局限性及其关系

和所有的数学模型一样，CVP分析也是以几个假设为基础的。当这一模型所运用的这些假设不符合实际情况时，CVP分析的结果就是值得怀疑的。最常用的假设如下。

第一，在被考虑的时期内，固定成本保持不变。虽然在长时期内，固定成本是会变化的。然而，假设固定成本在短时期内保持不变是合理的。

第二，在被考虑的时期内，变动成本和收入呈线性关系而波动。即如果收入增加$x\%$，变动成本也增加$x\%$。

第三，收入和销售量是线性关系。当销售单位增加$x\%$时，收入也增加$x\%$。

第四，混合成本能够适当地分解为固定部分和变动部分。

第五，全部成本能分配给各个经营部门。这一假设限制了CVP分析考虑联合成本的能力。联合成本是同时使2个或更多经营部门得益的成本。联合成本或它的一部分不会因中断对诸如食品、饮料、电话等服务的提供而消除。因此，为了CVP分析的目的，联合成本不能被分配给各个经营部门。因为存在联合成本，保本点就不能由经营部门来确定。但是，它仍然能从整个饭店的角度来确定。

第六，CVP分析模型只考虑了数量的因素。像员工士气、对客人的友好程度等之类的质量因素没有被考虑进去。因此，管理部门在做任何最终决策前，还必须仔细考虑这些质量因素。

在CVP方程式和曲线图中描述的成本－数量－利润关系由固定成本、变动成本和收入构成。图8－7以图解的形式阐述了固定成本、变动成本、收入和销售量与利润的关系。这个CVP曲线图以金额为纵轴，数量（客房销售量）为横轴。固定成本线始于A点平行于横轴。因而从理论上讲，固定成本的数额等于在没有销售量的情况下饭店将遭受的亏损。变动成本线是从O点开始的断续的直线。这表明没有销售量时就没有变动成本，而且这条直线也表明了变动成本是和销售量成比例地变化的。变动成本和固定成本的总和等于总成本。总成本线从A点画起，平行于变动成本线。

收入线从O点开始，反映了收入和销售单位之间的线性关系。B点是总成本线和收入线的交点。在B点，收入等于总成本，这就是保本点。B点右边的收入

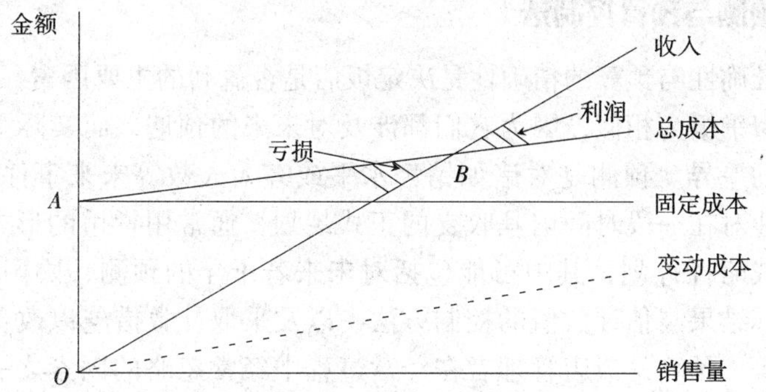

图 8-7 成本–数量–利润曲线图

线和总成本线之间的垂直距离代表了利润，而 B 点左边的这 2 条线之间的垂直距离代表了经营亏损额。

这样，CVP 模型显示了利润对销售量的关系，并把二者都同时与成本联系起来。当销售量增加并且达到了这些销售量所产生的收入总额等于产出它们的成本总额的这一点时，饭店也就达到了保本点。当销售量进一步增加而超过保本点时，这些销售额所产生的收入就会以比成本更快的速度增加。这样，收入和成本之间增长的差额就衡量出了与销售量相关的利润的增加。

综上所述，成本、销售量和利润关系的 CVP 模型是完全建立在它对于成本和收入对销售量之间关系的假设上的，这一点十分重要。虽然成本和收入二者都假设其增长和销售量的增长成直接线性比例关系，但是如果饭店想盈利，则收入必须以快于成本的速度增长；换句话说，收入必须超过变动成本。如果是这样的话，则收入和成本都与销售量成比例增长，但它们增长的比率不同。正是因为与销售量相关的收入和成本增长比率之间的差异，使得当销售量增加时，总收入和总成本线必定会相交并达到平衡（保本点）。

某饭店的客房 CVP 模型

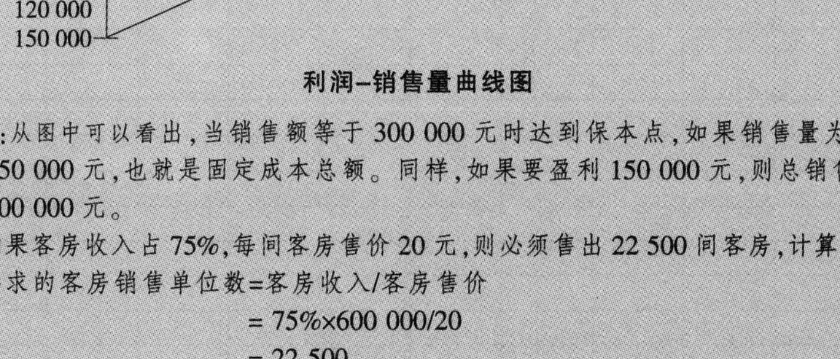

利润–销售量曲线图

注：从图中可以看出，当销售额等于 300 000 元时达到保本点，如果销售量为 0，则亏损 150 000 元，也就是固定成本总额。同样，如果要盈利 150 000 元，则总销售量应达到 600 000 元。

如果客房收入占 75%，每间客房售价 20 元，则必须售出 22 500 间客房，计算如下：

要求的客房销售单位数=客房收入/客房售价

= 75%×600 000/20

= 22 500

8.3.2.2 预测与预算控制法

预测的准确性与预算的精确性是决定饭店是否盈利的主要因素。从表面来看，预测与预算似乎极为相似，因为它们都涉及对未来的预期，而实际上它们之间却存在着明显的差异。预测是对诸如销售水平或客人人数等未来事件结果的预期，而预算是企业对在一段时间内其收支的正式规划，通常用货币的形式来表示。真正的预算是战略性计划，其中可能包括对未来若干年的预测、协调的管理政策、一种比较实际结果与估计数值的控制方法，以及采取补救措施以改善局面所需要花费的时间等。预算是饭店管理者在经营过程中经常忽略的因素之一。准确的预算是饭店盈利的必要前提，有效的预测以及（或者）预算可以令人更好地了解某一部门或单位可能的收入，因而也能够加强对经营费用的有效控制。

（1）预测业务量

预测可以为饭店管理者经营行动提供计划。预测是在一系列特定的情况下对潜在的销售水平所做出的估计。在大多数情况下，预测都是基于原始数据做出的，所预测的时间段离现在越近，原始数据越精确，预测对企业的用处就越大。在饭店业，预测首先在不同的部门进行，随后统一并整理销售预测，这些预测可能包含着对各部门为期7天、10天或14天的预测，以及为收益管理而进行的复杂需求统计分析（如表8－5所示）。

表8－5 某小型饭店客房部为期10天的预测表

星　期	星期三	星期四	星期五	星期六	星期日	星期一	星期二	星期三	星期四	星期五
日期										
客房	预测/实际情况	预测/实际情况	预测/实际情况	预测/实际情况	预测/实际情况	预测/实际情况	预测/实际情况	预测/实际情况	预测/实际情况	预测/实际情况
入住										
离店										
延长离店										
出租客房总数										
客房总数										
住店客人总数										
承办餐饮										
早餐										
午餐										
晚餐										
咖啡/茶点										
招待会										
店内承办餐饮客人总数										
店内宴会										
早餐										
午餐										
晚餐										
咖啡/茶点										
招待会										
店内宴会客人总数										
宴会客人总数										
餐厅										
早餐										
午餐/早午餐										
晚餐										
夜宵										
餐厅客人总数										

(2) 预测细节

预测的频率因企业而异。由于预测不是实际数字，不可能百分之百的准确，因此为了适应情况的变化，管理者应该进行重新预测并更新预测数字。在饭店内，预测是由1~4人在各部门进行的。除了客房部以外，饭店内的大多数部门都是按月来做预测的。由于在最大限度获取高房价方面收益管理颇为敏感，客房部一般是先按周、再按月、最后按年来进行预测。收益管理就是客房部根据对客房的需求采用不同的价格出售客房，以便最大限度地获得潜在收入的过程。换言之，在客源不足的时候，为了充分利用客房，可以推出各种不同的价格。然而，当预测表明客房的需求处于高峰期时，取消较低的价格并限制打折，这样就可以按较高的房价售出所有的客房。

尽管餐饮部通常是按月进行预测的，然而每周预测也是较为流行的做法。预测方法有多种，采用哪一种方法取决于饭店的类型、客人的类型、需求的程度、在销售与市场营销方面所做出的努力、季节性、特殊的活动以及准确原始数据的可获得性等。饭店中最常用的方法是销售能力估算预测法，这是一种部门经理自下而上积累预测的方法，这种方法通常是在单位或部门内部收集来自一线员工的数据。

另一种方法是移动平均值预测法，移动平均值是根据一个时间序列的过去平均值加以计算的，此预测法以其简单快捷的计算被广泛应用。表8-6显示利用3周的移动平均值对第11周供应的餐数进行的预测。

当发生了某些事件而有可能使规则的移动平均值的计算出现偏差时，就要设法消除偏差。消除偏差预测法是在一段时间序列内，以距离现阶段较近的过去值为重点，而对那些可能对预测影响不是很强烈的较早数据进行淡化处理。

表8-6 为期3周的移动平均值

周	每天实际供应的餐数
1	850
2	1025
3	975
4	890
5	1115
6	968
7	1201
8	1106
9	1008
10	994

移动平均值 = 在 n 段时间内的实际数 ÷ n

其中 n 为计算移动平均值的星期数

第11周 = (第8周 + 第9周 + 第10周) ÷3

= (1106 + 1008 + 994) ÷3

= 1036

为了得到更详细的分析，应使用分解预测法。分解预测法就是一种可以分为趋势、周期、季节和偶然性的时间序列。另一种常用的方法是管理者意见综合预测法，即高层管理者协同制订预测。

就新产品或新服务而言，通常采用市场调研预测法，以便从潜在的消费者中收集信息来估计需求程度，这一方法也用于现有的饭店、餐饮企业及俱乐部来确定他们与竞争者所占有的市场份额。德尔斐预测法是专家组为达成一致意见而采取的一种正式方法，此方法常在预测整个饭店接待业务时使用。如果有数据，还可用最小平方预测法进行还原分析，从而将独立变量与因变量联系起来。

虽然简单时间序列法多用于小型餐饮企业和饭店中，但是预测方法的混和使用在饭店中也并不少见。例如，饭店的前厅部经理为了完成7天的预测，可能要考虑客房的实际预订情况，以及移动平均值预测法和简单时间序列预测法的偏差值。

尽管可以使用的方法种类很多，然而在特定的情况下，总会有一种方法优于另一种方法。决定采取何种预测方法的几大关键因素为：进行预测的目的、想要进行预测的时期、更新预测数字的频率以及预测的频率。如果一个方法可以充分满足企业的需要，那么就应该继续使用这一方法。

(3) 制定预算

预算与预测都不可或缺，但是预算更重要。制订预算的益处有：① 进行战略规划；② 拥有可比较的标准；③ 控制成本；④ 做出决策；⑤ 使利润最大化；⑥ 合理定价；⑦ 合理安排员工；⑧ 加强责任感；⑨ 审查选择方案；⑩ 增强沟通；⑪ 激励员工；⑫ 有效订货；⑬ 处理突发事件。

(4) 预算细节

因为预算周期所含时间通常比预测周期长，所以制订预算的频率是相当固定的，通常以1年为标准。在饭店里，有些部门也制订每月预算、季度预算或半年预算，但是，这些预算并不十分重要。尽管预算每年制订一次，然而饭店不断变化的特性以及技术更广泛的应用，要求经常对合并统一后的预算加以修正，尤其在增加或删除相同的功能时，饭店更应该相应地修改预算。

在大多数饭店中，预算按部门来完成，饭店里的预算分部门，由1~4人来完成，之后部门主管进行合并统一，最后交由执行委员会和总经理复审。饭店餐饮部通常会有更多的人参与预算过程，因为他们比其他部门拥有更多的销售渠道和员工。表8-7是某饭店中餐厅的预算样本。为制订预算，对平均客人人数和平均账单金额进行了估计。食品成本及其他可控项目以收入的百分比来表示，而诸如折旧、资产税等固定成本则单独计算。

表8-7 某饭店中餐厅的预算样本

平均账单金额100（元）		
每日客人总数=285人		
销售收入	100×285×31	883 500.00
食品成本	31.5%	278 302.50
员工薪酬	29.9%	264 166.50
员工福利	3.8%	33 573.00
直接经营费用	6.6%	58 311.00
音乐与娱乐费	0.2%	1 767.00
市场营销费	3.5%	30 922.50
公用事业费	4.0%	35 340.00
维修费	1.7%	15 019.50
总务费	3.0%	26 505.00
利息	6.0%	53 010.00
折旧		1 760.00
总收入		84 823.00

注：2007年6月份的预算。

营业预算又被称为收支预算，它在实际会计结算期之前为经营者提供可能出现的损益情况。饭店以它为基准来比较其以往的业绩，也把它当作实际可达到的目标。

营业预算主要分为2类：静态（不变）预算和弹性（情景分析）预算。静态预算反映着预测销售额的一个层面；而弹性预算反映着2个或者更多层面。静态预算是弹性预算的基础。大多数小型饭店企业可能意识不到进行弹性预算的必要性，然而，弹性预算确实可以把不同水平的业务活动中收支与盈利的信息提供给经营者。但是在大型饭店中，总体预算涉及很多的部门和变量，因此常常要制订弹性预算。

（5）测定成功与预算控制

如果经营者并不根据预测与预算的数字进行分析并采取行动，预算过程就不能给饭店企业带来任何益处。所使用的2种分析方法分别是比率分析和偏差分析。

比率分析 饭店使用最多的4类比率分别是：流动比率、负债比率（偿付比率）、周转率（业务活动比率）和获利比率。施密德格尔（1989）将营业比率也包括了进去，营业比率可以检查饭店每日经营的效率。流动比率可以评判企业偿还短期债务的能力。负债或偿付比率可以测量举债筹资的程度，并表明企业偿还长期债务的能力。周转率或业务活动比率反映了饭店对可用资产的使用、对应付货款的即时支付的比率。由于可以反映出所赚到的金额，例如，资产收益率及销货收益率等，所以获利比率使用得最多。诸如销售组合、平均日价以及每间可用客房的收入等；营业比率可帮助确定饭店的经营效率（参见表8-8）。

大多数饭店企业需要的6个基本比率是：① 流动比率；② 净销售额与流动资金净额的比率；③ 股本收益率；④ 资产收益率；⑤ 固定资产周转率；⑥ 毛利率。

表8-8 各比率及其计算方法

比率名称	公式
流动性比率：	
流动比率	流动资产÷流动负债
速动比率	速动资产÷流动负债
营业现金流量与流动债务的比率	营业现金流量÷平均流动债务
流动资金周转率	收入÷平均流动资本
偿债能力比率：	
偿付比率	总资产÷总负债
债务对资产净值比率	总负债÷业主资产总额
长期债务与股本总额的比率	长期负债÷（长期债务+业主权）
净收益相当于利息倍数的比率	EBIT÷利息费用
固定费用偿债保障比率	EBIT+租赁费用÷（利息费用+租赁费用）
营业现金流量与总债务的比率	营业现金流量÷平均总债务
业务活动比率：	
应收账款周转率	收入÷平均应收账款
平均收账周期	365÷应收账款周转率
存货周转：	
食品存货周转	所用食品成本÷食品平均存货
饮品存货周转	所用饮品成本÷饮品平均存货
财产与设备周转	总收入÷财产与设备平均额
资产周转	总收入÷平均总资产
获利比率：	
毛利润率	净收益÷总收入
资产收益率	净收益÷平均总资产
总售货收益率	EBIT÷平均总资产
业主股权收益率	净收入÷业主平均权益
普通股权益报酬	净收入-优先股息÷普通股平均权益报酬
每股平均收益	净收入÷普通股平均净发行股票

（续）

比率名称	公式
价格收益比	每股市场价 ÷ 每股平均收益
效率比：	
已付入住百分比	已付占用的客房 ÷ 现有客房
免费入住比	免费客房 ÷ 现有客房
每间客房的平均入住率	入住客人数 ÷ 使用客房间数
多人入住百分比	二人或多人住的客房数 ÷ 入住的客房总数
营业效率比	固定收费用前的收入 ÷ 总收入
销售组合	部门收入汇总：总收入的百分比 ÷ 售出的房间数
平均日房价	客房收入 ÷ 售出的房间数
每间可用客房的收入	已付入住客房百分比 ÷ ADR
饮食服务账单平均额	食品总收入 ÷ 售出的房间数
食品成本百分比	所售食品成本 ÷ 食品销售额
饮品成本百分比	所售饮品成本 ÷ 饮品销售额
人工成本百分比	各部门人工成本 ÷ 部门收入

偏差分析 预算数字与实际数字之间的差被称为偏差。正偏差与负偏差既可能有利也可能不利，主要取决于是收入偏差还是成本偏差。实际收入值超出预算值时偏差为正，因此有利；实际收入值低于预算值时偏差为负，因此不利。而实际支出未达到预算时，偏差有利；实际支出超出预算时，偏差不利。预测与预算的目标是力求准确，然而预测数字不可能恰好等于实际数字，所以偏差确实存在。不应忽视这些偏差，需要对重大的偏差进行调查并且必须采取措施。即使偏差是有利的，更好的规划也可以让企业获得更高的利润率。饭店企业应建立自己的指导方针来确定什么是重大偏差，并评估货币金额与百分比数值，最好的评估方法是简化预算数字与实际数字来比较货币金额与百分比数值。

通常人工成本百分比可以容许有比餐饮成本百分比更大的偏差。如果某家饭店企业缺乏员工，而且只有个别人手可以胜任某些工作岗位的话，那么这些人就要加班，这样一来人工成本就会大幅度提高。此外，经营者还必须明确哪些偏差是合理的，哪些偏差影响重大。另外，业绩偏差报表应该及时而简明，这样经营者就可以采取适当的行动。

在比较预算成本与实际成本时，大多数饭店企业都会关注主要成本项目，因为这些项目在营业成本中占有相当大的比例。如果这些成本与预算设定的标准一致，那么经营者就会试图提高标准，直到企业的运作达到最高效率与最佳效果。然而，一旦在标准中出现了偏差，就一定要评估出现偏差的原因。以下措施能够十分有效地检测出现偏差的原因：① 重新盘点库存；② 检查存货价格；③ 比较制作报表与销售额或客人结算单；④ 比较销售额与存货清单；⑤ 比较取消点菜和浪费报表与存货清单；⑥ 比较工时记录卡与工作安排报表；⑦ 比较工作安排报表与销售额；⑧ 比较销售额与预测销售额；⑨ 确保所有的业务活动符合标准。

在许多情况下，成本出现偏差都是因为在订购存货时出了差错。由于饭店企业空间的有限以及存货入库的时间等因素，获得准确的存货清单并非易事。因此，如果成本出现了偏差，管理者应该来确认一下库存量是否准确。此外，在餐饮企业中一定要建立清点制作台上物品与吧台饮料的程序。如果将制作台上物品与吧台饮料计算在库存之内的话，那么在库存清单中就一定要加以标明；如果决定不将这些物品计算在库存之内的话，那么就不应将它们列在库存清单上，否则，将会使计算库存量出现偏差。

此外，也应该检查用于计算库存用的价格。如果大批量购买的某类物品的价格提高了，那么，就有可能使总成本中出现重大的偏差。接货人员会认为管理者已了解到价格上的变化，而实际上管理者根本就没有注意到这些变化。这也是在确定存货价格时必须使用同一方法的原因。

将制作报表与销售额或客人结算单加以比较，有助于管理者确定引起计算偏差的原因是过量生产、盗窃，还是浪费。为了确保需要加工制作的原料确实用于加工制作，高层管理者必须定期将制作报表与销售额进行比较。如果无法合理地解释或说明所用的原料，那么它们有可能被盗用或是被浪费掉了。一线员工也可能由于制作程序不当而造成浪费，因此应该对这些领域进行定期的检查。

应该像比较制作报表与销售额那样比较销售量与库存，以确保可以说明所有货品的用途，并且账面上所有的数字均能够吻合。期末库存量加上购进量，再减去售出量就是周转期的应有库存量。绝对不应该将这一过程视为理所当然的事。饭店管理者必须确保客人确实得到了所售出的产品或服务，因为账面上的数字平衡并不意味着客人确实得到了产品或服务。这一步骤在控制过程中往往会被忽略。

饭店管理者还应该将点菜取消单和浪费报表与存货清单加以比较。未经说明的点菜取消单会使销售额出现不平衡，而查出差错的出处就会花去几个小时的时间。如果要想检查出偏差原因的话，那么就必须对浪费或免费的食品、饮料，以及被送回重做的食品、饮料加以说明。

应该将员工实际工作的时间与工作安排的时间加以比较。核对时间记录卡与工作安排报表。应该让员工知道提早记录上班时间和延迟记录下班时间是不能容忍的，为杜绝此类事件的发生，管理者可能会要求员工在上、下班打卡时，在卡上签写自己的姓名。比较工作安排报表与销售额可使管理者了解所安排的工作时间是超出了还是无法满足需要。企业都想确定一些标准，如每一人工每小时的销售额——即所雇用的每一员工每小时应该完成的销售额。对于应该使用人工数量的估计可以反映出人工与销售额是否相符。由于在旅游接待行业中业务量波动较大，必须经常评估工作安排与销售额。

管理者必须比较实际销售额与预测销售额，以确保对员工和生产的估计是正确的。生产过量及安排过多的员工会增加支出，而生产不足及人手不够也会引发问题。也许没有边际贡献大的菜品或者由于本店服务质量不佳、效率低下而使客人光顾其他地方去了。

只要出现了偏差，管理者就要确保所有的营业活动都要与既定目标及标准相符，因为预算是企业的总体经营标准，所以如果不能达到预算标准，企业就难以取得成功。所有的经营程序及指导方针都必须为预算服务，如果设计的程序无法达到预算的标准，就必须采取纠正措施。

（6）脱销与应急计划

如果一家饭店预测客人人数为100人，然而由于附近一家剧院举办音乐会，前来就餐的人数达到了200人，那么销售额与成本都会有所提高。从理论上讲，销售额的增加可以弥补成本费用的增加。而实际上，预测的利润率可能无法实现，由于在需要的时候缺乏人手来帮忙，所以员工的效率可能不会很高。这不仅仅是一个短期的效率问题，错误的预测也会导致服务质量欠佳以及客人不愉快的经历，如果餐厅出现缺货的现象，从而没有足够的食品来满足客人的要求，情况会更不利。

因此，针对每种情况都需要有2个应急计划。应急计划是应付可能会出现的事件或未来紧急情况的备用计划。例如，当一家饭店餐厅的员工在规定的正餐开始前半个小时才发现正餐小面包不够了，这时就需要有一个应急计划。经理必须做出决定，餐厅在供应餐饭时不上小面包，是不通知客人，还是在客人点菜前通知一声？餐厅是否提供替代品？如果是这样，使用什么替代品？对于这类情况及其他各种情况，是没有现成答案的，管理者应该针对某些情况制定指导方针，并应考虑到相关的情势。尽管精确的预测与预算以及有效的订购程序可以预防这类情况的发生，但是经理们还是必须独立思考并做出迅速的反应。

8.3.3 饭店主要业务部门成本控制

8.3.3.1 客房成本的控制

客房是饭店的主要产品，其营业收入一般占整个饭店总收入的45%～65%，因此，加强客房成本与营业费用的管理与控制，对降低整个饭店的成本与费用的支出，提高饭店的盈利水平具有重要的意义。

客房成本可分为固定成本与变动成本2部分。固定成本不会随着出租率的高低而变化，但从每间客房分摊的固定成本来讲，则会随着出租率的提高而减少。变动成本恰恰相反，其总额会随着出租率的提高而增加，但每间客房的变动费用保持一个常数。因此，控制客房成本，降低消耗，需从以下2方面入手。

（1）降低单位固定成本

由于单位固定成本会随着出租率的提高而降低，所以可以提高客房出租率，通过出租客房数的增加来降低每间客房分摊的固定成本。同时要尽量扩大饭店的营业面积，减少非营业面积，让饭店建筑充分发挥其创造利润的作用。

（2）控制单位变动成本

应严格按照客房消耗品的定额控制单位变动成本的支出。消耗品定额是对可变成本进行控制的依据，必须按饭店的档次，制定消耗品的配备数量和配备规格。对一次性客用消耗品的配备数量，要按照客房的出租情况落实到每个岗位和个人，领班和服务员按规定领用和分发各种消耗品，并做好登记，以便对每人所管辖的客房消耗品的数量进行对比和考核；对成本控制好的班组和个人要给予奖励；对成本支出超出定额标准的要寻找原因，分清责任；对由于主观因素造成的超标准支出要给以一定处罚。对于多次性消耗品，要按饭店的档次和正常损耗的要求来确定耗用量，尽量减少使用不当造成的损耗，加强布草房的领发料控制和安全保卫工作，减少丢失。通过对固定成本和变动成本的有效控制和管理，就能达到降低消耗，增加盈利的目的。

8.3.3.2 餐饮成本的控制

餐饮部是饭店唯一生产实物产品的部门，也是饭店主要的盈利部门之一，其营业收入占饭店营业收入的1/3强。但餐饮成本较高，而且餐饮经营从原料的采购到最终形成产品提供给消费者，要经过很多环节。因此，加强对餐饮成本的控制与管理，增加营业收入，提高收益水平是饭店经营者的重要工作内容。餐饮成本管理包括了原材料采购的管理、原材料验收的管理、原材料储存的管理、原材料发货的管理、原材料加工生产的管理及餐饮销售服务的管理全过程。

(1) 原材料采购管理

原材料采购就是根据既定的菜单和酒单项目，以最合理的价格采购符合质量标准的食品和酒水等原材料。采购管理首先应确定采购规格，它是采购部门用来订货、购买和与供应商沟通的依据。应根据生产经营需要，提出采购原材料的详细清单。采购规格内容主要包括：原材料名称；所需数量、重量或尺寸；具体质量要求；供货频率，其他特别要求等。采购规格内容确定后，应印发给与采购工作有关的人员作为订货的依据、购货的指南、供货的准则、验收的标准。随着企业业务的开展和市场情况的变化，还需随时对采购规格加以修订，以满足客人的不同需求。其次应根据购货要求多渠道选择供应商，以合理的价格购买优质的餐饮原材料。在选择供应商时，不仅考虑原料是否符合餐饮部的生产要求，以及购货总成本因素，也应检查确认供应商的信誉情况，做到货比三家从优选择，然后订货。另外，为加强成本控制，应将程序以正式方式固定下来，防止成本因订购因素而发生波动。

(2) 原材料验收管理

验收工作应由专人负责，采购人员一般不得直接参与原材料的验收工作。应建立标准的验收程序，严格控制原材料进店这一环节。验收人员必须有高度的责任心，能够坚持原则，诚实可靠，熟练掌握各种验收技术和标准，以把好进货验收关。收货员收到供应商品和发票后，应检查到货数量是否与发货票和采购部市场报价单一致；到货质量是否与采购规格一致；发票价格是否与采购部市场报价单一致。收货人员应认真履行职责，发现问题及时解决，每天验收工作结束后，填写验收单并连同其他有关验收资料送达成本控制部门审核与核算。

(3) 原材料仓储管理

餐饮原材料经验收后，应迅速移交仓储环节或送交生产加工，以防变质或遗失。应根据不同原材料的特性，不同的生产加工需求分别储存保管，以尽可能减少不必要的损耗和损失，降低成本。在保管过程中应建立严密的保管制度，做到货、账、卡相符。在建立库房保管账、盘存卡的基础上，按照实地盘点制和永续盘存制的要求对每一种原材料加以控制。在仓储管理过程中，保管人员应根据仓储原材料对储存条件的要求，及时地调整温度、湿度、通风等，以尽可能延长原材料的储存时间。

(4) 原材料发放管理

必须严格遵守发货制度，以减少浪费和欺骗行为的发生，确保成本得到有效的控制。通常采用领料单制来达到管理目的。各部门在申请领料时，应认真填写所需原材料的品名、数量、规格等，并经主管人员核准后成为发货的依据。仓储保管人员在发货时，应认真检查领料单所列的各项内容，依次发货。发货后，保管人员要在领料单上填写原料的单价和总金额，便于成本控制部门进行成本核算与管理。

(5) 原材料生产加工管理

餐饮原材料生产加工是控制成本的重要环节，若疏于管理将造成许多浪费现象。特别要加强原料初加工和配菜程序的管理。在利用原材料生产成品的过程中，必须制定生产标准即标准菜谱和标量菜单，确保菜肴质量的稳定。生产人员应严格按照食品标准菜谱和酒水标准配方进行操作。这 2 个标准是管理者用来统一生产价格，控制生产过程的依据。食品标准菜谱和酒水标准配方详细标明所用原材料的名称、数量、重量、分量标准、规定的制作程序，在成本核算和控制中只要将成品售出份数与每份标准成本相乘，就可获得某个经营区间内的标准成本，而且通过标准成本与实际成本的比较，从差异中分析问题的原因，为管理者制定经营决策提供必要的成本分析数据。

初加工成本核算 由于食品原材料大部分是农副产品，其地区性、季节性、时间性都很强。在农副产品价格放开以后，原材料价格变化很大，每次进货的价格不同，因而加工半成品的单位成本也就会发生相应的变化。为了避免由于进货价格的变化而重新逐笔逐项计算加工半成品的单位成本价格，可利用成本系数法进行成本调整。

成本系数是指加工后半成品的单位成本价格与加工前原材料单位价格的比例，这个数字的单位不是金额而仅是一个计算系数。假如，原材料的价格有变动，无论涨价或降价，只要用系数乘上新价格就可得出新的加工后原材料成本。

【例】购进三文鱼（鲑鱼）30kg，每千克36元，价款计1080元，加工去头尾、内脏等，得净肉18kg，其成本系数的计算方法如下：

加工后三文鱼肉的成本价 = 1080/18 = 60（元/kg）

三文鱼原进价为每千克36元，经加工测算净肉每千克60元，三文鱼肉的成本系数为：

三文鱼肉的成本系数 = 60/36 = 1.67

如同样购进三文鱼10kg，每千克进价35元，仍加工成三文鱼肉，那么就可以运用已经测定的成本系数来确定经过加工后的三文鱼肉的单位成本。三文鱼肉的单位成本是：

35 × 1.67 = 58.45（元/kg）

采用成本系数法确定加工半成品的成本价格，是一种计算简便且较为准确的方法。同一加工品种成本系数的大小，与购进原材料质量的好坏及加工技术水平的高低成反比。购进的原材料质量好、价格便宜，加工技术水平高，加工半成品的成本系数就低，价格也低；反之，加工半成品的成本系数则大，经加工的半成品的成本价格就高。

采用成本系数来确定加工半成品的成本价格，最重要的是要取得准确的成本系数。由于进货渠道、原材料质地、采购价格及加工技术水平不同，因此每一个半成品的成本系数，必须经过反复测试才能确定；即便是已经测定的成本系数也要经常进行抽查复试。每次进行半成品加工测试，都要填列“食品加工试验卡”作为计算、确定、调整每一品种成本系数的档案（如表8－9所示）。

表8－9 食品加工试验卡

供货单位： 加工日期： 编号：

原材料名称	重量	重量%	采购单价	总值	加工半成品				成本系数
					品名	数量	单价	金额	

计算者签字： 试验者签字：

餐饮标准成本控制 长期以来，饮食业生产、经营的产品，其成本范围，仅仅包括耗用的原材料（主食品、副食品、调味品等），而在加工出售过程中所发生的一切支出，均做费用处理，并且饮食成本的计算，一般都是以厨房向仓库实际领用的原材料作为营业成本或在月末采取以存计销，倒挤成本的办法。这种计算办法，由于是事后反映，对成本偏高偏低无法控制，给某些饭店擅自提高毛利率或以次充好，严重侵犯消费者利益提供了方便；造成饭店业管理漏洞，最终影响了饭店经济效益和社会效益的提高。

采用标准成本进行餐饮成本控制，是工业企业标准成本会计原理在餐饮业的应用，它提供了一个有效的方法，即将食品的标准成本与经营过程中的实际成本进行比较，以确定食品成本的节约程度，并采取相应的措施及时消除生产经营中各种不正常的、低效能的因素，实现对成本的有效控制。标准成本法并不是一种单纯的食品成本计算方法，其主要特点在于能把成本的事前计划、日常控制和最终食品成本的确定有机地结合起来，成为加强成本管理、提高经济效益的重要工具。

食品的标准成本是事先经过仔细研究而制定的，是在正常的生产经营条件下应当发生的成本。它提供了一个具体衡量成本水平的适当尺度，可用于确定生产经营各有关方面（环节）在成本上应当达到的目标，并作为评价和考核工作质量和效果的重要依据。

制定标准成本必须先确定标准食（菜）谱和标准分量。

标准菜谱 就是将每一种菜或米面制品定出配方，规定数量、重量、烹饪方法，并设立卡片（成本卡，见表 8－10），附加文字说明，如有条件还可附上照片。

表 8－10 标准化菜谱

菜名全称：去皮干豌豆汤
出处（来源）：香宫（中餐厅）
经理：林晓利
星期/日期：星期一/2007 年 6 月 15 日

加工用锅/型号：10 号汤锅
上菜用盘碟：12 寸汤碗
分量：500 克
烹调时间/适中：2h

配料	加大量	加工方法	时间	设备
分量数目 30				
准备		准备好所有配料和设备	20min	10 号汤锅
咸猪肉，剁碎	100g	用油快炸一下咸猪肉		
油	10g	加洋葱和芹菜		
洋葱，蛋黄，剁碎	120g	用油煎一下，一直到洋葱变成透明色		
芹菜，剁碎 大蒜，剁碎	5g 1 勺	加入大蒜，油煎到发出香味烘烤一下，不要烤焦		
面粉，通用型	10g	加面粉做成乳酪面粉糊		
汤底， 鸡， 水	5g 500g	加入水和鸡，开始炖汤		
豌豆，绿色， 去皮，干的	600g	加入去皮豌豆		
猪肉，火腿，烟熏	300g	加入火腿肉	1.5h	
千月桂叶	3	加入千月桂叶，再炖 30min，拿出火腿，去掉千月桂叶。清理好火腿再放回汤中		
加工和盛放程序： 油炸面包小块	7～10 份	适当加热一下汤，用 36 cm汤碗盛放，上面放上油炸面包小块	45min	36 cm汤碗

标准分量　就是指将烹饪的菜肴或米面制品供应给客人时，不凭厨师的感觉定量，而使每份分量标准化。

饭店应根据货源、工作量、设备条件、厨师的技术和客人的口味，制定自己的配方，并且计算每份菜肴（或面点）的标准成本。餐厅销售的每一种菜肴都要事先填列标准配方卡（见表8－11），经测算成本，定下售价后方可销售。

标准配方卡填列的方法是：首先，由餐饮部经理、餐厅厨师长研究确定餐厅的经营品种后，厨师长根据菜肴所需原料的实际用量填列“标准配方卡”的“菜名”“原材料名称”“单位”“数量”及“烹饪方法”等栏，并注明所投原料能制作多少份数（见表8－11）。在填写菜肴用料量前，一定要经过烹调试验，观察原材料的用量及菜肴的色、香、味、形。有条件的饭店可附上菜肴的彩色照片，以便厨师和服务员了解和掌握。

表8－11　标准配方卡

菜名 土司色拉		份数 1		日期	
每份成本 6.94		预计售价 15元		编号 21	
原材料名称	单位	数量	单价	成本金额	
面包	g	100		0.40	
鸡肉	g	60		1.30	
牛舌头	g	60		2.00	
火腿	g	60		1.10	
黄油	g	25		0.80	
生菜	g	20		0.10	
番茄	g	20		0.08	
黄瓜	g	20		0.06	
鸡蛋	个	1		0.40	
调料				0.70	
成本合计					6.94
烹调方法：					

如果有的食品做1客的用料量难以确定，可以采取批量生产的办法来计算，然后再计算出每份的单位成本。

其次，厨师长填好用料名称、数量等项目后，将标准配方卡及时送交饮食成本组，由成本会计根据确定的原材料名称、数量计算出成本金额。

每种菜肴的标准配方卡填列完毕并计算出成本价格以后，饮食成本组应根据不同的毛利率，分别测算出销售价格报餐饮部经理室，作为最终确定菜肴销售价格的参考。

标准成本与实际成本的比较　饭店餐饮经营能取得毛利润不难，但要将毛利润水平控制得当则不容易。餐饮经营毛利等于营业收入减去营业成本，所以当销售价格一定时，毛利率的大小取决于耗用原材料成本的高低。标准成本控制就是从原材料用量上对成本进行控制，用标准用量（成本总额）与实际用量（成本）

进行比较，以达到从原材料用量上进行控制的目的。

一定时期内，某个餐厅经营的菜肴品种是相对稳定的，而且所经营的每一种菜肴都有经过测算的标准配方卡，用标准配方卡上预定的标准用量（成本）与销售量相乘就得到标准用量（成本）总额。

这个方法的第一步是统计出各种菜肴的销售量。如果饭店使用了计算机或餐厅收银机，销售量的统计就可由计算机或餐厅收银机做出；如果饭店没有使用计算机或餐厅收银机，就需人工根据销售账单进行统计。

根据各种菜肴的销售量及标准配方卡可对原材料的耗用进行控制。

【例】在中菜中，1 客“地梨炒虾仁”需要用虾仁 150g，本月共销售 250 客，共需虾仁 37.5kg。

同样，“虾仁里脊丝”每客需要用虾仁 50g，本月共销售 150 客，共需虾仁 7.5kg。“虾仁炒鸡蛋”，每客需要用虾仁 50g，本月共销售 350 客，共需虾仁 17.5kg。

……

根据统计的菜肴销售量，按照标准配方卡上所列需用原材料的用量，将餐厅中各种菜肴所耗用的同类原材料的用量相加起来，就可得出本月份某一原材料的标准用量。仍以上面所举例子来说明，凡是需要用虾仁的菜肴，用上述方法将全月虾仁耗用量全部推算出来。假设为 750kg，而实际消耗情况是，上月末厨房中尚存虾仁 5kg，本月从货仓领进及调入 800kg，本月末厨房盘点还剩余 50kg，本月份虾仁实际消耗就是 5kg + 800kg − 50kg = 755kg。这个数字与标准用量相比，只多用 5kg，这就说明在实际操作过程中是基本按照标准进行的，也说明成本控制是比较好的。

如果实际耗用量与所计算的标准用量相差较大，就应检查原因。实际耗用量大于标准用量的原因主要有：在操作过程中没有严格按照标准用量投料，用料分量超过标准；在操作过程中有浪费现象，如烧焦、烧坏不能食用而倒掉；采购的虾仁质量不符合规定的要求；厨房、餐厅可能有漏洞存在。

如果实际耗用量小于标准用量，其原因主要有：在操作过程中没有按照标准用量投料，用料分量低于标准（这是降低质量、克扣斤两的做法，在饭店经营过程中是决不允许的）；在制定菜肴标准配方卡时，是否疏忽造成所填标准用量过大，实际操作过程中确实不需要那么多用料，以致减少了实际用料量，这样应立即调整标准配方卡。

在餐饮经营过程中，对其所消耗的主要原材料，特别是一些消耗量很多，对成本率的高低影响很大的原料，如海鲜、牛肉、精猪肉等原材料都可采用上述控制方法。

用原材料的标准用量与实际用量进行比较，可找出菜肴烹调过程中，由于用料数量的大小而影响毛利水平升降的原因，这样就可以把握恰当的毛利水平，既保证供应规格和质量，又可以减少原材料浪费现象的发生，对提高餐饮经营效益有很大的好处。但是，原材料的进货价格也直接影响菜肴的成本水平。当原材料价格变动时，菜肴的销售价格也应相应地调整，这样才能保持一定的毛利水平不受影响。例如，虾仁原每千克进货价是 32 元，在制定菜肴价格时，也是以 32 元的成本价计算的。而现在虾仁的进货价是每千克 40 元，烹调过程中的用料数量、用料规格没有改变，这时由于进货价格的提高，就会导致实际毛利水平下降。那么，饮食成本组就要随时将购进原材料价格的变动情况通知餐饮部，以便餐饮部根据实际情况来调整，凡是以虾仁为原料的所有菜肴的售价都要随之进行相应调整，这样就避免了进货价格的变动对毛利率的影响，从而确保餐饮经营不受影响。

【思考题】

1. 解释收益管理的概念。
2. 饭店收益管理日常经营工作的内容是什么？
3. 简述饭店收益管理工作流程。
4. 简述饭店收益管理方法。
5. 简述饭店餐饮部收银工作流程。
6. 简述收入审计工作流程。
7. 简述饭店成本及应付款组的工作程序。
8. 如何进行饭店经营收益性分析？
9. 解释固定成本、变动成本、阶梯成本、混合成本、总成本、直接成本、间接成本、可控成本的概念，并举例说明。
10. 何谓 CVP 分析？
11. 试分析 CVP 假设、局限性及其关系。
12. 试说明成本、销售量和利润的关系。
13. 如何进行预测控制？
14. 如何制定标准菜谱？
15. 简述饭店餐饮部成本控制的方法。

【经验性训练】

为当地一家三星级饭店做预算

【概述】

调查当地三星级饭店经营管理状况，并为其做预算，学生们将分成若干个小组。

【步骤】

1. 自愿分成10人左右为一组的若干小组。分别确定要调查的饭店名称，明确饭店所在的地理位置，了解饭店经营的特色。
2. 各小组选举产生小组长。小组长负责完成本次经验性训练。
3. 如果学生走访有困难，请任课教师协助解决。
4. 小组成员到所确定的饭店进行实地调查。调查方式自行确定。
5. 要求学生在走访饭店后取得以下数据：平均账单、每日客流量、当月的实际天数、食品成本、员工薪金、员工福利、直接营业费用、音乐与娱乐费、市场营销费、公共事业费、维修费、管理与总务费、利息、客人入住费用、折旧。
6. 根据已经取得的数据，为该饭店做一份预算。
7. 上交作业，可计入平时成绩。

【案例分析】

一次恶意逃账

星期五 19:00，N 饭店 703 房入住一位方先生，预计入住 3 天。登记时方先生称自己证件遗失，但记得证件号码，接待员也就给其办理了进店手续，预付方式为一张空白支票。星期六上午，方先生到饭店商场部询问是否可以签单一次性结账，得到肯定回答后，方先生跟售货员小姐要购买 20 条中华香烟，称公司要送人，该小姐问了结账处 703 房方先生结账方式为押一张空白支票后，向记账员电话挂账，随即为客人办理了签购手续；中午客房服务员小姐为 703 房清理房间时发现客房的 MINI－BAR 全部消耗完了，服务员立即将 MINI－BAR 补充配备齐。星期日上午，方先生又打电话要求商场部为其准备 50 条香烟，售货小姐又按原程序为其办理了签购手续，客房中心也再次为该房间配备了 MINI－BAR 。中午 12:30，703 房方先生与另外一人到饭店中餐厅消费，点菜时均要了饭店最高档的菜肴，并要服务员将一部分打包。当天，餐厅值班经理发现消费不正常后向大堂经理汇报，查房已无行李。

星期一，信用组到银行查验支票，被告知该支票为空头支票，登记单上身份证号码少 1 位数。后经确认为恶意逃账。

【案例思考题】

1. 从财务角度，如何防范逃账事件的发生？
2. 从饭店经营管理的角度如何杜绝恶意逃账事件的发生？

【本章推荐阅读书目】

1. 旅游饭店财务管理．徐红．南开大学出版社，1997.
2. 现代饭店经营思想与竞争战略．邹统钎，等．清华大学出版社，2006.

第 9 章

饭店信息管理

【本章概要】

本章对饭店信息概念进行了界定，并概述了饭店信息的特征、分类及其在饭店管理中的作用，简要介绍了信息化饭店和饭店信息化，以及饭店管理信息系统，阐述了饭店管理信息系统的发展趋势。

【学习目标】

- 掌握饭店信息的概念；
- 了解饭店信息系统的特点、分类、作用；
- 掌握饭店信息处理流程；
- 了解信息化饭店和饭店信息化的概念；
- 掌握饭店管理信息系统的结构；
- 了解饭店管理信息系统的功能；
- 了解饭店网上预订系统；
- 了解饭店管理信息系统的发展趋势。

【关键性术语】

广义饭店信息、狭义饭店信息、饭店信息处理、数据信息整理加工、饭店信息化、信息化饭店、饭店管理信息系统。

【章首案例】

饭店信息化建设带给客人的便利

北京的张先生一家到四川旅游，刚入住饭店就想给远在北京的亲人报告平安。正当张先生踌躇长话费用昂贵之时，饭店方不失时机地提醒他房内长话可以随便拨打。一旁8岁的儿子也不再为爸爸忘带笔记本电脑而懊恼了，因为他正尽情享受房间内数码娱乐带来的网上乐趣……2006年11月9日四川新闻网报道，这些便利都是省内加盟信息完美服务的饭店向旅游者提供的新服务内容。

9.1 饭店信息系统概述

信息资源管理是现代饭店经营管理活动中的要素、介质和工具，现代饭店就是通过信息资源的管理来促使饭店经营活动中的能量和物质——人力、财力、物力资源进行合理的流通，并保证这些资源的流通方向、速度、准确性得到最佳的配合，以达到对饭店经营活动中的人、财、物的计划、组织、指挥、协调和控制，从而提高饭店管理工作的效率，实现科学管理的目的。

9.1.1 饭店信息

饭店在经营过程中产生大量的流动信息，这些信息随时产生，并且非常复杂。面对饭店通讯方式现代化、兑付方式多元化、客人需求多样化等各种新挑战，饭店信息的数量和复杂程度越来越大，这使得饭店经营管理者不但要掌握科学的管理思想和管理方法，综合运用企业资源，更要有很强的信息管理能力，饭店的信息管理变成了饭店日常管理中不可或缺的重要手段。

(1) 饭店信息的界定

饭店信息的界定是指对饭店信息所包括的内容范围加以界定，形成研究管理饭店信息的范围。饭店企业作为一个经济主体，积极参与内容复杂的市场活动，不可避免地要与客源市场、原材料和饭店用品（耗品）供应商、国家行政部门、银行、工商、税收部门、新闻媒体等相关行业发生相互联系，并时刻与饭店的外部环境进行信息和物质的交换；与此同时，饭店为完成自身作为经济主体的职能，内部又有人事、财务、库房、商场、前厅、餐饮、客房、康乐、保安等部门相互衔接，人、财、物、信息相互配合，以完成饭店企业的共同目标。

广义的饭店信息　饭店信息是信息概念在饭店经营管理领域具体化的表现形式。广义上讲，饭店信息既包括饭店企业自身日常业务活动中所产生和输出的信息，也包括饭店经营管理决策所需的客源市场、原材料市场、各种资源市场，各个竞争对手状况以及与此相关的社会经济活动的有关信息。这是从满足饭店企业经营管理信息需求的角度，以饭店作为信息的接受者来界定饭店信息的含义。这样，饭店内部自身业务活动、客源市场、竞争市场、商品市场、旅游市场、国家各级旅游管理部门、其他饭店和企业的经营活动都构成了饭店信息的产生者和发出者。我们可以把饭店自身业务活动信息称为内部信息，其他的称为外部信息。内部信息产生于饭店经营管理服务的反馈信息，外部信息产生于饭店经营管理的环境信息。

狭义的饭店信息　从狭义上讲，饭店信息是指饭店经营管理业务活动中所产生的各种输入、输出信息，如饭店前厅接待过程中的客人姓名、性别、国籍、结算方式等。该过程中的各种信息为饭店中、高级管理者提供管理依据和决策支持。这种狭义上的饭店信息实际上是从信息的产生者和发出者的角度来界定的。

饭店信息有广义和狭义之分，我们主要研究的是狭义的饭店信息。饭店经营管理的过程，从某种意义上说就是反馈信息与业务信息连续不断地搜集、加工、转换和交流的过程。从狭义上理解饭店经营管理信息，有利于更好地理解和把握饭店日常业务的范围和内容，理解饭店计算机管理系统的实际应用，具有可操作性和应用性。

(2) 饭店信息的特征

目的性　饭店信息的收集、加工、发送、传递都是人的一种有目的的行为，有着很强的针对性。在饭店信息管理工作中必须防止目的性的模糊，避免出现异化。

真实性 这主要表现在以下2个方面：一是对饭店业务活动某一时刻、某一部分的动态或静态都要进行客观如实的反映，既不能凭主观臆想人为地夸大、缩小，也不能在信息的加工整理过程中夹杂主观评价，以免发生变异；二是饭店业务活动的状况、特征和变化是错综复杂的，因而要求部分信息必须是第一手的实际资料和原始状态的信息。

系统性 这个特征表明饭店各部门、各部分之间相互依赖，相互协作，相互衔接，互为作用，形成一个整体，而其内部信息则以财务信息为主线，客房信息和客人信息为辅助形成了一个有机整体。

时效性 时效性是饭店信息的重要特征。一个临时住店客人的姓名、习惯、消费信息，同一个长住客人的相关信息的时效性有很大区别，对饭店的经营决策、服务的作用也大不相同。

连续性 饭店企业的服务管理活动周而复始，连续不断，这就决定了饭店信息也具有明显的连续性。

经常性 饭店各部门管理者和服务人员每天要进行大量的服务工作和劳动，具体的事务或结果都将记录下来。例如，每日客房卫生检查记录、餐厅客人用餐记录等。

广泛性 饭店管理的各部门甚至各个环节都有其相关业务的数据信息，通过这些数据资料的整理分析，就可对各部门经济责任制和管理的好坏做出全面、正确的评价，从而提高管理水平。

群众性 饭店数据信息范围广泛，设计组织系统中的各部门、各班组、各环节。因此，只靠专门统计人员是不行的，必须有各部门、各岗位的兼职人员参与。但是，群众性并不意味着每个人都可以随便地采集信息，必须把原始数据采集落实到人，建立原始数据记录网络，以保证原始记录的准确性和及时性。

(3) 饭店信息的分类

按照饭店业务组织机构划分 按照这一标准，饭店信息可分为：前厅部业务信息、客房部业务信息、餐饮部业务信息、销售部业务信息、财务信息、工程部业务信息、人力资源信息、员工培训信息和其他部门业务信息等。通过这种分类，可以比较明确、细致地反映出饭店经营管理过程中各业务部门的活动、特点及其规律性，并在此基础上进行各种对比分析。

按照信息产生者和发出者的来源划分 饭店信息是在经营管理过程中产生和发出的，信息源相对比较复杂，但排除干扰因素，可以将饭店信息划分为客房信息（如房价、客房出租率、客房状况……）、客人信息（如客人姓名、职业、习惯、消费状况……）、财务信息（财务信息是一种动态的连续性的复杂信号，如账号、消费、各种财务报表、汇总、经济分析等）、员工信息和工程设备信息等。

根据信息动态变化时间划分 可分为近期动态信息、远期动态信息和基本静态信息。也可以分为动态更新很快的信息、动态更新较慢的信息和动态更慢的信息。所谓的快与慢均是在狭义饭店信息范围内进行的比较，是一个相对概念。

根据数据信息共享程度划分 可分为共享信息、部分共享信息和非共享信息。一般说来，基本的业务信息都属于共享信息，某些管理信息属于部分共享信息，涉及饭店商业机密的信息属于非共享信息。

(4) 饭店信息在现代饭店经营管理中的作用

加强饭店经营管理的前提 饭店管理与饭店信息密不可分，管理者往往在运用计划、组织、指挥、监督与协调的各项管理职能进行管理决策时，信息始终渗透在其中，起着神经与纽带的作用。

增强饭店生命力的依据 市场营销活动能否顺利开展，饭店信息是极其重要的条件和依据。饭店只有掌握客人的不同需求、年龄组成、区域特点、消费状况、季节变化等信息，并把握竞争对手的地位、品牌效应、商圈大小、设备设施档次和特点、客人组成、服务项目、价格、服务档次、服务质量等信息，才能确定市场营销的一系列策略。

提高服务质量的关键 饭店经营的灵魂是服务，而优质服务要做到的礼仪礼貌、服务技能、效率、设施舒适、清洁卫生、安全保卫、环境安静、食物质量等都离不开信息的支持。例如，在对一个信仰伊斯兰教的客人和对一个欧美客人进行服务的时候，有着很大的区别。因此，要有针对性地提供服务就要了解客人的相关信息。

能够提高管理者的素质和水平 提高饭店管理者的素质有很多内容和途径，其中智力水平是不可忽视的一个重要方面，开发饭店信息资源，实际上就是开发员工及管理者的智力资源。饭店信息资源开发程度越高，作用发挥得越充分，经营管理者的智力水平提高得也越快。

整个饭店系统的基本要素 饭店系统是一个由前厅子系统、财务子系统、餐饮子系统、客房子系统、康乐子系统、工程子系统、人事子系统等组成的有机整体，为了使各子系统的活动协调于系统整体之中，必须借助于饭店信息这一“神经系统”把客房信息、客人信息、账务信息、设备信息和员工信息等送到每一个员工（管理者）手中，并把每一个下属单位重要的经验活动和问题及时反映到有关部门，实现上下纵向的和左右横向的多方面联系，沟通系统内部与外部各方面的情况。

9.1.2 饭店信息管理的特点

饭店业是窗口行业，用户覆盖面广，遍及世界各地，24h 业务不间断，提供的服务种类繁多。所有这些都决定了饭店业的计算机应用是一个有着鲜明特色的领域。其管理特点如下。

实时性要求强 饭店客人发生的费用需立即记入系统，所以高效准确地办理结算业务对于饭店的服务而言非常重要。如果由于系统反应迟缓而耽误了客人宝贵的时间，将会给客人和饭店双方带来经济损失。饭店信息系统必须能够反映企业当前的经营状态和变化趋势，包括最新的客人住店情况、客人消费情况、客人的预订情况等。这是管理者是否能够根据饭店现状正确制定决策的基本保障。

技术密集 许多高新技术在饭店中都能得到应用。比如，电子门锁、电话交换机系统、商用 POS 、银行 POS 、信用卡消费、电视监控、电视 VOD 系统等。在饭店实施计算机管理的过程中，系统需要以计算机为核心将多种系统协调为统一的整体。

强调综合协调性 饭店内部门与部门之间、员工与员工之间、员工与部门之间的工作应协调一致，保证企业向住店客人提供满意的服务。饭店的信息系统必须将当天预计要到达的预订客人和团体及时地通知接待部门，做好接待准备工作，并同时通知其他有关部门做好接机、餐饮等的准备工作；客房清洁员在打扫房间的过程中发现房内设施、设备损坏时应及时报告主管人员，填写工作单通知工程部修理；财务部编制的经营费用月报表应同饭店当月接待客人的业务量相符合，如不一致，在没有特殊情况发生时，则说明某些部门有浪费经营资源的现象。这些信息是管理者协调各部门工作的依据。

信息容量大 饭店的经营管理除了需要内部的员工信息、设备信息、财务信息、产品信息外，还需要客人的消费信息、客源市场构成信息、社会的消费趋向信息等，而且要求这些信息不但能够反映当前的状况，还应记录过去的状况和变化过程。这些信息种类繁多、数量庞大、处理复杂。以客人消费信息为例，信息系统应能够记录 VIP 客人，对回头客进行预测，记录客人的消费历史、爱好、习惯等。这些信息数量十分庞大，单纯地用于工作业方式难以胜任。

网络化效应明显 饭店作为一个商业社会中能够独立运转的企业组织，关键在于它的整体性，而饭店企业的整体性又以其内部完整、畅通的信息流通渠道作为保障。饭店内的信息流通渠道是一个纵横交错的网络，既有部门与部门之间、小组与小组之间协调工作的报表、报告、单据等的交流（如客房部需要更新布置时应向采购部提交采购申请表；厨房在食品加工器发生故障时应向工程部提交工作单等），也有上下级之间决策及其反馈等信息的上传和下达（如每天早晨由财务部的夜间稽核人员向总经理和主要营业部门经理提交前一日营业日报表、客房销售日报表等）。这一网络内信息流动的畅通程度决定了饭店企业整体的工作效率。现代化的企业无不在想方设法采用现代的信息处理手段提高企业内的信息网络工作效率。

安全性要求高 饭店 24h 不间断服务，大型饭店一天要面对上百人次的入住和结算。任何时候系统出现故障，都会给饭店带来很大的经济损失，因而对饭店信息系统的硬件质量和数据备份方案都提出了较高的要求。

9.1.3 饭店信息处理流程

饭店信息处理的过程也是数据处理的过程。数据处理是饭店管理活动的最基本内容，一般饭店数据处理不涉及复杂的数学计算，但要求处理的数据量很大。因此，进行数据处理时需要考虑以下几个方面的问题：数据以何种方式存储在计算机中；采用何种数据结构能有利于数据的存取；采用何种方法从已组织好的数据中检索数据。

(1) 饭店数据信息的收集

饭店数据信息的收集是饭店信息动态运行中的第一个环节，也是饭店管理信息系统最重要的功能之一。

饭店信息可分为客房信息、客人信息、账务信息、员工信息和设备信息；就饭店管理信息系统的现状来看，多为前 3 种信息，其信息收集范围如图 9－1 所示。

饭店信息收集系统的组织机构如图 9－2 所示。该系统的组织机构是以财务部为中心（控制），以接待部门为主线，各子系统信息收集既相互独立，又相互联系。其信息收集主要包括（以表单形式表述）：前厅部业务表单名称（常用）、餐饮部业务表单名称（常用）、客房部业务表单名称（常用）、康乐部业务表单名称（常用）、夜间审计表单名称（常用）、安保部业务表单名称（常用）、工程部业务表单名称（常用）、财务部业务表单名称（常用）。

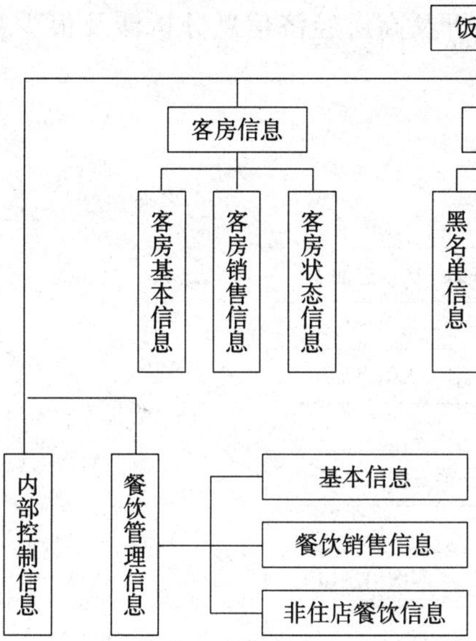

图 9-1 饭店经营管理中收集的主要信息

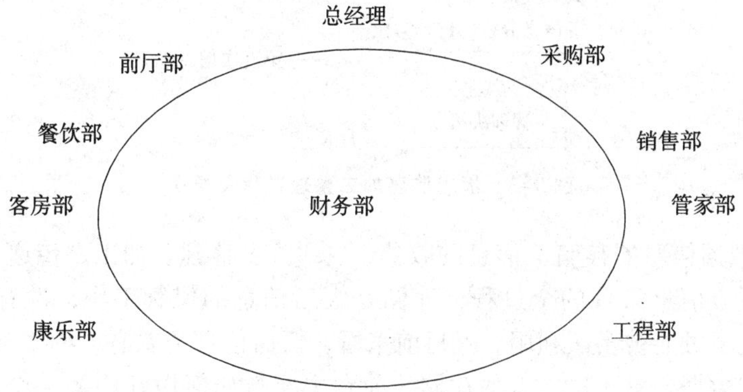

图 9-2 饭店信息收集系统的组织机构

（2）饭店数据的整理加工和储存

饭店数据信息整理加工 饭店数据信息由业务部门来收集，一般都是数量庞大且零散杂乱。其中，各部门、各岗位直接的服务性信息可以直接利用，而对于其他的大量信息（客账、客房、客人）在实际利用之前，还需要一个合理、科学的加工过程。信息的加工有两重含义：一是整理加工；二是分析加工。所谓整理加工，就是根据信息使用目的的要求，对采集到的数据信息资料进行科学的筛选、分类和汇总，从而使之条理化、系统化的过程。而分析加工则是在整理加工的基础上，运用各种分析方法，进行提炼和重新组合而产生新信息的过程。整理加工是分析加工的基础和前提，分析加工是对经过整理加工的信息资料的深化。整理加工旨在得到一种条理化的信息结构，它本身并不带来信息的增值，而分析加工则要带来信息的增值，这是二者的根本区别所在。

饭店信息加工过程及层次如图 9-3 所示。从图中可以看出，饭店信息加工中的整理和分析，有一定的量性区分，但区别并不很大，且大部分为数据信息的汇总。这是同饭店业务经营管理的特点相对应的，就目前的饭店计算机系统功能来看，大致情形也是如此，其中财务部门分析及高层经济信息分析涉及很少甚至没有。

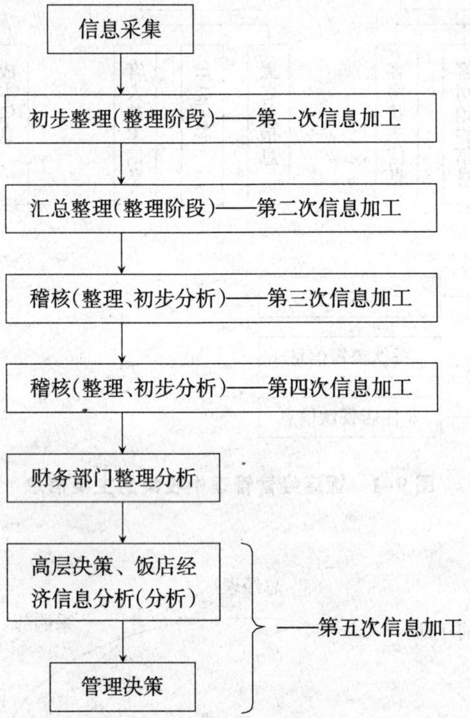

图 9–3　饭店信息加工整理过程及层次

饭店数据信息的存储　信息的收集（采集）、整理、加工、传递、存储、检索构成了饭店信息管理的全过程，存储是饭店信息的保管工作，没有这一过程，饭店信息就不可能被多次利用。就目前来看，饭店信息主要有2种基本表现形式：文件资料和数据。对于这二者的存储，前者主要指如何做好档案工作，后者指如何进行计算机数据库的管理。

(3) 饭店数据信息的传递

信息的收集、整理、分析、加工与存储过程，并未完全发挥信息的作用，信息只有在传递过程中才能真正发挥作用。广义的信息传递包括信息的反馈过程，对饭店信息管理工作来说，这种信息反馈十分重要，它使信息真正在微观层面上循环流动。

对饭店系统内部所产生的信息，根据信息保密的程度，分公开、内部、机密和绝密4个层次，进行不同范围的传递：内部公开性信息，一般不宜公开传递，可以在本系统内传递，或者与某些特定的系统交换信息；机密性信息的传递一般只限定在系统内部，应有所选择；绝密性信息的传递一般只限定在某一特殊的范围内进行，并进行严格的保密监督和检查。

提高饭店信息传递有效性的措施　饭店信息范围广泛，进行饭店信息传输时，除了要解决噪声和畸变问题外，还要不断地克服传输中存在的其他障碍。这些障碍主要是：语言文字障碍、缺乏专业知识造成的障碍、各种人为的障碍等。要通过各种培训，提高信息工作人员的素质，清除语言文字障碍和专业知识障碍，通过管理体制改革和加强部门之间、人员之间的横向联系来清除各种人为的障碍。清除这些障碍的过程，是排除噪声减少畸变的过程，也是提高饭店信息有效传输的过程。具体措施如下：

● 改革饭店经营管理体制，精简机构，减少层次；

● 改变领导作风，改进工作方法，提高工作能力；

● 通过岗位技术培训，提高信息工作人员的知识水平和业务水平，使他们具备时代发展所要求的信息工作人员的综合素质；

● 健全信息传输系统，建立岗位责任制和信息工作流程，加强系统控制，使信息传输工作纳入现代化、科学化的轨道；

● 采用先进的信息传输工具，选择适当的信息传输方式，提高信息传输的速度，明确饭店信息传输的目的。

饭店信息循环传递过程 饭店业务流程3个环节的信息循环传递过程如图9-4所示。

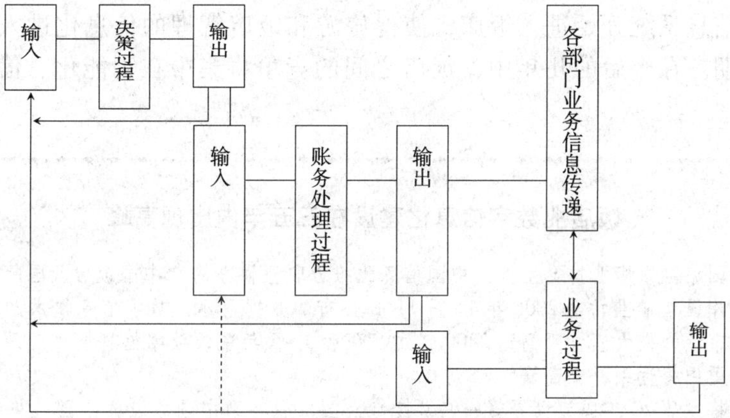

图9-4 饭店信息循环传递过程

9.1.4 饭店信息化与信息化饭店

饭店智能化、信息化的发展带来以往的经营理念和竞争模式的很大变化。店内装潢、客房数量、房间设施等质量竞争和价格竞争将退居其次。饭店智能化、信息化将主要体现在3个方面：饭店管理者和决策者能够及时、准确地掌握饭店经营各个环节情况的信息技术；针对饭店的经营，能够节省运营成本、提高运营质量和管理效率的信息化管理和控制技术；直接面对客人所提供的信息化服务、包括电子商务、智能管理和个性化服务。

（1）饭店信息化

随着Internet、电子商务、网络预订、网络宣传的发展与实用化，计算机信息技术将饭店推向了世界，进入了“让世界了解饭店”“让饭店走向世界”的饭店管理新时代。同时，又使得饭店集团、单体饭店及各种规模的大、中、小型饭店在很多方面处于同一起跑线上。如何利用好计算机等信息技术整合新的饭店产品，怎样提高饭店信息化水平，已成为影响饭店经营管理成败的关键因素之一。饭店信息化对饭店运作的影响主要有以下几个方面。

第一，利用信息技术与客户需求的有效集成，实现大众化、个性化、定制化、一对一的服务，使每个客人都成为VIP。

第二，更好地杜绝饭店管理过程中许多人为的弊端，如采购回扣、物流难于控制等，减少误差和失误，减少人工操作中难以避免的一些问题。

第三，改变服务和管理模式，实现电子点菜、电子预订、电子自助入住、自助查询、电子刊物、电子结算等。

第四，有效保障消防安全报警系统，包括中央监视、电子巡更、紧急呼救、可视对讲、停车安全和24h保安在线等。

第五，建设网络化饭店，使饭店服务与管理社会化。

第六，提供全方位高档的电子贴身服务，如商务客房上网、E－mail、IP电话、IP传真和综合信息服务等。

第七，建立电子商务平台，有效实现网上查询、网上发布、网上采购、网上销售、网上订房和网上订餐等，彻底改变传统营销模式，实现个性化营销和全球性营销服务。

第八，智能化管理。随着计算机在饭店中的普及和应用，适合中国旅游管理特点的信息系统开始进入饭店，使得旅游和饭店管理的信息化进入了一个新的发展时期。在今后的几年中，饭店之间的竞争将集中在智能化、信息化管理方面。

饭店业数字信息化建设在三五年内出现高峰

由中国旅游饭店业协会主办，中国信息化推进联盟协办的“中国饭店业国际竞争力峰会”上，中国饭店业协会2006年11月11日公布的数据显示，数字信息技术产品在中国饭店业内市场的最大容量可高达2300亿元，今后3～5年中，数字信息技术产品在中国饭店业的应用中将达到一个高峰。

中国将在2020年成为世界第一旅游接待大国，届时到中国旅游的外国人将超过1.37亿人次，面对如此巨大的饭店业市场，饭店信息建设将出现一股浪潮。

截至目前，中国各地共有星级饭店7358家，总营业额逾7600亿元，是中国发展最迅猛的行业之一。这为中国饭店业跨入信息时代提供了根本性的基础和动力。但是中国饭店业的信息化目前还仅限于简单的信息发布阶段。

随着饭店智能化、信息化的发展，饭店将改变以往的经营理念和竞争模式。店内装潢、客房数量、房间设施等质量竞争和价格竞争将退居其次。中国饭店数字信息化建设将主要体现在3个方面：① 饭店管理者、决策者提供及时、准确掌握饭店经营各个环节情况的信息技术；② 针对饭店的经营，为节省运营成本、提高运营质量和管理效率的信息化管理和控制技术；③ 直接面对客人所提供的信息化服务、电子商务、智能管理和个性化服务。

一个典型的案例是，中旅大厦自从2年前全面实施客房宽带网络建设以来，在全行业率先对客人提供免费宽带上网服务。从而使营业收入比以前增长了110%，其他营业收入较以前增长240%。

业内人士指出，饭店信息化的含义远远超出做个饭店宣传网页的范畴。其真正价值是提高饭店客房出租率，从而在根本上解决饭店产品闲置造成的价值损失。

（2）信息化饭店

建设信息化饭店是饭店信息化的直接目标之一，是饭店信息化的外在表现形式。从目前来看，狭义的信息化饭店建设主要包括以下几个方面（见表9－1）。

表 9－1 信息化饭店建设主体内容

前台管理系统	前台管理系统 客人一卡通系统 游客电子自助入住系统 游客自助查询系统
房务管理系统	管家服务系统 VOD 视频点播 智能化客房迷你吧管理系统 客房 Internet 网络系统 空调自动控制系统
餐饮管理系统	智能化餐饮成本控制系统 电子菜单与电子结账系统 智能化餐饮销售控制记录 智能化厨房出品管理系统 智能化厨房客人监控系统 品牌餐饮多媒体促销系统
娱乐管理系统	视频点唱系统 多媒体娱乐系统
消防安全管理系统	电子巡更系统 智能化消防系统 智能化监控系统
人力资源管理系统	员工一卡通系统 人力资源智能库管理系统 饭店 Internet 与员工网上园地
电子物流管理系统	智能化采购管理系统 智能化仓库管理系统 物流控制系统
财务管理系统	
办公自动化系统	
饭店 Intranet	
饭店 Extranet	
饭店网络宣传与预定系统	
饭店网络营销联盟系统	
饭店营销管理系统（含数据库营销系统）	
其他扩展的系统	

信息化的北京丽都假日饭店

饭店智能管理作为一个综合概念，给饭店业带来经营管理理念的巨大变革。这一变革要经过不断的建设和发展，渐渐形成一个涵盖数据采集、信息保存、信息处理、传输控制等。这些信息库的建立将成为饭店信息化管理和办公自动化的重要基础。从前台客人入住登记、结账到后台的财务管理系统、人事管理系统、采购管理系统、仓库管理系统都将与智能管理系统连接融合构成一套完整的饭店信息化体系。

北京丽都假日饭店是中国第一家假日饭店，位于丽都广场之中。丽都广场集饭店、公寓、商业楼、国际学校和幼儿园于一体，吸引了许多外籍人士和国际公司入住其中。饭店共有 5 层 433 间客房和套房，包括行政俱乐部楼层的 89 间客房，专为商务旅行人士度身设计，庞大的部门体系使北京丽都假日饭店涉及的业务复杂多样，情况变动频繁，财务分析工作异常紧张。财务部需要大量数据、报表要在短时间内处理完，得出的分析结果以便及时上报给企业决策者，便于企业在短时间内对企业的发展情况进行评估，从而做出未来发展决策、销售计划等。而财务部限于时间、精力等限制，分析有些浮于表面，难以透过数据得到更深、更广的分析结果。为此，北京丽都假日饭店采用了《智能化财务分析系统集团版》，该软件从数据导入，到最后导出图文并茂的几十页的财务分析报告，不到 20min 的时间即可完成。财务人员需要几天几夜才能做完的事情，智能化软件只用几分钟。而分析结果的准确性，更通过了高级财务人员的验证。

目前北京保利大厦、深圳大厦、东方龙酒店、西安中国国际旅行社、新纪元国际旅行社等国内知名饭店和旅游企业都已经成功应用了“智能化管理技术”，大大提高了管理层的决策效率和市场反应速度，产生了可观的经济效益和强大的市场竞争力。

9.1.5 饭店管理信息系统应用的优势

经过20多年的努力，我国饭店业已成功将管理信息系统引入饭店经营管理活动之中，饭店内部大部分数据信息的管理使用了计算机技术，是旅游业中计算机应用最成熟、最完善的行业。

（1）有利于提高饭店经营管理效率

将管理信息系统引入饭店经营管理活动中，必然会加快信息处理速度，提高饭店经营管理的效率。饭店经营管理活动复杂，涉及预订、接待、问询、客房、餐饮、康乐、电话、人事、工资、财务、库房、设备管理等众多环节。从信息处理的角度看，各种饭店经营管理活动都可以看成是信息的输入、处理、输出3个基本环节。过去一个1000多人的饭店，发工资时需要5~6人工作2~3天，使用计算机管理后，2人做2天即可完成，而且工资单和工资条用计算机打印，清楚、准确，每个部门所需资金单位数量一清二楚，大大节约了人力和时间。管理信息系统在饭店的应用，可以改变传统饭店经营管理方式，例如，咨询服务是一项信息量大、重复性强的服务活动，传统的咨询服务要求前台工作人员具有广博的知识和极大的耐心，不仅要求回答各种各样的问题，而且还要百问不烦。在饭店中引入管理信息系统后，咨询服务的形式发生了重大变化，客人可以利用触摸屏式计算机查询各种问题，甚至不需要向前台工作人员提问。

（2）有利于提高饭店经营管理水平

从普通饭店管理者的角度来看，饭店管理信息系统具有高效、方便、准确的特点。饭店管理信息系统可以简化员工经营管理活动的操作程序，提高信息处理的速度。在饭店管理信息系统的支持下，饭店管理机构可以得到精简。首先，减少中间管理层次，实现扁平式饭店组织机构；其次，工作性质相近的部门可以合并，有利于节约人力资源成本，简化饭店经营管理的操作程序，提高效率；再次，在饭店管理信息系统中，饭店员工对财务、工资、人事、库房、设备等的管理都简便易行，极大地降低了工作强度（例如，库房管理者可登记、查询、更新各种物品的入库日期、产地、进价、库存量、提货次数与日期等管理信息）；最后，饭店管理信息系统不仅能高效、方便地处理各种信息，而且经过信息处理得到的数据有很高的准确性，从而提高了饭店经营管理的水平。

（3）有利于饭店高层管理者的决策

从饭店决策层来看，饭店管理信息系统有利于提供反馈信息，辅助饭店决策规划。现有的饭店管理信息系统一般都具有总经理查询模块或其他类似模块，能够为饭店规划决策提供信息支持。饭店管理信息系统可以提供多方面的信息，如客人的籍贯、性别、职业、住店事由等客源信息，饭店客房收入、餐饮收入、康乐收入、收入构成等饭店经营方面的信息，以及饭店员工人数、年龄构成、考勤等饭店内部管理方面的信息。此外，管理信息系统还可以为规划决策提供预选方案，在饭店管理信息系统中建立数学模型和专家系统，利用投入产出模型、线性规划模型、层次分析模型、神经网络模型等直接为决策者提供预选方案，辅助决策规划，有助于克服决策的随意性，提高决策的科学性。

（4）有利于提高饭店服务质量

从客人的角度来看，饭店管理信息系统可以为客人提供高效、方便的服务，有利于饭店实现“以客人为中心”的服务理念。在饭店管理信息系统中，客人的预订、登记、结账等要求可以得到迅速处理，以减少客人的等候时间。饭店管理信息系统也可以简化客人享受店内消费所必须办理的手续。例如，可以将客人在客房、餐饮、康乐、电话各部门的消费入账，记入客人账目中，客人可以随时查询自己的消费情况，在离店时一次性结账，避免每次消费都要结账的烦恼。更重要的是客人可以利用饭店管理信息系统"进入"饭店内部，例如，在饭店管理信息系统中建立"饭店服务指南"子系统，客人可以利用服务指南子系统查看饭店的交通位置图、饭店外景、饭店各楼层的平面分布图、各类客房内景、餐厅内景，甚至每道菜的彩色图片。因此，饭店管理信息系统不仅可以为客人享受店内消费提供方便，而且可以对客人享受店内消费进行强有力的引导。

9.2 饭店管理信息系统简介

9.2.1 饭店管理信息系统

饭店计算机管理系统不仅仅记录客人信息，提供查询统计，更重要的是系统本身能带来一种管理方法，这种管理方法将带动整个企业的运作。计算机提供了一套比较完整的管理手段，带动了管理的深入，所以说一套好的饭店计算机系统必须是一个管理型的系统。

(1) 饭店管理信息系统结构

饭店管理信息系统结构分为软件结构和硬件结构。

软件结构 包括以下各子系统。

前台子系统 又可以分为散客预订子系统、团体预订子系统、散客接待子系统、团体接待子系统、问询子系统、电话计费子系统、客人账务处理子系统和稽核子系统等。

餐饮管理子系统 又可以分为用餐预订子系统、菜单管理子系统、点菜子系统、账务处理子系统、客史档案管理子系统等。

餐厅点菜系统

在餐厅适当的位置，设置一个或多个触摸屏，触摸屏与计算机网络连接。触摸屏内设有IC卡感应器、自动打印机。客人进入餐厅找到位置坐下后，由服务员发给客人一张对应台号的IC卡，客人凭IC卡在触摸屏上点菜，操作如下：将IC卡放在触摸屏上的IC卡感应区内，触摸屏便会自动识别客人台号、建立消费账号，同时启动点菜系统供客人点菜。客人在触摸屏丰富多彩的多媒体环境下边听音乐看菜式介绍（包括各个菜式的特点、味道、营养、分量、价格等）边选择菜式。菜式选好后，触摸屏会列出所选的菜单并统计出消费总额给客人确认，若不满意还可修改或重选。客人确认菜单后，触摸屏会自动打印一份菜单供客人备查及结账凭据，同时通过计算机网络给总台落单并在厨房打印菜单，指令厨师按单做菜。客人结账时，凭手上的IC卡及菜单付款，真正做到轻轻松松点菜、明明白白消费。

康乐管理子系统 可以分为客人消费收费子系统、酒水管理子系统等。

销售管理子系统 分为客史（客户）档案管理子系统和数据库营销子系统。

物资管理子系统 主要为库房管理系统。

人力资源管理子系统 分为人事管理和工资管理2个子系统。

财务管理子系统 符合一般财务系统规则。

现代饭店财务系统模式

根据现代财务管理的职能和饭店业的特点，在实施1992年财政部的《企业财务通则》《企业会计准则》建立与国际接轨的财务制度的前提下，饭店财务管理信息系统模式应具有先进性、系统性和科学性。

先进性：运用计算机、网络、通信、多媒体等先进技术手段，特别是近几年风靡全球的Internet技术，高速准确地收集和处理内部与外部信息。

系统性：采用结构化的系统分析方法，进行模块化的功能设计，使系统功能齐全，包括有业务层、管理层、决策层3个层次的管理内容。前后台业务不脱节，数据在系统内有序而顺畅地流动，各功能模块既相互联系又相互制约。此外，还要提高系统的集成度，通过功能模块的集成，显著减少数据的手工录入，最大限度地实现数据共享。管理模式也应由核算型发展为管理型。

科学性：饭店财务系统的建立并不仅仅是用计算机替代手工操作，而是要科学地对传统的财务管理模式进行改革，在构筑合理的管理架构、优化业务流程和建立完善的管理制度的同时，把管理科学的各种方法（如运筹学、控制论等）运用到管理决策和实际中去。饭店财务系统包括业务层的销售管理、原材料与库存管理、固定资产与折旧管理、工资管理、管理层的账务处理、成本管理、决策层的财务分析等部分。

1. 销售管理

客房、餐厅、商场是饭店的前台，是客人消费的主要场所，这个子系统通过各销售点的网络终端（POS）对销售业务进行管理，并可应用程控电话自动计费系统、计算机条码、与银行联网使用的信用卡（ATM）等先进技术手段，最大限度地降低财务人员的手工操作程度和现钞的使用，提高记账、结账的速度和准确性。客人可在饭店范围内随意消费，实现现代饭店的“多次性消费，一次性结账”。在夜间审计时，系统可自动地按类别计算销售额、服务费、计提税金等项目，生成应收款账、编制经营报表和各种缴款表，同时自动整理营业收入和应收款等项目的记账凭证数据，与账务处理子系统建立有机的联系。

2. 原材料与库存管理

在饭店经营中，原材料和物料在成本中占很大的比例，管理好种类繁多、价格不一的原材料与库存物品是降低成本的重要途径。该子系统是一个高效的实时管理系统，可对食品、物料商品、五金等各种物品实现从采购、入库、出库、调拨、结转差异到纳入成本的全过程动态管理。例如，当原材料和物料入库或出库时，计算机将自动打印入库或出库单，库存量随即增加或减少，同时亦自动整理成本费用和应付款等科目的记账凭证数据，供账务处理子系统使用。也可应用多种库存控制方法，配合采购把库存量降到最低的合理程度，减少积压损耗并加快资金周转。

3. 固定资产与折旧管理

在饭店的有形资产中，固定资产占相当的比例，固定资产与折旧管理对成本控制和资金运用都会产生影响，在进行资本经营时，固定资产也是一个不可忽略的因素。这个子系统主要完成固定资产的购建、调拨、清理、报废等信息的管理，同时自动完成分类汇总和统计、折旧的计提和折旧费用的分配结转处理，及时反映饭店固定资产的使用情况和增减变动信息。

4. 工资管理

随着用工制度的改革和社会保障制度的完善，饭店的工资管理越来越复杂，除了根据考勤计算员工酬薪外，还有一系列涉及个人的社会福利保险等费用的核算，工资管理子系统运用计算机磁卡或条码考勤机采集员工考勤信息，结合人工调整，自动进行工资和各有关项目的核算，并按成本核算的部门分类归集统计。工资核算后可计提结转福利费和有关基金供账务子系统处理。

5. 账务管理

账务处理是财务管理的核心，它和其他子系统集成，构成一个有效的管理网络，覆盖饭店的所有经营活动。它全面、准确地反映了饭店经济活动状况；同时，账务处理系统又是一个大型信息库，存储了大量的财务信息，为建立高层次的财务分析系统打下了基础。该子系统包括科目设置、凭证处理、账务处理、报表处理等功能。通过系统集成，充分地利用销售管理、原材料与库存管理、固定资产与折旧管理、工资管理等子系统加工处理的各种信息，自动生成有关营业收入、应收应付、成本费用和税金等科目的记账凭证，完成凭证打印、汇总、记账工作，输出总账、明细账、应收应付账、银行账、现金账等各种账簿，编制损益表、资产负债表等固定报表和自定义的各类分析报表。该子系统最大限度地提高了工作效率，使财务人员从繁琐重复的劳动中解脱出来，是财务管理模式从核算型向管理型发展的重要环节。

总经理查询子系统　分为查询子系统和经济信息分析子系统。

硬件结构　饭店业务量较大，高度的信息资源共享将产生大量的数据通讯，因此对网络的带宽有较高的要求。一般饭店可采用交换式快速以太网技术、宽带网络介质、网络拓扑结构采用树状星型连接，以减少非关键性设备的单点失效对整个系统的影响。采用双机备份，确保系统数据安全。

(2) 饭店管理信息系统功能

饭店管理信息系统的系统功能与系统结构密切相关，主要子系统基本功能既相互独立，又相互联系。

前台子系统　包括以下各子系统。

预订子系统　实现散客、团体、会议预订登记，实现对客房、餐饮、康乐、会议室等的预订。

接待子系统　主要完成散客、团体入住登记管理，设立客人姓名、性别、住店事由、入住日期、预订离店日期、房间号、换房记录等项目。

问询子系统　提供饭店服务指南，供客人查询饭店所在的交通位置、饭店外景、饭店各楼层平面分布、饭店内部客房、餐厅、KTV 包房、会议室的内景等，甚至可以查看各餐位的灯光效果、各种菜品的彩色照片等。

结账子系统　提供散客、团体单项消费结账及一次性离店结账，具有预订金管理及杂项消费入账功能，能查询客人的账务情况并在欠账等情况下通知客人，结账时可以打印正式收据和明细账单。

稽核子系统　一般具有核对房价、核对收入、过账、夜间处理、打印报表、查询等功能。

电话计费子系统　与程控交换机连接，提供对自动电话计费、自动记入客人账目或结账、打印正式话费收据等的管理。

客房管理子系统　提供对客房占用或空闲状态、客房物品种类及状态、客人姓名、客人留言、客人客房消费等的管理、客房管理子系统功能。

客房娱乐系统

近几年来，世界上很多饭店的经营者一直在想：当客人进住到客房时究竟需要什么样的娱乐。在众多的市场上可供选择的新产品中，客人最需要的娱乐项目依次为自选电影、网上电视、电子游戏、虚拟游戏和自选音乐。

究竟采用哪一个娱乐系统可能是很难的一个选择。经营者必须考虑面向客人的群体和他们愿意为什么样的产品掏腰包。许多饭店可能会选择集成化的娱乐系统，包括音乐、电影、卫星电视、互联网，等等，而所有这些都通过一个系统来支持。对此仁者见仁，智者见智。有人认为这样的娱乐系统超负荷了，也有人认为这是必要的。

那么，客人在外出旅行的时候，更愿意为哪种娱乐掏腰包呢？连接互联网和自选电影是2个最赚钱的选项。数字电影可以随时暂停或快速进退，这会起到好的作用，因为当今的商务客人没有时间一气看完一整部电影。这样的结果就是会给饭店带来可观的利润。

现在饭店采用的娱乐系统应有尽有，但在从中选择时应该谨慎处理，应选择那些最能让客人高兴的特色娱乐并使之成为一个能卖给商务客人的工具。比如，高速互联网插口和网上电视。客人可通过高速互联网使用手提电脑，并使电视成为电脑的显示器，而客人还可以使用红外线遥控板。这样，双向连接会让客人大为欢心，这样的服务在国际上每24h一般收费10美元。

数字电影是客房娱乐系统的基本配置。它可由客人选择观看。电影可每2个月更换一次，但任何时候客人应可以有20部电影进行选择。由于方便，这样的自选电影要比传统的付费电影预览选择方式好得多。而在整个娱乐系统中，电影的销售额占50%以上。

其他的娱乐项目还包括卫星电视，64种电子游戏。这些电子游戏起初是为儿童准备的，但是经过尝试，成人对此使用同样多。这样的游戏每小时收费8美元，而一般客人花在各种娱乐方面的总数为20美元。

有了这些娱乐系统，客人们满意，而真正受益的是饭店的经营者。客人们接受到了最新的娱乐而饭店得到的是商机。

提到商机，这样的系统还可以让客人在电视屏幕上进行预定并提供更多关于饭店的信息。该系统还有提示销售的功能。例如，在收看付费电影时，电视屏幕会提示客人是否需要比萨饼、爆米花或是什么饮料，而客人是很可能拿起电话随机点购的。

以上这些饭店客房里的经营内容可见一斑，对国内同行来说或许有所启发。

餐饮管理子系统 具有零点功能、宴会管理功能、酒水管理功能、信息查询功能、报表统计功能和餐饮账务管理功能。其中，从目前来看，餐饮账务管理功能是最基本的系统功能。

康乐管理子系统 例如，KTV包房，提供对点歌、乐曲播放、入账或结账等的管理。

销售管理子系统 包括客户档案管理、销售协议管理、互联网接口等。

物资管理子系统 用于库存管理，可对每日出入库物品数量及金额进行管理，同时，自动控制物品的库存数量及金额，并可根据需要显示或打印出各种账目及统计报表。

人力资源管理子系统 提供对员工姓名、性别、年龄、学历、职务、考勤、工作绩效、工资等的管理。

账务管理子系统 根据会计制度设置一级、二级明细科目，汇总入账、出账、各明细科目账，生成各种财务报表。

总经理查询子系统 提供对客源、经营状况、内部管理等多方面的查询和统计分析，如客人的年龄构成、饭店收入构成、饭店员工与房间数的配置比例等方面的统计分析。

9.2.2 饭店管理信息系统的扩展

饭店信息系统就系统本身来说已经发展得相当成熟。随着信息技术在饭店中应用与发展，系统的扩展速度很快，内容也更加深入。主要表现在前台系统中预定子系统与互联网连接，构成饭店网上预定系统；内部系统与公安局网络、银行系统、电视系统等连接，这就形成了基于互联网环境的饭店计算机管理系统。此外，部分饭店还实现建立了自己的内部网或局域网。

（1）扩展后的基于互联网环境的饭店计算机管理系统的主要功能

扩展后的基于互联网环境的饭店计算机管理系统的主要功能如下：

- 远程预定；
- 互联网企业注册；
- 通过计算机或 PDA 远程访问企业网络，查询经营情况，发 E-mail，进行运营控制；
- 企业集团经营数据汇总传送；
- 对外 E-mail：进行预订确认、签订销售、采购合同，发送定单、贺卡等；
- 电子促销：客房、餐饮、娱乐销售；
- 信用卡确认、支票确认、一卡通确认；
- 电子对账：银行电子对账、旅行代理电子对账；
- 提供金融信息查询：汇率、股市行情、政策法规；
- 查询商情信息、旅游信息、时事政治信息。

（2）扩展后的饭店局域网计算机管理系统的主要功能

扩展后的饭店局域网计算机管理系统的主要功能如下：

- 发布企业法规、政策、人事制度；
- 企业动态 DBS；
- 企业文化发布；
- 经营数据发布、电子论坛；
- 文件审批；
- 文档建立、保存、打印；
- 划分层次、划分部门；
- 按责权查询信息；
- 内部 E-mail，进行数据通讯。

饭店管理信息系统的好坏取决于饭店系统开发人员是否具备饭店行业先进的管理思想，以及该系统是否与自己的饭店管理模式相协调。从目前情况来看，国际上先进的饭店管理信息系统的特点是：具有严谨的财务体系和层次分明的核算方法；以销售为龙头，注重历史数据的使用，灵活多样的预订和数据库营销理念；实施动态的房态控制；全面的统计分析数据；饭店前后台紧紧围绕财务这个核心，管理细致，控制严格，功能全面，实现实时、动态、一体化管理。这是饭店管理信息系统应该具有的基本功能。

饭店接入 Internet 的几种方式

随着互联网在世界范围内的普及和应用，饭店业对互联网的要求也越来越高。越来越多的客人，尤其是商务客人希望在饭店居住期间，能使用到互联网所提供的上网查询以及收发 E-mail 等服务。绝大多数来自发达国家的商务客人更希望饭店中的上网速度与其本国或本公司所使用的速度相同。但由于我国互联网的基础设施和出口带宽都落后于发达国家，使得一些客人对饭店的网络服务不甚满意，饭店时常会接到一些客人的投诉。如何满足客人对互联网的需求的问题已摆在各个饭店面前，饭店对网络服务所带来的问题也越来越重视。这已直接影响到饭店的服务质量。目前我国饭店接入互联网的方式有以下几种。

1. 采用拨号上网方式

北京市已有许多饭店跟电报局签署了协议，电报局指定2家公司——飞华和英特提供DDN专线和网络服务器相连，利用饭店客房内的分机进行拨号上网。由于是拨号上网以及制式转换（从模拟转为数字），使得上网速度最高只能达到33.6Kb。客人浏览互联网以及收发E-mail的效果都不很理想。

2. 采用DSL方式

此方式使用的是一条普通的电话铜线，用户可以一边上网一边打电话。速度达到8Mb左右，且连接方式较为简单，使用USB进口与一个机顶盒相连即可。目前较有代表性的美国饭店宽频服务商STSN已和香港Adsale BroadNet联合成立了STSN-Adsale Asia公司，与几家大型饭店管理集团签约开展互联网宽带接入业务。

3. 采用无线上网方式

无线上网方式是通过无线局域网技术进行无线通讯上网，无需在计算机之间连线就可以收发数据，实现数据资源共享。适用于饭店的大厅、商务中心、会议室、宴会厅和餐厅等公共场所，也可在少量的贵宾套房和总统套房安装，以提高这些房间的档次和使用率。在公共区域安装无线局域网时，正确地测量安装通讯天线的位置是非常主要的一环，网络登陆点覆盖范围较大，半径在100m以上，穿透能力也很强。具体安装时应找专业公司进行细致的测量。用户端需使用无线局域网适配器。无线局域网与普通局域网相比，费用方面要高，但使用起来非常方便。

4. 进行综合布线

综合布线方式就是在部分或所有客房以及使用互联网的地方对电话线、有线电视网、数据传输网进行综合考虑，综合布线。主通道可以布光缆，饭店每层或每几层设一个机柜，利用HUB或SWITCH与五类缆或超五类缆相连。光缆再与服务器相连接，利用DDN或光缆直接与ISP连接，使传送速率能够达到几兆甚至更快。有条件的话，可以使用光缆代替五类缆或超五类缆，效果更佳。

以上几种连接方式的速度快慢都取决于ISP的国际出口的大小。挑选ISP是非常主要的一环。因为多数ISP的国际出口非常小，甚至有些只有几兆。有些虽然较大，但使用者多也影响了速度。

9.2.3 饭店网上预订系统

9.2.3.1 饭店预订方式

饭店产品的特性决定了客房预订（即提前销售）是饭店经营管理的一项重要内容。随着市场竞争的加剧，饭店预订系统的作用日益明显。饭店预订的方式大体上可分为传统方式和计算机网络方式2种。

（1）传统方式

传统饭店预订方式主要包括当面预订、信函预订、电报预订、电话预订、电传预订、传真预订等，当前国内使用较为普遍。采取这些方式所需的投入较少，但存在一些不足与缺陷，例如，只适用于饭店的回头客或对饭店有充分了解的消费者，促进销售的意义不甚明显；方便、快捷程度较低；对消费者来说，选择范围小，经济性不能得到保证。

（2）计算机网络方式

计算机网络预订是随着电讯技术的发展而出现的一种现代预订方式，它能有效地解决传统预订方式的种种弊端，受到国内外饭店业的高度重视。在国外，计算机网络预订经历了 CRS、GDS 2 个阶段。

CRS（中央预订系统）阶段 CRS 是饭店集团为控制客源而采用的集团内部计算机客房预订网络。最早的 CRS 由假日集团于 1965 年 7 月建立，称为假日电讯网。随后，喜来登、福特、希尔顿、雅高、新世界、华美达等大型国际饭店集团都建立了自己的中央预订系统，并凭借这个系统实现了集团内部客源的相互介绍和集团整体在控制客源市场上的领先地位。独立的大饭店和中小型饭店集团为了和大型集团饭店抗衡，改变在竞争中的不利地位，纷纷联合起来成立各式各样的组织，建立自己的计算机预订网络系统，使 CRS 有了进一步的发展。

为了使 CRS 对旅游业更有吸引力，CRS 系统的范围也在不断地扩大。目前，CRS 系统联合旅行社广泛地销售旅游服务，包括订票、行程安排、预订饭店、租用汽车、设计线路、飞机保险、鲜花预定、提供汇率变动信息、保健与防疫、旅游目的地的包价等。CRS 功能的多元化使得预订数量增加、成本降低，给开发者与所有者带来了持续利益，为旅游者提供了更多的选择机会，促进了旅游服务质量的改进。

今天，CRS 的角色已成为旅游市场营销和分配系统，它将饭店及旅游业的购买力集中于少数人手中，将以生产为基础的饭店转变为以价值创造过程为基础的饭店。饭店可以通过 CRS 改进管理技术、提高开房率，也可以按照季度、月、周的需求变动调整价格结构，通过价格来影响旅游者的购买决定。

GDS（全球分销系统）阶段 随着计算机技术的飞速发展，国际计算机联网的方便性和信息费用的降低，GDS 应运而生，并使饭店传统的经营方式发生了巨大变化。与 CRS 不同，GDS 是一个开放的系统，加入这个系统，意味着饭店与大部分潜在市场联为一体。散客或旅行代理商可以在家中、办公室或就近的服务点利用互联网了解任何地区一家饭店的设施水平、客房价格、房务状态以及其他相关信息，并可完成对饭店客房的预订。因此，GDS 已成为饭店盈利的重要方式。大型饭店集团在拥有自己的 CRS 的基础上与 GDS 联网，可以保证其在控制客源市场上的优势；独立的中小型饭店通过与 GDS 联网，在理论上说和大型饭店集团站在了同一起跑线上。

据统计，目前全球共有 30 万家饭店，网上订房的覆盖面约为 1/30，并在日益扩大。一些饭店还提供特别优惠的网上订房价格招徕网上客人，网上订房的潜力很大。目前饭店集团利用技术和资本、规模等方面优势，通过 CRS（中央预订系统）、GDS（全球分销系统）等大规模的预订系统对客源进行垄断，以不到 30% 的客房分割了 80% 的客源市场。而那些独立饭店和中小规模的饭店则很难进入预订系统。互联网的出现为这些饭店提供了一个在广域网上开拓客源的机会，但大多数的饭店却因为技术上的陌生而不知如何操作，一些有实力并有创新意识的饭店在互联网上设立了自己的主页（HOMEPAGE），希望有商务客人能浏览该主页并订房，通常这些饭店都将主页放在自己的网络服务器上，或是一些较大的网站，如地方电信网、中经网（CEINET）等，客户在浏览这些大的网站时可以通过网址链接连接到该饭店主页上。

可以预见，随着便携式笔记本电脑的普及和信息高速公路的进一步建设，旅游者可以便捷地、随时随地进行饭店预订。

9.2.3.2 国内饭店预订系统现状

网络化技术在国外饭店业中已得到普遍应用。散客或旅行代理机构可在网上预订客房、查询房态、查阅有关标准及价格等服务资料，在家里运用个人计算机了解任何地区一家饭店的设施水平、客房价格、优惠政策等资料，并可完成对饭店客房的预订。

近2年来，由于我国上网人数的持续激增，网民构成了饭店营销的一个不可忽视的市场。除了网民人数这个绝对数目的急剧增长外，至少有2个理由加强了这个市场的诱惑力：一是网民多数是受过高等教育、并有较高收入的群体，如公务员、公司管理者、技术人员、自由职业者等，这个群体对饭店市场具有相当的购买力。二是网络正在改变人们的生活习惯，比如订房，越来越多的人开始从Walk-in的方式转向网络订房。随着互联网日益成为无所不在的网络，饭店将越来越依靠预订系统进行营销。

9.2.3.3 基于互联网的饭店网上预订系统

(1) 饭店网上预订系统的目标

通过饭店查询预订网，为旅游市场（消费者市场和组织市场）提供当地各类饭店的查询、预订服务，最大程度地沟通饭店与消费者之间的关系，为全球各地的客人提供异地查询预订服务；在重要车站、码头、机场设立服务窗口，为不具备异地查询预订能力的旅游者提供落地服务。

全国各大、中城市分别建立饭店查询预订网系统站点之后，便可利用邮电部主干网作为饭店查询预订网络系统的互联平台，各个城市的信息中心与所在市的饭店内部管理系统互联，并以DDN或专线方式建立多个饭店查询预订服务中心，同时支持电话语音咨询功能，对客户提供多种形式的客房资源查询、预订服务。

(2) 实现系统的设计原则

根据当前国内外旅游信息系统发展的现状和趋势，以及饭店预订业务的需求，饭店网上预订系统的设计应做到以下几点。

动态性 充分考虑饭店与旅游市场之间的双向沟通，实现便捷的网上预订。网上所有数据实行动态管理。

开放性 系统总体方案设计，在网络操作系统和数据库选型方面重点考虑标准、开放的原则，具备灵活、可扩充的应用系统平台，确保与国际CRS、GDS、ARS等外部预订网络及互联网接轨。

先进性 采用先进的系统结构和高起点的计算机通讯技术。例如，有线电视网、ATM、多媒体、宽带等。

实用性 在先进和完善的基础上，考虑实用性，满足饭店种类众多、管理层次和模式不同的需求，用户界面美观大方，操作简便、实用。

可靠性 要有数据备份、数据日志管理、故障处理等功能，主机具有备份功能，选择可靠性高的硬件设备，采用操作权限控制、密码控制、系统网络监管等。

通用性 参数初始化定义和生成方式保证普遍适用性。如房况参数、消费者国籍（地区）、性别、团队代码等参数统一标准。

可扩充性和可维护性 软件结构和模块构造有较好的可扩充性和可维护性；硬件方面，分站系统结构首选PCLAN结构，拓扑结构选择星形。

经济性 网络硬件基础结构使用增值方式，不需另建专用物理网络信道。

(3) 系统实体逻辑模型

系统实体逻辑模型设计 饭店网上预订系统由饭店管理中心、窗口服务预订中心、网络管理中心、信息管理中心、电话咨询预订服务信息台及互联网终端用户、电话用户组成。网络管理中心负责饭店客房资源数据库的维护、Internet 网站的维护、入网饭店的注册和注销；预订中心负责接待无法直接网上预订的用户；饭店管理中心负责饭店主页信息的维护和客人的抵店、离店处理。

系统功能模块组成 饭店查询预订网络系统功能模块由用户查询子系统、预订中心子系统、饭店管理中心子系统和网络管理中心子系统构成。

(4) 饭店查询预订网络系统

饭店客房查询预订网络系统是一个利用互联网技术开发的客房资源动态预订系统。首先，该系统建立在互联网上，因此需在网上申请独立的域名并设立网络管理中心，在各入网饭店设立饭店管理中心，在当地火车站设立预订中心。在网络管理中心，建立域名服务器，进行域名解析；建立数据库服务器，负责管理各入网饭店的客房资源信息；建立 WWW 服务器，利用 WWW 方式发布动态客房资源信息，并可实时查询和预定；建立电子邮件服务器，负责处理整个网络上的邮件传递和与互联网的邮件传递；建立代理服务器，进行地址转换和互联网访问控制、计费。

饭店查询预订网络系统可采用宽带多媒体数据网络（CATV）技术，利用高速光缆和线缆调制解调器，实现网络管理中心与有线电视台数据中心相连。

(5) 软件配置

要实现在 Internet 上查询预订饭店客房，可采用 Web 服务器/客户浏览模式：客户端接受用户输入的信息，将该信息以合适的方法送到服务器；服务器调用相应的应用程序，依据客户端的请求对存放在服务器上的饭店信息形成的数据库进行相应操作，并将处理结果送至客户端。

数据库系统的选择是饭店查询预订系统的一个重要方面。对于这样一个预订系统来说，信息管理包括信息收集、信息存储、信息处理 3 个方面的内容。数据库技术，尤其是关系型数据库管理系统 RDBMS 技术的不断完善，已形成了多种基于此理论的管理信息的有效工具。在利用这些工具进行数据管理时，主要考虑数据内容、数据的使用、数据的安全性 3 个方面的因素。Microsoft SQL Server 7.0 数据库管理系统在性能、可靠性和规模方面较以前的版本都有所加强，是较理想的选择。

9.2.3.4 饭店网上预订数据处理流程

(1) 饭店信息发布与用户查询数据处理流程

饭店信息发布主要包括旅游饭店登录、发布本饭店客房房价及相关详细信息，同时说明本次价格发布的有效期。房价可以分为平季价格、旺季价格、淡季价格，对散客和旅行社报价。

用户查询饭店信息包括旅游者、旅行社访问饭店预订系统平台，按一定的条件和次序检索查询，查到符合条件的饭店列表，点击饭店信息列表名称和价格，查出自己需要的饭店介绍和详细价格等信息。

(2) 用户预订数据处理流程

- 散客/合同公司/旅行社在 Web 前端进行饭店预订。
- 饭店查询：按目的地、价位、档次、饭店位置等进行查询。
- 饭店信息了解与饭店选择：查看饭店详细信息，做出预订选择。
- 预订：按程序要求填写订单和用户名、密码等信息，提交预定单。
- 订单入库：在经过用户信息校验和系统按预订要求自动检查后，订单进入订单数据库，并标记为原始记录，等待系统（自动和人为）鉴别订单，同时系统自动（或人工）给预订者发送 E－mail 表示收到预订单。

- 预订系统后台处理，饭店预订人员登录，查看当日新订单。
- 对新订单筛选，删除假订单和恶意预订订单。
- 对真实订单以电子邮件、电话、传真等形式通知预订者，达到确认目的。
- 游客确认，预订成功。
- 订单后期处理。

饭店网络模式直销挑战网上代理

如果你通过传统饭店预订网站订房，每个间夜至少要额外支付100～200元的中介费，按现在的市场容量计算，因为饭店预订网站的这种抽佣，中国消费者每年的损失至少都有20亿元！So－Hotel 饭店直销网副总裁刘志刚如此表示。2007年1月21日，数十家国内知名饭店集团，以及超过300家的经济型饭店的饭店代表与 So－Hotel 饭店直销网签约，同时签约的还有阿里巴巴及其旗下网站淘宝网、搜狐网、大旗网，自此，相关企业“抱团”，试图以饭店网上预订的直销模式，对抗以携程和e龙为代表的网上饭店代理商。

一位饭店销售总监表示，饭店直销模式跟淘宝一样，是一个可供双方面对面交易的平台。事实上，此前的网络代理已经成为饭店非常重要的销售渠道。这位人士透露，“目前每次成功订房的佣金通常为客房价格的15%～20%，这不仅是消费者的负担，饭店也不堪重负”。So－Hotel 副总裁刘志刚称，除了饭店预订外，还将涉及经济型饭店、会议、宴会、娱乐康体等领域。“各家饭店都可以向消费者直接展示其所有产品和服务项目，与消费者直接议价直至完成消费。”

事实上，饭店直销试图分羹饭店预订，完全是看到了网上旅游的商机。据中国市场情报中心发布的《中国网络旅游市场及投资前景研究报告》预测，中国网络旅游市场2006年将达到100亿元，到2008年，还将膨胀至350亿元。《中国旅游饭店业二十年》一书显示，2006年平均房价在301～500元人民币的饭店，其订房渠道构成中，仅有12.8%来源于订房网站。而77%的客人仍通过饭店直接预订、旅行社、饭店代表机构等传统渠道来实现入住。这说明，网络饭店预订的市场空间仍非常广阔。

9.2.4 信息技术在饭店管理中的其他应用

（1）IC 卡技术在饭店管理中的应用

IC 卡即集成电路卡，它是一种将具有微处理器及大容量存储器的集成电路芯片嵌装于塑料等基片上而制成的卡片。相对于其他种类的卡具有存储量大、使用寿命长、安全可靠、对网络要求不高的特点。IC 卡的安全可靠性使其在应用中对计算机网络的实时性、敏感性要求降低，适于进行脱机操作，十分符合我国计算机网络质量不高的要求。

（2）客房 VOD 视频服务系统

客房 VOD 视频服务系统是目前饭店信息化的热点技术之一。它通过电视机屏幕界面和极其简单的操作向用户提供交互式的信息服务，包括影视节目、卡拉OK、音乐、广告和培训等。饭店使用 VOD 系统服务后，客人可以通过遥控器和电视机享受系统提供的影视点播和多种个性化的服务；饭店可通过点播收费、客房基本收费及向发布信息的单位收取信息费而获取收益。

（3）电子菜单与电子点菜

菜单设计是一项复杂而又细致的工作，它体现了饭店的管理水平和菜肴特色及厨师水平，对餐饮产品的推销起着至关重要的作用。传统菜单在品种、类别、定价、方案设计、有形展示，以及美术设计等方面都进行了大量的卓有成效的工作，基于多媒体技术的电子菜单使之更加丰富多彩。

掌上电脑无线点菜系统

掌上电脑无线点菜系统的使用极其简单，服务员手持手掌大小的掌上电脑来到客人台前或客人包房内，在掌上电脑上做点击或书写等操作，即可通过代码输入、分类选择、关键字查找、自定义输入等方式快捷地将客人所需要的相关菜谱显示出来。客人选定后，掌上电脑即生成菜单并算出消费金额，客人确认后点菜操作即完成。此时，服务员只需点击一下掌上电脑的发送键，客人的菜单瞬间即被传送到收银管理系统中，由系统的电脑发出指令给设在厨房等处的打印机并打印出相应的菜单，厨师按菜单做菜。与此同时，收银台也打印出一张同样的菜单放在客人桌上，以备客人查询以及做结账凭据，真正做到使客人明明白白消费。

(4) 虚拟员工之家

由于 Internet 的应用，饭店可以实现员工网上园地计划，构建饭店虚拟员工之家。员工网上园地可以说是员工与饭店、饭店与员工、员工与员工之间信息交流最直接、最有效的途径之一。通常，员工网上园地包括以下内容：发布各种信息、员工留言板、总经理投诉信箱、网上店报、网上培训、员工网吧、虚拟社区与网上游乐等。

9.3 饭店管理信息系统的发展趋势

9.3.1 单向软件向集成软件发展

计算机在饭店中的应用是逐渐发展起来的，开始都是利用计算机处理一些简单的事务，因而相应的程序软件都是专门针对某一具体事务而编写的，称之为单向软件。随着计算机应用的逐步深入，管理要求越来越高，这种单向软件就越来越不能适应。例如，现代饭店管理要求向“管理一体化”方向发展，既要从整个饭店的角度发挥计算机在管理中的作用，让计算机在各个部门既能进行数据管理，又能进行文本管理，也有控制作用，也就是说要把各种单向软件集成起来，组成一个综合应用的集成软件，达到信息综合处理的效果，为管理一体化提供技术手段。集成化软件使饭店计算机应用构成了一个信息网，饭店中所有的数据处理、文件管理、安全保卫管理等都集中由计算机统一控制，这是今后饭店管理科技化的一个重要标志。

9.3.2 软件由管理型向决策型发展

饭店管理信息系统的发展经历了启蒙型、事务型、管理型和决策型 4 个阶段。启蒙型软件是对饭店使用计算机管理的摸索，如我国 20 世纪 80 年代初期开发的饭店计算机管理系统软件。事务型软件是计算机管理对饭店手工操作的模仿，仅仅只是提高了工作效率，目前国内大约一半软件处于这一水平。管理型软件能参与饭店的管理，提高饭店的管理质量，是目前优秀软件实现的普通等级。决策型软件则具有完备的预测分析能力，能科学地指导饭店管理者做出经营管理决策。

目前国内少数软件正向这方面发展。

我国饭店业从20世纪80年代初开始应用计算机以来，饭店管理信息系统的主要功能是处理饭店日常事务，只能完成一般的事务统计、汇总、制表、检索和打印等基本处理。这些事务处理虽然也是重要的，但对饭店获取更高效益的要求来说则远远不够。饭店管理信息系统应该是一个开放系统，能适应环境变化和竞争需要。但是传统的管理信息系统基本上是一个静态的保守系统，只能管理已有的静态存在的数据，而不能从管理者的决策需要出发，处理动态的非结构数据。所以传统的MIS系统只能根据现行饭店的组织结构、制度和管理方法，完成基本的事务处理任务，也就是说只能模拟现行系统的运行状态，不具备管理者所需的辅助决策功能。随着饭店业的进一步发展，人们向MIS提出了更高的要求，这就是饭店管理的决策支持要求，即DSS系统。为了让计算机在饭店管理中发挥更大作用，必须使计算机更直接地面向决策，能根据管理者的需求，提供各种有价值的信息和决策方案以辅助各级管理者做出迅速正确的决策。

因此，除了对MIS系统功能进一步完善以外，要根据饭店发展和竞争的需要，逐步建立决策型系统，处理好管理信息系统与决策支持系统的关系，提高计算机在饭店各种管理应用中的使用效益。

智能数字化饭店客房将服务北京奥运

2006年11月16日，清华同方与北京贵宾楼大饭店正式签约，为北京贵宾楼大饭店提供客房的宽带互联网和互动电视服务。北京贵宾楼饭店是2008年北京奥运会接待总部饭店，位置和影响力都非常重要。清华同方借此奥运契机，完善其楼宇智能信息系统，针对高端饭店行业研发，推出了专门面向2008奥运会而定制的饭店客房宽带互联网服务和互动电视系统服务，为现代饭店的信息化、数字化服务提供了先进的技术服务方案。

智能化与数字化已成为当今饭店发展的核心竞争力量之一。一个先进的“数字饭店”系统，应该从客人的应用角度，从饭店的服务角度和管理人员运营的角度来综合考虑，慎重选择各个智能子系统，优先顾及各子系统之间的衔接。“水桶原理”同样适用于“数字饭店”的系统设计，整个饭店智能化和数字化的水平取决于最落后的那一子系统。

当前，科学技术早已被应用在了饭店业中，饭店的经营管理越来越离不开科学技术的支持。清华同方方面认为，饭店智能化与数字化的走向表现为3个典型的特征：① 总体规划优先，并且具有鲜明的个性特征；② 实用可靠优先，并且便于灵活应用与管理；③ 服务支持优先，并且有持续的扩展空间。

清华同方开发的“数字饭店”便是从此角度出发而建立起来的系统，根据饭店的经营内容，清华同方数字饭店一体化解决方案从3个方面进行了针对性的设计——面向客人、面向饭店管理者、面向饭店经营。目前，面向饭店管理及饭店经营的部分数字化及智能化，已经比较成熟，重点向细致化和个性化方向发展；面向客人的数字化及智能化多数处于“孤岛”状态，重点向系统间的协作和融合方向发展。

清华同方与首旅集团长期以来就保持着良好的资本和技术合作关系，自从清华同方设计并完成北京饭店楼宇智能化弱电系统以来，一直保持对饭店行业IT应用领域的持续研发和高投入，不断推出满足现代化饭店的信息化新产品和服务，先后被北京新世纪日航饭店、北京民族饭店、天津泰达国际饭店、武汉万丽饭店等众多四星、五星级饭店采用。此次签约北京贵宾楼大饭店，标志着清华同方在饭店行业的IT应用领域抢得先机。

9.3.3 软件由DOS型向Windows型和C/S结构发展

由于我国计算机在饭店中的应用较晚，早期的MIS系统一般都是建立在DOS操作平台的基础上，我们称之为DOS型软件。随着计算机科学技术的发展，操作平台都由DOS型向Windows型平台转变，饭店应用软件也跟着变化，基于Windows平台的饭店管理软件逐渐发展并流行起来，使饭店管理软件的操作界面更友好，使用更方便，功能更完善。由于Windows是多任务操作系统，因而饭店管理软件也可以多任务操作，克服了DOS平台只能单用户、单任务的不足。随着Windows操作系统替代DOS操作系统，Windows型的饭店管理软件已成为主流软件。客户机用/服务器（Client /Server）技术是几年前发展起来的集事务处理、数据库设计、通信技术为一体的综合性技术。它在饭店MIS的普及应用，克服了以往局域网点对点通信服务的不足，以及系统资源利用率不高等缺陷。在现有局域网的基础上，通过运行客户机用/服务器软件，达到真正数据分布处理的目的，提高了系统信息服务的灵活性，增强了共享资源的互相访问能力。整个系统还可以水平地或垂直地根据需要进行扩展，因此正好适合饭店实际信息管理的需要。目前大部分饭店信息系统都已采用了这种结构。

9.3.4 软件由技术型向信息资源管理型发展

以前的饭店管理信息系统大部分是技术型的，这种系统能有效地管理日常事务，但不能有效地促进管理决策。特别是20世纪80年代初提出的“信息资源管理”概念，原来的系统就显得无能为力，特别是对信息资源的综合运用。因此，饭店管理信息系统必须按信息资源管理要求进行更新或重新设计，要求饭店管理信息系统能把技术因素和人文因素结合起来解决管理问题，把信息管理的技术环境、数据环境、人文环境以及社会环境集成在一起以发挥信息资源的综合效益。这种饭店管理信息系统能重视信息资源在组织管理决策中的作用，可以更好地帮助饭店领导在经营过程中做出决策。

基于信息资源管理的新一代饭店管理信息系统，可以改变人们对信息资源作用的认识与理解，帮助饭店进一步提高管理的效率，增强对市场的反应能力，提高和强化市场的竞争优势。并且，这种新型管理信息系统可以解决信息孤岛现象，使信息得到高度集成和统一，真正使饭店的信息资源得到充分的共享和使用。

9.3.5 商品化软件与专用化软件并存

商品化软件是指能适应大部分饭店需要的通用软件产品，专用化软件是指饭店适合自己需要的软件产品或自己开发的一些专用软件产品。饭店使用商品化软件，优点是引进速度快，可以借鉴成型的经验，而且系统比较稳定可靠，投资风险较小，缺点是商品化软件一般不可能百分之百地满足饭店管理的所有需要。专用化软件的优点是能与饭店的管理方式相适应，缺点是开发周期较长，稳定性需要时间来考验和完善，而且对系统开发人员的依赖性很强，因为开发专用软件的技术人员较少，一旦他离开饭店，今后软件升级和维护就成为问题。但随着计算机应用水平的提高，有条件的饭店组织人员开发适合自己需要的软件产品，作为对商品化软件的补充还是有必要的。商品化通用软件和专用软件还将在饭店信息管理系统中共存，共同成为饭店信息管理的得力帮手。

洲际酒店集团采用蓝代斯克安全管理解决方案

全球领先的集成系统和安全管理解决方案提供商蓝代斯克软件公司日前宣布，根据蓝代斯克用户洲际酒店集团（IHG）的报告，在部署蓝代斯克解决方案的6个月内，洲际酒店集团的IT支持成本降低了40%。洲际酒店集团利用蓝代斯克管理套件、补丁管理器和服务器管理器，来确保集团在东南亚和亚太地区饭店的信息系统平稳运行。

洲际酒店集团是一家最全球化的酒店集团，在近100个国家和地区拥有、经营超过3300家的饭店和490 000多间的客房，其品牌包括洲际酒店、皇冠假日酒店、假日酒店等。为了确保IT系统顺畅运行，洲际酒店集团非常重视信息系统维护的有效性和高性价比，以全面提高信息系统可用性与可管理性，降低管理成本。

在部署蓝代斯克补丁管理器之前，洲际酒店集团需要到下属酒店用手工方式来升级补丁。现在，利用蓝代斯克补丁管理器，从一个中心控制台进行远程操作，能够在几分钟之内完成对所有设备的补丁升级工作，不仅每次补丁都能节省数千美元的成本，更重要的是提高了效率，赢得了宝贵的时间。澳大利亚悉尼的IT经理Luke Doherty说："无论是面对病毒还是其他攻击的爆发，如果我们不能足够快地提前打好补丁，就有可能导致我们的酒店无法正常运营。"

在实施了蓝代斯克解决方案之后，洲际酒店集团能够把部署安全补丁的时间从过去的1个周期锐减到现在的几个小时，大幅度减少了支持呼叫，能够快速安装新计算机，发现并解决潜在的、可能导致宕机和运行效率下降的服务器问题。

蓝代斯克补丁管理器能够与管理套件等蓝代斯克的其他产品无缝集成，提供了简化的配置管理，增强终端的安全性，节省终端用户的宝贵时间。"在部署蓝代斯克管理套件后的短短6个月时间里，要求第三方承包商到现场处理的请求已减少了一半，节省成本约3.2万美元。预计在未来的几个月里，我们还能再进一步减少这样的请求数量，因为当实施了蓝代斯克解决方案的点出现问题时，我们可以远程解决。"

9.3.6 与饭店自动化设备相结合

国内的大多数饭店计算机管理信息系统，大部分仅是应用在管理方面，与饭店其他的计算机应用系统没有相互整合，尤其在自动化控制方面与饭店管理信息系统没有联系或集成，与国外先进国家的饭店管理信息系统还存在较大的差距，尚待进一步发展。饭店管理信息系统与饭店自动化设备的结合与集成将是未来管理信息系统的一种趋势。

（1）客人入住自动登记系统

客人入住自动登记系统配备一台刷卡终端机，饭店客人抵达饭店只需插入他的信用卡，操作自动登记系统就可完成对客人入住登记手续。在饭店的所有消费也仅需信用卡，在饭店的一切消费信息均由饭店管理信息系统统一进行处理。

（2）服务和监控集成化设备

目前饭店客房中有多种接口，如电话、电视、音响、空调等，今后的发展方向是以HMIS系统为中心的一个集成化系统：用电话实现客房状态修改、语音信箱、自动问询、客房账务查询、用电视查阅账单，等等。同时，通过管理信息系统还可以集成控制电子门锁、控制空调、灯光、热水等设备，以达到节能的目的；通过自动化设备管理客房小酒吧，实现客人消费的自动记账和监控，便于服务员及时补充客房中饮料和食品。

(3) 客房配备计算机或数字电视设备

客房配备计算机设备或数字设备可以实现客人自己结账（Self Check - out）、查询各种信息、处理商务或公务等，这是未来商务客房发展的一种趋势。饭店管理信息系统与这些客房数字设备和计算机实现联网，可以控制这些设备的使用情况，客人不但可以利用这些设备了解饭店的服务信息，获取服务内容，还可以通过远程网络或互联网与自己公司总部直接联系并处理商务。

9.3.7 饭店管理信息系统软件正在向基于 Web 技术的方向发展

这种发展趋势使饭店管理信息系统成为一个开放型的软件系统，既可以处理饭店内部的信息，也可以处理饭店外部的信息。这样饭店管理信息系统的现状，既有 DOS 型的、Windows 型的、传统型的和基于 Web 型的，也有通用型的、专用型的和集成型的，其发展的趋势是基于 Web 技术的集成型信息系统。

【思考题】

1. 如何理解饭店信息的概念？
2. 如何对饭店信息进行分类？
3. 简述饭店信息在饭店经营管理中的作用。
4. 饭店信息管理有何特点？
5. 试述饭店信息处理流程。
6. 何谓信息化饭店？何谓饭店信息化？
7. 简述饭店管理信息系统的构造。
8. 试述饭店网上预订数据处理流程。
9. 简述饭店管理信息系统的发展趋势。

【经验性训练】

网上查阅我国饭店业信息化建设进程

【概述】

我国饭店业信息化建设进入一个新的发展阶段，越来越多的饭店加入到互联网的浪潮中来，并从中体验到互联网给饭店带来的优势。因此，要求学生结合所学内容，上网查阅我国饭店业信息化建设进程，写出一份报告。

【步骤】

1. 要求每一位亲自参与网上查阅，每一位学生上交一份报告。
2. 要求学生先拟定一份查阅内容计划书，写明查阅的具体内容，如查阅我国五星级饭店信息化建设情况，或查阅经济型饭店信息化建设情况，也可以查阅相关资料后进行对比研究。任课教师为学生提供网址，并指导学生如何有效查阅相关资料的具体内容。
3. 学生将查阅的相关资料进行整理，并写出一份 2000 字左右的报告。
4. 比照所学知识，对所学内容进行必要的补充。
5. 教师对于出色完成此次任务的学生给予加分奖励。
6. 对于学生所补充的内容在全班范围内进行阐述。

【案例分析】

饭店网上营销的新趋势

2005年以来，酒店业的网上较量出现了新情况。

1. 万豪提供网上综合服务。从2005年2月起，全球将近2500家万豪旗下饭店让客人通过上网享受到各项服务，其中包括送餐服务、根据天气预报指导着装、确认机场巴士信息和个性化服务。根据万豪的调查，超过80%的客人表示如果能够预订到个性化服务则会在下次旅行时再次选择万豪。客人到店前的服务计划也已经被增加到万豪网站（Marriott. com）中。万豪网站现在提供20 000多张有关集团旗下的饭店、度假饭店的照片，客人甚至可以在网上做正式的预定。

2. 香格里拉集团全新改版了网站，共计6000个网页，分为英文、中文和日文3个版本，网站采用了全新的搜索引擎，伴随图片和虚拟游览，更加方便客人进行房价和房型的比较，并可直接在线对下榻的时间、房价和个人喜好做出更改。2005年2月1日至3月31日，所有在线预订并于3月份下榻的客人，将自动获得参加活动的资格。每周将有50名客人被随机选中（整个活动共计200名客人），获得免费下榻任一家香格里拉饭店的奖励。客人可在网上预订航班、汽车租赁、选择目的地的活动内容，以及包括下榻香格里拉饭店的住宿包价等，所有这些预订都可在线完成。每家饭店的独立网页上都有目的地资讯，包括未来5天的天气情况、货币兑换、使用的语言、时区、计量单位、电力、电源插座形式和移动电话的网络等。

3. 携程旅行网开始预订欧美地区饭店。从2005年3月开始，根据携程旅行网与爱尔兰旅游科技及服务供货商CNG签订的合作协议，国内游客可以在携程网上预订欧美地区的饭店。

4. 网上销售、支付有了新进展。2005年3月18日举行的首届中国经济型饭店投资（基金）经理人研讨会上透露，中国经济型饭店网将在3个月内联合中国300~500家经济型饭店连锁企业，成立中国首个经济型饭店统一在线销售平台。成立于1998年、2000年2月22日被e龙收购的社区网站西祠和成立于2004年的民营励德世创商业投资管理有限公司合作，计划2005年内在长三角地区开出第一家以西祠命名的经济型饭店，其客源将通过西祠和e龙网站来吸引，励德世创商业投资管理有限公司负责筹集资金投资，并进行饭店的管理。

2005年3月6日，“Visa验证”服务正式与e龙在线支付系统签订协议。“Visa验证”服务可以使Visa卡持卡人在参与该计划的商户进行网上购物时，能够核实持卡人的身份。这项服务为网上交易提供额外保障，让发卡银行在网上付款过程中可以采用密码、数码证书或生物辨证等方法来核实在线持卡人的身份，而整个身份核实过程可在短短数秒内完成。消费者在线预订饭店、机票、度假产品等旅游服务后选择在线支付时，不必担心信用卡被盗用。

2005年3月23日，思博公司宣布旗下的美达饭店管理系统正式登陆中国市场。美达的目标客户群是正在中国快速发展的三星或四星级的中档饭店市场，包括快捷型连锁饭店。其特点包括支持中文等双字节语言，具备中文数据存储、检索和显示功能；增强了房价管理、旅游代理商及佣金管理、应收账款管理等功能；简化了预订、账单管理及退房工作。

2005年长沙的旅游饭店协会将与全国的省会级的饭店协会协作，在中国建立一个饭店协作的平台。

5. 新浪和e龙将共同运营联名饭店预订频道sina. elong. com。2005年6月1日，在线旅游服务提供商e龙（NASDAQ：LONG）与新浪（NASDAQ：SINA）联合宣布e龙收购新浪旗下上海新旺计算机技术有限公司（该公司经营“新浪财富之旅”品牌）。收购之后，新浪财富之旅创始人吴海及管理团队将加盟e龙。上海新旺计算机技术有限公司是国内最大的酒店分销公司之一；同时被收购的还包括其关联公司Bravado Investments Limited。e龙已与其母公司新浪签署最终协议，于2005年第二季度完成最终收购。e龙与新浪还宣布双方已签署一项长达3年的战略合作协议，在e龙完成收购新浪子公司后，e龙将成为新浪在国内唯一的在线饭店预订合作伙伴。在此期间，新浪和e龙将共同运营联名饭店预订频道 sina. elong. com。

此前，新旺及 Bravado 一直使用新浪财富之旅的品牌为国内的旅行者提供线上与线下的饭店预订服务。新浪财富之旅已经建立了覆盖全国1600家饭店的合作伙伴资源，过去一年里为用户提供了25万个饭店客房天数。作为协议的一部分，未来3年内e龙将成为新浪在中国唯一的网络旅游服务广告合作伙伴。在此期间，新浪和e龙将共同运营联名饭店预订频道，同时新浪网将投放e龙广告。

【案例思考题】

1. 根据上述内容，请归纳出饭店业未来网上营销的优势。
2. 饭店网上预订业务的发展将出现加速度，请说明理由。
3. 请查阅相关资料，补充你对饭店信息化问题的看法。

【本章推荐阅读书目】

1. 旅游管理信息系统．查良松．高等教育出版社，2002.
2. 饭店管理．蒋丁新．高等教育出版社，2004.

参考文献

查良松．2004．旅游信息管理系统［M］．北京：高等教育出版社．

陈觉．2003．餐饮营销经典案例及点评［M］．沈阳：辽宁科学技术出版社．

陈伟．1996．饭店营销学［M］．北京：中国商业出版社．

陈志辉．2003．旅游信息学［M］．北京：中国旅游出版社．

段国强．2004．旅游投诉案例与分析［M］．北京：中国旅游出版社．

傅云新．2002．酒店与旅游经营管理实操文案［M］．广州：广东经济出版社．

G. 佩里切利．2002．服务营销学［M］．张密译．北京：对外经济贸易大学．

黄震方．2002．饭店管理概论［M］．北京：高等教育出版社．

蒋丁新．2004．饭店管理［M］．北京：高等教育出版社．

KATHLEEN M. IVERSON. 2002．饭店业人力资源管理［M］．张文译．北京：旅游教育出版社．

Lawvence S Kleiman. 2002．人力资源管理［M］．孙非 等译．北京：机械工业出版社．

雷蒙特·A·诺伊 等．2001．人力资源管理［M］．刘昕译．北京：中国人民大学出版社．

黎杰 等．1999．饭店管理概论［M］．天津：南开大学出版社．

李力．2001．现代饭店管理概论［M］．大连：东北财经大学出版社．

李任芷．2001．旅游饭店经营管理服务案例［M］．北京：中华工商联合出版社．

李维华．1999．特许经营理论与实务［M］．北京：机械工业出版社．

吕建中．2004．现代旅游饭店管理［M］．北京：中国旅游出版社．

牛海鹏．1995．服务营销［M］．北京：企业管理出版社．

沈桂林．1997．现代饭店设备管理［M］．广州：广东旅游出版社．．

Raymond S. Schmidgall. 2002．现代饭店会计学［M］．徐虹译．北京：中国旅游出版社．

Robert H. Woods. 2003．饭店人力资源管理［M］．张凌云译．北京：中国旅游出版社．

宋雪鸣．2004．饭店创新经营与策划［M］．北京：中国旅游出版社．

唐德鹏 等．2001．现代饭店经营管理［M］．上海：复旦大学出版社．

田戈．2004．改变世界的100个营销故事［M］．北京：朝华出版社．

汪纯孝．1999．服务型企业整体服务质量管理［M］．广州：中山大学出版社．

王怡然 等．2001．现代饭店营销策划书与案例［M］．沈阳：辽宁科学技术出版社．

魏小安．2001．旅游热点问题实说［M］．北京：中国旅游出版社．

吴萍．2005．饭店文化的构成特征及管理功效［J］．广州：中山大学学报论丛：（4）．

吴旭云．2003．饭店职业经理人职业资格培训课程［M］．沈阳：辽宁科学技术出版社．

奚晏平．2004．世界著名酒店集团比较研究［M］．北京：中国旅游出版社．

谢彦君 等．2003．饭店营销学［M］．大连：东北财经大学出版社．

余炳炎．1996．现代饭店管理［M］．上海：上海人民出版社．

张广瑞．1999．世界旅馆 旅馆世界［M］．北京：中国经济出版社．

张利民．1999．饭店服务［M］．北京：中国商业出版社．

张俐俐．2002. 中外旅游业经营管理案例［M］．北京：旅游教育出版社．
张润刚．2003. 饭店业前沿问题［M］．北京：中国旅游出版社．
张善轩 等．2002. 管理者手册［M］．北京：当代中国出版社．
张永宁．2003. 饭店服务教学案例［M］．北京：中国旅游出版社．
赵星铁．2003. 新编饭店管理［M］．上海：立信会计出版社．
邹统钎 等．2006. 现代饭店经营思想与竞争战略［M］．北京：清华大学出版社．